大学物理实验教程

DAXUE WULI
SHIYAN JIAOCHENG

孙晶华　王德兴　王立媛　董千慧　编著

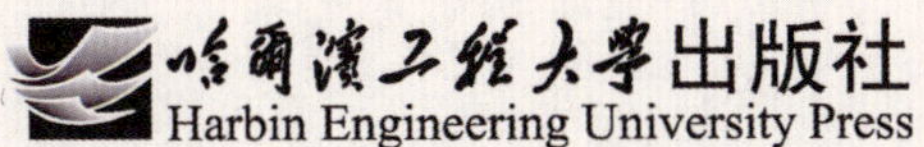

内容简介

本书根据教育部2010年《理工科类大学物理实验课程教学基本要求》，结合作者多年物理实验教学的实践经验，在历年来所用物理实验教材的基础上，吸收了具有时代气息的成果及教学改革的经验编写而成。

本书介绍了测量误差、不确定度及数据处理的基本知识，精选了力学、热学、电磁学、光学和DIY实验共37个。在每个实验中，以各种物理现象、历史、科学家小传为背景，从多角度、多方面充分地揭示了各种现象背后蕴含的物理学原理，增加了对应的实验在生产实践、生活和科研方面的应用。同时考虑到各高校所使用的仪器和实验内容的不同，本书还添加了相关的扩展实验，以便其他高校参考使用。

本书可作为理工科院校各专业的物理实验教材，也可供其他专业学生选用。

图书在版编目(CIP)数据

大学物理实验教程/孙晶华等编著. —哈尔滨：哈尔滨工程大学出版社，2020.1

ISBN 978-7-5661-2559-0

Ⅰ.①大… Ⅱ.①孙… Ⅲ.①物理学-实验-高等学校-教材 Ⅳ.①O4-33

中国版本图书馆CIP数据核字(2019)第283244号

选题策划 宗盼盼
责任编辑 王俊一 宗盼盼
封面设计 博鑫设计

出版发行 哈尔滨工程大学出版社
社　　址 哈尔滨市南岗区南通大街145号
邮政编码 150001
发行电话 0451-82519328
传　　真 0451-82519699
经　　销 新华书店
印　　刷 哈尔滨市石桥印务有限公司
开　　本 889 mm×1 194 mm 1/16
印　　张 22.75
字　　数 705千字
版　　次 2020年1月第1版
印　　次 2020年1月第1次印刷
定　　价 49.80元
http://www.hrbeupress.com
E-mail:heupress@hrbeu.edu.cn

前　言

编写教材是一件十分郑重的事，不是“复制”“粘贴”，更不是早时的“剪刀 + 纸条 + 浆糊”。因此，本教材从2008年开始，历时10余年，经过反复试用、反馈意见和修改，并听取国内同行专家的意见才编写而成。

近年来，国家示范中心建设、国家精品课建设为实验室建设注入了强大的生命力。本书注重教学内容的系统性和实验技能的训练，在精选、改造、充实传统实验的同时，纳入了一批与生产实践或科技成果有密切联系的、具有时代气息的、给学生留有较大扩展空间的实验项目。在传授基本实验的同时，注重培养学生的实践能力和创新精神，因材施教，既保证教学要求的贯彻，又注重个性发展，力争使物理实验课程更好地适应人才培养的需要。

为了使教材更具可读性，本书采用了彩色印刷；在编排方面，注重版面设计，图文并茂；在内容的叙述上，力求做到生动形象、通俗易懂，避免出现复杂的数学公式，更多地强调物理思想和实验方法，让学生体会实验的乐趣。

本书无论在整体安排上还是在实验的写法、内容和形式上，较以前的教材都有较大的变化。编者在每个实验中，以各种物理现象、历史、科学家小传为背景，从多角度、多方面充分揭示各种现象背后蕴含的物理学原理，增加了对应的实验在生产实践、生活和科技方面的应用。同时考虑到各高校所使用的仪器和实验内容不同，还添加了相关的扩展实验，以便其他高校参考使用。全书的编排仍遵循由浅入深、循序渐进的原则。

绪论中明确提出了物理实验课程的教学目的和基本要求。前导知识中介绍了测量误差、不确定度的概念和数据处理的基本方法。实验分三部分，实验题目用不同的颜色标出：第一部分是基础实验，介绍了最基础、最基本的实验知识和实验方法；第二部分是综合性实验，涉及物理学中更为广泛的领域，内容丰富多彩，更富时代气息，目的在于巩固学生在基础实验阶段的学习成果，开阔眼界及思路，提高学生对实验方法和技术的综合运用能力；第三部分是设计性实验，目的在于提高学生的设计能力，培养学生的创新精神，使学生具备科学研究的素质。

本书的绪论、物理实验前导知识、实验31至实验37由孙晶华编写，实验1至实验10由王德兴编写，实验11至实验20由王立媛编写，实验21至实验30由董千慧编写，全书由孙晶华负责统稿和定稿。

在编写本书的过程中，我们参考了国内大量的文献资料，并在书后逐一标注。此外，我们也从网络上收集了大量的相关资料，对于部分网络上转引的资料，由于难以确定原作者，在此向原作者表示感谢，并请原作者扫描书后的二维码与我们联络。正因为有如此丰富的参考资料，才为学生们呈献出这样一本内容充实而生动的教材。谨此，向所有对本书做出贡献的同仁致以深切的谢意！

愧于作者的知识和能力所限，书中难免存在错误和不妥之处，望老师和同学们在使用过程中多提宝贵意见，我们将在今后的再版中加以改正，使我们的教材不断完善。

编著者

2019年11月于哈尔滨

致学生读者

在实验中取得好的结果，是实验者的期望。如果你明确实验目的与实验要求，明确要观察的现象，明确仪器的调整与使用条件，那么你就更接近成功。

实验中出现错误是很难避免的，对初学者来说更是如此。但要努力防止做完实验后才发现实验全错了！如果能事先想到实验中可能出错，随时检查实验的情况，学会判断，那么你就能及时发现和纠正错误。

实验中取得好的数据，当然令人高兴，但每次实验只有几个小时，对数值的精密度与准确度不能期望过高。如果你不仅关心数据的好坏，还能在实验中注意分析和排除故障，并在实验后进行回顾与思考，那么你的实验能力就会较快地提高。

在实验中，你是主人，你不是机械地执行教师指令的操作员。如果能在实验中努力使自己成为一名探索者，并不断地总结经验，那么你就在实验中更主动、更自由，也就对实验更感兴趣。

大学物理实验选课方法及选课记录

哈尔滨工程大学的大学物理实验课程采取网上预约的上课方式，学生可根据自己的时间，灵活安排上课时间该课程选课方法如下：

(1)选课网址：登录哈尔滨工程大学主页 http://www.hrbeu.edu.cn/ →“快速链接”栏中的“实验室管理”。

(2)用户名为自己完整的学号，初始密码为 88888，用户类型为“学生”。登录后务必重新修改自己的密码。

(3)在开课周内可以随时进行网上预约和取消预约，但上课前两小时内不能预约和取消该实验项目。

(4)不按时到课，又没有取消预约的，按旷课处理。

(5)所有的实验要在开课周内完成，逾期不补。

(6)网上预约实验后，可将预约情况记录于表 0-1 和表 0-2，以便随时查询。

表 0-1　大学物理实验(上)选课表

实验序号	实验名称	实验时间	座位号	实验室	备注
1		月　日　时　分			
2		月　日　时　分			
3		月　日　时　分			
4		月　日　时　分			
5		月　日　时　分			
6		月　日　时　分			
7		月　日　时　分			
8		月　日　时　分			
9		月　日　时　分			
10		月　日　时　分			
11		月　日　时　分			
12		月　日　时　分			
		月　日　时　分			
		月　日　时　分			

表 0－2　大学物理实验(下)选课表

实验序号	实验名称	实验时间	座位号	实验室	备注
1		月　日　时　分			
2		月　日　时　分			
3		月　日　时　分			
4		月　日　时　分			
5		月　日　时　分			
6		月　日　时　分			
7		月　日　时　分			
8		月　日　时　分			
9		月　日　时　分			
10		月　日　时　分			
11		月　日　时　分			
12		月　日　时　分			
		月　日　时　分			
		月　日　时　分			

目　　录

绪 论

一、物理实验在教学中的地位

物理学是一门实验科学，无论是物理学规律的发现，还是物理学理论的验证，都离不开物理实验。正如我们所知，赫兹(Heinrich Rudolph Hertz)所做的电磁波实验使麦克斯韦(James Clerk Maxwell)的电磁理论获得了普遍承认，杨氏(Thomas Young)干涉实验使光的波动学说得以确立，卢瑟福(Ernest Rutherford)的 α 粒子散射实验则揭开了原子的秘密，密立根(Robert Andrews Millikan)设计的油滴实验证明了电荷的不连续性等。物理实验是科学实验的先驱，其实验思想、实验方法和实验手段等是各门学科实验研究的基础，绝大部分工科专业课程都是以物理学为基础的。因此，物理实验是所有工科院校不可或缺的公共基础课程，是对学生进行科学实验的基本训练，是本科生接受系统实验方法和实验技能训练的开始。物理实验的知识、方法和技能是学生进行后续实践训练的基础，也是学生毕业后从事各项科学实践和工程应用的基础。物理实验课程覆盖面广，它包括力学、热学、电磁学、声学、光学及近代物理学和现代物理技术实验，具有丰富的实验思想、方法和手段，同时，能提供综合性很强的基本实验技能训练，是培养学生科学实验能力、提高学生科学素质的重要基础课程，在培养学生严谨的学习态度、活跃的创新意识、理论联系实际和适应科技发展的综合应用能力等方面具有其他实践类课程不可替代的地位。

通过物理实验可以加深学生对所学理论知识的理解，促使学生主动思考，提高学生分析和解决实际问题的能力，使学生掌握各种基本物理量的测量方法、基本测量仪器的使用方法、实验数据处理的基本方法和撰写实验报告的基本方法。学生在实验课上，能够在实验教材(或仪器使用说明书)的指导下独立完成实验，学生的文字理解能力也能得到锻炼和提高。这种能力不仅是大学生后续课程学习必需的，也是工科毕业生走上工作岗位时必须具备的最基本的能力。

实验的基本程序可以体现出实验对于学生培养的重要性，从预习到完成实验报告的整个过程都蕴含着对学生科学素质的培养和训练。实验前预习并撰写预习报告是对读懂文字、凝练知识能力的培养；实验操作过程是对基本测量仪器的使用、观察和分析实验现象、合理选择实验方案、分析解决实际问题和观察思考能力的培养，使学生养成动脑和动手相结合的良好的科学研究习惯，是一种高效率地获取和理解知识的方法；撰写实验报告和实验数据处理是对工作的总结，是进行实验结果分析处理和撰写科技文章的基本训练，这是一个培养学生科学素质的重要环节，在此基础上进一步培养学生的创造性思维和创新能力。

二、实验的目的和任务

物理学的发展史告诉我们,一种科学理论的形成离不开科学思想的指导和科学方法的应用,正确的科学思想和科学方法是我们认识世界的基本手段。只有充分认识和掌握它们,我们才能透过现象看清事物的本质,从认识科学跃进到掌握科学。科学方法是我们打开科学大门的钥匙,无论是自然科学还是社会科学,掌握了研究的科学方法,我们就有了在未来从事各项工作的“武器”,就能够发明、创造,发挥出聪明才智,成为有益于人类、造福于人类的有用人才。

物理学是研究物质基本结构、基本运动形式、相互作用及其转化规律的学科。物理学的研究方法包括实验和理论应用两方面。物理现象的发现和解释、物理规律的揭示以及物理学理论的验证都依赖于实验。就物理实验而言,其最基本的方法有定性分析法、定量分析法、因果分析法、比较分析法和过程分析法等。物理实验的目的就是让学生学习和掌握科学研究的基本思想与科学方法。在物理学的发展中,人类积累了丰富的实验思想和实验方法。这些不仅是人类文明的宝贵财富,更是人类探索未来的重要武器。因此,物理实验的目的又是培养学生严肃认真的工作作风、一丝不苟的学习精神、实事求是的科学态度,激发学生不怕困难、勇于探索自然的创新意识,培养学生理论联系实际以及综合应用科技知识的能力。

物理实验的任务是使学生掌握研究各种不同自然现象的基本实验方法、各种基本测量仪器的使用方法、实验结果的科学处理方法和归纳总结实验结果以及撰写总结报告的基本要领,培养学生的自学能力、思维判断能力、综合运用教材和资料的能力、理论联系实际的能力、科学实验能力、表达书写能力、实验设计能力,并提高学生的科学素质。

三、实验的基本环节

1. 实验前的预习

实验预习的目的是全面认识和了解所要做的实验项目。因此,要求学生在预习时,认真领会实验目的、理解实验原理、了解实验仪器的使用方法等,明确实验的具体内容,写出简单的预习报告。

与理论课程不同,实验课程的特点是学生在教师的指导下自己动手,独立完成实验任务,所以实验预习尤为重要。撰写一份预习报告,不是盲目地抄写实验教材,而是提炼文字内容和要点。上课时,教师要检查学生的实验预习情况,评定实验预习成绩。

(1) 实验预习的要点

①明确实验任务

要明确实验中需要测量哪些物理量,每个待测量又分别需要什么实验仪器和采用什么实验方法测量。

②清楚实验原理

要理解实验基本原理。

③了解实验仪器

初步了解实验仪器，通过预习知道需要使用哪些仪器，并对所使用仪器的相关知识进行初步学习，特别是仪器的结构功能、操作要领及注意事项等。

④预习中遇到的问题

解决了哪些问题，怎么解决的，还有哪些问题不清楚等。

⑤撰写预习报告

撰写预习报告时，要按预习报告的具体要求逐项填写，画出或设计实验数据记录表格。

(2)设计性实验的预习

针对设计性实验项目，除了做好一般实验项目的预习工作以外，还要做好下列预习工作。

①设计实验方案

根据教材中的实验内容要求和实验原理的提示，认真查阅有关资料，写出实验方案。

②选择测量仪器、测量方法和测量条件

根据实验方案的要求，确定使用什么样的实验仪器、采用什么样的测量方法、在什么样的条件下进行测量。选择测量方法时还要考虑到选用什么样的数据处理方法。

③确定实验过程，拟定实验步骤

明确实验的整体过程，拟定详细实验步骤。

(3)预习报告的主要内容

①实验目的；

②实验仪器；

③实验内容；

④回答问题；

⑤数据记录表格(设计出所有需要的数据记录表格)。

2. 实验操作

在实验课上，“动手之前先动脑”，也就是说，必须知道自己要做什么，为什么要这样做。只有这样，能力才能够得到锻炼和提高。实验课重在实验的过程，这个过程能使学生主动思考，提高其分析和解决实际问题的能力。

实验课最忌讳的是“盲目伸手”。“盲目伸手”有两个问题：一是容易损害仪器，二是可能危及自身安全。上实验课并不是不让动手，而是一定要做到有目的、有计划地进行实验操作。

很多人都有同样的感受，坐在教室里预习实验课时，对于绝大多数的实验内容看不懂，这就是实验课有别于理论课学习的特点：实验不到实验室里是学不会的。实验的内容，特别是实验仪器的使用，只有当仪器放在你面前的时候，对照着仪器再看教材上的仪器介绍，才能够学会该仪器的使用方法。因此，要上好实验课，必须注重以下几个重要环节：

①认真听教师讲解实验的注意事项、实验原理、实验内容、实验操作的要

领和实验的基本要求；

②动手实验之前，对照仪器认真阅读教材上的仪器介绍，正确掌握仪器的操作方法；

③在记录数据前，先观察实验所要记录的实验现象，确认无任何异常后，开始记录数据，遇到问题及时请教教师，不得擅自改动数据；

④实验完成后，请教师确认数据，教师签字后，学生方可整理实验仪器。

此外，在实验过程中要遵守操作规程，注意安全。

3. 实验报告

(1)撰写实验报告的目的

科学地总结自己的实验工作，通过对实验课题、内容、方法的科学表述，阐明实验的结论，是将来撰写科技文章的基本训练。

(2)撰写实验报告的要求

实验报告要字迹工整，具有可读性，逻辑性要强，实验结果分析要切合实际。

(3)实验报告的基本内容

①实验原理

应简明扼要、文理通顺，不要照抄教材，要注意实验原理部分的提炼。一般实验原理包括实验所依据的物理学的原理公式、公式中各个物理量的含义、原理简述、原理图，电学实验要有所用的电路图，光学实验要有光路图。

②实验步骤

按实际操作情况简明扼要地写出主要的实验操作步骤。

③实验数据记录

把所记录的原始数据仔细地转记下来，并尽可能列出表格。

④数据处理

含计算测量结果、不确定度计算、作图等。在此过程中，要按有效数字的运算规则计算数据，并有数据代入和计算过程，最后用“不确定度”正确表示实验结果。在表示实验结果时，切记写清楚所得物理量的单位，如需要作图表示实验结果时，要写清楚坐标轴名称、坐标轴的分度和单位。

⑤分析与讨论

包括影响实验结果的主要因素分析、减小误差应采取的措施、对实验中观察到的现象的解释、改进实验的建议和心得体会、本实验的应用、回答思考题等。

四、实验规则

①在整个实验过程中要树立“安全第一”的观念；

②课前应做好预习，携带必要的文具、预习报告和校园一卡通进入实验室；

③实验时如缺少仪器、用具、材料等，应向指导教师或实验室人员提出，不得擅自调换；

④爱护仪器设备，如有损坏、丢失，应立即报告教师，由于违反操作规程

而损坏仪器者，应按规定赔偿，并提交仪器损坏记录；

⑤凡使用电源的实验，必须经过教师检查线路并同意后，方可接通电源；

⑥做完实验，测量数据要交给教师检查并签字，离开实验室前，应将仪器整理还原，桌面收拾整洁，凳子摆放整齐，保持实验室卫生；

⑦实验报告连同教师签字的原始数据应在做完实验后在规定的时间内一起交到任课教师的专有实验报告箱中。

物理实验前导知识

一、测量和误差的基本概念

在人类的生产、生活和科学研究的过程中，经常需要对各种物理量进行测量，更需要找出物理量之间的定量关系。人们要想获取各种物理量值大小的相关信息，就需要借助某些工具或仪器，于是在测量过程中所获得的测量值就存在可信度问题。因此，引入测量(Measurement)和误差(Error)的概念。

1. 测量的基本概念

所谓测量，一般是将待测的物理量与某种作为标准的同类量进行比较，得出它们之间的倍数关系，相乘的结果就是待测量的测量值。而用来作为标准的同类量称为单位(Unit)。例如，用一个标准米尺测量运动场上跑道的长度，从起点到终点刚好是 100 个标准米尺的长度，于是跑道的长度就等于 $1\ \mathrm{m}\times100=100\ \mathrm{m}$。这里，“100”就是作为单位 1 m 的倍数。

2. 测量的分类

图 A－1　直接测量示意图

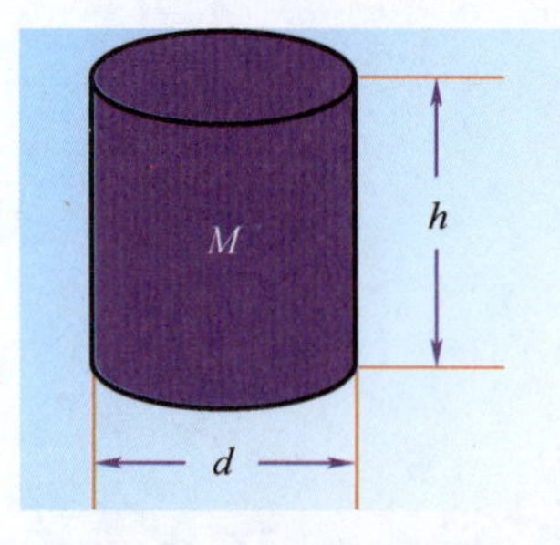

图 A－2　间接测量示意图

从测量结果的角度分类，测量大多分成两类，即直接测量(Direct measurement)和间接测量(Indirect measurement)。直接测量是指使用测量工具或测量仪器直接测得或读出被测量数值的测量过程。例如，用米尺测量儿童的身高(图 A－1)、用温度计测量温度、用秒表测量时间、用万用表测量电流和电压以及电阻等都是直接测量。直接测量又包括单次直接测量和多次直接测量。而间接测量是指对于有些物理量仅靠直接测量不能完成，而必须通过对几个物理量进行直接测量后，再利用公式进行计算才能够得到所需要的测量值的测量过程。如图 A－2 所示，测量一个圆柱体的密度 ρ，我们可以先直接测量圆柱体的高度 h、直径 d 和称出它的质量 M，然后将它们带入公式计算出圆柱体的密度 ρ。在物理测量中，绝大部分测量都属于间接测量，但直接测量是一切物理测量的基础。

3. 误差的基本概念

任何测量仪器、测量方法、测量环境、测量者的观察力等都不可能做到绝对准确，这就使测量不可避免地带有误差。分析测量可能产生的主要的及不可忽略的误差分量，尽可能地减小其影响，并对测量结果中未能减小到可忽略程度的误差分量做出估计，这是物理实验和许多科学实验中都必须涉及的问题，于是就有了误差理论和数据处理方法。

测量的量值是客观事物的某种特性的定量表征，但不能完全准确地反映客观存在，只能无限趋近地反映客观事物的某种量值的特征。而约定真值是指某一被测量,在一定条件下客观存在的量值,记为 x_0。由于测量误差的普遍存在,通过测量得到的只能是约定真值的最佳估计值(或称测量值),记为 x。

测量值(Measured value)与约定真值(True value)的差表示为

$$\Delta x = x - x_0 \tag{A-1}$$

式中,Δx 称为测量的绝对误差(Absolute error)。

由于绝对误差只表示测量误差的大小,当测量不同数量级的被测量时,利用绝对误差就不能确切地表示测量的准确程度。例如,对两数量级不同的物理量分别进行测量,若得到的测量的绝对误差相同,但其测量的准确度却不同,则数量级大的测量准确度高,数量级小的测量准确度低。因此,当对测量的准确度或对测量仪器所具有的准确度进行比较时,必须用相对误差的特征值作为相互比较的技术指标。

相对误差(Relative error)定义为绝对误差与约定真值的比值,并用百分数表示,即

$$E_{\mathrm{r}} = \frac{\Delta x}{x_0} \times 100\% \tag{A-2}$$

可见,相对误差是一个无量纲的数值。测量结果的相对误差越小,则表示测量结果越接近约定真值。

4. 误差的来源

在测量过程中,误差的来源一般可以概括为以下几种:

①被测量的定义不完善;②相同条件下被测量在重复观测中的变化;③复现被测量的方法不理想;④取样的代表性不够;⑤测量方法和测量程序的近似和假设;⑥测量仪器的计量性能(测量不确定度、有效分辨率、鉴别力阈等)局限;⑦测量标准或标准物质的不确定度;⑧引用数据或其他参量的不确定度;⑨对主要环境条件等影响量的认识不当或控制、测量不完善;⑩仪器读数有人为偏移,测量操作有人为偏差,计算模型、程序方法或数据修约有不恰当的简化或人为疏误。

5. 误差的分类

为了对测量误差先有个较为系统和概括的了解,现介绍一种普遍采用的测量误差的分类方法,即根据测量误差所具有的性质和特点进行分类,可把测量误差分为随机误差、系统误差和粗大误差三大类。

(1)随机误差(Random error)

随机误差是重复测量中以不可预知方式变化的测量误差分量,这种测量误差分量的大小和方向(误差的正负)是无法预测的。即使在尽可能相同的条件下,对某一指定的物理量进行重复测量,每次得到的测量值,总是在一定范围内呈随机性、波动性变化。

随机误差常用正态分布规律来表征。若用 Δx 表示某一物理量测量值的随机误差,$p(\Delta x)$ 则为随机误差概率密度函数(Probability density function),其

数学表达式为

$$p(\Delta x)=\frac{1}{\sigma\sqrt{2\pi}}e^{-\frac{(\Delta x)^2}{2\sigma^2}} \tag{A-3}$$

式中,总体标准偏差 $\sigma=\sqrt{\frac{1}{n}\sum_{i=1}^{n}(x_i-x_0)^2}$。

随机误差对个体来说,就是重复测量中的任何一次测量所产生的误差,是没有规律、不能控制的,用实验的办法也是无法消除的。但对总体,即经过多次测量得到的测量值而言,随机误差服从一定的统计规律[正态分布(Normal distribution)或高斯分布(Gaussian distribution)]。因此,对随机误差可以采用概率统计的方法进行处理,即用标准偏差 σ 来表示。

按照概率统计(Probability statistics)理论,对公式(A-3)进行积分,可得

$$P=\int_{-\infty}^{+\infty}p(\Delta x)\mathrm{d}(\Delta x)=\int_{-\infty}^{+\infty}\frac{1}{\sigma\sqrt{2\pi}}e^{-\frac{(\Delta x)^2}{2\sigma^2}}\mathrm{d}(\Delta x)=1 \tag{A-4}$$

它表示测量的随机误差落在$(-\infty,+\infty)$区间的概率为1,即概率密度分布曲线下的面积为1。于是利用概率密度分布函数就可以计算某次测量的随机误差落在$(-\sigma,+\sigma)$区间的概率为

$$P_{\sigma}=\int_{-\sigma}^{+\sigma}p(\Delta x)\mathrm{d}(\Delta x)=0.683 \tag{A-5}$$

同理,某次测量的随机误差落在$(-2\sigma,+2\sigma)$和$(-3\sigma,+3\sigma)$区间的概率分别为

$$P_{2\sigma}=\int_{-2\sigma}^{+2\sigma}p(\Delta x)\mathrm{d}(\Delta x)=0.954 \tag{A-6}$$

$$P_{3\sigma}=\int_{-3\sigma}^{+3\sigma}p(\Delta x)\mathrm{d}(\Delta x)=0.997 \tag{A-7}$$

以上三式的结果用百分数表示则分别为68.3%,95.4%和99.7%,如图A-3所示。

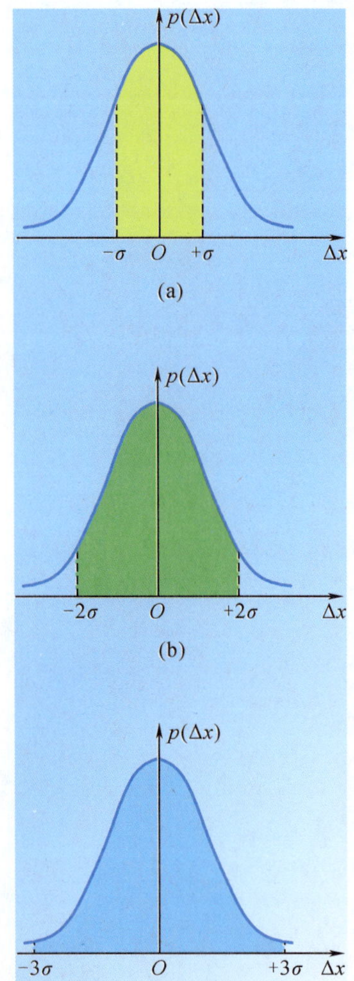

图A-3 误差落在某区间的概率

(a)$P_{\sigma}=68.3\%$;

(b)$P_{2\sigma}=95.4\%$;

(c)$P_{3\sigma}=99.7\%$

(2)系统误差(Systematic error)

系统误差是重复测量中保持恒定或以可预知方式变化的测量误差分量。

(3)粗大误差(Gross error)

粗大误差是明显歪曲测量值的误差。这类误差是由于操作错误、读数错误、记录错误等原因造成的,即由于疏忽或失误造成的,所以也可称为疏失误差。

粗大误差从绝对数值上看,它远远大于在相近条件下一般系统误差值或随机误差值。因此,带有粗大误差的测量值与正常测量值相差较大,故称之为异常值或可疑值。

对粗大误差的处理方法,可以直接从测量数据中把它剔除。但对原因不明的可疑值,在处理时应采取慎重的态度,尽管它对测量的影响较大,但在不能判定为不可信时,绝不能按主观意愿轻易把它剔除,应当根据一定的准则来判断,最后才能决定是否把该数据剔除。

总之,为了提高测量的准确度,就要设法缩小或排除测量误差。但由于

系统误差和随机误差的性质不同,按两类误差进行处理所依据的理论与方法也不同,所以对测量误差进行处理之前,一定要根据误差的性质区分是系统误差还是随机误差。

6. 精密度和准确度

精密度和准确度是两个用来评价测量结果好坏的常用术语。

实验测量结果的精密度是指重复测量所得测量结果相互接近的程度。精密度高说明实验测量的重复性好,各个测量值的误差的分布密集,随机误差小。精密度是反映测量结果随机误差大小的术语。

实验测量的准确度所描述的是综合评定测量结果的重复性和接近真值的程度。准确度高说明精密度和正确度都高。准确度反映的是随机误差和系统误差的综合效果。

由于实验中通常要求尽可能地消除或减小系统误差,而所谓误差计算主要是估算随机误差。因此,对精密度和准确度的区分往往并不严格,可泛称为测量精度。

二、有效数字

在实际测量中,根据数字占有的位数是否有效,可把数分为两大类:一类是有效数位为无限制的数,这类数多为纯数学计算的结果,例如,$\sqrt{2}$,π,1/3等,根据需要取多少位数来表示数都是有效的;另一类是有效位数为有限的数,这类数多与实际相联系,不能单凭数学上的运算而任意确定其有效位数,而是要结合实际在一定程度上反映测量的准确度。这类数的有效位数要受到原始数据所能达到的准确度、获取数据的技术水平、获取数据所依据的理论等因素的限制。在测量数据的处理中,掌握有效数字的有关知识是十分重要的。

1. 有效数字的基本概念

由数字组成一个数值,大多除最末一位是不确切值或可疑值之外,其他数字皆为可靠值或确切值,组成该数的所有数字(包括末位数字)称为有效数字(Effective figure),即准确数值加一位存疑数,构成有效数字的位数。

如图 A-4(a)所示,用一根长度为 15 cm,最小分度值为 1 mm 的钢板尺测量某一物体的长度,我们可以读出其长度为 7.26 cm。在这个读取的数据中,7.2 是由钢板尺上的刻度直接读取的,而最后一位数字 6 是测量者估读出来的,是有疑问的。不同的测量者估读出的结果可能是不一样的,因此,最后一位数字称为存疑数字。于是我们说测量结果是三位有效数字。试想,数字 6 的下一位数能否读出?因此,用钢板尺测量物体的长度,测量结果如果以 mm 为单位表示,只能读到小数点后的一位,然后确定有效数字的位数。

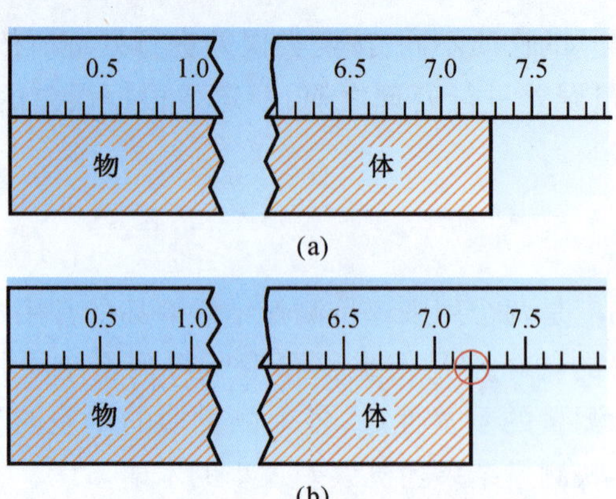

图 A－4　钢板尺测量物体长度

(a)一般情况;(b)特殊情况

2. 关于有效数字的规定和说明

①有效数字的位数与小数点的位置无关,单位变换不影响有效数字的位数。例如,某物体的长度 $L=12.01\ \text{cm}=0.120\ 1\ \text{m}=0.000\ 120\ 1\ \text{km}$,它们都是四位有效数字。从这个例子可以看出,十进制单位的变换不会影响有效数字的位数,这时通常可采用科学计数法。例如,上述物体的长度可表示为 $L=12.01\times10^{-5}\ \text{km}$,仍然是四位有效数字,因为"10"的幂指数不计入有效数字位数。

②对于"0" 这个数字,在有效数字中具有特殊的地位。先看上面某物体长度 L 的三种看似不同的表达方式。其中,"0"出现在数据中不同的位置,在 12.01 中的"0"显然被计入了有效数字的位数中,而 0.120 1 和 0.000 120 1 中数字"1"前面的"0"显然没有被计入有效数字的位数中,即在计算有效数字位数时,第一个非零数字前面的"0"不计入有效数字的位数。再看如图 A－4(b)所示的测量,如果测量时,物体的一端刚好与尺上的某一条刻线对齐,此时测量结果可否记录为 7.2 cm? 答案是不可以,应该记录为 7.20 cm。从数学的角度来看,7.2 和 7.20 是两个相等的数值,似乎后者中的"0"没有保留的必要。但是,从测量误差和有效数字的观点上看,两者是完全不一样的。7.2 cm 中的"2"是存疑数,即所用的测量工具的测量精度是1 cm;7.20 cm 中的"0"是存疑数,即所用的测量工具的测量精度是0.1 cm。因此,在实验数据记录的过程中,要注意小数点后最后一位数是"0"时,不可以随意舍弃,因为它代表着测量工具的精度。

③参与计算的常数,如$\sqrt{2}$,π,e,2,1/3 等,其有效数字可以认为是无限的,它们参与计算时,取几位数可根据需要选择,这类常数不影响有效数字的位数。

④由于间接测量的实验结果是通过直接测量值计算出来的,而直接测量值通常会使用不同的仪器和工具,所以各个直接测量值一般所得有效数字的位数不尽相同,于是就存在运算过程中有效数字的取舍问题。下面通过几个例子来说明在"＋""－""×""÷"运算过程中有效数字的位数如何取舍。

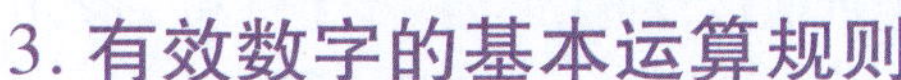

3. 有效数字的基本运算规则

对于“+”“-”运算的过程如下：

146.2 + 2.367 = 148.567 ⟹ 148.567 ⟹ 148.6（一位存疑数）

30.65 − 4.936 = 25.714 ⟹ 25.714 ⟹ 25.71（一位存疑数）

数字上带点的数字表示存疑数，原则是无论什么数只要有存疑数参与运算，运算结果一定为存疑数，但最终结果只能保留一位存疑数。特别要注意：在“+”运算过程中可能会使有效数字位数增加（进位），在“-”运算过程中可能会使有效数字位数减少（借位）。

对于“×”运算的过程如下：

6.356 × 30.5：31780 + 0000 + 19068 = 193.8580 ⟹ 193.8580 ⟹ 194（一位存疑数）

“÷”运算规则同上，请同学们按此原则算算看。

关于有效数字运算我们可以得到以下规律：

①对于“+”“-”运算，结果中存疑数的数位与参与运算的有效数字中存疑数数位最高的相同。例如，在“+”运算示例中，146.2 的小数点后的“2”位数最高，因此，计算结果小数点后只有一位，“-”运算示例与此同理。

②对于“×”“÷”运算，结果中有效数字的位数一般情况下与参与运算的有效数字位数最少的位数相同。例如，在“×”运算示例中，四位有效数字与三位有效数字相乘，结果是三位有效数字。

③对于乘方和开方运算，结果中有效数字的位数与其底的有效数字位数相同。

④对于指数、对数、三角函数等运算，结果中有效数字位数可由其改变量来确定。例如，实验测得某夹角为 19°35′，其最后一位存疑数是 5′，换算成度表示则是 19.58°，于是利用计算器计算结果是 $\sin 19.58° = 0.335\ 122\ 7\cdots$。怎样判断哪位是存疑数呢？通常我们采用这样的方法，即取一个与其相近的数进行计算，如计算 $\sin 19.59° = 0.335\ 287\ 1\cdots$，比较其计算结果发现，在小数点后的第四位数不一样了，因此可以取 $\sin 19.58° = 0.335\ 1$，这里“1”是最后一位存疑数。

综上所述，作为实验结果的有效数字表示，保留一位存疑数，但在实验数据处理的过程中，最终结果保留几位有效数字，还需根据实际情况来确定。有关规则将在测量结果的不确定度估算中给出。

三、测量结果的不确定度估算

测量的目的是为了得到被测量的值，由于测量误差的存在，被测量的值难以确定,其测量结果只能得到一个近似估计值(最佳估计值)和一个用于表示近似程度的误差范围。于是,引入"测量不确定度"(Uncertainty of measurement)的概念,利用测量不确定度来定量评定测量水平或质量。

1. 算术平均值是约定真值的最佳估计值

对于多次测量而言,在不考虑系统误差影响时,其算术平均值(Mean arithmetical value)是约定真值的最佳估计值。多次测量的算术平均值被定义为在排除了系统误差的情况下,设对某一个约定真值为 x_0 的物理量进行 n 次测量,得到的测量值分别为 $x_1, x_2, \cdots, x_n$。其中,任意一次测量值的误差可表示为

$$\Delta x_i = x_i - x_0, \quad (i = 1, 2, \cdots, n) \tag{A-8}$$

对式(A-8)求和可得

$$\sum_{i=1}^{n} \Delta x_i = (x_1 + x_2 + \cdots + x_n) - nx_0 \tag{A-9}$$

式(A-9)两边同时除以 n,可得

$$\frac{1}{n}\sum_{i=1}^{n} \Delta x_i = \frac{1}{n}\sum_{i=1}^{n} x_i - x_0 \tag{A-10}$$

根据随机误差统计规律的对称性,当 $n \to \infty$ 时,数值大小相等、符号相反的误差出现的概率相同,于是有

$$\lim_{n \to \infty} \sum_{i=1}^{n} \Delta x_i = 0 \tag{A-11}$$

$$x_0 = \frac{\sum_{i=1}^{n} x_i}{n} = \bar{x} \tag{A-12}$$

这表明,当测量次数足够多时,算术平均值最接近约定真值。实际上,在做有限次数的测量时,算术平均值也是约定真值的最佳估计值。因此在实际测量中,通常用测量值的算术平均值表示多次直接测量的结果。

2. 测量值的实验标准偏差

根据统计学理论,对有限次数的测量,可以用测量的算术平均值代替约定真值,用实验标准偏差(Standard deviation) S 作为总体标准偏差 σ 的估计值,并定义实验标准偏差为

$$S = \sqrt{\frac{\sum_{i=1}^{n} (x_i - \bar{x})^2}{n-1}} \tag{A-13}$$

3. 算术平均值的实验标准偏差

对于某一个物理量的有限次测量的平均值也是一个随机变量。也就是说,对该物理量进行不同组的有限次测量,各组的算术平均值一般也是不相

同的,彼此也会有所差异。因此,也就存在所谓实验平均值的标准偏差(Experimental standard deviation of the mean arithmetical value),用符号 $S_{\bar{x}}$ 表示。可以证明 $S_{\bar{x}}$ 与 S 的关系为

$$S_{\bar{x}} = \frac{S}{\sqrt{n}} = \sqrt{\frac{\sum_{i=1}^{n}(x_i - \bar{x})^2}{n(n-1)}} \qquad (A-14)$$

在实际的测量过程中,测量次数通常是有限的,因而平均值的分布与正态分布是有偏离的,如图 A-5 所示,即所谓的 t 分布。图 A-5 中的实线表示理论上的正态分布,显然 t 分布曲线偏离了理论曲线。t 分布函数的分布系数 $t_p(n)$ 是一个与测量次数 n 和置信概率(Fiducial probability)P 有关的量值,其数值见表 A-1。因此,式(A-14)给出的算术平均值的标准偏差在实际应用时需要进行修正,即用 $S_{\bar{x}}$ 乘 $t_p(n)$。

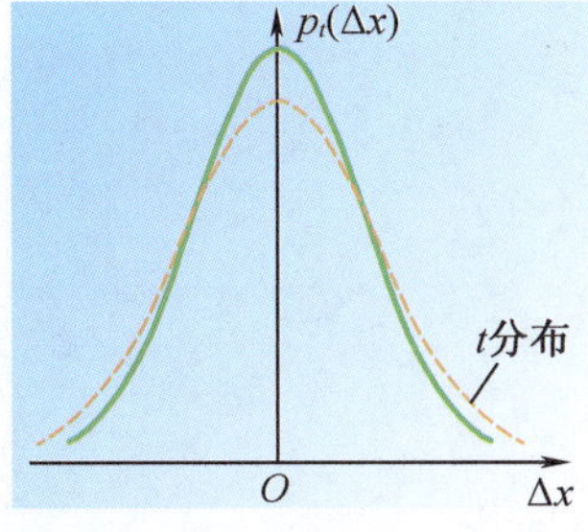

图 A-5　t 分布

表 A-1　不同置信概率 P、测量次数 n 的分布系数 $t_p(n)$

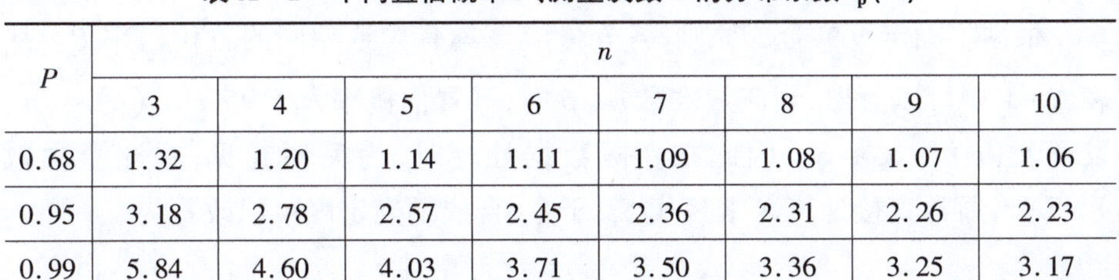

P	n							
	3	4	5	6	7	8	9	10
0.68	1.32	1.20	1.14	1.11	1.09	1.08	1.07	1.06
0.95	3.18	2.78	2.57	2.45	2.36	2.31	2.26	2.23
0.99	5.84	4.60	4.03	3.71	3.50	3.36	3.25	3.17

4. 测量不确定度的定义

测量不确定度表征测量值的分散性,是与测量结果相联系的参数。

不确定度一词意指可疑程度。就广义而言,测量不确定度表示的是测量结果正确性的可疑程度。为此,测量不确定度也曾有不同形式的定义:①由测量结果给出的被测量估计值的可能误差的度量;②表征被测量值所处范围的评定;③由于测量误差的存在,使得测量结果不能肯定的程度。所有的测量不确定度的定义没有本质上的区别,其评定方法均相同,表达形式也一样。

一个完整的测量结果应当包括被测量值的最佳估计值和测量不确定度两部分。例如,被测量 x_0 的测量结果为 $x \pm \Delta$,其测量值 x 是 x_0 的最佳估计值,Δ 是测量值 x 的测量不确定度。测量结果又可展开表示为$(x+\Delta, x-\Delta)$,显然被测量 x 的测量结果所表示的并非一个确定的值,它表征了被测量值所处范围的评定。

5. 不确定度的分类

实验测量结果的评定通常与很多因素有关,这些因素就形成了不同的不确定度的分量。在大学物理实验中,对测量不确定度的估算通常只考虑其中的两类分量,然后合成作为实验结果的最终不确定度。这两类不确定度分别为 A 类不确定度和 B 类不确定度。

A 类不确定度是指在等精度多次重复测量中可以利用统计方法估算出

来的不确定度分量 $\Delta_{A_i}(i=1,2,\cdots)$。

B 类不确定度是指用其他的非统计方法估算出来的不确定度分量 Δ_{B_j} $(j=1,2,\cdots)$。一些不能消除的系统误差,如仪器误差常常看作是 B 类不确定度分量的来源。

最终的不确定度 Δ 是这两类不确定度各个分量的合成。如 Δ_{A_i} 与 Δ_{B_j} 互相独立,并且有相同的置信概率,我们约定合成不确定度 Δ 可表示为

$$\Delta=\sqrt{\sum\Delta_{A_i}^2+\sum\Delta_{B_j}^2} \qquad (A-15)$$

在实际应用过程中,通常式(A-15)中的 B 类不确定度中只含有仪器误差一个分量,即认为其他分量均为零,而 A 类不确定度中只考虑 $S_{\bar{x}}$ 的贡献,于是,式(A-15)可改写为

$$\Delta=\sqrt{[t_p(n)\cdot S_{\bar{x}}]^2+\Delta_0^2} \qquad (A-16)$$

式中,Δ_0 为测量仪器的不确定度。

根据不确定度的合成原则,各分量应该具有大致相同的置信概率 P。从表 A-1 中可以看出,当测量次数 $n>5$ 时,其置信概率大于95%,$t_p(n)\approx\sqrt{n}$,发现 $t_p(n)\cdot S_{\bar{x}}\approx S$。因此在实际数据处理时,为简便起见,在测量次数 $n>5$ 时,通常直接计算 S 来替代 $S_{\bar{x}}$,于是,合成不确定度可以改写为

$$\Delta=\sqrt{S^2+\Delta_0^2} \qquad (A-17)$$

6. 直接测量结果的不确定度估算

在实际测量过程中,只要测量次数 $n>5$,就不再考虑修正问题,而直接用式(A-17)对测量结果的不确定度进行估算。于是,测量结果最终表示为

$$x=\bar{x}\pm\Delta(\text{单位})$$

7. 测量结果的表示

在数据运算过程中,要按有效数字运算规则计算数据,最后一位按四舍五入的原则处理。为了避免过早的四舍五入引入附加误差,在运算过程中,有效数字要多保留一位,但不能递增式多保留。不确定度的计算和结果,一般可都取两位有效数字,测量结果的有效位数一般要与不确定度的最后一位数对齐。相对不确定度取两位有效数字,并用百分数表示。

例如,用螺旋测微器测量一根金属丝的直径 D,测得的数据为

D/mm:1.516,1.519,1.514,1.522,1.513,1.523,1.517

计算结果为$\bar{D}=1.517\ 7$ mm(多保留一位),$S=0.003\ 8$ mm,$S_{\bar{D}}=0.001\ 4$ mm,计算 A 类不确定度为

$$\Delta_A=t_p(n)\cdot S_{\bar{D}}\approx\sqrt{7}\times0.001\ 4\approx2.65\times0.001\ 4=0.003\ 7\ \text{mm}$$

可见，对于有限次测量，S 是 A 类不确定度很好的近似。

对于 B 类不确定度，本书中仅考虑仪器误差分量 Δ_0，在使用螺旋测微器测量时，需要首先读取零点修正值，然后读取测量值，这样就对螺旋测微器进行了两次读数。因此，按不确定度的估算规则，Δ_B 的计算方法为

$$\Delta_B=\sqrt{\Delta_0^2+\Delta_0^2}=\sqrt{0.004^2+0.004^2}=0.005\,7\ \text{mm}$$

于是，合成的不确定度为

$$\Delta=\sqrt{S^2+\Delta_B^2}=\sqrt{0.003\,8^2+0.005\,7^2}=0.006\,9\ \text{mm}$$

测量结果最终表示为

$$D=\overline{D}\pm\Delta=(1.517\,7\pm0.006\,9)\text{mm}$$

$$E_r=\frac{\Delta}{\overline{D}}\times100\%=\frac{0.006\,9}{1.517\,7}\times100\%=0.45\%$$

注意　完整的实验结果表示包括被测量值的平均值、不确定度（末位对齐原则）、测量值的单位和相对不确定度。

对于一次性直接测量，通常取 Δ_0 作为测量结果的不确定度，Δ_0 取一位有效数字，表示为

$$(\text{测量结果})=(\text{被测量值})\pm\Delta_0$$

实验中常用测量仪器 Δ_0 的简化约定，见表 A－2。数字仪表的仪器误差取末位的最小显示值；带有刻线的，如米尺、温度计、指针式仪表等，一般规则是取最小刻度的 1/2；带有游标的读数仪器取最小分度值。

表 A－2　实验中常用仪器 Δ_0 的简化约定

钢板尺、钢卷尺	游标卡尺			螺旋测微器
	$\frac{1}{10}$ mm 分度	$\frac{1}{20}$ mm 分度	$\frac{1}{50}$ mm 分度	
0.5 mm	0.1 mm	0.05 mm	0.02 mm	0.004 mm

分光计（1′分度）	读数显微镜	迈克尔逊干涉仪	测微目镜
1′	0.005 mm	0.000 05 mm	0.05 mm

8. 间接测量结果的不确定度估算

在实际的测量工作中，多数物理量是通过间接测量得到的。在计算间接测量结果时，是将各直接测量的量值代入原理公式，以求得测量结果。由于直接测量值均有一定的测量不确定度，因此求得的间接测量结果必然也具有测量的不确定度。表达直接测量不确定度和间接测量不确定度之间关系的式子称为不确定度传递公式。

设物理量 N 是多个直接测量量的函数，即

$$N=f(A,B,C,\cdots)$$

为研究问题简单起见，假定间接测量值的各个直接测量量 $A,B,C,\cdots$ 是相互完全独立的，且分别有各自的合成不确定度 $\Delta A,\Delta B,\Delta C,\cdots$，可以证明，间接测量的合成不确定度传递公式可表示为

$$\Delta N=\sqrt{\left(\frac{\partial N}{\partial A}\right)^2\cdot(\Delta A)^2+\left(\frac{\partial N}{\partial B}\right)^2\cdot(\Delta B)^2+\left(\frac{\partial N}{\partial C}\right)^2\cdot(\Delta C)^2+\cdots} \tag{A-18}$$

相对不确定度计算的传递公式为

$$E_r=\frac{\Delta N}{N}=\sqrt{\left(\frac{\partial \ln N}{\partial A}\right)^2\cdot(\Delta A)^2+\left(\frac{\partial \ln N}{\partial B}\right)^2\cdot(\Delta B)^2+\left(\frac{\partial \ln N}{\partial C}\right)^2\cdot(\Delta C)^2+\cdots} \tag{A-19}$$

注意 对于间接测量量的函数关系是以加减运算为主的，利用式（A－18）计算比较简单，因此，通常先求不确定度，再求相对不确定度；而对于间接测量量的函数关系是以乘除运算为主的，则利用式（A－19）更方便，可以先计算相对不确定度，然后再求不确定度。在计算结果中代入 $A,B,C,\cdots$ 的测量数值时，如果是单次测量，则代入测量值，如果是多次测量，则代入测量的算术平均值；相应的 $\Delta A,\Delta B,\Delta C,\cdots$，单次测量代入仪器误差，多次测量代入合成不确定度。

常用函数不确定度传递公式见表 A－3。

表 A－3 常用函数不确定度传递公式

函数形式	不确定度传递公式
$N=A+B+C$	$\Delta N=\sqrt{(\Delta A)^2+(\Delta B)^2+(\Delta C)^2}$
$N=A\times B\times C$	$\frac{\Delta N}{N}=\sqrt{\left(\frac{\Delta A}{A}\right)^2+\left(\frac{\Delta B}{B}\right)^2+\left(\frac{\Delta C}{C}\right)^2}$
$N=\frac{A}{B}$	$\frac{\Delta N}{N}=\sqrt{\left(\frac{\Delta A}{A}\right)^2+\left(\frac{\Delta B}{B}\right)^2}$
$N=aA^n$	$\frac{\Delta N}{N}=n\frac{\Delta A}{A}$
$N=\sqrt[n]{A}$	$\frac{\Delta N}{N}=\frac{1}{n}\frac{\Delta A}{A}$
$N=\sin A$	$\Delta N=\lvert\cos A\rvert\cdot\Delta A$

例 A－1 已知 $A=(71.3\pm0.5)\ \mathrm{cm}^2$，$B=(6.262\pm0.002)\ \mathrm{cm}^2$，$C=(0.751\pm0.001)\ \mathrm{cm}^2$，$D=(271\pm1)\ \mathrm{cm}^2$，且：(1) $N=A+B-C+D$；(2) $N=\frac{A\cdot C^2}{B\cdot D}$。分别计算间接测量值 N，并估算其不确定度 ΔN。

解 (1) $N=A+B-C+D=71.3+6.262-0.751+271\approx347.81\ \mathrm{cm}^2$

$$\Delta = \sqrt{(\Delta A)^2 + (\Delta B)^2 + (\Delta C)^2 + (\Delta D)^2}$$

因为

$$\Delta B \ll \Delta D \quad \Delta C \ll \Delta D$$

所以

$$\Delta \approx \sqrt{(\Delta A)^2 + (\Delta D)^2} = \sqrt{(0.5)^2 + 1^2} \approx 1.1\ \text{cm}^2$$

$$E_r = \frac{\Delta N}{N} \times 100\% = 0.29\%$$

计算结果为

$$\begin{cases} N = (347.8 \pm 1.1)\ \text{cm}^2 \\ E_r = 0.29\% \end{cases}$$

(2) $$N = \frac{A \cdot C^2}{B \cdot D} = \frac{71.3 \times 0.751^2}{6.262 \times 271} \approx 0.023\ 70\ \text{cm}^2$$

$$\begin{aligned} E_r &= \frac{\Delta N}{N} = \sqrt{\left(\frac{\Delta A}{A}\right)^2 + \left(\frac{\Delta B}{B}\right)^2 + \left(2\frac{\Delta C}{C}\right)^2 + \left(\frac{\Delta D}{D}\right)^2} \\ &= \sqrt{\left(\frac{0.5}{71.3}\right)^2 + \left(\frac{0.002}{6.262}\right)^2 + \left(2 \times \frac{0.001}{0.751}\right)^2 + \left(\frac{1}{271}\right)^2} \\ &= \sqrt{(0.007\ 0)^2 + (0.000\ 32)^2 + (0.005\ 3)^2 + (0.003\ 7)^2} \\ &\approx 0.009\ 5 = 0.95\% \end{aligned}$$

$$\Delta N = N \cdot \frac{\Delta N}{N} = 0.023\ 70 \times 0.95\% = 0.000\ 22\ \text{cm}^2$$

$$\begin{cases} N = (0.023\ 70 \pm 0.000\ 22)\ \text{cm}^2 \\ \dfrac{\Delta N}{N} = 0.95\% \end{cases}$$

例 A-2 游标卡尺测得金属空心圆柱体的外径 D_2、内径 D_1 和高 H 列于表 A-4 中，求体积 V 并估算其不确定度 ΔV。

表 A-4 $\Delta_0 = 0.005$ cm（20 个分度的游标卡尺）

序号	D_2/cm	D_1/cm	H/cm
1	3.275	2.710	3.025
2	3.275	2.710	3.030
3	3.280	2.705	3.020
4	3.280	2.705	3.015
5	3.270	2.705	3.025
6	3.275	2.705	3.025

解 首先计算各个测量值的算术平均值和标准偏差，计算结果见表 A-5。

表 A-5 计算结果列表

	D_2/cm	D_1/cm	H/cm
平均值	3.275 8	2.706 7	3.023 3
S	0.003 8	0.002 6	0.005 2

按不确定度的估算方法有

$$\Delta D_2 = \sqrt{S^2+\Delta^2} = \sqrt{0.003\,8^2+0.005^2} \approx 0.006\,3\ \text{cm}$$

$$\Delta D_1 = \sqrt{S^2+\Delta^2} = \sqrt{0.002\,6^2+0.005^2} \approx 0.005\,6\ \text{cm}$$

$$\Delta H = \sqrt{S^2+\Delta^2} = \sqrt{0.005\,2^2+0.005^2} \approx 0.007\,2\ \text{cm}$$

空心圆柱体的体积为

$$V = \frac{\pi}{4}(D_2^2 - D_1^2)H = \frac{\pi}{4}(3.275\,8^2 - 2.706\,7^2)\times 3.023\,3 = 8.084\,3\ \text{cm}^2$$

为了利用不确定度的传递公式,先求体积的对数及偏导数,即

$$\ln V = \ln\frac{\pi}{4} + \ln(D_2^2 + D_1^2) + \ln H$$

$$\frac{\partial \ln V}{\partial D_2} = \frac{2D_2}{D_2^2 - D_1^2},\ \frac{\partial \ln V}{\partial D_1} = -\frac{2D_1}{D_2^2 - D_1^2},\ \frac{\partial \ln V}{\partial H} = \frac{1}{H}$$

代入传递公式,可得

$$\begin{aligned} E_r &= \frac{\Delta V}{V} \\ &= \sqrt{\left(\frac{2D_2}{D_2^2-D_1^2}\right)^2(\Delta D_2)^2 + \left(\frac{2D_1}{D_2^2-D_1^2}\right)^2(\Delta D_1)^2 + \left(\frac{1}{H}\right)^2(\Delta H)^2} \\ &= \sqrt{\left(\frac{2\times 3.275\,8\times 0.006\,3}{3.275\,8^2-2.706\,7^2}\right)^2 + \left(\frac{2\times 3.276\times 0.005\,6}{3.275\,8^2-2.706\,7^2}\right)^2 + \left(\frac{0.007\,2}{3.023\,3}\right)^2} \\ &\approx 0.015 = 1.5\% \end{aligned}$$

$$\Delta V = V\times\frac{\Delta V}{V} = 8.084\,3\times 0.015 \approx 0.12\ \text{cm}^3$$

计算结果表示为

$$\begin{cases} V = (8.08 \pm 0.12)\ \text{cm}^3 \\ E_r = 1.5\% \end{cases}$$

四、实验数据处理方法

物理实验除了对各种物理量进行测量外,经常还需要研究各个物理量之间的相互关系、变化规律等。下面介绍几种常用的实验数据处理方法。

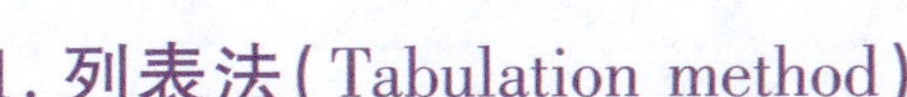

1. 列表法(Tabulation method)

列表是有序记录实验数据的有效手段，是用实验数据显示函数关系的原始方法。列表法可以简单明了、形式紧凑地表示有关物理量之间的对应关系；便于随时检查结果是否合理，及时发现问题，减少和避免错误；有助于找出有关物理量之间规律性的联系，进而求出经验公式等。表 A－6 列出了一根电阻丝的电阻 R 和温度 t 的一组测量值。通过数值分析可知，随着温度的升高，电阻的阻值会增大。

表 A－6　表征 $R-t$ 关系的一组测量值

t/℃	20.0	25.0	30.0	35.0	40.0	45.0	50.0	55.0
R/Ω	42.8	45.7	48.8	52.0	55.1	58.3	61.3	64.1

列表的要求如下：

①要写出所列表的名称，列表要简单明了，便于看出有关量之间的关系，便于处理数据；

②列表要标明符号所代表物理量的意义并写明单位，单位及量值的数量级写在该符号的标题栏中，不必重复记在各个数值上；

③列表的形式不限，根据具体情况决定列出哪些项目，有些个别的或与其他项目联系不大的数据可以不列入表内，表中除原始数据外，计算过程中的一些中间结果和最后结果也可以列入表中；

④若是有函数关系的测量数据，则应按自变量由小到大或由大到小的顺序排列；

⑤表中所列数据要正确反映测量结果的有效数字。

2. 图示法(Graphic interpretation)

在很多情况下，物理量之间的关系很难用一个简单的解析函数式表示，或者无须得出函数关系式，如一年内的气温变化图线、晶体管的特性曲线等，这时就可以用图示法直观、形象地表示出来。为了得到美观、规范的图线，下面简要介绍一般实验图线的作图程序和注意事项。作图的三个要素是坐标轴名称（所代表的物理量）、分度值和分度值的单位。

（1）选用合适的坐标纸

常用的坐标纸有直角坐标纸、对数坐标纸和极坐标纸等。物理实验中，最常用的是毫米刻度的直角坐标纸。

坐标纸的大小和坐标轴的比例应由所测得的数据的有效数字和结果的精度要求决定。原则上以不损失实验数据的有效数字和能容纳所有实验点作为选取坐标纸大小的最低限度，当然也可以适当放大。

（2）选取坐标轴及其坐标

通常以横轴表示自变量，纵轴表示因变量，要分别标明各轴所代表的物理量和单位，并在坐标轴上每隔一定的、相等的间距标明其分度值。一般来说，分度值沿坐标轴应按由小到大或由大到小的顺序排列。取坐标轴的分度时应该注意，尽量让图线比较对称地“充满”整个图纸面。

(3)标出测量数据的坐标点

用"×""+""⊙""Δ"等符号在坐标纸上标明数据点。作完图后,要保留这些符号,以便区分。

(4)连接实验图线

用直尺或曲线板和削尖的硬铅笔等工具,尽量地穿过或接近所有的实验点,画出光滑的曲线或直线(除电表的校正曲线外,一般不将实验点连成折线)。图线不强求通过所有的实验点,但是要求图线两侧的实验点分布均衡,且与图线尽量接近。

3. 图解法(Descriptive geometry solution)

图解法是实验数据处理的重要手段之一。图线能够直观地表示出实验数据间的关系,往往可以通过图线找出两个量之间的数学关系式。其作图的要领类似于图示法,但其目的通常是要通过作图来获得某物理量的量值,以及把复杂的函数关系用简单的图线表示出来,并得到其物理规律性等。简单而常用的方法有直线图解法和曲线改直图解法。

(1)直线图解法的步骤

① 选点

在直线两端任取两点 $A(x_1,y_1)$ 和 $B(x_2,y_2)$,如图 A-6 所示,其坐标值最好是整数值,用与数据点不同的符号将它们表示出来,并在其近旁注明坐标读数。

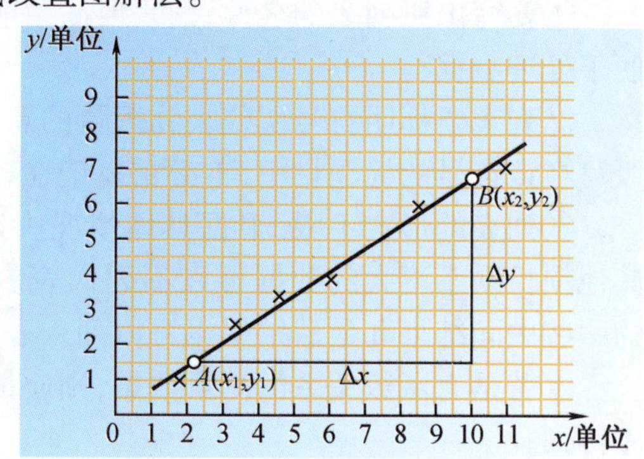

图 A-6 直线图解法示意图

② 求斜率 k

直线方程为 $y=kx+b$,已知两点 A 和 B 的坐标值,则直线斜率 k 可表示为

$$k=\frac{y_2-y_1}{x_2-x_1}=\frac{\Delta y}{\Delta x} \tag{A-20}$$

为了减小相对误差,所取的两点应在实验数据范围内尽量分开远一些,但不得取原始实验数据。

③ 求截距 b

如果横纵坐标的起点均为零,则直线的截距可直接从图中读出,其大小就是直线的延长线与 y 轴的交点的数值;如果起点不为零,则可用公式计算截距 b,即

$$b=\frac{x_2y_1-x_1y_2}{x_2-x_1} \tag{A-21}$$

(2)曲线改直图解法

实际上,物理量之间的关系通常并不都是线性的,如单摆的周期 T 与摆长 l 和重力加速度 g 的关系,弹簧振子的振动周期 T 与小球的质量 M 和弹簧的劲度系数 k 之间的关系等。如果能够将它们之间的关系通过某种变换,在坐标纸上用一条直线来表示它们之间的一种线性关系,这就是所谓的曲线改

直图解法。下面以弹簧振子为例说明变换的具体方法。

弹簧振子的振动周期 T 为

$$T = 2\pi\sqrt{\frac{M}{k}}$$

对等式两边平方后可得

$$T^2 = 4\pi^2\frac{M}{k}$$

假如我们需要求弹簧的劲度系数 k,上式可改写为

$$y = aM$$

式中,$y = T^2$;$a = \frac{4\pi^2}{k}$。

通过测量不同质量小球的振动周期,并将周期值取平方后的数值作为纵坐标,用小球的质量作为横坐标,画出的就是一条直线,通过式(A-20)给出的方法求得直线的斜率 a,于是有

$$k = \frac{4\pi^2}{a}$$

这样,就得到了弹簧的劲度系数 k 的值。

再比如,阻尼振荡的振幅随时间的变化规律为

$$A = A_0 e^{-\beta t}$$

式中,A_0 是初始振幅;β 是阻尼系数。显然,时间 t 与幅值 A 的关系不是直线,现在我们把它改为直线。对上式两端取自然对数,可得

$$\ln A = -\beta t + \ln A_0$$

令 $\ln A = y$,$\ln A_0 = C$,则

$$y = -\beta t + C$$

显然,$y = -\beta t + c$ 是一个典型的线性方程,用时间 t 作为横坐标,$y(\ln A)$ 作为纵坐标,在坐标纸上画出 $t-y$ 直线,由直线的斜率就可以确定阻尼系数 β,再求出截距 C 就可以确定初始振幅 A_0。

从以上两个例子可以看出曲线改直图解法在实验数据处理中的独特作用。

4. 逐差法(Method of successive difference)

对于线性关系函数式 $y = ax + b$,如果自变量 x 的变化是等间隔的,且其误差远小于因变量 y 的误差,则在数据处理时就可采取忽略 x 误差的近似方法而使问题得到一定的简化。在这些特定的条件下,即可利用逐差法进行实验数据的处理。具体做法是将测量得到的偶数组数据分成两组,即前一半和后一半,然后对应项相减,再求平均值。下面以拉伸法测量金属丝杨氏模量的实验为例说明逐差法的应用。

已知望远镜中看到的标尺的读数 n 与钢丝所受到的作用力 mg 之间满足线性关系 $m = kn$,k 是比例常数。实验中,每个砝码的质量为 0.500 kg,实验数据见表 A-7。

表 A－7 逐差法应用举例

测量次数 i	1	2	3	4	5	6	7	8	9	10
砝码质量/kg	0.500	1.000	1.500	2.000	2.500	3.000	3.500	4.000	4.500	5.000
标尺读数 n_i/cm	15.95	16.55	17.18	17.80	18.40	19.02	19.63	20.22	20.84	21.47

首先看逐项相减的结果，也就是用每增加 0.500 kg 砝码时后一个读数与前一个读数相减，然后计算每增加 0.500 kg 砝码钢丝的伸长量，再取平均值，即

$$\overline{\Delta n}=\frac{(n_2-n_1)+(n_3-n_2)+\cdots+(n_{10}-n_1)}{9}=\frac{21.74-15.95}{9}=0.6133\ \mathrm{cm}$$

于是，比例系数为

$$k=\frac{\overline{\Delta n}}{\Delta m}=\frac{0.6133}{0.500}=1.227\ \mathrm{cm/kg}$$

值得注意的是，在上述运算过程中，并没有把全部测量数据都用上，仅仅使用了始末的两个测量值，这样的计算方法等效于一次就加上 10 个 0.500 kg 的砝码。正确的方法应该是将测量数据分成两组，即(n_1,n_2,n_3,n_4,n_5)和(n_6,n_7,n_8,n_9,n_{10})，然后将对应项相减求平均值，即

$$\overline{\Delta n}=\frac{(n_6-n_1)+(n_7-n_2)+(n_8-n_3)+(n_9-n_4)+(n_{10}-n_5)}{5}=\frac{3.07+3.08+3.04+3.04+3.07}{5}=3.060\ \mathrm{cm}$$

于是，比例系数为

$$k=\frac{\overline{\Delta n}}{\Delta m}=\frac{3.060}{2.50}=1.224\ \mathrm{cm/kg}$$

这样，就把全部测量数据都用上了，等效于 5 次重复测量的结果。这种数据处理的方法对于一些实验是特别有效的，如迈克尔逊干涉仪、空气中声速的测量等。应该注意的是，要想利用逐差法进行数据处理，其测量次数必须取偶数次。从上面的例子可以看出，如果测量次数为奇数次，则必然有一个测量数值无法使用。

5. 线性回归法(Linear regression method)

(1)线性方程参数最佳值的求法(最小二乘法)

设已知函数为一次函数形式，即

$$y=ax+b \tag{A-22}$$

方程的回归问题实际上归结为用实验测得的数据确定式(A－22)中的系数 a 和 b，它等效于作图法中求解直线的斜率和截距。由于自变量只有一个，故称为一元回归，亦称直线拟合。为了确定 a 和 b 的大小，可以将 n 组数据，即

$$x_i(i=1,2,\cdots,n),y_i(i=1,2,\cdots,n)$$

代入相关的公式，直接算出 a 和 b 的最佳数值。

为使问题简化，我们假定每个测量值都是等精度的，且 x 和 y 的测量值中只有 y 有明显的测量随机误差。如果 x 和 y 均有随机误差，只要把误差小的变量当作 x 来处理即可。

在实验中，不可避免地存在着测量误差，因此，在一般情况下，n 组数据中的任一组均不能完全适合式（A－22）。为了求得最佳经验式（A－22）的参数，我们将 n 组数据代入式（A－22），并列出 n 个方程式，即

$$v_i=y_i-(ax_i+b),\quad i=1,2,\cdots,n \tag{A－23}$$

根据最小二乘法原理，未知参数 a,b 的最可信赖值能够使各个 v_i 的平方和为极小值，取极小值的条件是 v_i 的平方和分别对 a,b 的偏导数都等于零，即

$$\frac{\partial}{\partial a}\sum_{i=1}^{n}v_i^2=-2\sum_{i=1}^{n}[y_i-(ax_i+b)]x_i=0 \tag{A－24}$$

$$\frac{\partial}{\partial b}\sum_{i=1}^{n}v_i^2=-2\sum_{i=1}^{n}[y_i-(ax_i+b)]=0 \tag{A－25}$$

由式（A－25）整理可得

$$b=\frac{1}{n}\left(\sum_{i=1}^{n}y_i-a\sum_{i=1}^{n}x_i\right) \tag{A－26}$$

将式（A－26）代入式（A－24）整理后有

$$a=\frac{\sum_{i=1}^{n}x_iy_i-\frac{1}{n}\sum_{i=1}^{n}x_i\sum_{i=1}^{n}y_i}{\sum_{i=1}^{n}x_i^2-\frac{1}{n}\left(\sum_{i=1}^{n}x_i\right)^2} \tag{A－27}$$

令 $\bar{x}=\frac{1}{n}\sum_{i=1}^{n}x_i,\bar{y}=\frac{1}{n}\sum_{i=1}^{n}y_i$，则

$$L_{xx}=\sum_{i=1}^{n}x_i^2-\frac{1}{n}\left(\sum_{i=1}^{n}x_i\right)^2=n(\overline{x^2}-\bar{x}^2)$$

$$L_{yy}=\sum_{i=1}^{n}y_i^2-\frac{1}{n}\left(\sum_{i=1}^{n}y_i\right)^2=n(\overline{y^2}-\bar{y}^2)$$

$$L_{xy}=\sum_{i=1}^{n}x_iy_i-\frac{1}{n}\sum_{i=1}^{n}x_i\sum_{i=1}^{n}y_i=n(\overline{x\,y}-\bar{x}\cdot\bar{y})$$

于是，式（A－26）和式（A－27）可写为

$$a=\frac{L_{xy}}{L_{xx}} \tag{A－28}$$

$$b=\bar{y}-a\bar{x} \tag{A－29}$$

将得出的 a 和 b 代入直线方程，即得到最佳的经验公式。直线拟合法在科学实验中广泛运用，特别是有了微型计算机、计算器后，计算工作量大大减小，计算精度也有了保证，因此，该法既实用又方便。用这种方法算出的参数

a 和 b 是最佳的，但并不是说没有误差，由于它们的误差估算比较复杂，这里不做要求。

(2)结果的检验——相关系数

使用回归法处理数据时，最难的是函数形式的选取。函数形式的选取主要靠理论上的分析，在理论不是很清楚的时候，就只能依靠实验数据的变化趋势来推测。这样，对同一组观察量 x 和 y 之间存在的函数关系，不同的人"预测"的函数形式可能是不同的。因此，这种关系是否可靠需要检验，一般检验方法是计算相关系数 r。

根据统计理论，相关系数定义为

$$r = \frac{\sum_{i=1}^{n}(x_i - \bar{x})(y_i - \bar{y})}{\sqrt{\sum_{i=1}^{n}(x_i - \bar{x})^2(y_i - \bar{y})^2}} = \frac{L_{xy}}{\sqrt{L_{xx}L_{yy}}} \tag{A-30}$$

可以证明，r 的值总是在 0 和 1 之间。其值越接近 1，说明数据点越密集地分布在所得直线的附近，相关性越好；相反，其值越接近 0，数据点越分散，相关性越差，说明该函数关系不易采用线性回归法，必须用其他函数重新尝试。

(3)应用举例

以弹簧受力伸长求劲度系数为例，实验数据见表 A－8。

由式(A－28)有

$$a = \frac{L_{xy}}{L_{xx}} = \frac{\sum_{i=1}^{n} x_i y_i - \frac{1}{n}\sum_{i=1}^{n} x_i \sum_{i=1}^{n} y_i}{\sum_{i=1}^{n} x_i^2 - \frac{1}{n}\left(\sum_{i=1}^{n} x_i\right)^2}$$

$$= \frac{3\,925.5 - \frac{1}{8} \times 280.00 \times 102.52}{14\,000 - \frac{1}{8} \times (280.00)^2}$$

$$\approx 0.080\,31\ \text{cm/g}$$

表 A－8 直线拟合法举例

$\Delta_0 = 0.01$ cm；$y = ax + b$

	砝码质量 x_i/g	弹簧伸长位置 y_i/cm	$x_i y_i$/(cm·g)
1	0	10.00	0
2	10.00	10.81	108.1
3	20.00	11.60	232.0
4	30.00	12.43	372.9
5	40.00	13.22	528.8
6	50.00	14.01	700.5
7	60.00	14.83	889.8
8	70.00	15.62	1 093.4

表 A-8(续)

$\Delta_0 = 0.01$ cm; $y = ax + b$

	$\sum_{i=1}^{n} x_i = 280.00$ $\bar{x} = 35.00$ $\sum_{i=1}^{n} x_i^2 = 14\ 000$ $S = 24.494\ 9$	$\sum_{i=1}^{n} y_i = 102.52$ $\bar{y} = 12.815$ $\sum_{i=1}^{n} y_i^2 = 1\ 340.88$	$\sum_{i=1}^{n} x_i y_i = 3\ 925.5$ $\bar{x}\,\bar{y} = 490.69$

将 a 的计算结果代入式(A-29),可得

$$b = \bar{y} - a\bar{x} = 12.815 - 0.080\ 31 \times 35.00 \approx 10.00\ \text{cm}$$

由此得到的经验方程为

$$y = 0.080\ 31x + 10.00$$

用国际单位制表示,则可改写为

$$y = 0.803\ 1x + 0.100\ 0$$

根据胡克定律劲度系数 $k = \frac{g}{a}$,有

$$k = \frac{g}{a} = \frac{9.806\ 6}{0.803\ 1} \approx 12.21\ \text{N/m}$$

计算相关系数 r,则

$$r = \frac{L_{xy}}{\sqrt{L_{xx} \cdot L_{yy}}} = \frac{\sum_{i=1}^{n} x_i y_i - \frac{1}{n}\sum_{i=1}^{n} x_i \sum_{i=1}^{n} y_i}{\sqrt{\left[\sum_{i=1}^{n} x_i^2 - \frac{1}{n}\left(\sum_{i=1}^{n} x_i\right)^2\right]\left[\sum_{i=1}^{n} y_i^2 - \frac{1}{n}\left(\sum_{i=1}^{n} y_i\right)^2\right]}}$$

$$= \frac{3\ 925.5 - \frac{1}{8} \times 280.00 \times 102.52}{\sqrt{\left[14\ 000 - \frac{1}{8} \times (280.00)^2\right]\left[1\ 340.88 - \frac{1}{8} \times (102.52)^2\right]}}$$

$$\approx 0.99$$

五、习题

1. 指出下列各量的有效数字位数:

(1) $l = 0.000\ 1$ cm;

(2) $T = 1.001$ s;

(3) $g = 980.123\ 06\ \text{cm/s}^2$;

(4) $\lambda = 339.223\ 140$ nm;

(5) $E = 2.7 \times 10^{23}$ J;

(6) $I = 0.030\ 0$ mA。

2. 指出下列各数据的有效数字位数,并把它们取成三位有效数字:

(1) 1.075 1;　　(2) 0.862 49;　　(3) 27.052;

(4)3.141 59；　　(5)0.002 005；　　(6)4.525 4。

3. A,B,C,D 四个人用同一把千分尺测量同一钢球的直径,其结果分别为：

A.(1.283 2 ±0.007 4) cm；

B.(1.283 ±0.000 83) cm；

C.(1.28 ±0.007 6) cm；

D.(1.3 ±0.007 2) cm。

注:以上各结果均有 $P=95\%$。

问:哪个结果正确,其他结果错在哪里?

4. 某长度的测量结果为

$$L=(25.78\pm0.15)\ \text{mm},\quad P=95\%$$

下列叙述中哪个是正确的?

(1)待测长度的真值是25.63 mm或25.93 mm；

(2)待测长度的真值在25.63～25.93 mm；

(3)待测长度的真值在25.63～25.93 mm的概率为95%。

5. 用一钢板尺对同一长度 L 进行多次等精度测量,测量结果为：10.2 mm,9.8 mm,10.5 mm,9.9 mm,10.1 mm,9.8 mm,10.2 mm。若钢板尺的仪器误差为0.5 mm,请写出测量结果的表达式。

6. 用秒表对10个周期的时间进行单次测量,测得 $10T=20.2$ s。如果秒表的仪器误差为0.1 s,请写出测量一个周期结果的表达式。

7. 写出下列间接测量量的不确定度 ΔN 和相对不确定度 E_r 的表达式：

(1)$N=\dfrac{A^2B}{C\cdot D}$；　　(2)$N=\dfrac{A-B}{C-D}$；

(3)$N=A-\dfrac{1}{2}B^2$；　　(4)$N=\dfrac{A}{A-C}$。

8. 写出下列间接测量量的不确定度传递公式和最佳结果表达式：

(1)$N=A-2B-C$；　　(2)$N=\dfrac{4m}{\pi D^2h}$。

已知:$A=(38.206\pm0.001)$ cm,$B=(12.43\pm0.04)$ cm,$C=(0.340\pm0.008)$ cm,$D=(2.346\pm0.005)$ cm,$m=(1\ 236.124\pm0.002)$ g,$h=(8.21\pm0.01)$ cm。

9. 改正下列错误的表示法：

(1)$N=(10.800\ 0\pm0.20)$ cm；　　(2)$N=(28\ 000\pm8\ 000)$ mm；

(3)$N=(2.034\pm0.18)$ kg；　　(4)$N=12$ km + 100 m。

10. 用科学记数法正确写出下列完整的表达式：

(1)$A=(17\ 000\pm100)$ km；

(2)$B=(0.001\ 730\pm0.000\ 54)$ m；

(3)$C=(10.800\ 0\pm0.20)$ cm；

(4)$D=(99.51\pm0.23)$ ℃。

11. 根据有效数字运算规则改正下列错误：

(1)$216.5-1.32=215.18$；

(2)$0.022\ 1\times0.022\ 1=0.000\ 488\ 41$；

(3)$\dfrac{400\times1\ 500}{12.60-11.6}=600\ 000$；

(4) 15 cm = 150 mm = 150 000 μm。

12. 根据有效数字运算规则计算以下各式：

(1) 98.754 + 1.3；

(2) 107.50 − 2.5；

(3) 27.6 ÷ 0.012；

(4) 121 × 10；

(5) $\frac{76.00}{40.00-2.0}$；

(6) $\frac{50.00\times(18.30-16.3)}{(103-3.0)\times(1.00+0.001)}$；

(7) $\frac{25^2+943.0}{479.0}$；

(8) $\frac{23.3-21.3}{2.5}\times 100-14.30$；

(9) $\frac{100.0\times(5.6+4.412)}{(78.00-77.0)\times 10.000}+110.0$。

13. 试根据表 A−6 提供的数据绘制 $R-t$ 关系曲线，并求出电阻温度系数 α 的数值。

14. 水的表面张力系数 α(N/m) 在不同温度时具有表 A−9 所列数值。

表 A−9　水的表面张力系数在不同温度时的数值

t/℃	10.0	20.0	30.0	40.0	50.0	60.0
α/(N/m)	74.22	72.75	71.18	69.56	67.91	66.18

设 $\alpha = aT - b$，其中，T 为开尔文温标。

(1) 用逐差法求 a 和 b；

(2) 用最小二乘法求 a 和 b。

15. 指出下列情况属于偶然误差还是系统误差：

(1) 视差；(2) 螺旋测微器零位不为零；(3) 天平零点漂移；(4) 电表的接入误差；(5) 电源电压不稳定引起的测量值的起伏；(6) 忽略空气浮力对测量物体质量的影响。

实验1　基本测量与数据处理练习

一、背景及应用

长度测量(Measuring length)是最基本的物理测量之一,也是人类最早接触的测量。在古代,人类为了测量田地等就已经开始进行长度测量了。最初是以人的手、足等作为长度的单位,但人的手、足大小不一,在商品交换中遇到了困难,于是便以物体作为测量单位,如公元前2400年出现的古埃及腕尺,中国商朝出现的象牙尺和公元9年制造的新莽铜卡尺等。

1. 单位米尺(Meter stick)的标定

18世纪以前,世界各国各自规定长度单位,很不统一。长度单位经历了多次演变后,18世纪末,法国科学院提出米制的概念,将通过巴黎天文台的地球子午线长度的四千万分之一定义为米。

1792—1798年,在西班牙的巴塞罗那和法国的敦刻尔克间进行三角测量,得出通过巴黎天文台的地球子午线从赤道到地极点的距离,并以它的千万分之一(相当于地球子午线长度的四千万分之一)作为一米的长度,于1799年用铂金制成横截面为25.3 mm×4.05 mm的矩形端面基准米尺,米尺两端面间的距离即为一米。

1889年,第一届国际计量大会重新把"米"定义为:在零摄氏度时,保存在国际计量局中的铂铱米尺的两中间刻线间的距离。

1960年,第十一届国际计量大会通过以氪-86的辐射光波长定义"米"的决定。这个"米"的定义是:长度米等于氪-86原子在$2p_{10}$和$5d_5$能级之间跃迁时,其辐射光在真空中的波长的1 650 763.73倍。同时,宣布废除1889年确定的米的定义和国际基准米尺。

1983年,第十七届国际计量大会上通过了现行"米"的定义:米是光在真空中1/299 792 458 s的时间间隔内所行进路程的长度。

2. 游标卡尺(Vernier caliper)

英国在1973年出版的《英国百科全书》第10卷第402页中记述了游标卡尺是法国数学家维尼尔·皮尔(Vernier Pierre,1580—1637)在1631年发明的。但经过考古学家证实,我国早在公元1世纪初的新莽时期就已经发明游标卡尺并在生产中开始应用了,这一发现将游标卡尺的历史提前了一千六百多年,纠正了世人过去认为游标卡尺乃是欧美科学家发明的观念。东汉原始铜卡尺的发现,为研究我国古代科学技术史、数学史和度量衡史提供了实例。

游标卡尺发展到现在已经有了很大的改进,通用型游标卡尺有如图1-1所示的三种基本类型,即机械式、指针式和数字显示式。其中,机械式和数字显示式较为常见。这三种游标卡尺可用于测量物体的长度、高度、厚度、外径、内径等，利用游标卡尺的尾端还可以测量深度。

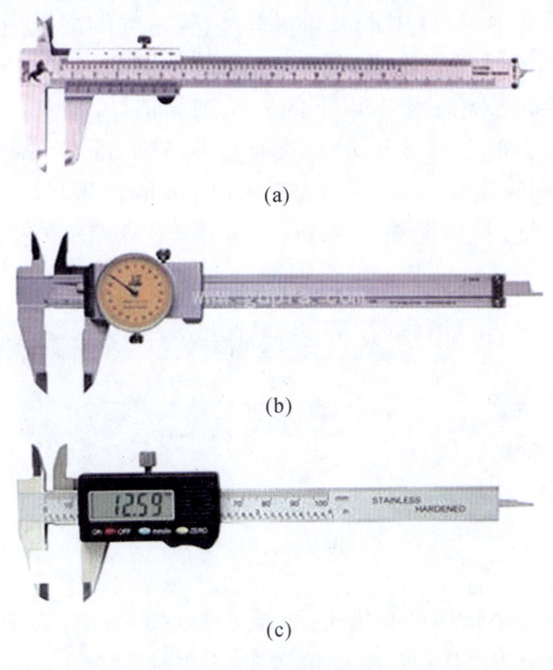

图1－1　通用型游标卡尺

(a)机械式；(b)指针式；(c)数字显示式

3. 螺旋测微计(Screw thread micrometer)

螺旋测微计又称千分尺，分为机械式千分尺和数字显示式千分尺两类，如图1－2所示。

(1)机械式千分尺

机械式千分尺，简称千分尺(Micrometer)。1848年，法国的J. L. 帕尔默取得外径千分尺的专利。1869年，美国的J. R. 布朗和L. 夏普等将外径千分尺制成商品，用于测量金属线外径和板材厚度。千分尺的品种很多，改变千分尺测量面形状和尺架等就可以制成不同用途的千分尺，如用于测量内径、螺纹中径、齿轮公法线或深度等的千分尺。

(2)数字显示式千分尺

数字显示式千分尺也称作电子式千分尺，出现于20世纪70年代中期，它的测量系统中应用了光栅测长技术和集成电路等。

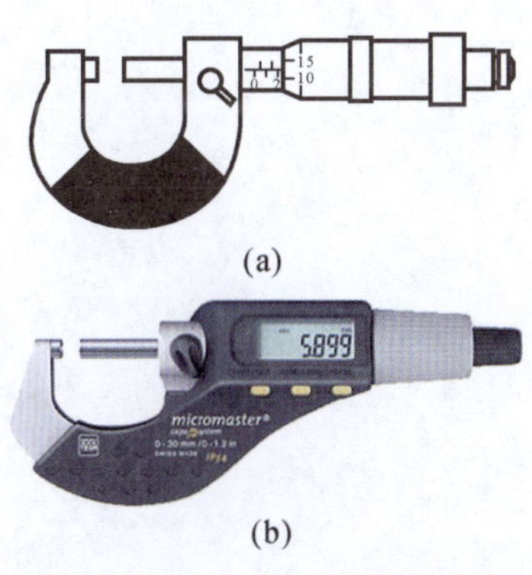

图1－2　千分尺(螺旋测微计)

(a)机械式；(b)数字显示式

二、测量原理

常用测量长度的仪器有米尺、游标卡尺、螺旋测微计和读数显微镜(Reading microscope)，表征这些仪器规格的主要指标为量程和分度值。量程表示仪器能够测量的最大范围，分度值表示仪器可以准确读到的最小数值。一般来说，分度值越小，仪器的精度越高。

1. 米尺

在粗略的测量中，可以用木尺和塑料尺，较精确的测量用金属米尺，通常选用温度系数小的材料制作米尺。若米尺的分度值为 1 mm，则用米尺测量长度时，可准确到毫米位，毫米以下的一位则靠估计。实验室常用的米尺有钢卷尺和钢板尺，如图 1－3 所示。原则上讲，它们都属于毫米尺，但是钢板尺略有不同，使用时应注意。对于规格为 15 cm 的钢板尺，在0～5 cm有半刻度(0.5 mm)；而对于规格为 30 cm 的钢板尺，在 0～10 cm 有半刻度(0.5 mm)。

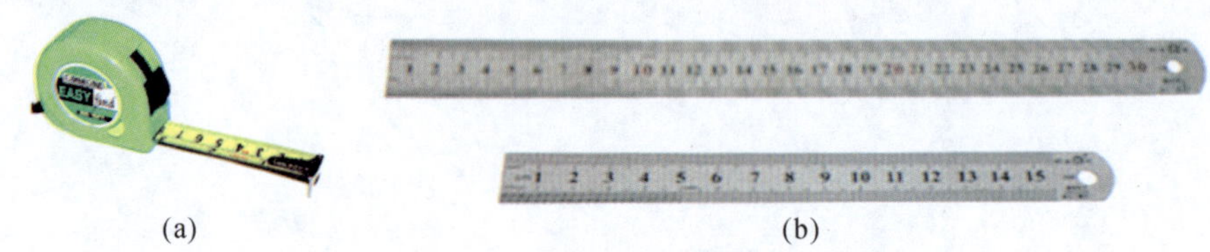

图 1－3　钢卷尺和钢板尺

(a)钢卷尺；(b)钢板尺

用米尺测量一个物体的长度 L，即 A，B 两点的距离，如图 1－4(a)所示。A 点位置的读数是 9.50 cm，B 点位置的读数是 12.63 cm，则 $L=12.63-9.50=3.13$ cm。毫米以下的一位读数(9.50 中的“0”和 12.63 中的“3”)是估计的，这一位就是存疑数。

(1)用米尺测量时应注意的事项

①尽量减小视差，使待测物与米尺的刻度紧贴，如图 1－4(a)所示，否则因米尺有一定的厚度，测量时从不同的角度去看，读数会有差异，如图 1－4(b)所示；

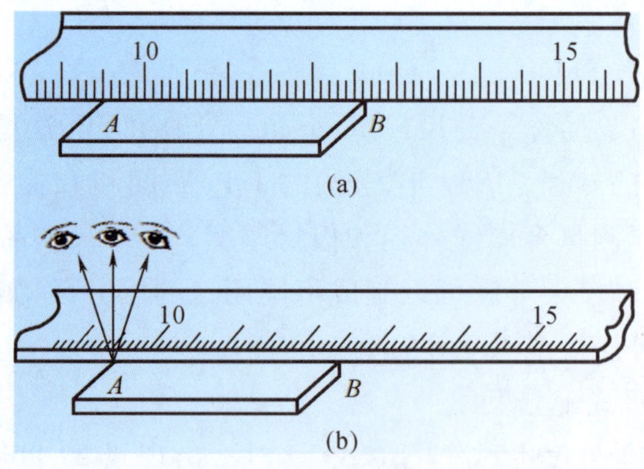

图 1－4　米尺的读数

②当米尺的刻度由端边开始时，不要用米尺的端边作为测量的起点，以免由于米尺端边的磨损使测量结果引入系统误差；

③钢直尺用后应擦净，以防生锈，并将尺挂起或平放在桌上，以防钢尺变形。

(2)卷尺使用时应注意的事项

①尺带的刻线面一般镀镍、铬或其他涂层，要保持清洁，测量时尽量不使它和被测面摩擦，以防划伤；

②拉尺时不要用力过猛，用完后慢慢地退回尺带。使用制动式卷尺时，

应先按下制动按钮，然后拉出尺带。用完后，按下按钮，尺带自动卷入。尺带只能卷，不能折。

2. 游标卡尺

游标卡尺可以用来测量物体的长、宽、高、深和圆环的内、外直径等，其分度值可达0.1 mm以下。游标卡尺的主尺是一根钢制的毫米分度尺，主尺头上有外量爪A和内量爪A′。卡尺上套有一个滑框，其上装有外量爪B、内量爪B′和尾尺。滑框上刻有游标(又称为副尺)，当外量爪A，B闭合时，游标的零线刚好与主尺上的零线对齐，这时的读数是"0"。测量物体的外部尺寸时，可将物体放在外量爪A，B之间，如图1-5所示。用外量爪A，B(也叫外卡)轻轻夹住物体，这时示零线在主尺上的指示数值就是被测物体的长度。同理，测物体的内直径时，可以用内量爪A′，B′(也叫内卡)。测物体内部尺寸和小孔的深度时，可以利用尾尺。

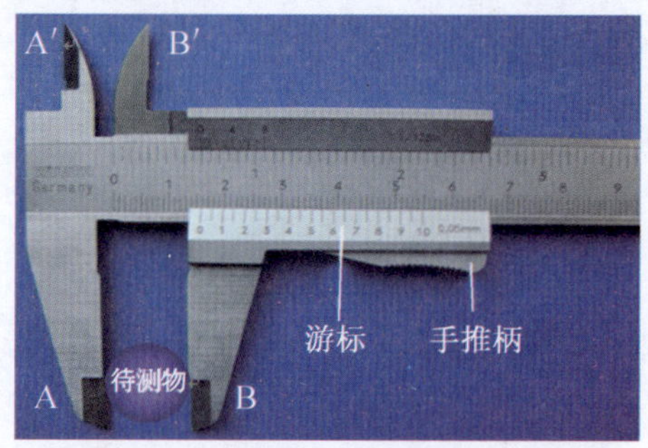

图1-5 游标卡尺及其使用方法

游标卡尺的读数方法如图1-6所示，图1-6是一个放大了的游标卡尺。以副尺上的"0"刻度线为主尺上刻度的读数基准线，读取主尺上的数值，然后再看副尺上哪条刻线与主尺上的某一刻线对齐，并以此读出副尺的数值，两者相加即为测量结果。图1-6中游标卡尺的读数为5.30 mm。

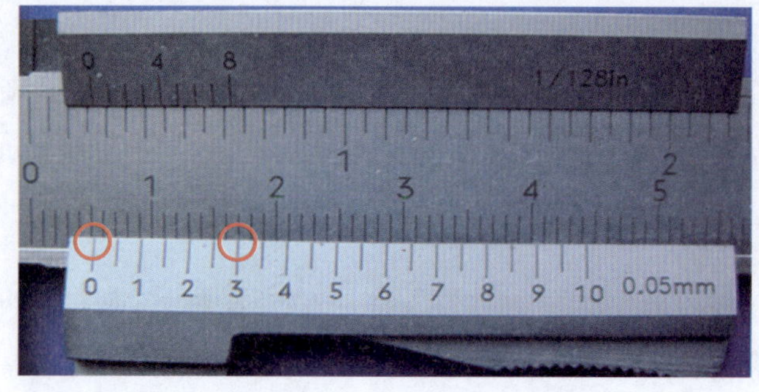

图1-6 游标卡尺读数方法示意图

3. 游标分度原理

如图1-7所示，设主尺上最小分度为a，若游标上共有n个分度(图1-7中为20个分度)，每个分度长为b，则游标总长为nb，它与主尺上的$(n-1)$个分度长度相等，即

$$nb=(n-1)a$$

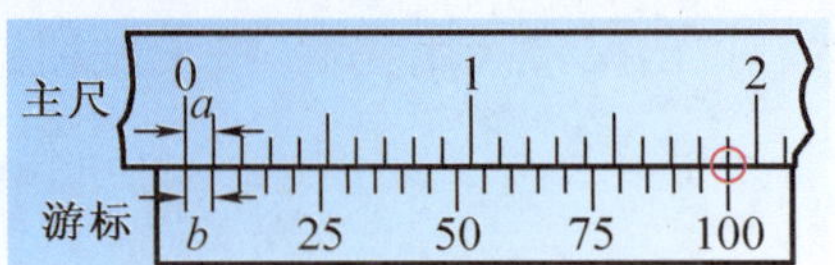

图 1-7　20 分度游标卡尺

通常把主尺的一个分度和游标上对应的一个分度的长度之差定义为该游标卡尺的分度值，即

$$i = a - b = a - \frac{n-1}{n}a = \frac{a}{n}$$

值得注意的是，如果游标上 n 个分度（图 1-8 中为 10 个分度）的游标总长 nb 与主尺上 $(2n-1)$ 个分度的长度相等，即

$$nb = (2n-1)a$$

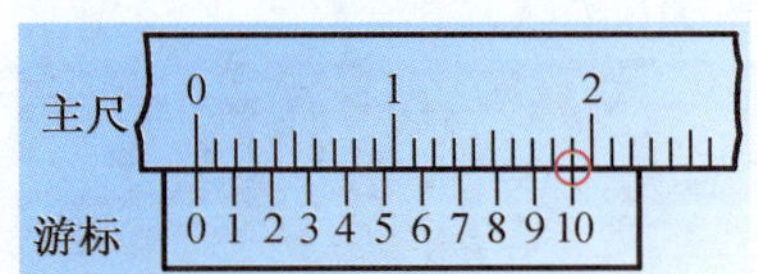

图 1-8　10 分度游标卡尺

主尺的一个分度和游标上对应的一个分度的长度之差定义为该游标卡尺的分度值，即

$$i = 2a - b = 2a - \frac{2n-1}{n}a = \frac{a}{n}$$

由此可见，分度值 i 始终等于 $\frac{a}{n}$，它只与游标的分度数（格数）n 和主尺的最小分度 a 有关。当游标卡尺归零时，副尺的最后一条刻线与主尺上的某一整数刻线相差 1 mm，如图 1-7 和图 1-8 中红色环所示。也就是说，如果 $n=20$，则最小分度为 $\frac{1}{20}=0.05$ mm，如图 1-7 所示；如果 $n=10$，则最小分度为 $\frac{1}{10}=0.1$ mm，如图 1-8 所示。副尺分度的格数越多，其测量精度越高。由于仪器结构和视觉分辨能力的限制，游标卡尺的分度值最小为 0.02 mm。

4. 螺旋测微计

螺旋测微计也称千分尺，如图 1-9 所示。通常用它测小球的直径、金属丝的直径和薄板的厚度等。

螺旋测微计的主要部分是由一根精密的测微螺杆、固定尺套（其上刻有毫米分度标尺和微分套筒的读数水平准线）、微分套筒（内螺纹套筒螺距是 0.5 mm）和棘轮组成，微分套筒上有 50 个分度。当微分套筒相对于固定尺套的水平准线转过 1 个分度时，测微螺杆就会前进或后退 $\frac{1}{50}\times 0.5$ mm（即 0.01 mm）。因此，通过观察微分套筒转过的刻度可以准确地读出测微螺杆沿轴线移动的微小长度。螺旋测微计利用一个弓形尺架，确保砧台和测微螺杆正好相对，待测物体可置于两者之间。当转动螺杆使其与砧台刚好接触时，理想状态下微分套筒锥面的端面就应与固定尺套上零刻线对齐。同时，微分套筒上的零线也应与固定尺套上的水平准线对齐，这时的读数是0.000 mm，如图1－10(a)所示。

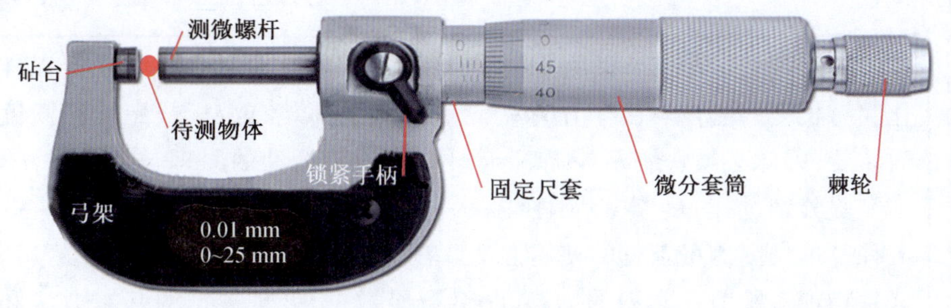

图1－9　螺旋测微计

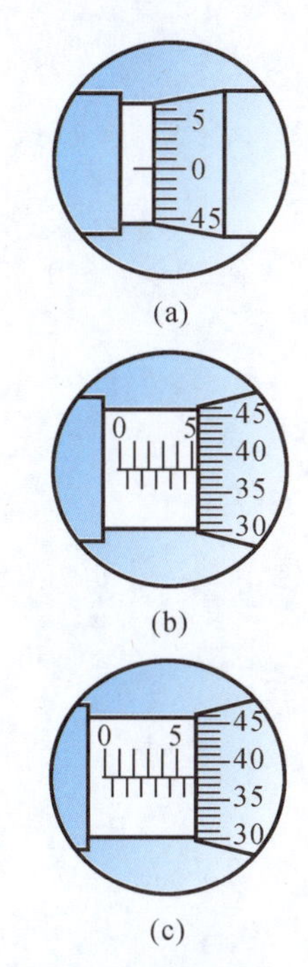

图1－10　螺旋测微计的读数

测量物体时，应先将测微螺杆退开，把待测物体放在测量面之间，并靠近砧台，然后转动微分套筒，当测微螺杆的测量面接近待测物体时，轻转棘轮直到听到“嘚嘚”的声音时立即停止转动，此时测量的松紧程度刚好(过紧会使测量值偏小，过松会使测量值偏大)。在固定尺套的标尺上和微分套筒锥面上的读数就是待测物体的长度，如图1－10(b)和图1－10(c)所示。注意：在固定尺套水平准线上面的刻线表示1 mm，下面的刻线表示0.5 mm。读数时，应从标尺上读整数部分，再看0.5 mm刻线是否出现，从微分套筒上读小数部分(估计到微分套筒最小分度的$\frac{1}{10}$，即1‰ mm)，然后两者相加。例如，图1－10(b)中的读数是5.383 mm(因为0.5 mm刻线没有出现)；图1－10(c)中的读数是5.883 mm(因为0.5 mm刻线已经出现，需要再加上0.5 mm)。两者的差别就在于微分套筒端面的位置，前者没有超过5.5 mm，而后者超过了5.5 mm。

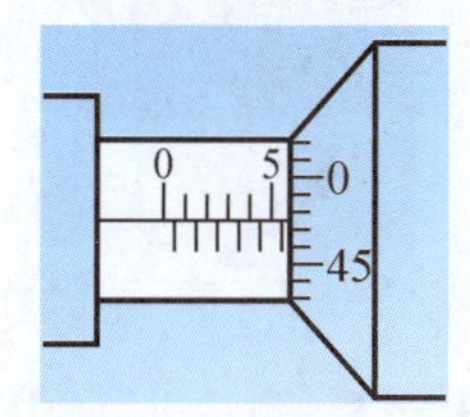

图1－11　常见的错误读数示意图

读数时应特别注意，由于机械加工的原因，可能人眼难以判断0.5 mm刻线是否出现，因此，微分筒上的读数是否过0需要认真核对，过0则加0.5 mm，不过0不能加0.5 mm。如图1－11所示，虽然5.5 mm的刻线已经可以看到，但微分筒上的读数未过0，因此读数应为5.0＋0.474＝5.474 mm，而非5.5＋0.474＝5.974 mm。

5. 螺旋测微计的零点修正

原则上讲，当测微螺杆与砧台接触时，微分套筒上的零线应正好和固定尺套上的水平准线对齐。但是，由于长时间的使用或由于操作者使用不当(经常旋转得过紧或者外旋时尺已经到头还继续旋转等)，使得零线与水平准线并不对齐(图1－12)，在测量前需要对螺旋测微计的零点进行修正。在图1－12(a)中，零点读数为－0.011 mm；在图1－12(b)中，零点读数为＋0.016 mm。注意它们的正、负号不同。修正的原则是

测量结果＝测量读数值－零点读数值

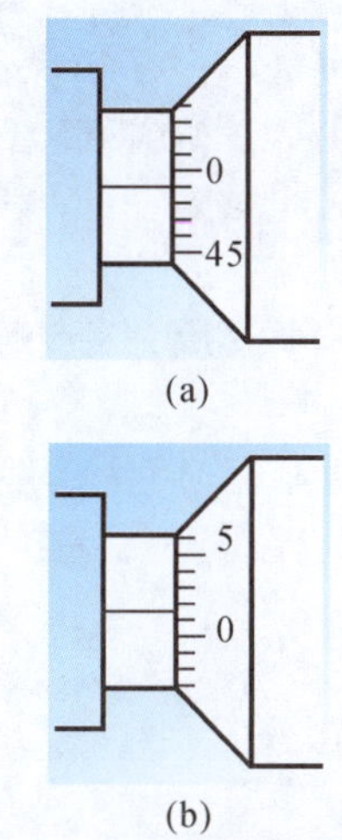

图1－12　螺旋测微计的零点修正

另外，还须注意螺旋测微计使用完后应使测微螺杆与砧台之间留有一定的间隙，避免热胀时损坏测量轴上的精密螺纹。

三、实验目的

长度测量是最基本的物理测量之一，许多物理量的测量常常可以转化为对长度的测量。由于在许多测量仪器上都装有游标或螺旋测微读数装置，因此必须熟练掌握游标卡尺和螺旋测微计的原理与使用方法。本实验分别选择一个空心圆柱体和一个实心钢球作为测量对象，来掌握三种基本长度测量工具的使用方法。在完成实验的过程中，应始终紧密联系物理实验前导知识的内容，学会记录数据、处理数据的基本方法和不确定度的正确估算方法。

四、实验仪器

本实验所用的仪器有米尺、游标卡尺、螺旋测微计、空心圆柱体（图1－13）和实心钢球（图1－14）。

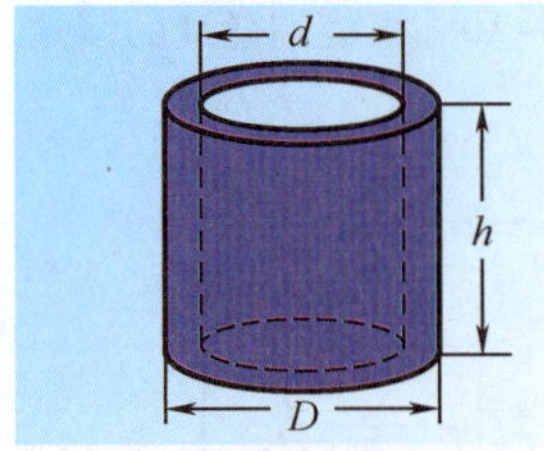

图1－13　测量用空心圆柱体示意图

图1－14　测量用实心钢球

五、实验内容与操作要点

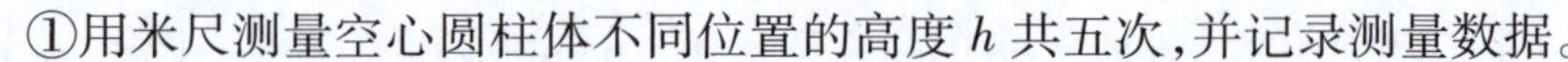

①用米尺测量空心圆柱体不同位置的高度 h 共五次，并记录测量数据。

②用游标卡尺测一空心圆柱体不同位置的外径 D、内径 d 各五次，记录并计算空心圆柱体体积。在使用游标卡尺时，推游标不要用力过大，测量中不要弄坏刀口和钳口，用完后应立即将其放回盒内，不许随便放在桌子上。

③用螺旋测微计测钢球的直径 D'，共测六次，求钢球的体积。在使用螺旋测微计时，测量前应注意先测零点读数；测量过程中两测量面和被测物体间的接触压力应当微小，在听到“嗬嗬”声时，表明已接触上，可以读数；测量后应使测量面间留出一个间隙，以避免因热膨胀而损坏螺纹。

六、数据记录与处理

1. 测量空心圆柱体体积

将测量数据填入表1－1中，然后进行数据处理。根据表1－1中的数据，分别计算 $\Delta D,\Delta d,\Delta h,V$ 和 ΔV。所有物理量的计算要求写清楚全部的计算过程，不可只写计算结果。

正确表示出计算结果，即

$$\begin{cases} V = V \pm \Delta V = \\ E_r = \dfrac{\Delta V}{V} \times 100\% = \end{cases}$$

表 1－1 空心圆柱体测量数据记录表

ΔD_0 =________；Δh_0 =________

	D/mm	d/mm	h/mm
1			
2			
3			
4			
5			
平均值			
S			

2. 测量实心钢球体积

根据表 1－2 中的数据，分别计算 $\Delta D, V, \Delta V$，并正确表示实验结果。

表 1－2 用螺旋测微计测量实心钢球直径的数据记录

ΔD_0 =________

测量次数	1	2	3	4	5	6	平均	S
D'/cm								

$$\begin{cases} V = \bar{V} \pm \Delta V = \\ E_r = \dfrac{\Delta V}{\bar{V}} \times 100\% = \end{cases}$$

注意 要求参照空心圆柱体的测量处理实验数据。

七、分析与思考

（1）一种游标卡尺，主尺上一个分度的长度为 0.5 mm，游标上有 50 个分度，该游标卡尺的最小分度值是多少？

（2）用某螺旋测微计测量某试件的直径为 3.745 mm，其零点读数如图 1－15 所示，试问该零件的实际尺寸是多少？

（3）试确定如图 1－16 所示的几种游标卡尺的最小分度值（主尺刻度单位均为 mm）。

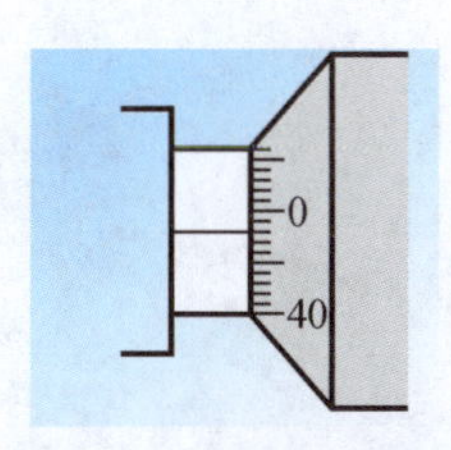

图 1－15 螺旋测微计零点读数

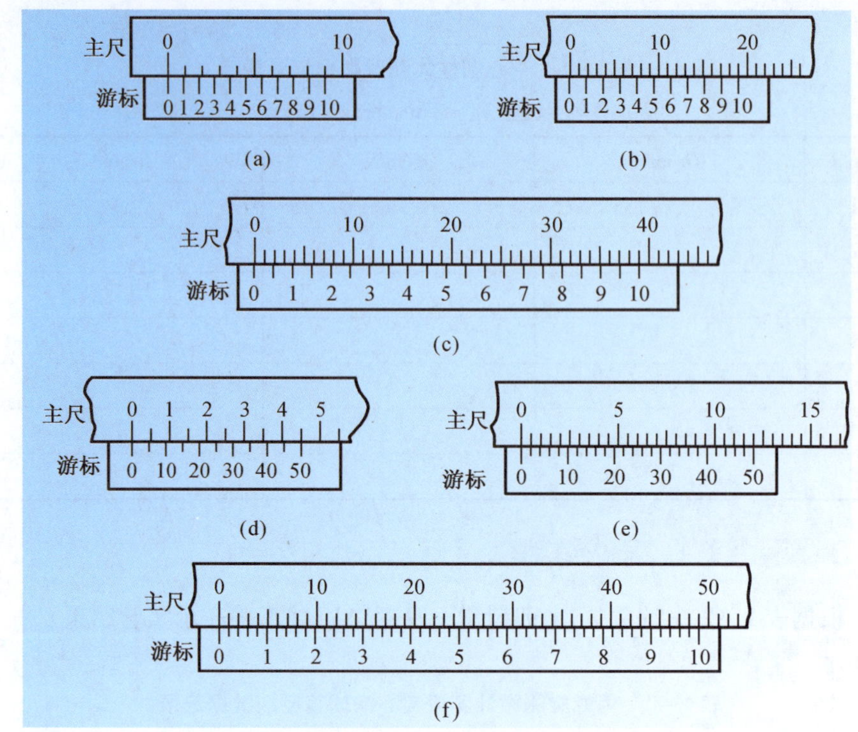

图 1－16　不同分度的游标卡尺最小分度值的确定练习

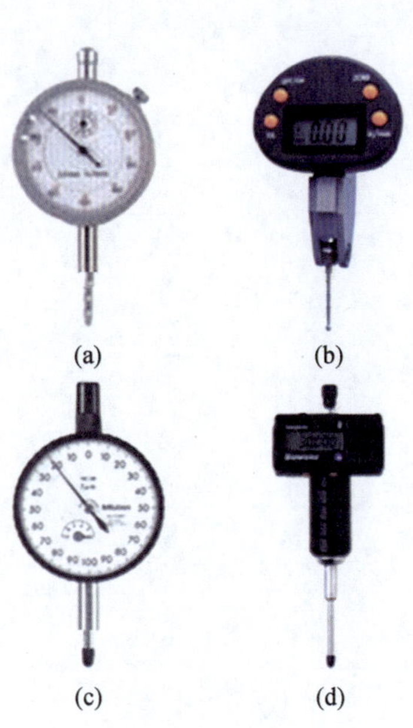

图 1－17　百分表与千分表

(a)指针式百分表；
(b)数字式百分表；
(c)指针式千分表；
(d)数字式千分表

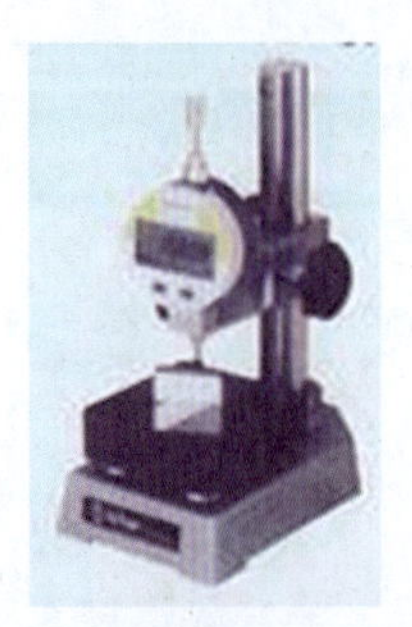

(a)

(b)

图 1－18　百分表和千分表的常见使用方法

(a)厚度与沟槽检测；
(b)外圆度检测

八、附录

1. 百分表与千分表简介

百分表是利用精密齿条齿轮机构制成的表式长度测量工具，通常由测头、量杆、防震弹簧、齿条、齿轮、游丝、圆表盘及指针等组成，如图 1－17 所示。百分表是美国的 B. C. Ames 于 1890 年制成的，常用于形状和位置误差以及小位移的长度测量。百分表的圆表盘上印制有 100 个等分刻度，每一分度值相当于量杆移动 0.01 mm。若在圆表盘上印制有 200 个或 100 个等分刻度，每一分度值为 0.001 mm 或 0.002 mm，这种测量工具即称为千分表。改变测头形状并配以相应的支架，可制成百分表的变形品种，如厚度百分表、深度百分表和内径百分表等。

用杠杆代替齿条可制成杠杆百分表和杠杆千分表，其示值范围较小，但灵敏度较高。此外，它们的测头可在一定角度内转动，能适应不同方向的测量，结构紧凑。它们适用于测量普通百分表难以测量的误差。百分表和千分表的常见使用方法如图 1－18 所示。

2. 特殊用途的游标卡尺简介

为了一些特定的应用，人们又发明了各种各样的具有专门用途的游标卡尺。如图 1－19 所示，有开式刀头双内沟游标卡尺、高度游标卡尺、齿厚齿角游标卡尺和齿厚游标卡尺等，另外，还有沟槽游标卡尺、倒钩式深度游标卡尺、角度游标卡尺、弯头专用游标卡尺、外凹槽游标卡尺等。总之，为了不同的用途，人们设计了各种专用的游标卡尺，但其测量的原理都是基本相同的。数字显示式游标卡尺直接读数就可以了，机械式的读数原则无论哪种游标卡尺都是相同的。

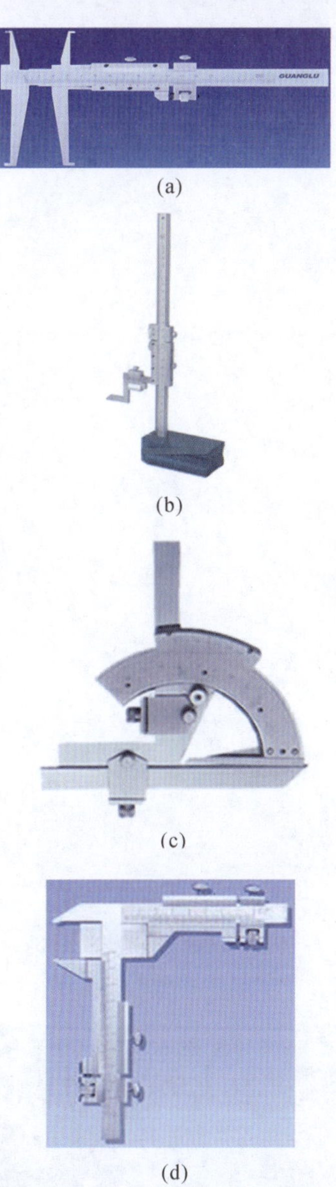

图 1－19 几种专用游标卡尺

(a)开式刀头双内沟游标卡尺；
(b)高度游标卡尺；
(c)齿厚齿角游标卡尺；
(d)齿厚游标卡尺

3. 特殊用途的螺旋测微计简介

除了常用的外径螺旋测微计之外，根据不同的用途人们也设计了各种各样的专用型螺旋测微计，见表 1－3。

表 1－3 几种专用型螺旋测微计

名　称	外 形 图 示
机械式内径螺旋测微计	
数显式内径螺旋测微计	
机械式深度螺旋测微计	
数显式深度螺旋测微计	
齿轮专用螺旋测微计	
机械式内孔孔径专用螺旋测微计	
数显式内孔孔径专用螺旋测微计	
大尺度外径螺旋测微计	
U 形外径螺旋测微计	

实验2　物体密度的测定

一、背景及应用

物质的密度（Density of a substance）是指物质的质量（Mass）和其体积（Volume）的比值，即单位体积的某种物质的质量。密度是反映物质的特性的物理量，物质的特性是指物质本身具有而又能相互区别的一种性质，人们往往感觉密度大的物质重一些，密度小的物质轻一些，这里的重和轻实质上指的是密度的大小。密度不随质量、体积的改变而改变，同种物质的密度不变。每种物质都有一定的密度，不同物质的密度一般是不同的。人体的密度仅有 1.07 g/cm^3，只比水的密度多一点，所以学游泳不会很难；汽油的密度比水的密度小，所以会浮在水面上；海水的密度比人体的密度大，所以人体在海水中比较容易浮起来；水的密度比冰的密度大，所以冰块会浮在水面上。物质的密度会受温度的影响而改变。一般而言，物质的质量不受温度影响，但是体积会热胀冷缩，所以温度上升时体积膨胀，密度就相对变小了；相反，物质在温度下降时体积缩小，密度会变大。不过，水是例外，因为水的密度在 4 ℃时最大，水温从 4 ℃上升或下降，密度都会变小，也就是说，4 ℃的水体积在受热时膨胀、冷却时也膨胀，所以水总是由表面开始结冰，密度最大的 4 ℃的水会沉入最底层，这个性质非常重要，在寒冷的冬天，虽然水的表面已结冰，但湖泊的底层仍维持在 4 ℃左右，使水中的生物可安然度过冬天。

密度在生产技术上的应用，可从以下几个方面反映出来：

①计算物体中所含各种物质的成分；

②计算某些很难称量的物体的质量；

③计算形状比较复杂的物体的体积；

④判定物体是实心还是空心；

⑤计算液体内部压强以及浮力等。

图 2－1 是测量密度所用的数字密度计与分析物体密度情况所用的密度分析仪。

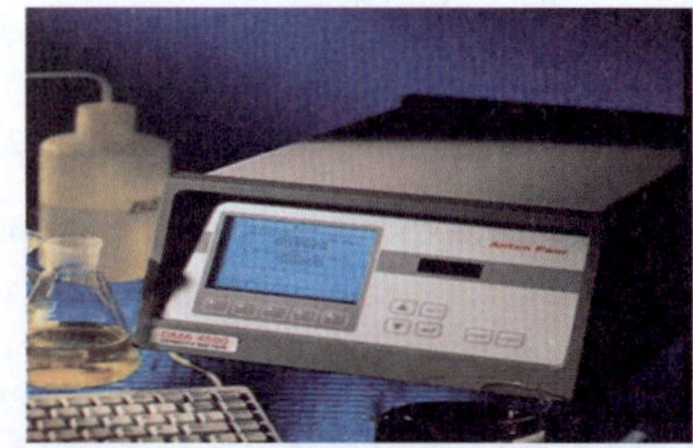

(a)

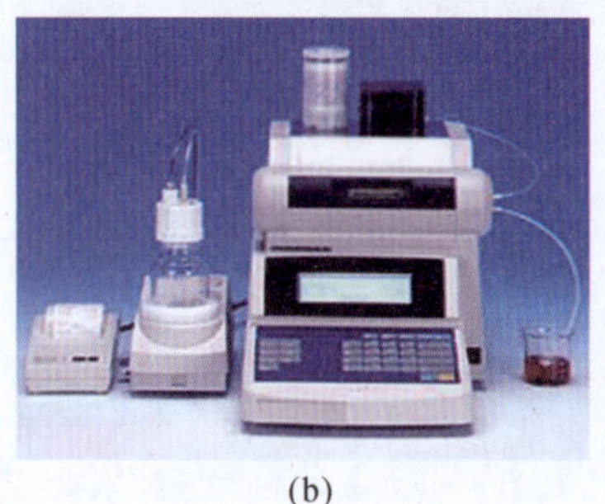

(b)

图 2－1　测量与分析密度的仪器

(a)数字密度计；(b)密度分析仪

综上所述，密度在科学研究和生产生活中有着广泛的应用。对于鉴别未知物质，密度是一个重要的依据。氩就是通过计算未知气体的密度发现的，经多次实验后又经光谱分析，确认空气中含有一种以前不知道的新气体，把它命名为氩。在农业上可以根据密度判断土壤的肥力，含腐殖质多的土壤肥沃，其密度一般为 2.3×10^3 kg/m^3；可根据种子在水中的沉浮情况进行选种，饱满健壮的种子因密度大而下沉，瘪壳和其他杂草种子由于密度小而浮在水面；在工业生产中，例如，淀粉的生产以土豆为原料，一般来说含淀粉多的土豆密度较大，故通过测定土豆的密度可估计淀粉的产量；工厂在铸造金属物之前，需估计熔化金属的量，可根据模子的容积和金属的密度算出需要的金属量。

二、实验原理

1. 规则物体的密度测定

若一物体的质量为 m，体积为 V，根据密度的定义有

$$\rho = \frac{m}{V} \tag{2-1}$$

式中，质量 m 由天平测定；体积 V 通过测量和计算可得到。

2. 用静力称衡法测定不规则物体的密度

如图 2-2 所示，当物体的密度大于水的密度时，先称出待测物在空气和水中的质量分别为 m 和 m_1，则物体在水中受到的浮力为

$$F = (m - m_1)g \tag{2-2}$$

根据阿基米德原理，浸在水中的物体要受到向上的浮力，浮力的大小等于所排开水的质量和重力加速度的乘积。因此，有

$$F = \rho_0 Vg \tag{2-3}$$

式中，ρ_0 为水的密度；V 为排开水的体积（被测物体的体积）。

由式(2-1)、式(2-2)和式(2-3)可得

$$\rho = \frac{m}{V} = \frac{m}{m - m_1}\rho_0 \tag{2-4}$$

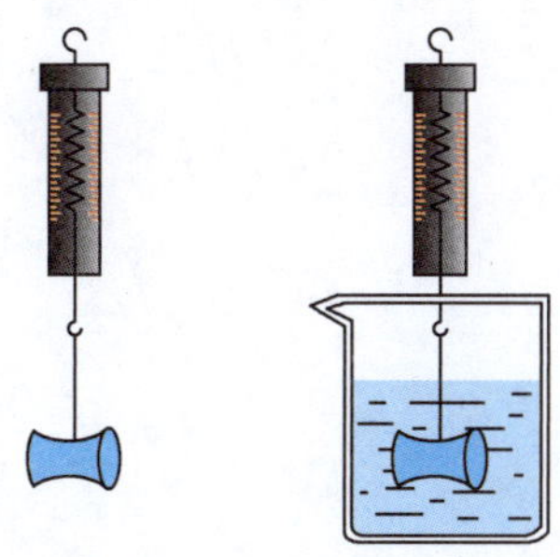

图 2-2 待测物体在空气和水中

当物体的密度小于水的密度时，可将另一重物用细丝绳悬挂在待测重物的下面，如图 2-3 所示。先将重物没入水中而使待测物体在液面之上，用天平称得质量为 m_2，如图 2-3(a) 所示；再将重物连同待测物体一起浸没水中，用天平称得质量为 m_3，如图 2-3(b) 所示，则可求得待测物体没入水中所受浮力为

$$F = (m_2 - m_3)g \tag{2-5}$$

由式(2-3)得到

$$V = \frac{m_2 - m_3}{\rho_0} \tag{2-6}$$

此时，物体的密度为

$$\rho = \frac{m}{V} = \frac{m}{m_2 - m_3}\rho_0 \tag{2-7}$$

式中，m 仍为待测物体在空气中称衡的质量。

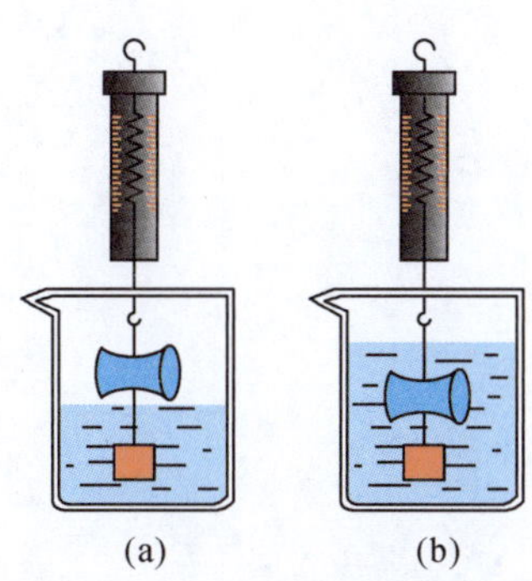

图 2-3 悬挂重物的待测物体

3. 用流体静力称衡法测液体的密度

先将一重物分别置于空气中和浸没在密度已知的液体中称衡，相应的砝码质量分别为 m 和 m_1；再将该重物浸没在待测液体中称衡，相应的砝码质量为 m_4。于是，$m - m_4$ 就是同体积待测液体的质量。因此，可以得到待测液体的密度为

$$\rho_3 = \frac{m - m_4}{m - m_1}\rho_0 \tag{2-8}$$

应当指出,用流体静力称衡法测定固体和液体的密度时,要求物体完全浸没在液体之中,固体和液体的性质不发生变化。

三、实验目的

学习用流体静力称衡法测定固体和液体的密度;熟悉物理天平的构造和原理,并学会正确的使用方法;学习单次测量的误差估计和掌握间接测量的数据处理方法。

四、实验仪器

本实验所用的仪器有物理天平、烧杯、水、钢球、金属块、蜡块、酒精。以下对物理天平进行简要介绍。

1. 物理天平的构造

物理天平的构造如图 2 -4 所示,在横梁中点和端点共有三个刀口,中间的刀口要放在支柱顶端的刀垫上,刀垫用玛瑙或硬质合金钢制造,两端的刀口是悬挂秤盘的,横梁上附有可以移动的游码,是作为小砝码用的。常见的一种天平最大标量是 500 g,配备一套砝码,最小的砝码质量是 1 g,称量 1 g 以下的质量用游码。游码从横梁左端移向右端就等于右盘中加了 0 ~1 g 的砝码。横梁等分为十个大格,每个大格又等分为五个小格。因此,游码每向右移动一个小格就等于在右盘内加 20 mg 砝码,即这种天平的分度值为 20 mg。常用的物理天平还有最大称量是 1 000 g,分度值是 100 mg 的;最大称量是 500 g,分度值是 50 mg 的;最大称量是 200 g,分度值是 50 mg 的等。

横梁中部还装有竖直向下的一个指针,与支柱上的指针标尺配合,可以指示天平的平衡位置及灵敏度。横梁两侧还有用来调整零点的平衡螺母。支柱上装有铅垂线、准针或水准仪。水准仪有时也装在天平底盘上,可以用底脚调节螺丝调整。天平的底板上,在左侧秤盘的上方还有一个可以放置物品的托架。

标志天平规格性能的除了“最大称量”以外,还有游码的分度值(或称作“感量”)。感量是横架中间的指针在下面指针标尺上每偏转一格时对应的天平的秤盘中所加的质量数,如感量为每格 0.1 g 的天平就是指针每偏转一格需要在一秤盘上加上 0.1 g 的质量。感量的倒数称为“灵敏度”,即盘中砝码每加上 0.1 g(或1 g)时指针偏转的格数。

灵敏度(或感量)除了标志天平的性能以外,还可以利用它进行精密称衡。例如，根据天平空载时指针正好指在指针标牌中间（零点），负载时指针指示偏右1.5格，就可以通过灵敏度算出应该在天平砝码的读数上加上多少质量。利用指针也可以提高称衡效率，可以很快判定游码移动多少才可以使天平接近平衡，避免称衡操作中的盲目性。在调节天平的零点时，由横梁上的平衡螺母转过一圈相当于指针偏转几格，可以迅速地判定下一次应把平衡螺母转过多少才能调到接近平衡。

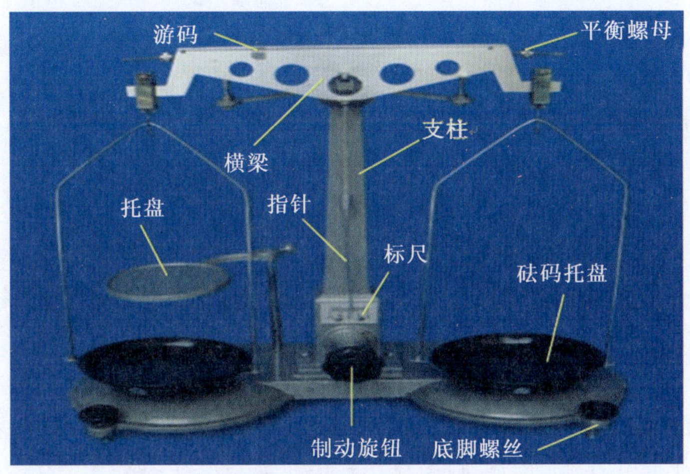

图2-4 物理天平的构造

2. 物理天平称衡原理

天平是一个简单的等臂杠杆。设左、右臂长（悬盘刀口到中间刀口的距离）分别为 l_1 和 l_2，两臂的等效质量（所有重物包括悬盘和悬盘折合到悬盘刀口的质量）分别为 M_1 和 M_2，则平衡时有

$$M_1 g l_1 = M_2 g l_2 \tag{2-9}$$

式中，g 为重力加速度，是一个常数。

分别在两盘中放入砝码（质量为 m_0）和待测物（质量为 m），则天平处于平衡时有

$$(M_1 + m_0) g l_1 = (M_2 + m) g l_2 \tag{2-10}$$

如果 $l_1 = l_2$，再将式(2-9)代入式(2-10)，得到

$$m = m_0 \tag{2-11}$$

由此可见，天平是利用待测物与砝码的质量相比较而得到待测物体质量的。

3. 物理天平的操作步骤

①将刀垫调整到水平位置。此操作步骤可以通过调整支柱的铅直或底盘的水平实现。

②调整零点。在横梁两侧刀口上挂上秤盘，将制动旋扭向右旋动，支起横梁。游码放在零位置，用平衡螺母进行调整。

③称衡。将物体放在左盘，砝码放在右盘，进行称衡。每次称衡完毕，将制

动旋扭向左旋转，放下横梁。

④全部称衡完毕后，将秤盘摘离刀口，游码放到零位，将天平复原。

注意事项 ①天平的负载不得超过其最大称量。

②在取放物体、砝码，调整平衡以及不使用天平时，必须把天平制动。也就是说，只有判断天平在平衡位置时才将天平启动。启动和制动天平的动作要轻。

③砝码只能用镊子夹取，不能用手拿取。砝码用完后应立即放回砝码盒，即砝码只能放在两个地方：秤盘中或砝码盒中。

④天平及砝码要防锈、防蚀、防止机械损伤。液体、高温物品以及带腐蚀性的化学品等都不能直接放在秤盘中称衡。

五、实验内容与操作要点

1. 调整和使用物理天平

使用前要认真了解物理天平的构造和使用注意事项。天平的正确使用可以归纳为四句话：调水平，调零点（注意游码一定在零线位置），左称物，常制动（加减物体或砝码、移动游码或调平衡螺母都要关闭天平，只是在判断天平是否平衡时才能开启天平）。

2. 拟定实验步骤

根据实验原理拟定实验步骤，所有物理量的测量均采用单次测量，通过数据处理得到金属块、蜡块和酒精的密度。

六、数据记录与处理

根据实验要求，自拟数据记录表格，根据实验数据计算其不确定度，并将最终结果表示为 $\rho=\bar{\rho}+\Delta\rho$。

七、分析与思考

(1)用物理天平称衡物体时能不能把物体放在右盘而把砝码放在左盘？

(2)如何用静力称衡法测量液体的密度？

(3)如何正确使用物理天平？

八、附录

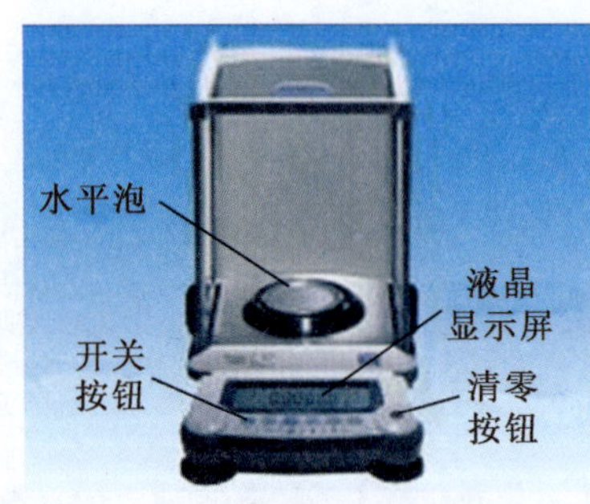

图 2-5 电子天平示意图

实验室常用的电子天平如图 2-5 所示。在使用电子天平时，按下开关按钮，先进行半小时左右的预热。在测量前先要调节天平水平：调节天平立脚的高低，观察水平泡的位置，当水平泡位于中央时，即天平已调为水平。称量前应先清零。

在使用电子天平称量时，应注意：①电子天平应在无风、防震的环境中使用；②不能用电子天平直接称量具有腐蚀性的物品；③防止任何液体渗漏进电子天平内部。

实验3 运动学实验

一、背景及应用

当波源和接收器之间有相对运动时，接收器接收到的波的频率与波源发出的频率不同的现象称为多普勒效应。多普勒效应是为纪念奥地利物理学家、数学家克里斯琴·约翰·多普勒(Christian Johann Doppler，图3－1)而命名的，他于1842年首先提出了这一理论。

图3－1 克里斯琴·约翰·多普勒

1842年，奥地利的一位名叫多普勒的物理学家、数学家在经过铁路交叉处时，恰逢一列火车从他身旁驰过，他发现火车由远而近时汽笛声变响、音调变高，火车由近而远时汽笛声变弱、音调变低。他对这个物理现象产生了极大的兴趣，并进行了研究。他发现，这种现象的出现是因为振源与观察者之间存在着相对运动，从而使观察者听到的声音频率不同于振源频率。当声源远离观测者时，声波的波长增加，音调变得低沉；当声源接近观测者时，声波的波长减小，音调就变高。音调的变化同声源与观测者间的相对速度和声速的比值有关，这一比值越大，改变就越显著，后人把它称为多普勒效应。多普勒效应不仅适用于声波，也适用于所有类型的波，包括电磁波。科学家爱德文·哈勃(Edwin Hubble)使用多普勒效应得出宇宙正在膨胀的结论，他发现远离银河系的天体发射的光线频率变低，即移向光谱的红端，称为红移。天体离开银河系的速度越快红移越大，这说明这些天体在远离银河系。反之，如果天体正移向银河系，则光线会发生蓝移。

多普勒效应在科学研究、工程技术、交通管理、医疗诊断等方面都有十分广泛的应用。例如，原子、分子和离子由于热运动使其发射和吸收的光谱线变宽称为多普勒增宽。在天体物理和受控热核聚变实验装置中，光谱线的多普勒增宽已成为一种分析恒星大气及等离子体物理状态的重要测量和诊断手段；基于多普勒效应原理的雷达系统已广泛应用于导弹、卫星、车辆等运动目标速度的监测；在医学上利用超声波的多普勒效应检查人体内脏的活动情况和血液的流速等。电磁波(光波)与声波(超声波)的多普勒效应原理是一致的。本实验既可研究超声波的多普勒效应，又可利用多普勒效应将超声探头作为运动传感器，研究物体的运动状态。

1. 超声的多普勒效应

根据声波的多普勒效应公式，当声源与接收器之间有相对运动时，接收器接收到的频率f为

$$f=f_0\frac{u+V_1\cos\alpha_1}{u-V_2\cos\alpha_2}\tag{3-1}$$

式中，f_0 为声源发射频率；u 为声速；V_1 为接收器运动速率；α_1 为声源和接收器连线与接收器运动方向之间的夹角；V_2 为声源运动速率；α_2 为声源和接收器连线与声源运动方向之间的夹角。

若声源保持不动，运动物体上的接收器沿声源与接收器连线方向以速度V运动，则从式(3-1)可得接收器接收到的频率为

$$f=f_0\left(1+\frac{V}{u}\right)\tag{3-2}$$

当接收器向着声源运动时，V取正，反之取负。

若f_0保持不变，以光电门测量物体的运动速度，并由仪器对接收器接收到的频率自动计数，根据式(3-2)作$f-V$关系图可直观验证多普勒效应，且由实验点作直线，其斜率应为$k=\frac{f_0}{u}$，由此可计算出声速$u=\frac{f_0}{k}$。由式(3-2)可解出

$$V=u\left(\frac{f}{f_0}-1\right)\tag{3-3}$$

若已知声速u及声源频率f_0，通过设置使仪器以某种时间间隔对接收器接收到的频率f采样计数，由微处理器按式(3-3)计算出接收器运动速度，由显示屏显示$V-t$关系图，即可得出物体在运动过程中的速度变化情况，进而对物体运动状况及规律进行研究。

2. 超声的红外调制与接收

早期产品中，接收器接收的超声信号由导线接入实验仪进行处理。由于超声接收器安装在运动体上，导线的存在对运动状态有一定影响，导线的折断也给使用带来麻烦。新仪器对接收到的超声信号采用了无线的红外调制—发射—接收方式，即用超声接收器信号对红外波进行调制后发射，固定在运动导轨一端的红外接收端接收红外信号后，再将超声信号解调出来。由于红外发射与红外接收的过程中信号的传输速度是光速，远远大于声速，它引起的多普勒效应可忽略不计。采用此技术将实验中运动部分的导线去掉，可使测量更准确，操作更方便。信号的调制—发射—接收—解调在信号的无线传输过程中是一种常用的技术。

三、实验目的

（1）测量超声接收器运动速度与接收频率之间的关系，验证多普勒效应，并由 $f-V$ 关系直线的斜率求声速。

（2）利用多普勒效应测量物体运动过程中多个时间点的速度，查看 $V-t$ 关系曲线，即可得出物体在运动过程中的速度变化情况，可研究：

①自由落体运动，并由 $V-t$ 关系直线的斜率求重力加速度；

②简谐振动，可测量简谐振动的周期等参数，并与理论值比较；

③匀加速直线运动，测量力、质量与加速度之间的关系，验证牛顿第二定律；

④其他变速直线运动。

四、实验仪器

多普勒效应综合实验仪由实验仪、超声发射/接收器、红外发射/接收器、导轨、运动小车、支架、光电门、电磁铁、弹簧、滑轮、砝码等组成。实验仪内置微处理器，带有液晶显示屏。多普勒实验仪的面板图如图 3－2 所示。

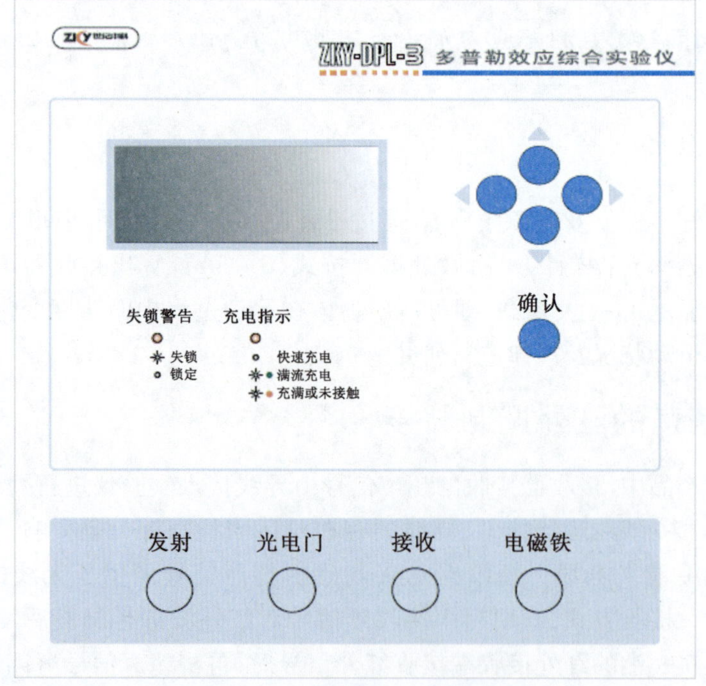

图 3－2　多普勒实验仪的面板图

实验仪采用菜单式操作，显示屏显示菜单及操作提示，用“▲”“▼”“◀”“▶”键选择菜单或修改参数。

按“确认”键后，仪器开始运行。可在“查询”页面查询到在实验时已保存的实验数据。操作者只需按每个实验的提示即可完成操作。

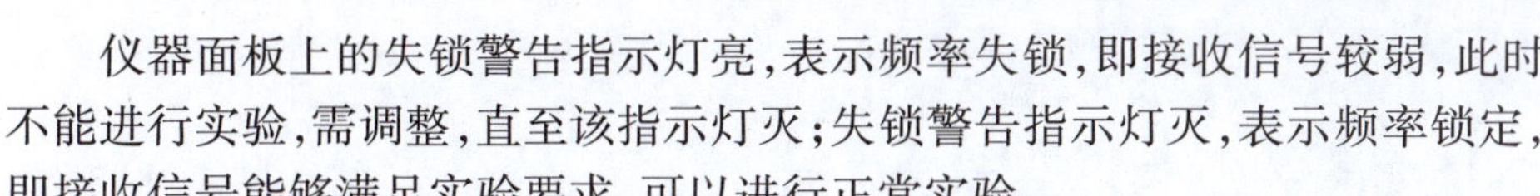
仪器面板上的失锁警告指示灯亮，表示频率失锁，即接收信号较弱，此时不能进行实验，需调整，直至该指示灯灭；失锁警告指示灯灭，表示频率锁定，即接收信号能够满足实验要求，可以进行正常实验。

五、实验要求

①预习报告中，无须画原理图，需归纳、简述实验内容与步骤（不要全抄讲义），绘制数据记录表格；

②实验过程中要注意控制车速、正确充电、了解失锁警告的含义（缺电信号）以及合理地选取砝码；

③用线性回归法计算声速，并与理论声速比较，计算测量结果的百分差；

④用作图法进行自由落体运动、简谐振动和匀变速直线运动的数据处理；

⑤分析实验结果，给出实验结论，讨论实验中出现的各种问题，并提出改进意见。

六、实验内容与操作要点

1. 验证多普勒效应并由测量数据计算声速

让小车以不同速度通过光电门，仪器自动记录小车通过光电门时的平均运动速度及与之对应的平均接收频率。由仪器显示的 $f-V$ 关系图可看出速度与频率的关系，若测量点成直线，符合式(3－2)描述的规律，即直观验证了多普勒效应。用作图法或线性回归法计算 $f-V$ 直线的斜率 k，由 k 计算声速 u 并与声速的理论值比较，计算其百分差。

(1)仪器安装

如图 3－3 所示，所有需固定的附件均安装在导轨上，并固定在两侧的安装槽上。调节水平超声发射器的高度，使其与超声接收器（已固定在小车上）在同一个平面上，再调整红外接收器的高度和方向，使其与红外发射器（已固定在小车上）在同一轴线上。将组件电缆接入实验仪的对应接口上。安装完毕后，为小车上的传感器充电，第一次充电时间为 6～8 s，充满后（仪器面板充电灯变黄色或红色）可以持续使用 4～5 min。充电时要注意，必须让小车上的充电板和电磁铁上的充电针接触良好。

(2)测量准备

实验仪开机后，首先要求输入室温，因为计算物体运动速度时要代入声速，而声速是温度的函数。利用“◀”“▶”键将室温 T 调到实际值，按“确认”键。然后仪器将自动检测调谐频率 f_0，几秒钟后将自动得到调谐频率，将此频率 f_0 记录下来，按“确认”键进行后续实验。

(3)测量步骤

①在液晶显示屏上，选中“多普勒效应验证实验”，并按“确认”键。

②利用“▶”键修改测试总次数（选择范围为 5～10 次，一般选 5 次），按“▼”键选中“开始测试”。

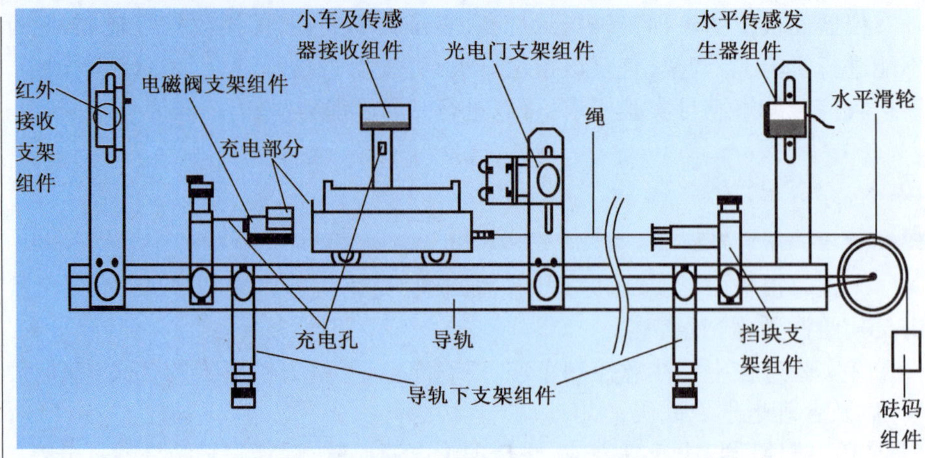

图 3-3　多普勒效应验证实验及测量小车水平运动速度装置图

③准备好后，按"确认"键，电磁铁释放，测试开始进行，仪器自动记录小车通过光电门时的平均运动速度及与之对应的平均接收频率。

改变小车的运动速度可用以下两种方式。

a. 砝码牵引：利用砝码的不同组合实现。

b. 用手推动：沿水平方向对小车施以变力，使其通过光电门。

为便于操作，一般由小到大改变小车的运动速度。

④每一次测试完成，都有"存入"或"重测"的提示，可根据实际情况选择，按"确认"键后回到测试状态，并显示测试总次数及已完成的测试次数。

⑤改变砝码质量（砝码牵引方式），并退回小车让磁铁吸住，按"开始"键进行第二次测试。

⑥完成设定的测量次数后，仪器自动存储数据，并显示 $f-V$ 关系图及测量数据。

（4）数据记录与处理

由 $f-V$ 关系图可以看出，若测量点成直线，符合式（3-2）描述的规律，即直观验证了多普勒效应。用"►"键选中"数据"，用"▼"键翻阅数据并记入表 3-1 中，用线性回归法计算 $f-V$ 关系直线的斜率 k。用线性回归法计算 k 值的公式为

$$k=\frac{\overline{V_i}\times\overline{f_i}-\overline{V_i\times f_i}}{\overline{V_i}^2-\overline{V_i^2}} \tag{3-4}$$

式中，测量次数 $i=5\sim n$，$n\leqslant 10$。

由 k 计算声速 $u=\frac{f_0}{k}$，并与声速的理论值比较。声速理论值由 $u_0=331\left(1+\frac{t}{273}\right)^{\frac{1}{2}}$ (m/s) 计算，式中，t 表示室温，测量数据的记录是仪器自动进行的。在测量完成后，只需在出现的显示界面上，用"►"键选中"数据"，用"▼"键翻阅数据并记入表 3-1 中，然后按照式（3-4）及表 3-1 中的相应公式计算出相关结果并填入表 3-1 中。

表 3-1 多普勒效应的验证与声速的测量

f_0 = ________

测量数据						直线斜率 k/m^{-1}	声速测量值 $\left(u=\frac{f_0}{k}\right)/(\text{m/s})$	声速理论值 $u_0/(\text{m/s})$	百分差 $\frac{\lvert u-u_0 \rvert}{u_0}$
次数 i	1	2	3	4	5				
$V_i/(\text{m/s})$									
f_i/Hz									

2. 研究自由落体运动 求自由落体加速度

让带有超声接收器的接收组件自由下落，利用多普勒效应测量物体运动过程中多个时间点的速度，查看 $V-t$ 关系曲线，即可得出物体在运动过程中的速度变化情况，进而计算自由落体加速度。

(1)实验仪器安装与测量准备

实验仪器安装如图 3-4 所示。为保证超声发射器与接收器在一条垂线上，可用细绳拴住接收器，检查电磁铁下垂时是否正对发射器。若未对齐，可用底座螺钉加以调节。充电时，让电磁阀吸住自由落体接收器，并让该接收器充电部分和电磁阀上的充电针接触良好。充满电后，将接收器脱离充电针，下移悬挂在电磁铁上。

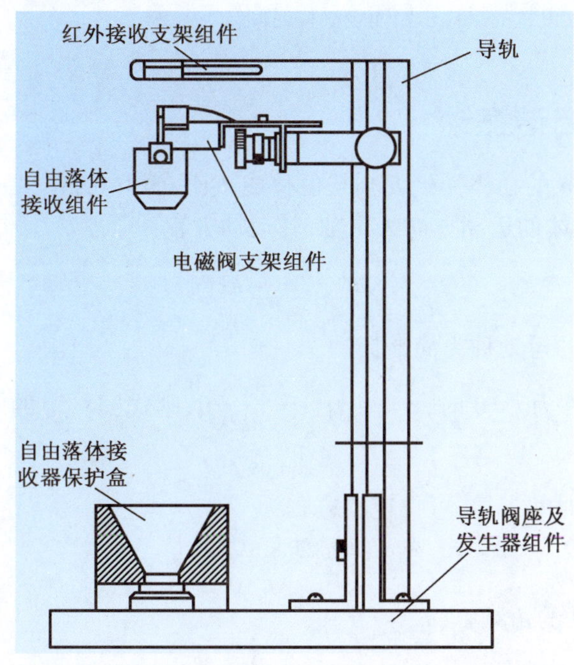

图 3-4 自由落体运动实验仪器安装示意图

(2)测量步骤

①在液晶显示屏上，用“▼”键选中“变速运动测量实验”，并按“确认”键。

②利用“►”键修改测量点总数，通常选 10~20 个点(选择范围为 8~150 个点)，用“▼”键选择采样步距，通常选 10~30 ms(选择范围为 10~100 ms)，选中“开始测试”。

③按“确认”键后，电磁铁释放，接收器组件自由下落。测量完成后，显示屏上显示 $V-t$ 图，用“►”键选择“数据”，阅读并记录测量结果。

④在结果显示界面中用“▶”键选择“返回”“确认”后重新回到测量设置界面，可按以上程序进行新的测量。

(3)数据记录与处理

将测量数据记入表 3－2 中，由测量数据求得 $V-t$ 直线的斜率即为重力加速度 g。为减小偶然误差，可作多次测量，将测量的平均值作为测量值，并将测量值与理论值比较，求百分差。

表 3－2　自由落体运动的测量

采样次数 i	2	3	4	5	6	7	8	9	g/(m/s^2)	平均值 g/(m/s^2)	理论值 g_0/(m/s^2)	百分差 $\frac{g-g_0}{g_0}$
$t_i=0.05\cdot(i-1)$/s	0.05	0.10	0.15	0.20	0.25	0.30	0.35	0.40				
V_i												
V_i												
V_i												
V_i												

注：表 3－2 中 $t_i=0.05(i-1)$，t_i 为第 i 次采样与第 1 次采样的时间间隔差，0.05 表示采样步距为 50 ms。如果选择的采样步距为 20 ms，则 t_i 应表示为 $t_i=0.02(i-1)$。依此类推，根据实际设置的采样步距而定采样时间。

3. 研究简谐振动

当质量为 m 的物体受到大小与位移成正比，而方向指向平衡位置的力的作用时，若以物体的运动方向为 x 轴，其运动方程为

$$m\frac{\mathrm{d}^2x}{\mathrm{d}t^2}=-kx \tag{3-5}$$

式(3－5)描述的运动称为简谐振动。

当初始条件为 $t=0$ 时，$x=-A_0$，$V=\frac{\mathrm{d}x}{\mathrm{d}t}=0$，则式(3－5)的解为

$$x=-A_0\cos\omega_0 t \tag{3-6}$$

将式(3－6)对时间求导，可得速度方程为

$$V=\omega_0 A_0\sin\omega_0 t \tag{3-7}$$

式中，ω_0 为振动的角频率，$\omega_0=\left(\frac{k}{m}\right)^{\frac{1}{2}}$。

由式(3－6)和式(3－7)可见，物体做简谐振动时，位移和速度都随时间周期变化。

测量时仪器的安装如图 3－5 所示，若忽略空气阻力，根据胡克定律，作用力与位移成正比，悬挂在弹簧上的物体应做简谐振动，而式(3－5)中的 k 为弹簧的劲度系数。

(1)仪器安装与测量准备

将弹簧悬挂于电磁铁下方的挂钩孔中，接收器组件的尾翼悬挂在弹簧上。

平衡态时测量弹簧长度，加挂质量为 m 的砝码，测量加挂砝码后弹簧的伸长量 Δx，记入表 3－3 中，然后取下砝码，由 m 及 Δx 即可计算 k。

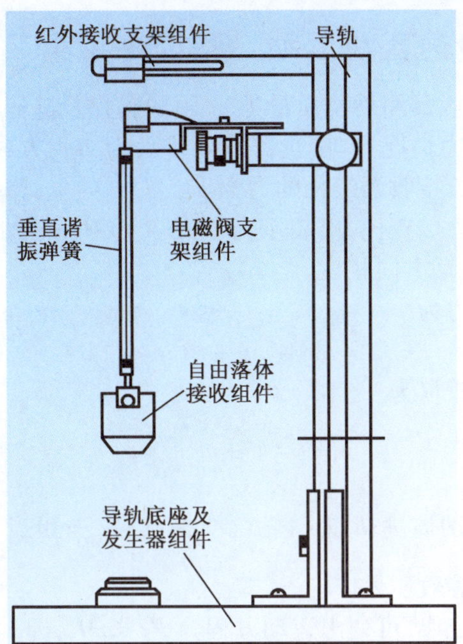

图3-5 简谐振动实验仪器安装示意图

用天平称量垂直运动超声接收器组件的质量 M，由 k 和 M 即可计算 ω_0，并与角频率的测量值 ω 比较。

（2）测量步骤

①在液晶显示屏上，用"▼"键选中"变速运动测量实验"，并按"确认"键。

②用"►"键修改测量点总数为150，用"▼"键选择采样步距，并修改为100 ms，选中"开始测试"。

③将接收器从平衡位置垂直向下拉约20 cm，松手让接收器自由振荡，然后按"确认"键，接收器组件开始做简谐振动。实验仪按设置的参数自动采样，测量完成后，显示屏上出现速度随时间变化的关系曲线。

④在结果显示界面中用"►"键选择"返回""确认"后重新回到测量设置界面，可按以上程序进行新的测量。

（3）数据记录与处理

查阅数据，记录第1次速度达到最大时的采样次数 $N_{1\max}$ 和第11次速度达到最大时的采样次数 $N_{11\max}$，就可计算实际测量的运动周期 T 及角频率 ω，并可计算 ω_0 与 ω 的百分差。

表3-3 简谐振动的测量

加挂砝码质量 $m=$______

M /kg	Δx /m	$\left(k=\dfrac{mg}{\Delta x}\right)$ /(kg/s^2)	$\left(\omega_0=\left(\dfrac{k}{M}\right)^{\frac{1}{2}}\right)$ /s^{-1}	$N_{1\max}$	$N_{11\max}$	$T=0.01(N_{11\max}-N_{1\max})$/s	$(\omega=2\pi/T)$ /s^{-1}	百分差 $\dfrac{\lvert\omega-\omega_0\rvert}{\omega_0}$

4. 研究匀变速直线运动 验证牛顿第二运动定律

质量为 M 的接收器组件与质量为 m 的砝码托及砝码悬挂于滑轮的两端($M>m$),系统的受力情况为:接收器组件重力为 Mg,方向向下;砝码组件通过细绳和滑轮施加给接收器组件的力为 mg,方向向上;摩擦阻力大小与接收器组件对细绳的张力成正比,可表示为 $C(g-a)M$,a 为加速度,C 为摩擦因数,摩擦力方向与运动方向相反。

系统所受合外力为

$$F_a = Mg - mg - C(g-a)M$$

运动系统的总质量为

$$M_a = M + m + \frac{J}{R^2}$$

式中,J 为滑轮的转动惯量;R 为滑轮绕线槽半径;$\frac{J}{R^2}$ 相当于将滑轮的转动等效于线性运动时的等效质量。

根据牛顿第二定律,可列出运动方程为 $F_a = aM_a$,即

$$Mg - mg - C(g-a)M = a\left(M + m + \frac{J}{R^2}\right) \tag{3-8}$$

实验时改变砝码组件的质量 m,即改变了系统所受的合外力和质量。对不同的组合测量其运动情况,采样结束后会显示 $V-t$ 曲线,将显示的采样次数及对应速度记入表 3-4 中。由记录的 t, V 数据求得 $V-t$ 直线的斜率,即为此次实验的加速度 a。

表 3-4 匀变速直线运动的测量

$M=$________ kg;$C=0.07$;$\frac{J}{R^2}=0.014$ kg

采样次数 i	2	3	4	5	6	7	8	9	a /(m/s²)	m /kg	$\dfrac{(1-C)M-m}{(1-C)M+m+\frac{J}{R^2}}$
$t_i=0.1(i-1)$/s	0.1	0.2	0.3	0.4	0.5	0.6	0.7	0.8			
V_i											
V_i											
V_i											
V_i											

注:表 3-4 中,$t_i=0.1(i-1)$,t_i 为第 i 次采样与第 1 次采样的时间间隔差,0.1 表示采样步距为 100 ms。

式(3-8)可以改写为

$$a = g\frac{(1-C)M-m}{(1-C)M+m+\frac{J}{R^2}} \tag{3-9}$$

将由表 3-4 得出的加速度 a 作为纵轴,$\frac{(1-C)M-m}{(1-C)M+m+\frac{J}{R^2}}$ 作为横轴作图,若为线性关系,符合式(3-9)描述的规律,即验证了牛顿第二定律,且直线的斜率应为重力加速度。

系统中,摩擦因数 $C=0.07$,滑轮的等效质量$\frac{J}{R^2}=0.014$ kg。

(1)仪器安装

①仪器安装示意图如图3-6所示,让电磁阀吸住接收器组件,测量准备过程同运动学实验第2个实验。

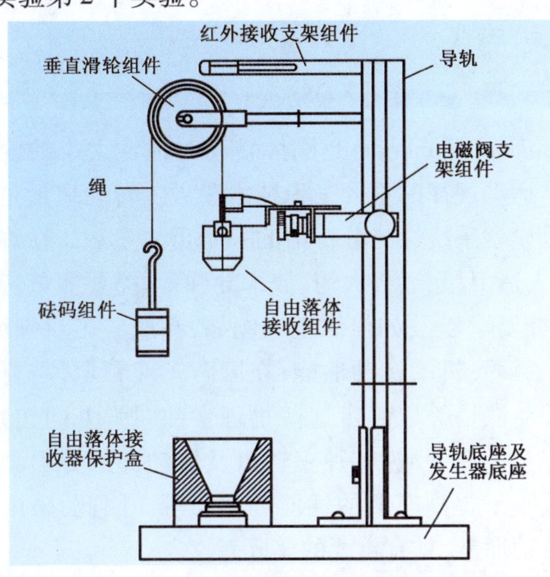

图3-6 匀变速直线运动仪器安装示意图

②用天平称量接收器组件的质量 M、砝码托及砝码质量,每次取不同质量的砝码放于砝码托上,记录每次实验对应的 m。

(2)测量步骤

①在液晶显示屏上,用"▼"键选中"变速运动测量实验",并按"确认"键。

②用"►"键修改测量点总数为10,用"▼"键选择采样步距,并修改为100 ms,选中"开始测试"。

③按"确认"键后,磁铁释放,接收器组件拉动砝码做垂直方向的运动,测量完成后,显示屏上出现测量结果。

④在结果显示界面中用"►"键选择"返回""确认"后重新回到测量设置界面,改变砝码质量,按以上程序进行新的测量。

(3)数据记录与处理

采样结束后显示 $V-t$ 直线,用"►"键选择"数据",将显示的采样次数及相应速度记入表3-4中,t_i 为采样次数与采样步距的乘积。由记录的 t,V 数据求得 $V-t$ 直线的斜率,即为此次实验的加速度 a。

七、分析与思考

(1)分析运动(波源、观察者)和频率的关系;

(2)若研究自由落体运动求自由落体加速度实验中所得到的重物下落的加速度值小于 g_0,而实验操作与数据处理均无不当,写出一个你认为可能引起此误差的原因。

实验 4　测量物体的转动惯量

一、背景及应用

转动惯量(Moment of inertia)是刚体转动时惯性大小的度量,是研究、设计、控制转动物体运动规律的重要工程技术参数。转动惯量是质量特性参数测量的一部分,是设备系统性能分析中的一个重要参数。在许多重要产业领域,如航空工业、人造卫星、远程火箭、战术导弹等,需要测量转动惯量以确定产品是否符合设计要求以及如何修正。例如,在航空工业领域,需要测量飞机的转动惯量以了解飞机的机动性能;在国防工业领域,需要测量反坦克导弹、各种炮弹的转动惯量等以确定这些物理参数对弹丸的初始扰动、弹道轨迹等的影响;在汽车工业领域,各种车辆以及转动部件必须测量转动惯量和偏心,通过修正偏心来提高车辆的性能和寿命等。因此,采用合适的方法计算、标定系统的转动惯量,具有重要的实际意义。

刚体的转动惯量等于刚体内各质点的质量与质点到轴垂直距离平方的乘积之和,因此刚体的转动惯量与刚体的质量分布、形状和转轴的位置都有关系。如果是几何形状规则、密度分布均匀的刚体,那么可直接计算出它绕特定轴的转动惯量。几种常见的规则刚体的转动惯量如图 4-1 所示。但在工程实践中,我们常碰到大量形状复杂、密度分布不均匀的刚体,转动惯量的理论计算极为复杂,即便借助一些计算分析软件,一般也达不到要求的精度,要想测得它们的转动惯量,通常采用实验方法来测定。测量转动惯量有多种方法,如落体法、双线摆法、复摆法、扭摆法(三线摆、金属杆扭摆、单悬丝扭摆、双悬丝扭摆、蜗簧扭摆)及恒力矩转动法等。本实验首先采用扭摆法测量物体的转动惯量,利用蜗簧扭摆使物体做扭转摆动,通过对转动周期及其他参数的测定,计算出物体的转动惯量,然后采用恒力矩转动法测量物体的转动惯量,使转动惯量组合实验仪做匀减速、匀加速运动,通过智能计时器测定时间来计算物体的转动惯量。

二、实验仪器

1. 扭摆法测量转动惯量使用的仪器

实验仪器如图 4-2 所示,包括扭摆、转动惯量周期测定仪、空心金属圆柱体、实心塑料圆柱体、实心球体、金属细杆、滑块、夹具、游标卡尺等。

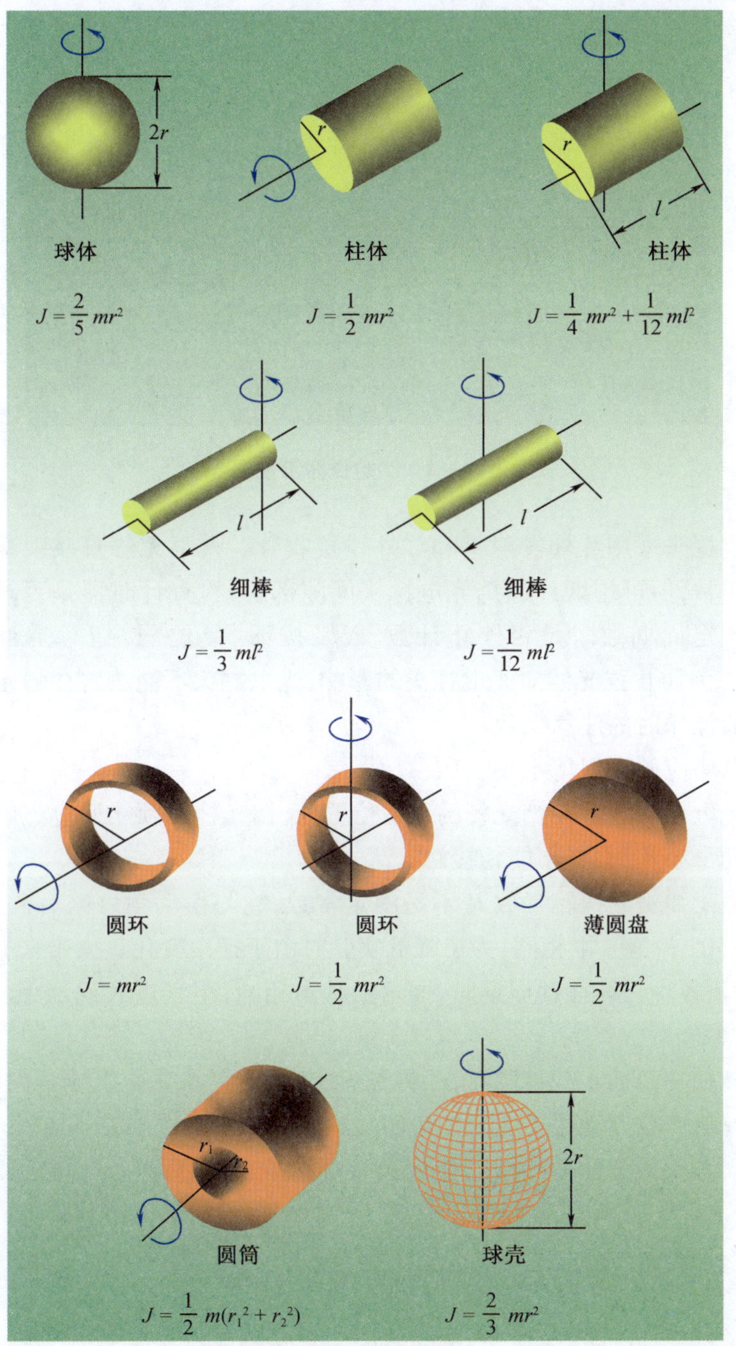

图 4-1 几种常见的规则刚体的转动惯量

转动惯量周期测定仪由主机和光电探头两部分组成。用光电探头检测挡光杆是否挡光，根据挡光次数自动判断是否已达到所设定的周期数。周期数可由预置数开关设定，按下“复位”按钮时，显示值为“0000”秒，当挡光杆第一次通过光电探头的间隙时，计时开始，当达到预定周期数后，便自动停止计数，并显示出四位数字。例如，“1874”中，测量时间的精度为 0.01 s，后两位代表小数点后的数值，单位为 s，所以显示值为 18.74 s。

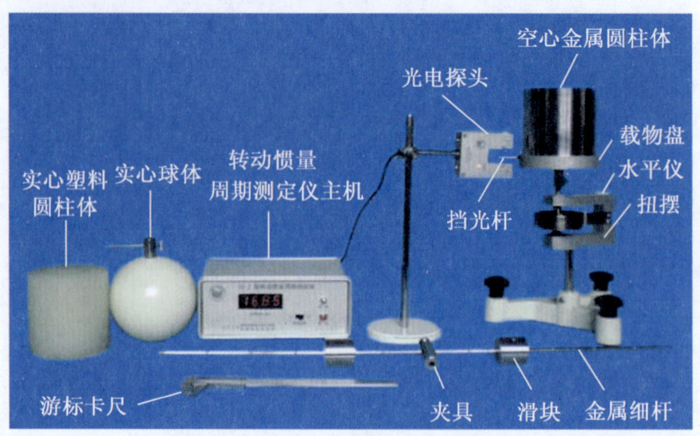

图 4-2 实验仪器示意图

光电探头采用红外发射管和红外线接收管。人眼无法直接观察仪器工作是否正常,但可用纸片遮挡光电探头间隙部位,检查计时器是否开始计时和达到预定周期数时是否停止计数,以及按下“复位”按钮时是否显示为“0000”。为防止强光线对光电探头的影响,光电探头不能放置在强光下。

实验操作时的注意事项

①基座应始终保持水平状态;

②光电探头放置在挡光杆的平衡位置处,挡光杆必须能通过光电探头间隙内的两个小孔,两者不能相接触;

③由于弹簧的扭转常数 K 不是固定常数,它与摆动角度略有关系,摆角在 40°~90° K 值基本相同,为了降低实验时由于摆角变化过大带来的系统误差,在测量各种物体摆动周期时,摆角要基本相同,不宜过大或过小,±60°已足够;

④转轴必须插入载物圆盘,并将螺丝旋紧,使它与弹簧组成牢固的整体,摆动时有响声或摆动数次之后摆角明显减小或停下的原因在于螺丝未旋紧;

⑤实心塑料圆柱体和空心金属圆柱体放在载物圆盘上时,必须放正,不能倾斜。

2. 力矩法测量转动惯量使用的仪器

实验仪器如图 4-3 所示,绕线塔轮通过特制的轴承安装在主轴上,使转动时的摩擦力矩很小。塔轮半径分别为 15 mm,20 mm,25 mm,30 mm,35 mm,共五挡,可与砝码托(大约 5 g)、1 个 5 g 砝码和 4 个 10 g 砝码组合,产生大小不同的力矩。载物台用螺钉与塔轮连接在一起,随塔轮转动。被测物体有 1 个圆盘、1 个圆环、2 个圆柱,标有几何尺寸及质量。圆柱物体可插入载物台上的不同孔,这些孔离中心的距离分别为45 mm,60 mm,75 mm,90 mm,105 mm。小滑轮的转动惯量与实验台相比可忽略不计。

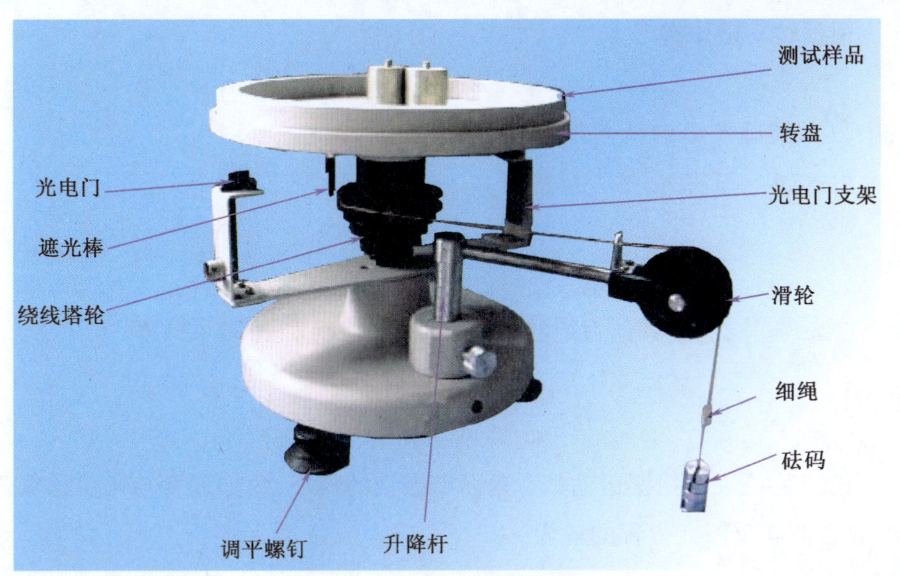

图 4－3 转动惯量实验仪器

三、实验目的

(1)熟悉扭摆的构造和使用方法,掌握数字式计时仪的正确使用要领,测定物体转动惯量;验证转动惯量平行轴定理;学会设计测定不规则物体转动惯量的方案。

(2)学习用力矩法测定刚体转动惯量的原理和方法;观测刚体的转动惯量随其质量、质量分布及转轴不同而改变的情况,验证转动惯量平行轴定理;学会使用智能计时计数器测量时间。

四、实验原理

1. 扭摆法测量转动惯量的原理

扭摆仪器如图 4－4 所示。在转轴①上可以装上各种待测物体;薄片状螺旋弹簧②垂直于转轴①安装,用以产生恢复力矩;③为水平仪,指示系统是否水平;④为水平调节旋钮,用来调整系统平衡。

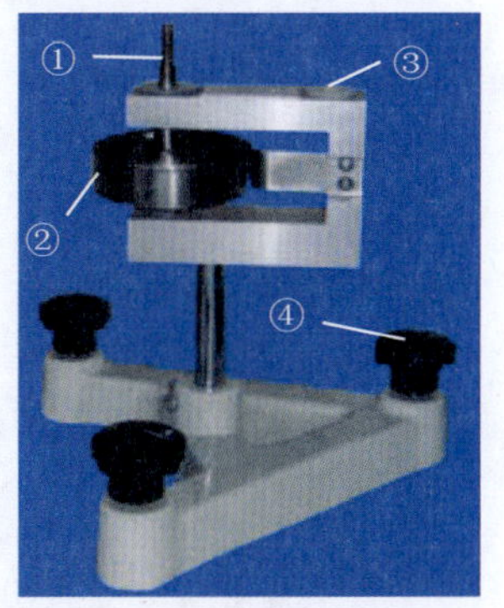

图 4－4 扭摆仪器示意图

①—转轴;②—薄片状螺旋弹簧;③—水平仪;④—水平调节旋钮

(1)转动惯量、扭转常数和周期的关系

当装在转轴①上的待测物体转过一定角度 θ 后,在弹簧的恢复力矩 M 作用下,物体就开始绕转轴①做往返扭转运动。根据胡克定律,弹簧扭转而产生的恢复力矩 M 与所转动的角度 θ 成正比,即

$$M = -K\theta \tag{4-1}$$

式中,K 为弹簧的扭转常数。

根据转动定律有

$$M=J\beta \tag{4-2}$$

式中,J 为转动惯量;β 为角加速度。

由式(4-2)得

$$\beta=\frac{M}{J} \tag{4-3}$$

令 $\omega^2=\frac{K}{J}$,忽略其他力矩的作用,由式(4-1)和式(4-3)得

$$\beta=\frac{\mathrm{d}^2\theta}{\mathrm{d}t^2}=-\frac{K}{J}\theta=-\omega^2\theta \tag{4-4}$$

式(4-4)表明扭摆运动具有角简谐振动的特征,角加速度与角位移成正比,且方向相反。此方程的解为

$$\theta=\theta_0\cos(\omega t+\varphi) \tag{4-5}$$

式中,θ_0 为简谐振动的角振幅;φ 为初相位角;ω 为角速度。摆动周期 T 为

$$T=\frac{2\pi}{\omega}=2\pi\sqrt{\frac{J}{K}} \tag{4-6}$$

由式(4-6)可知,在已经通过实验测得物体摆动周期 T 的情况下,只要已知 J 和 K 中任何一个量,即可算出另一个物理量。

本实验用的是一个几何形状规则的物体,其转动惯量可以根据它的质量和几何尺寸用理论公式直接计算得到,由此算出扭摆弹簧的 K 值。若要测定其他物体的转动惯量,只需将待测物体放在扭摆顶部的各种夹具上,测定其摆动周期,由式(4-6)即可算出该物体绕转轴的转动惯量。

(2)弹簧扭转常数 K 的测量

弹簧扭转常数 K 的测量原理如图 4-5 所示。设金属载物盘绕转轴的转动惯量是 J_0',测出其转动周期为 T_0,则有

$$T_0^2=\frac{4\pi^2}{K}J_0' \tag{4-7}$$

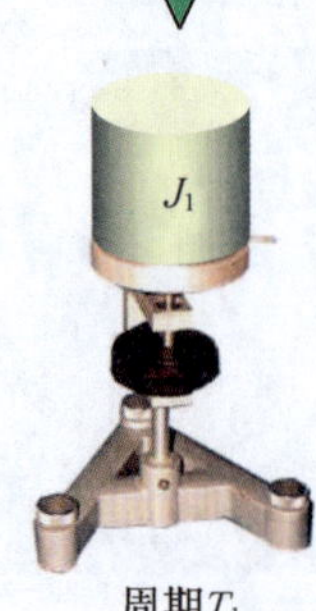

图 4-5 K 的测量原理图

待测物塑料圆柱体对其质心轴的转动惯量理论值为 J_1,测出其与载物盘的复合体转动周期为 T_1,则

$$T_1^2=\frac{4\pi^2}{K}(J_0'+J_1) \tag{4-8}$$

式中,$J_1=\frac{1}{8}m_1D_1^2$;D_1 为圆柱体直径;m_1 为圆柱体质量。

由式(4-7)和式(4-8)得

$$K=\frac{4\pi^2J_1}{T_1^2-T_0^2} \tag{4-9}$$

在国际单位制中,K 的单位为 $\mathrm{kg\cdot m^2\cdot s^{-2}}$(或 $\mathrm{N\cdot m}$)。

(3)转动惯量平行轴定理

如图4-6所示,若质量为 m 的物体绕通过质心轴 O 的转动惯量为 J_0,当转轴平行移动距离 x 时,物体对新轴的转动惯量 $J = J_0 + mx^2$,此公式称为转动惯量的平行轴定理,J 与 x^2 呈线性关系。在分析刚体转动惯量时要清楚重心和质心的概念。

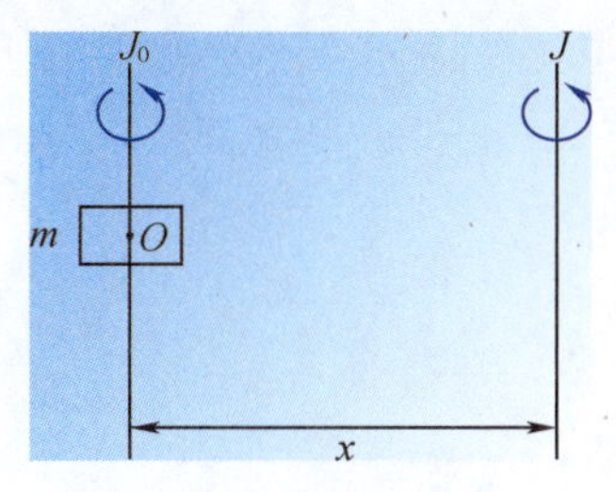

图4-6 转动惯量平行轴定理原理图

重心是重力的作用点,质心是物体(或由多个物体组成的系统)质量分布的中心。与重心不同的是,质心不一定要在有重力场的系统中。值得注意的是,除非重力场是均匀的,否则同一物质系统的质心与重心通常不在同一假想点上。通常情况下,由于普通物体的体积与地球体积相比很小,所以物体所处的重力场可看作是均匀的,此时质心与重心重合。如果该物体的体积与地球体积相比不可忽略,则该物体所处的重力场就不均匀,具体地说,由下向上重力场逐渐减小,此时重力的作用点靠下,也就是重心低于质心,如高山的重心比质心要低一些。

2. 力矩法测量转动惯量的原理

(1)力矩法的原理

根据刚体的定轴转动定律有

$$M = J\beta \tag{4-10}$$

只要测定刚体转动时所受的总合外力矩 M 以及该力矩作用下刚体转动的角加速度 β,就可计算出该刚体的转动惯量 J。

设以某初始角速度转动的空实验台转动惯量为 J_1,未加砝码时在摩擦阻力矩 M_μ 的作用下,实验台将以角加速度 β_1 做匀减速运动,即

$$-M_\mu = J_1\beta_1 \tag{4-11}$$

将质量为 m 的砝码用细线绕在半径为 R 的实验台塔轮上,并让砝码下落,系统在恒外力作用下将做匀加速运动。若砝码的加速度为 a,则细线所受张力为 $T = m(g - a)$。若此时实验台的角加速度为 β_2,则有 $a = R\beta_2$。细线施加给实验台的力矩为 $TR = m(g - R\beta_2)R$,此时有

$$m(g - R\beta_2)R - M_\mu = J_1\beta_2 \tag{4-12}$$

将式(4-11)和式(4-12)联立消去 M_μ 后,可得

$$J_1 = \frac{mR(g - R\beta_2)}{\beta_2 - \beta_1} \tag{4-13}$$

同理,若在实验台上加上被测物体后系统的转动惯量为 J_2,加砝码前后的角加速度分别为 β_3 与 β_4,则有

$$J_2 = \frac{mR(g - R\beta_4)}{\beta_4 - \beta_3} \tag{4-14}$$

由转动惯量的叠加原理可知,被测试件的转动惯量 J_3 为

$$J_3 = J_2 - J_1 \tag{4-15}$$

测得 R,m 及 β_1,β_2,β_3,β_4 的值,由式(4-13)、式(4-14)和式(4-15)可计算被测物体的转动惯量。

(2)β 的测量

实验中采用智能计时计数器记录遮挡次数和相应的时间。固定在载物台圆周边缘相差角度为 π 的两遮光细棒每转动半圈遮挡一次固定在底座上的光电门,即产生一个计数光电脉冲,计数器计下遮挡次数 k 和相应的时间 t。若从第一次挡光($k=0$,$t=0$)开始计次、计时,且初始角速度为 ω_0,则对于匀变速运动中测量得到的任意两组数据(k_m,t_m)和(k_n,t_n)相应的角位移 θ_m,θ_n 分别为

$$\theta_m = k_m\pi = \omega_0 t_m + \frac{1}{2}\beta t_m^2 \tag{4-16}$$

$$\theta_n = k_n\pi = \omega_0 t_n + \frac{1}{2}\beta t_n^2 \tag{4-17}$$

将式(4-16)和式(4-17)联立消去 ω_0,可得

$$\beta = \frac{2\pi(k_n t_m - k_m t_n)}{t_n^2 t_m - t_m^2 t_n} \tag{4-18}$$

由式(4-18)可计算角加速度 β。

(3)平行轴定理

设质量为 m 的物体围绕通过质心 O 的转轴转动时的转动惯量为 J_0,当转轴平行移动距离 d 后,理论分析表明,绕新转轴转动的转动惯量为

$$J = J_0 + md^2 \tag{4-19}$$

五、实验内容与操作要点

1. 扭摆法测量转动惯量实验内容与步骤

(1)实验内容

本实验内容主要包括测定扭摆的扭转常数(弹簧的扭转常数)K;测定实心塑料圆柱体、空心金属圆柱体、实心球体与金属细杆的转动惯量,并与理论计算值比较,求测量值的百分差 E;验证转动惯量平行轴定理。

(2)实验步骤

①用游标卡尺分别测出实心塑料圆柱体的直径、空心金属圆柱体的内径和外径、实心球体的直径。金属细杆的长度已知,记录待测物体的质量(已标在物体上)。

②调整扭摆基座底脚螺丝,使水平仪中的气泡居中。

③装上金属载物盘,并调整光电探头的位置,使载物盘上挡光杆处于其缺口中央且能遮住发射接收红外光线的小孔,测量 10 个摆动周期所需的时间 $10T_0$。

④将实心塑料圆柱体垂直放在载物圆盘上，测量 $10T_1$ 所需时间。

⑤用空心金属圆柱体代替实心塑料圆柱体，测出 10 个摆动周期所需时间 $10T_2$。

⑥取下载物圆盘，将球体用夹具装在转轴上端，测量 10 个摆动周期所需时间 $10T_3$。

⑦取下球体，将细杆装在转轴上，细杆中心与转轴重合，测量 10 个摆动周期所需时间 $10T_4$。

⑧如图 4－7 所示，将滑块对称地放在细杆两边的凹槽内，此时滑块质心与转轴的距离 x 分别为 5.00 cm，10.00 cm，15.00 cm，20.00 cm，25.00 cm，测出对应于不同距离时 10 个摆动周期所需时间。由于夹具的转动惯量与金属细杆的转动惯量相比甚小，因此在计算中可以忽略不计。

⑨(选做)采用图解法验证转动惯量平行轴定理。将两个滑块不对称放置，即 5.00 cm 与 10.00 cm，10.00 cm与 15.00 cm，15.00 cm 与 20.00 cm，20.00 cm与 25.00 cm 等。

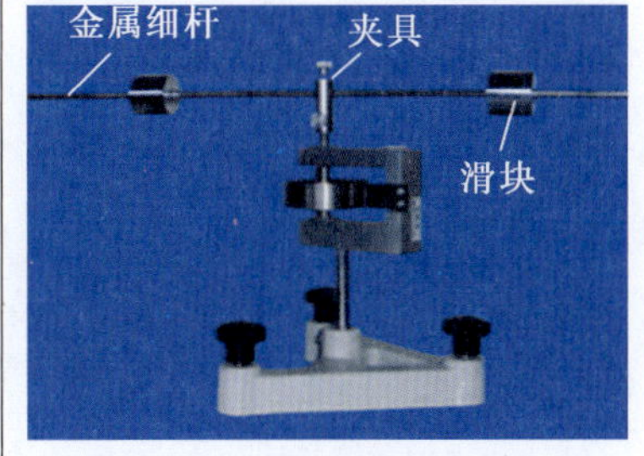

图 4－7 验证“转动惯量平行轴定理”实验装置图

2. 力矩法测量转动惯量实验内容与步骤

旋转 ZKY－ZS 转动惯量实验仪基座上的三颗螺钉，将仪器调平。将滑轮支架固定在实验台面边缘，调整滑轮高度及方位，使滑轮槽与选取的绕线塔轮槽等高，且其方位相互垂直，如图 4－3 所示，并且用数据线将智能计时计数器中 A 通道或 B 通道与转动惯量实验仪其中一个光电门相连。

(1)测量并计算实验台的转动惯量 J_1

①测量 β_1

开机后，LCD 显示“智能计数计时器　成都世纪中科”欢迎界面，延时一段时间后，显示操作界面。

a. 选择“计时 1－2 多脉冲”。

b. 选择通道。

c. 用手轻轻拨动载物台，使实验台有一初始转速，并在摩擦阻力矩作用下做匀减速运动。

d. 按“确认”键进行测量。

e. 载物盘转动 10 圈后按“确认”键停止测量。

f. 查阅数据，并将查阅到的数据记入测量实验台的角加速度表中；采用逐差法处理数据，将第 1 组和第 5 组，第 2 组和第 6 组，第 3 组和第 7 组，第 4 组和第 8 组组成 4 组，用式(4－18)计算对应各组的 β_1 值，然后求其平均值作为 β_1 的测量值。

g. 按“确认”键后返回“计时 1－2 多脉冲”界面。

②测量 β_2

a. 选择塔轮半径 R 及砝码质量，将一端打结的细线沿塔轮上开的细缝塞入，并且不重叠地密绕于所选定半径的轮上，细线另一端通过滑轮后连接砝码托上的挂钩，用手将载物台稳住；

b. 重复①中的步骤 b 和步骤 d；

c. 释放载物台，砝码重力产生的力矩使实验台产生匀加速转动，记录 8 组数据后停止测量，将查阅到的数据记入测量实验台的角加速度表中，并计算 β_2 的测量值，由式(4－13)可算出 J_1 的值。

(2)测量并计算实验台放上物体后的转动惯量 J_2 和待测物体的转动惯量 J_3

将待测物体放到载物台上，并使物体几何中心轴与转轴中心重合，按与测量 J_1 同样的方法分别测量未加砝码的角加速度 β_3 与加砝码后的角加速度 β_4。由式(4－14)可计算 J_2 的值，已知 J_1，J_2，由式(4－15)可计算待测物体的转动惯量 J_3。

已知物体绕几何中心轴转动的转动惯量理论值为 J，计算物体的转动惯量理论值并与测量值 J_3 比较，计算测量值的百分差为

$$E=\frac{|J_3-J|}{J}\times 100\% \tag{4-20}$$

(3)验证转动惯量平行轴定理

将两圆柱体分别对称插入载物台上与中心距离为 d 的圆孔中，测量并计算两圆柱体在此位置的转动惯量。将测量值与理论计算值比较，验证转动惯量平行轴定理。

六、数据记录与处理

1. 扭摆法测得的数据记录与处理

①弹簧扭转常数和物体转动惯量的测定公式为

$$K=\frac{4\pi^2 J_1}{T_1^2-T_0^2}$$

将测得的数据记录于表 4－1 中。

②验证转动惯量平行轴定理，将数据记录于表 4－2。表 4－2 中 J_5 为单个滑块绕中心垂直轴 O 的转动惯量，如图 4－6 所示。有

$$J_5=\frac{1}{16}m_1(D^2+d^2)+\frac{1}{12}m_1 l^2$$

式中，m_1 为滑块的质量，$m_1=0.239\ 7$ kg；D，d 为滑块的外径和内径；l 为滑块长度。本实验中有

$$2J_5=0.87\times 10^{-4}\ \text{kg}\cdot\text{m}^2$$

表 4-1 转动惯量测定数据记录表格

物体名称	质量/kg	几何尺寸/cm		周期/s		理论值/(kg·m²)	实验值/(kg·m²)	百分差 E
载物圆盘	—	—		T_0		—	$J_0'=J_1\frac{\overline{T}_0^2}{\overline{T}_1^2-\overline{T}_0^2}$	
				T_0				
实心塑料圆柱		D		T_1		$J_1=\frac{1}{8}mD^2$	$J_1'=\frac{K}{4\pi^2}\cdot\overline{T}_1^2-J_0'$	
		平均值		$\overline{T}_1$				
空心金属圆柱		D		T_2		$J_2=\frac{1}{8}m\cdot(D^2+d^2)$	$J_2'=\frac{K}{4\pi^2}\cdot\overline{T}_2^2-J_0'$	
		平均值		$\overline{T}_2$				
		d						
		平均值						
实心球体		D	11.37	T_3		$J_3=\frac{1}{10}mD^2$	$J_3'=\frac{K}{4\pi^2}\overline{T}_3^2$	
				$\overline{T}_3$				
金属细杆	0.133 3	长度 l 平均值	61.00	T_4		$J_4=\frac{1}{12}ml^2$	$J_4'=\frac{K}{4\pi^2}\overline{T}_4^2$	
				$\overline{T}_4$				

表 4-2 验证平行轴定理数据记录表格

x/cm	5.00	10.00	15.00	20.00	25.00
T/s					
$\overline{T}$/s					
理论值/(g·m²) $J=J_4+2m_1x^2+2J_5$					
实验值/(kg·m²) $J'=\frac{K}{4\pi^2}\overline{T}^2$					
百分差 E					

2. 力矩法测得的数据记录与处理

①将表 4－3 中的数据代入式(4－13)中,计算实验台的转动惯量 J_1。

表 4－3　测量实验台的角加速度

匀减速						匀加速 $R_{塔轮}=25$ mm;$m_{砝码}=50.4$ g					
k	1	2	3	4	平均	k	1	2	3	4	平均
t/s						t/s					
k	5	6	7	8		k	5	6	7	8	
t/s						t/s					
β_1/s^{-2}						β_2/s^{-2}					

②将表 4－4 中的数据代入式(4－14)中,计算实验台放上圆环后的转动惯量 J_2;由式(4－15)计算圆环的转动惯量测量值 J_3;计算圆环的转动惯量理论值 J;由式(4－20)计算测量值的百分差 E。

表 4－4　测量实验台加圆环试样后的角加速度

$R_{外}=120$ mm;$R_{内}=105$ mm;$m_{圆环}=0.436$ kg

匀减速						匀加速 $R_{塔轮}=25$ mm;$m_{砝码}=50.4$ g					
k	1	2	3	4	平均	k	1	2	3	4	平均
t/s						t/s					
k	5	6	7	8		k	5	6	7	8	
t/s						t/s					
β_3/s^{-2}						β_4/s^{-2}					

③将表 4－5 中的数据代入式(4－14)中,计算实验台放上两圆柱后的转动惯量 J_2;由式(4－15)计算两圆柱的转动惯量测量值 J_3;计算两圆柱的转动惯量理论值 J;由式(4－20)计算测量值的百分差 E。

表 4－5　测量两圆柱试样中心与转轴距离 d=________时的角加速度

$R_{圆柱}$=________;$m_{圆柱}\times 2$=________

匀减速						匀加速 $R_{塔轮}$=________;$m_{砝码}$=________					
k	1	2	3	4	平均	k	1	2	3	4	平均
t/s						t/s					
k	5	6	7	8		k	5	6	7	8	
t/s						t/s					
β_3/s^{-2}						β_4/s^{-2}					

七、分析与思考

(1) 为什么实验仪器需要调水平？物体没有放正，为什么会产生实验误差？

(2) 为什么在计算实心球体和金属细杆的转动惯量中未考虑夹具的质量？

(3) 如何用本装置来测定任意形状物体绕特定转轴的转动惯量？

(4) 如何用最小二乘法验证转动惯量平行轴定理？

实验5　拉伸法测量金属丝的杨氏模量

一、背景及应用

固体在外力作用下发生形状变化称为形变(Deform)。在一定限度内,外力作用停止后,形变完全消失,这种形变称为弹性形变(Elastic deform);外力过大时,留有剩余的形变,称为塑性形变(Plastic deform)。逐渐增加外力到开始出现剩余形变,就称为达到了物体的弹性限度。

图5－1　托马斯·杨

杨氏模量反映了材料弹性形变与应力的关系,是由英国物理学家托马斯·杨(Thomas Young,1773—1829,图5－1)于1807年提出的,它是选择机械构件材料的依据,是工程技术中常用的参数之一。

实验证明,杨氏模量与所施外力、物体长度和截面积无关,只取决于固体材料的结构、化学成分及其加工制造方法。杨氏模量是反映固体材料本身性质的一个重要物理量,它的大小标志着材料的刚性,杨氏模量大说明在压缩或拉伸材料时,材料的形变小。固体中的声速和杨氏模量也有关,杨氏模量大,则声速也大,这有点类似于弹簧的劲度系数,弹簧越硬,上面的波传递越快。杨氏模量的测定对研究金属材料、光纤材料、半导体、纳米材料、聚合物、陶瓷、橡胶等材料的力学性质有着重要意义,还可用于机械零部件设计、生物力学、地质等领域。

测定杨氏模量的方法有很多,基本可分为三类:第一类是静态测量法,包括静态拉伸法、静态扭转法、静态弯曲法;第二类是动态测量法,包括弯曲共振法(横向共振法)、纵向共振法、扭转共振法;第三类是波速测量法,包括连续波法、脉冲波法。还有一些其他的测量方法,如电感位移测量法、磁感应法、莫尔条纹法等。在以上测量法中,目前主要采用以下两种方法:一种是静态拉伸－光杠杆放大法,这种方法的基本原理是在拉伸金属丝下方直接加砝码作为加力方式,产生的微小伸长量用光杠杆进行测量,实验原理直接来自杨氏模量的力学定义,具有鲜明的直观性;另一种是动态测量法,即悬丝耦合弯曲共振法。

托马斯·杨,英国物理学家、医师、考古学家,波动光学的伟大奠基人,在光学、材料力学等方面都有重要的贡献。

18世纪前后,牛顿的“光的微粒说”在光学研究中占统治地位。托马斯·杨在德国留学期间便对“光的微粒说”提出了怀疑,他在哥丁根大学的博士论文中提出了声和光都具有波动性。他认为,正如惠更斯以前所说的那样,光是一种波。1801年,托马斯·杨出版了《声和光的实验和探索概要》一书,系统地论述了光的波动观点,向牛顿的“光的微粒说”提出了挑战。托马斯·杨认为,解释为什么强光和弱光的传播速度一样,用波动说比用微粒说更有效。他还证明了惠更斯在冰洲石中所看到的双折射现象是正确的。

为了证实光的波动说的正确性,托马斯·杨用非常巧妙的方法得到了两个相干光源,并进行了著名的杨氏双缝干涉实验。他最初的实验方法是用强光照射小孔，以孔作为点光源，发出球面波，在离开小孔一定距离的地方放置另外两个小孔，它们把前一小孔发出的球面波分离成两个很小的部分作为相干光源。于是在这两个小孔发出的光波相遇区域产生了干涉现象，在双孔后面的接收屏上得到了干涉图样。

托马斯·杨在视觉光学方面也有深入的研究，他的光学理论研究也是从这里开始的。他把光学理论应用于医学之中，奠定了视觉光学的基础。他提出了眼睛观察不同距离的物体是靠改变眼球水晶体的曲度来调节的观点，这是最早的眼睛光学原理的解释。他还提出了人们对颜色的辨别是由于视网膜上有几种不同的结构分别感受红、绿、蓝光线的假设，以此可以说明色盲的成因。他还建立了三原色原理，认为一切色彩都是由红、绿、蓝三种原色按不同的比例混合而成的。这一原理已成为现代颜色理论的基础。

托马斯·杨在材料力学方面最早提出弹性模量的概念，并认为剪应力也是一种弹性形变，后来以他的名字命名了弹性模量，称为杨氏模量。

1814 年，托马斯·杨开始研究考古发现的古埃及石碑，他用了几年时间破译了碑上的文字，对考古学也做出了突出贡献。

二、实验原理

设金属丝的原长为 L，横截面面积为 S，沿长度方向施力 F 后，其长度改变 ΔL，则金属丝单位面积上受到的垂直作用力 $\sigma = \frac{F}{S}$ 称为正应力，金属丝的相对伸长量 $\varepsilon = \frac{\Delta L}{L}$ 称为线应变。在弹性范围内，由胡克定律可知物体的正应力与线应变成正比，即

$$\sigma = E \cdot \varepsilon \tag{5-1}$$

$$\frac{F}{S} = E \cdot \frac{\Delta L}{L} \tag{5-2}$$

式中，比例系数 E 即为金属丝的杨氏模量（单位为 Pa 或 N/m^2），它表征材料本身的性质，E 越大的材料，要使它发生一定的相对形变所需的单位横截面积上的作用力也越大。

由式(5-2)可知

$$E = \frac{\frac{F}{S}}{\frac{\Delta L}{L}} \tag{5-3}$$

对于直径为 d 的圆柱形金属丝，其杨氏模量为

$$E = \frac{\frac{F}{S}}{\frac{\Delta L}{L}} = \frac{\frac{mg}{\frac{1}{4}\pi d^2}}{\frac{\Delta L}{L}} = \frac{4mgL}{\pi d^2 \Delta L} \tag{5-4}$$

式中，L（金属丝原长）可由米尺测量；d（金属丝直径）可用螺旋测微器测量；F（外力）由数字拉力计给出；ΔL 是一个微小长度变化（mm 级）。

本实验利用光杠杆的光学放大作用实现对金属丝微小伸长量 ΔL 的间接测量。

如图5－2所示，光杠杆由平面镜和与平面镜固定连动的动足等组成。开始时，光杠杆的平面镜法线与水平方向成一夹角，在望远镜中看到标尺刻度为n_0。当金属丝受力后，产生微小伸长ΔL，光杠杆平面镜后足尖下降ΔL，从而带动光杠杆平面镜转动相应的角度θ，入射光线转动了2θ，此时望远镜中看到标尺刻度为n_1。

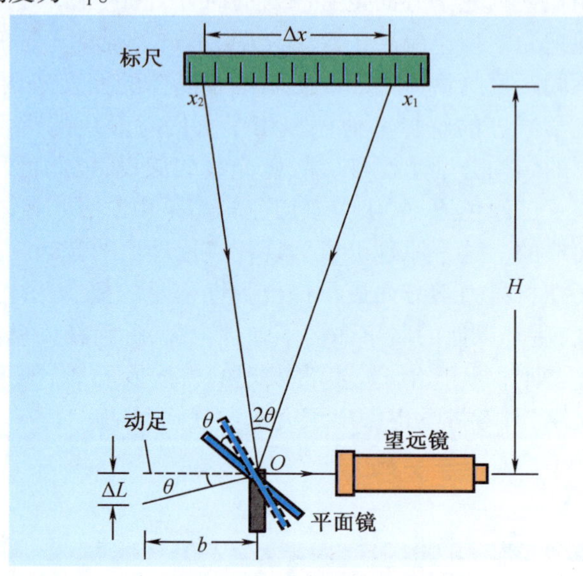

图5－2　光杠杆放大原理图

实验中，$b \gg \Delta L$，所以θ和2θ很小。从图5－2中的几何关系可以看出

$$\Delta L \approx b \cdot \theta$$

$$N = n_1 - n_0 \approx H \cdot 2\theta$$

故有

$$N = \frac{2H}{b} \cdot \Delta L \tag{5-5}$$

式中，$\frac{2H}{b}$称作光杠杆的放大倍数。

这样，便把一微小位移ΔL放大成容易测量的位移N。

将式(5－5)代入杨氏模量定义式可得

$$E = \frac{8FLH}{\pi d^2 bN} \tag{5-6}$$

式中，L为金属丝的长度；H为平面反射镜到标尺的距离；d为金属丝直径；b为光杠杆常数。

三、实验目的

理解杨氏模量所表达的物理意义及其在工程中的重要作用；掌握拉伸法测量杨氏模量的原理，其核心是微小位移的测量问题，通过光的反射原理把物体的微小位移通过光杠杆放大后巧妙地实现了微小位移的间接测量；体会逐差法处理数据的意义，学会不确定度的计算方法及结果的正确表达。

四、实验仪器

杨氏模量实验仪如图 5－3 所示，主要由实验架、望远镜、长度测量工具等组成。杨氏模量实验仪需接数字拉力计(图 5－4)进行实验。

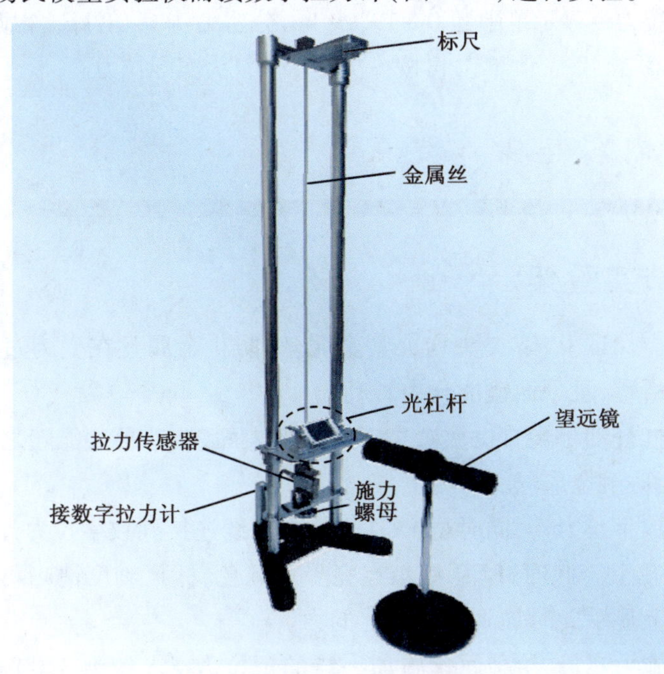

图 5－3 杨氏模量实验仪示意图

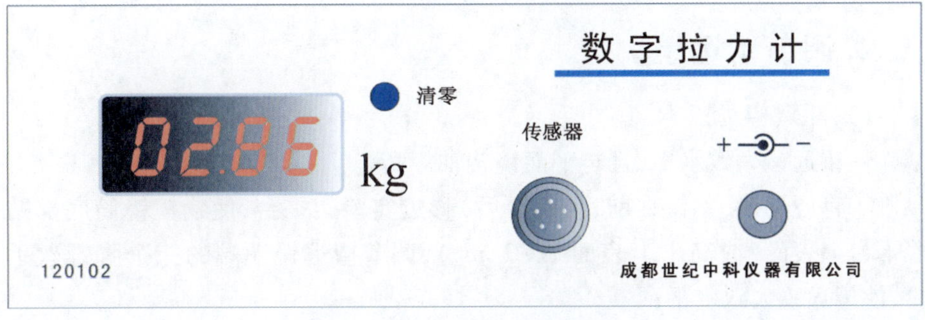

图 5－4 数字拉力计面板示意图

1. 望远镜

脚螺丝手轮有三个，用于将望远镜调至水平状态。通过圆水泡和水泡观察器，判断望远镜是否水平。三个脚螺丝手轮对应的螺钉长度有限，不要无限制地顺时针旋转三个脚螺丝手轮，防止镜座与螺钉脱离。

从目镜看去，可见十字分划线(纵线和横线)，横线用于对齐标尺上的刻度线，通过旋转目镜镜筒可以调节分划线的清晰程度。

往前旋转(上旋)调焦镜筒，可以看清远处的物体；反之，下旋调焦镜筒能看清近处的物体。

注意 一定要缓慢旋转调焦镜筒，不要超过其调节范围。

2. 施力测力系统

本实验中采用螺母旋转加力方式，通过数字拉力计测力，其面板如图 5-4 所示。数字拉力计显示范围为 0 ~ 19.99 kg，分辨力为 0.01 kg，含显示清零功能，按一次清零按钮显示清零，再按一次显示恢复为实际拉力。

五、实验内容与操作要点

1. 调节实验架

实验前应保证上、下夹头均夹紧金属丝，防止金属丝在受力过程中与夹头发生相对滑移，且平面镜能自由转动。

①将光杠杆动足尖自由放置在下夹头上表面，使动足尖能随之一起上下移动，但不能碰触金属丝。

②打开数字拉力计，同时将 LED 灯箱电源线连接到数字拉力计面板上的直流电源插孔上。此时，LED 灯箱点亮呈黄绿色，标尺刻度清晰可见。数字拉力计面板上显示此时加到金属丝上的力。

③旋转施力螺母，给金属丝施加一定的预拉力 F_0（约为 3.00 kg 砝码对应的重力），将金属丝原本可能存在弯折的地方拉直，此时下夹头的第一排紧固螺钉顶部与平台上表面应基本共面。

2. 调节望远镜

（1）粗调望远镜

使望远镜大致水平，且与平面镜转轴等高。

①将望远镜（物镜在前，目镜在后）移近实验架平台，使物镜镜筒底部贴着平台上表面（或高出上表面 1 ~ 2 mm），调节望远镜下端的三个脚螺丝手轮，使望远镜大致水平；

②移动望远镜，使望远镜中心与平台水平距离为 20 ~ 30 cm（以保证视场中能看全标尺的刻度数字），且望远镜要正对实验架中心（即金属丝大致对齐望远镜镜筒的中间，同时从望远镜目镜中看去能隐约看到黄绿色的背景光）。

（2）细调望远镜

①调节目镜镜筒，使得十字分划线清晰可见；

②细调调焦镜筒，使得视野中标尺的像清晰可见；

③调节脚螺丝，使十字分划线横线与标尺线平行；

④十字分划线横线应对齐小于等于 3.50 cm 的刻度线（否则实验做到最后可能超出最大刻度），若十字分划线横线对齐值超过此值，可调节脚螺丝，使其在此范围内。

3. 数据测量

(1)测量 L,H,b,d

用钢卷尺测量金属丝的原长 L,钢卷尺的始端放在金属丝上夹头的下表面(即横梁上表面),另一端对齐平台的上表面。用钢卷尺测量标尺(即横梁下表面)到平面镜转轴的垂直距离 H,用游标卡尺测量平面镜转轴支座上的水平卡座的长度 b(等于光杠杆常数),将实验数据记入表5-1中。

用螺旋测微器测量不同位置、不同方向的金属丝直径 d_i,注意测量前记下螺旋测微器的零差 d_0。将实验数据记入表5-2中,并计算金属丝的平均直径。

(2)测量标尺刻度的位移 Δn 与拉力 F

按数字拉力计上的清零按钮,记录此时对齐十字分划线横线的刻度值 n_1,填入表5-3中。缓慢正向旋转施力螺母,逐渐增加金属丝的拉力,数字拉力计上的数值每隔1.00 kg记录一次标尺的刻度 n_i,填入表5-3中,直到拉力为最大允许值。然后,反向旋转施力螺母,逐渐减小金属丝的拉力,同样地,每隔1.00 kg记录一次标尺的刻度 n_i,填入表5-3中,直到拉力为零(注:实验过程中不能再调整望远镜,并尽量保证实验台不震动,以保证望远镜稳定)。

实验操作时的注意事项

①该实验是测量微小量,实验时应避免实验台震动;

②加力勿超过实验规定的最大加力值;

③切勿用手指触摸镜片;

④实验完毕后,应旋松施力螺母,使金属丝自由伸长,并关闭数字拉力计。

六、数据记录与处理

表5-1　一次性测量数据

L/mm	H/mm	b/mm

注:$\Delta L = 2$ mm,$\Delta H = 2$ mm,$\Delta b = 0.03$ mm。

表5-2　金属丝直径测量数据

$\Delta_0 = 0.004$ mm;螺旋测微器零差 d_0 = ________ mm

次数 i	1	2	3	4	5	6	平均值
直径 d_i/mm							

表 5-3　加减力时标尺刻度与对应拉力的数据

$\frac{\Delta F}{F}=1\%$；$\Delta n_0=0.5$ mm

次数 i	1	2	3	4	5	6	7	8	9	10	11	12
数字拉力计上的数值 m_i/kg	0.00	1.00	2.00	3.00	4.00	5.00	6.00	7.00	8.00	9.00	10.00	11.00
加力时标尺刻度 n_i^+/mm												
减力时标尺刻度 n_i^-/mm												
平均标尺刻度/mm $n_i=\frac{n_i^+ + n_i^-}{2}$												
标尺刻度改变量/mm $N_i=n_{i+6}-n_i$												

金属丝直径的平均值为

$$\bar{d}=\frac{1}{n}\times\sum_{i=1}^{n}d_i=\frac{1}{n}\times(d_1+d_2+\cdots+d_{n-1}+d_n)$$

$\Delta m=m_7-m_1=m_8-m_2=\cdots=m_{12}-m_6$，则当 $\Delta m=6.00$ kg 时对应标尺刻度改变量的平均值为

$$\bar{N}=\frac{1}{6}\sum_{i=1}^{6}N_i=\frac{1}{6}[(n_{12}-n_6)+(n_{11}-n_5)+(n_{10}-n_4)+(n_9-n_3)+(n_8-n_2)+(n_7-n_1)]$$

根据式(5-6)计算杨氏模量为

$$E=\frac{8FLH}{\pi\bar{d}^2b\bar{N}}$$

式中，$F=\Delta mg$。根据不确定度传递公式，由式(5-6)导出相对不确定度的计算公式 $E_r=\frac{\Delta E}{E}$，再求 ΔE，最后杨氏模量的完整表达式为 $E\pm\Delta E$。

七、分析与思考

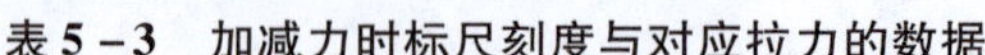

(1)杨氏模量测量数据若不用逐差法而用作图法处理，请想一想该如何处理？

(2)根据误差分析，要使 E 的实验结果更准确，关键应抓住什么量进行准确测量，为什么？

(3)试举例说明为什么不同的长度量要用不同的仪器进行测量。

(4)用光杠杆放大法测量微小长度变化有什么优点？试举例说明光杠杆放大法的应用。

实验6　声测距与定位

声波在具有不同声波阻抗的介质界面会被反射。利用一个回声测深仪（“声呐”）装置发出超声波脉冲信号，测量信号从发射经反射物到超声波发射器和接收器的时间，测出反射物到超声波发射器和接收器的距离，即可计算出声速。这种方法非常常用，例如倒车雷达。

一、实验目的

(1)掌握回声测量的原理；

(2)利用声波的传输时间以及传输距离测定空气中的声速；

(3)利用声波的传输时间定位。

二、实验原理

将超声波发射器和接收器与反射物置于导轨上，通过导轨上的标尺可以测出反射物到超声波发射器和接收器的距离 s，即可计算出声速 $u=2s/t$，如图6－1所示。

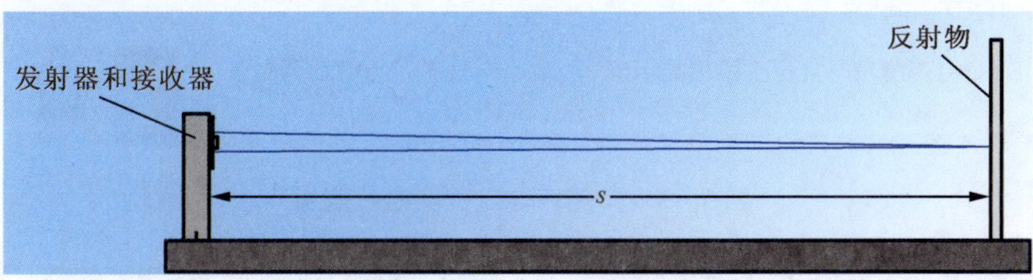

图6－1　实验原理图

如果已知声速，测量出信号发射与接收的时间差就可以确定反射物的距离。这种方法非常常用，例如测量海水深度。

三、实验仪器

实验仪器由超声波发射器和接收器、声测距与定位实验仪器、倒车雷达报警模块、带标尺的导轨、双踪示波器、反射板和9 V电源适配器组成。实验装置如图6－2所示。

声测距与定位实验仪面板如图6－3所示。图6－3中，①为显示屏；②为发射信号输出接口，接示波器1通道；③为回波信号输出接口，接示波器2通道；④为工作模式切换按键，按下时显示时间，弹出时显示环境温度；⑤为电源开关。图6－4(a)是模拟示波器两通道信号分别显示的效果图，图6－4(b)是模拟示波器两通道信号叠加后显示的效果图。

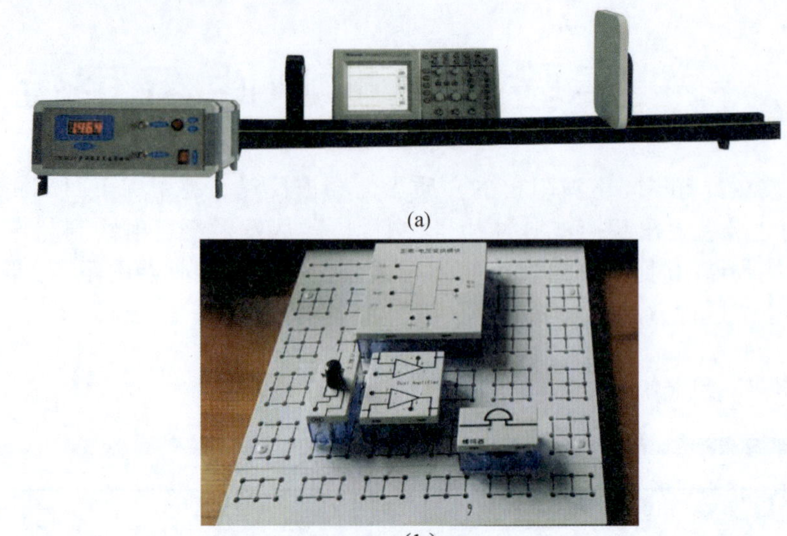

(a)

(b)

图 6-2　实验装置

(a)声测距与定位实验仪器;(b)倒车雷达报警模块

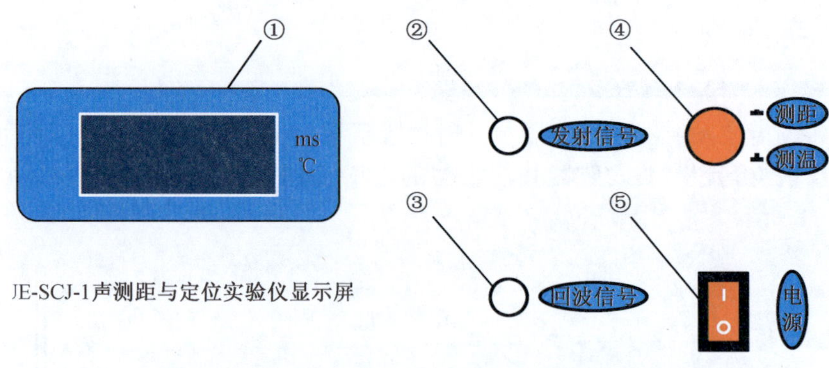

图 6-3　声测距与定位实验仪面板

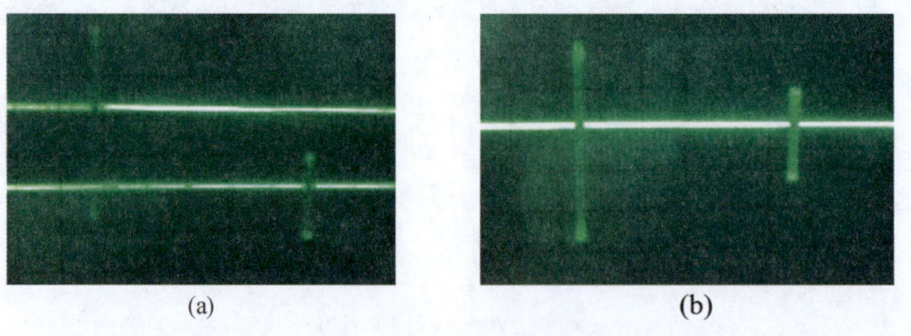

(a)　　(b)

图 6-4　模拟示波器的显示效果

倒车雷达的变换模块如图 6-5 所示,将距离变换成电压,呈线性关系。图 6-5 中的接收信号与发射信号插孔采用导线连接至主机的发射信号和接收信号。需要测定距离与模块输出电压的变换曲线,根据曲线设计报警器。比较器(双比较器)模块如图 6-6 所示,图中 8 插孔接电源正极,4 插口接电源负极,5,6,7 为一组比较器,1,2,3 为一组比较器。报警器的应用原理,如图 6-7 所示。U_B 通过调节 2.2 kΩ 电位器设置,U_A 的电压值随距离的变化而变化,距离越大,电压值大。当 $U_A > U_B$ 时,比较器输出电压 U_o 接近电源电压，蜂鸣器两端的电压差不足以使蜂鸣器工作。当 $U_A < U_B$ 时，比较器输出电压 U_o 接近0 V，蜂鸣器两端的电压差足够大，蜂鸣器正常工作。

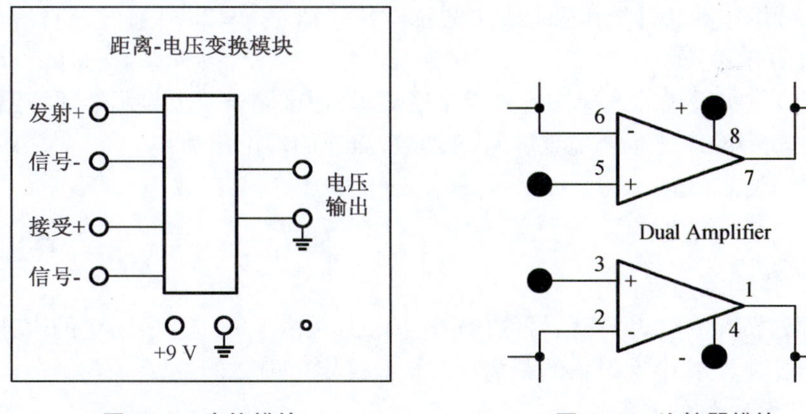

图6－5　变换模块　　　图6－6　比较器模块

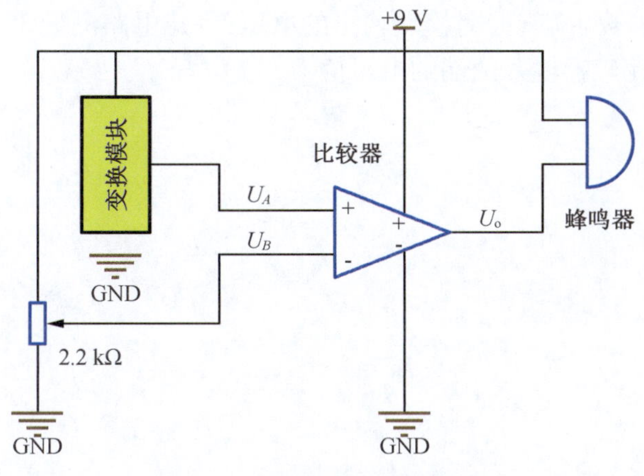

图6－7　报警器的应用原理图

四、注意事项

(1)反射板附近请勿放置物品，否则会影响回波信号；

(2)打开仪器电源预热1 min以上再进行数据测量；

(3)建议示波器时间扫描用1 ms挡。

五、实验内容及步骤

1. 测定声速

(1)将超声探头置于5 cm处，将反射板分别置于25 cm，35 cm，45 cm，55 cm，65 cm，75 cm，85 cm，95 cm，105 cm，115 cm处；

(2)从实验仪上读出声波传输时间 t；

(3)从示波器上读出声波传输时间 t；

(4)将 d，t 的值记录到数据表格。

2. 分别用逐差法和绘图法计算声速

(1)用逐差法计算声速;

(2)用作图法计算声速(请注意超声传输路径 $s=2d$),通过该直线的斜率可计算出声速;

(3)将实验仪的选择按钮置于温度显示,记录测试仪上显示的环境温度。

空气中的声速是环境温度 t_0 的函数,声速的理论值为

$$u_0 = 331.45\sqrt{1+\frac{t_0}{273.15}} \tag{6-1}$$

3. 声测距与定位

通过测量,可知回声信号的传输时间 Δt,再由上一步骤中测定的声速,即可计算出本实验中反射物的距离 Δd,从而确定反射物的位置。

4. 设计倒车雷达

测试变换模块的输出曲线,设计倒车雷达报警电路。根据变换模块的输出曲线计算距离为 35 cm 时模块输出的电压;搭建电路测量 35 cm 报警临界状态时,记录比较器输入两端的电压值 U_A 与 U_B。

实验7　测量液体的表面张力系数

一、背景及应用

生活中有许多物理现象都与液体的表面张力有关。比如，下过雨后，树叶、草上的小水珠都接近于球形（图7－1(a)）；体温计里面的水银掉到地上，小水银滴也呈球形；硬币可以浮在水面上（图7－1(b)）；一些昆虫可以在水面上行走（图7－1(c)）等。表面张力的概念最早是在1751年由匈牙利物理学家锡格涅（Jan Andrej Segner，1704—1777）提出，之后托马斯·杨于1805年、皮埃尔－西蒙·拉普拉斯于1806年、西莫恩·德尼·泊松于1830年、约瑟夫·普拉泰奥于1842年到1868年都对表面张力的理论研究做出了巨大的贡献。

(a)

(b)

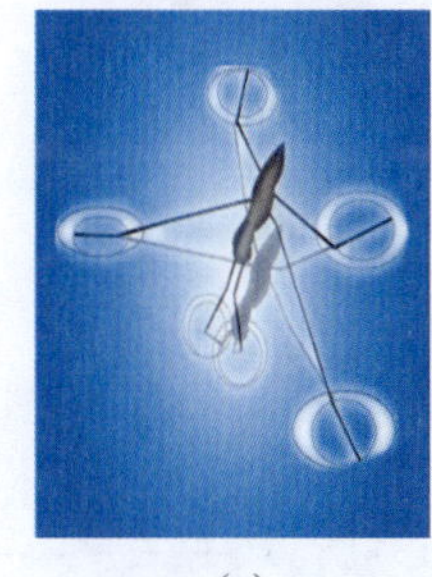

(c)

图7－1　表面张力现象

液体的表面张力实质上是分子间相互作用力的宏观表现。由于液面上方的气相层内的分子数很少，液体表面层（其厚度为分子的作用半径，约为10^{-7} mm）内的分子受到向上的引力比向下的引力小，产生一个垂直于液面并指向液体内部的合力，如图7－2所示，即表面分子有从液面挤入液体内部的倾向。

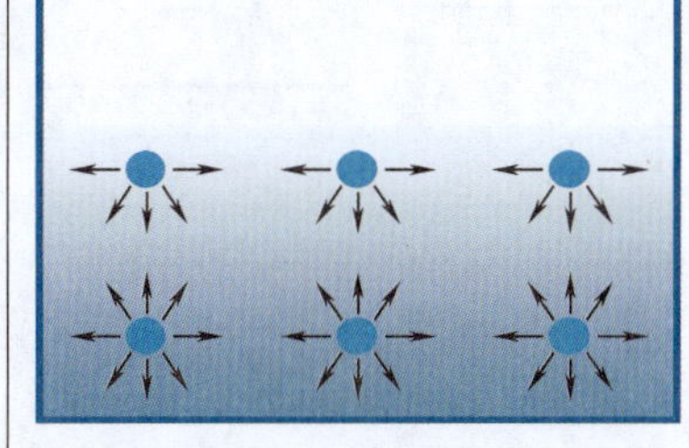

图7－2　液体表面分子受力情况

由于表面层分子力的作用，液体的表面犹如张紧的弹性薄膜，其表面积具有收缩至最小的趋势，我们把这种沿着液体表面并收缩液面的力称为表面张力。设想在液面上划一直线，表面张力的作用就表现为直线两旁的液面以一定的拉力相互作用，拉力f存在于表面层，方向与直线垂直，大小与直线的长度L成正比，即

$$f=\alpha L$$

式中，比例系数α称为液体的表面张力系数，其单位为N/m，表示单位长度的直线两旁液面之间的表面张力。

事实表明，表面张力的大小不仅与液体的种类及与其形成界面的物质有关，而且随液体掺杂情况、溶液浓度以及温度的变化而变化。

表面张力是液体的重要性质之一，在工业生产和日常生活中，表面张力的应用广泛存在。在工业技术上，如结晶、焊接、浮选技术、液体输送技术、电镀技术、铸造成形等方面都涉及对液体表面张力的应用；表面张力能够解释涉及液体表面的许多日常生活中的现象，如毛细现象、泡沫形成、喷液成雾等；动植物体内液体的运动与平衡、土壤中水的运动、药物制备及调制技术等都与液体的表面张力有关。

表面张力系数与杂质有关，加入杂质可使液体表面张力系数增大或减小。因此，在钢液结晶时加入少量的硼，可以促使液态金属加快结晶的速度。

在焊接过程中，焊料的表面张力是不利于焊接的一个重要因素。焊接时，焊料基本处于液态，而元件管脚或焊盘则为固态，当两种物质接触时，液态物质表面张力的作用，会直接造成两种物质接触界面的减小，这种现象的存在影响合金形成的面积、体积或形状，这时需要助焊剂中表面活性剂的作用。表面活性剂通常指在极低的浓度下,能够显著降低其他物质表面张力的一种物质。助焊剂中表面活性剂的添加量很小,但作用却很关键,它能够保证锡液在被焊接物表面顺利扩展、流动、浸润等。

用浮选法选矿时,把矿石放到池里,池里放上水和只润湿有用矿物的油,使它们涂上薄薄一层油,再向池中输送空气,这样气泡就附在有用矿物粒上,把它们带到水面,而与岩石等杂质分离开。

表面张力的应用在日常生活中也随处可见:通常衣服上的脏物表面张力大,不溶于水,洗衣粉因带有表面活性剂能使它的表面张力减小,从而溶于水,这样把脏物从衣服上洗掉;表面张力的大小对于打印机墨盒和喷头中墨滴的大小以及墨水的流动也是非常重要的,墨水在打印状态中以流动形式存在,表面张力低的墨水比表面张力高的墨水有更好的润湿特性。

表面张力在生物学、医学及微循环系统中也有着广泛的应用。我们知道,包括人在内的许多动物都是靠肺呼吸的。在肺中,有数以亿计的肺泡(肺泡平均直径约为0.1 mm)完成呼吸功能。肺泡间布满了毛细血管,空气中的氧气和血液中的二氧化碳在这里进行交换。肺泡内的黏液层以单分子层覆盖于肺泡内壁,它是一种表面活性物质,具有调节肺泡内壁液层表面张力的作用。肺泡内壁黏液层中的表面活性物质对于表面张力的调节作用在呼吸过程中具有重要意义,它不会使肺泡胀破或萎缩。检测到肺泡液体的表面张力系数就可以确定活性物质的活性强度大小,对相关疾病进行诊断。

测定液体表面张力系数的方法很多,常用的有拉脱法、毛细管法、最大泡压法和滴重法等。

二、实验原理

1. 液体与固体接触处的表面现象

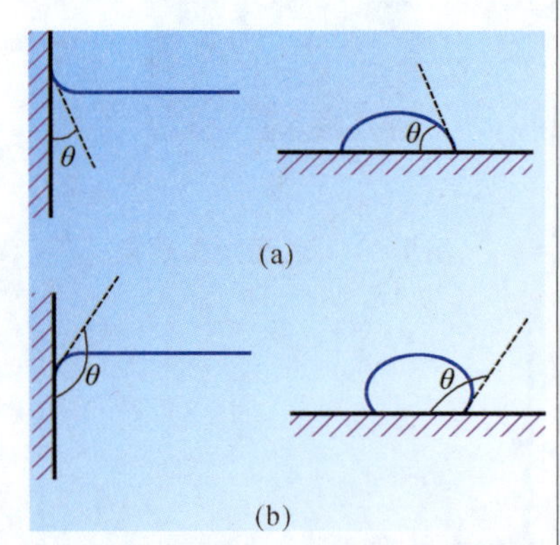

图 7-3 液体与固体接触处的表面现象

液体与固体接触时,由于表面张力的存在,在接触处液体表面的切线与固体表面的切线之间形成一定的角度,称为接触角。接触角的大小只由液体和固体的性质决定。当接触角 θ 为锐角$\left(\theta<\frac{\pi}{2},\text{图 7-3(a)}\right)$时,称为液体润湿固体;当接触角 θ 为钝角($\theta>90°$,图 7-3(b))时,称为液体不润湿固体;当 $\theta=0$ 时,称为液体完全润湿固体;当 $\theta=\pi$ 时,称为液体完全不润湿固体。

在玻璃板上放一滴水银,它总是近似呈球形,能在玻璃上滚动而不附着在上面,这时我们说水银不润湿玻璃;在无油脂的玻璃上放一滴水,水不仅不收缩成球形,反而要沿着玻璃面向外扩展,附着在玻璃上形成薄层,这时我们说水润湿玻璃。

2. 毛细现象

由于存在表面张力，液面内和液面外有一压强差，称为附加压强。理论上可以证明，半径为 R 的球形液面下的附加压强 $P=\frac{2\alpha}{R}$，α 为液体表面张力系数。由此可见，表面张力系数越大，球面半径越小，附加压强也就越大。对于凸液面，液面内部的压强大于液面外部的压强，附加压强是正的；对于凹液面，则液面内部的压强小于液面外部的压强，附加压强是负的，即 $P=-\frac{2\alpha}{R}$。

将极细的玻璃管插入水中时，可以看到管子里的水面会升高，而且管子的内径越小，水升得越高。如果将这些玻璃管插入水银中，情形正好相反，管子里的水银面会降低，而且管子的内径越小，水银面降得越低。这种润湿管壁的液体在细管里升高，而不润湿管壁的液体在细管里降低的现象称为毛细现象。能够发生毛细现象的管子叫作毛细管。这种毛细现象是由表面张力和接触角引起的。

如图 7－4 所示，当玻璃毛细管刚插入液体中时（此处为水或酒精的情形），由于接触角为锐角（润湿），液面就变为凹面，附加压强是负的，液面下方 B 点的压强比液面上方的大气压强小，而在液面处与 B 点同高的 C 点的压强仍与液面上方的大气压强相等。根据流体静力学的基本原理，流体静止时同高两点的压强应相等，因此液体不能平衡，而要在管子中上升，一直升到 B 点和 C 点的压强相等为止。液面为凸面时则情形相反。

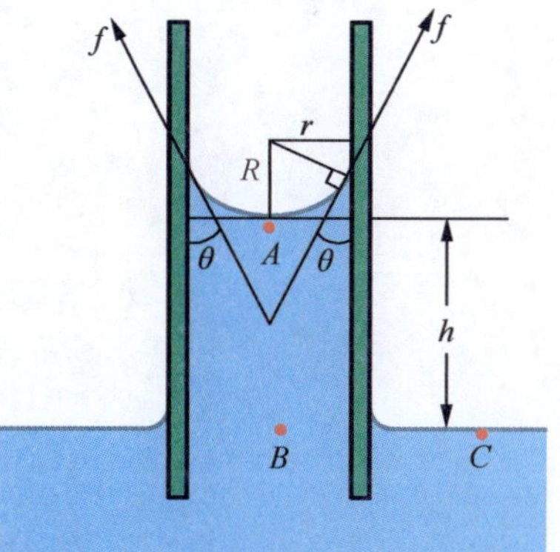

图 7－4 毛细管升高法测量液体表面张力系数的原理图

3. 毛细管升高法测量液体表面张力系数的原理

图 7－4 为玻璃毛细管插入水中的情形。内径为 r 的玻璃毛细管截面为圆形，凹液面可近似看作半径为 R 的球面，沿凹球面切线方向的表面张力的大小跟周长 $2\pi r$ 成正比，即 $f=2\pi r\alpha$。由表面张力产生的垂直向上的力为 $f\cos\theta=\frac{2\pi r^2\alpha}{R}$。这个力与高为 h 的液体重力平衡，即

$$2\pi r\alpha\cos\theta=\frac{2\pi r^2\alpha}{R}=\pi r^2\rho gh \tag{7-1}$$

所以有

$$\alpha=\frac{r\rho gh}{2\cos\theta}=\frac{R\rho gh}{2} \tag{7-2}$$

式中，ρ 是液体的密度；g 是重力加速度；h 是毛细管内凹球面下端至容器内液面的高度；θ 为接触角，对于纯水和清洁的玻璃 $\theta=0°$，对于不纯的水和普通的玻璃 $\theta\approx25°$。当 $\theta=0°$时，$R=r$，式（7－2）变为

$$\alpha=\frac{r\rho gh}{2} \tag{7-3}$$

在上面的推导中，我们忽略了凹球面最低点以上那部分液体的质量。这

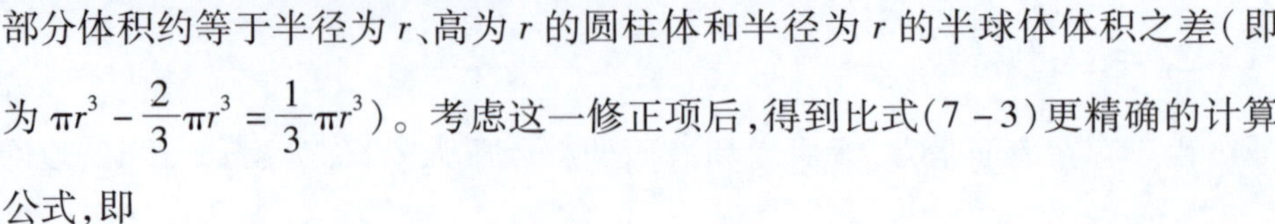

部分体积约等于半径为 r、高为 r 的圆柱体和半径为 r 的半球体体积之差(即为 $\pi r^3 - \frac{2}{3}\pi r^3 = \frac{1}{3}\pi r^3$)。考虑这一修正项后,得到比式(7-3)更精确的计算公式,即

$$\alpha = \frac{1}{2} r\rho g\left(h + \frac{r}{3}\right) \tag{7-4}$$

当用毛细管内径 d 表示时,则有

$$\alpha = \frac{1}{4} d\rho g\left(h + \frac{d}{6}\right) \tag{7-5}$$

由此可见,只要精确测定毛细管的内径 d 和液柱高度 h,就可算出液体表面张力系数 α。d 和 h 的单位为 m,ρ 的单位为 kg/m^3,g 的单位为 N/kg,则 α 的单位为 N/m。

4. 拉脱法测量液体表面张力系数的原理

一个金属环固定在传感器上,将该环浸没于液体中,并渐渐拉起圆环,当它从液面拉脱瞬间传感器受到的拉力差值 f 为

$$f = \pi(D_1 + D_2)\alpha \tag{7-6}$$

式中,D_1,D_2 分别为圆环外径和内径;α 为液体表面张力系数;g 为重力加速度。所以,液体表面张力系数为

$$\alpha = \frac{f}{\pi(D_1 + D_2)} \tag{7-7}$$

实验中,液体表面张力可以由下式得到

$$f = \frac{U_1 - U_2}{B} \tag{7-8}$$

式中,B 为力敏传感器灵敏度,单位为 V/N;U_1,U_2 分别为拉断液柱前一瞬间数字电压表的读数以及拉断液柱时一瞬间数字电压表的读数。

三、实验目的

了解液体表面的性质,观察玻璃毛细管插入水中的毛细现象;掌握用毛细管升高法测量液体表面张力系数的原理和方法;学习用读数显微镜测微小长度;观察拉脱法测量液体表面张力的物理过程和物理现象,掌握用拉脱法测量液体表面张力系数的原理和方法。

四、实验仪器

1. 毛细管升高法使用的实验仪器

如图7-5所示,实验仪器包括JCD3型读数显微镜、玻璃毛细管、烧杯、支架(插毛细管用)、光源等。

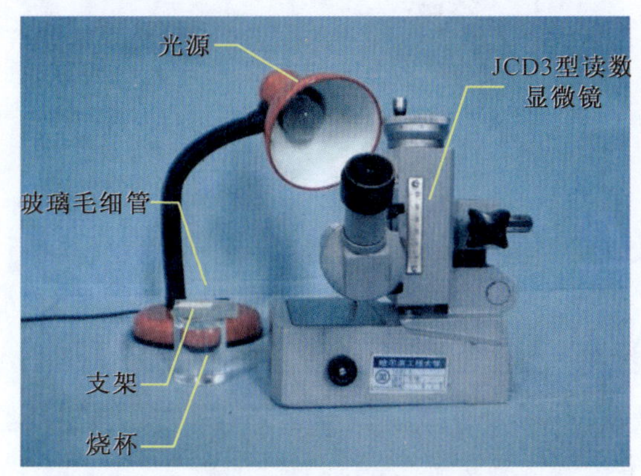

图7-5 实验仪器示意图

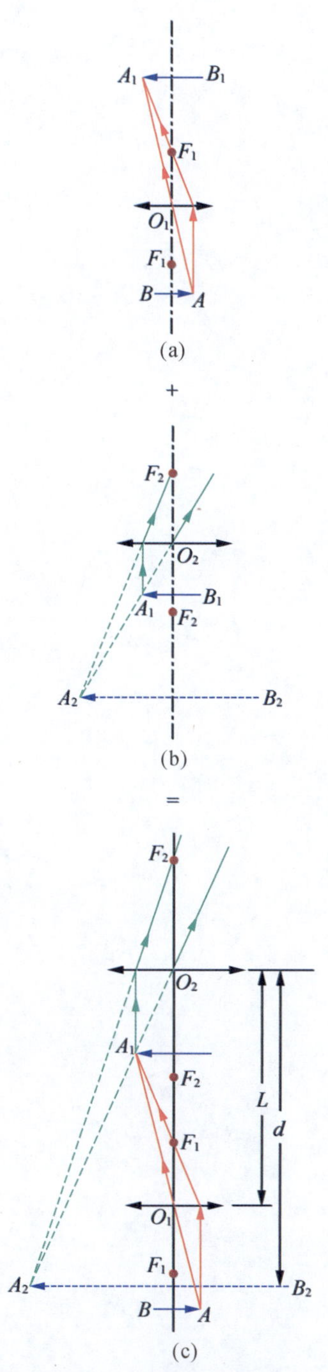

图7-6 显微镜成像原理图

显微镜是用来观察近而细微物体的光学仪器,它的放大率要比放大镜高得多。其主要由两组透镜组成,如图7-6所示。对着物体AB的一组透镜O_1叫物镜;对着观察者眼睛的一组透镜O_2叫目镜。显微镜的特点是,物镜的焦距很短,目镜的焦距较大。物体第一次经过物镜所成的像是放大的实像A_1B_1,这一实像落在目镜的焦距以内,于是又进一步被目镜放大成虚像A_2B_2。从目镜视场中看到的物体的虚像是经过两次放大的。

读数显微镜除放大物体外,还能测量物体一定方向的线度,主要用于精确测量那些微小的或不能用夹持仪器(游标卡尺、螺旋测微计等)测量的物体大小。JCD3型读数显微镜如图7-7所示,它主要由显微镜及其调焦系统、螺旋测微系统及工作平台组成。显微镜目镜镜头中的十字叉丝供对准被测物边缘以确定其坐标用。旋转测微鼓轮,可带动显微镜镜筒上下移动。由于推动丝杆的螺距为1 mm,因此测微鼓轮转过一圈,显微镜在读数标尺上移动1 mm。鼓轮外沿上刻有100分格,最小分度值为0.01 mm,可以估读到0.001 mm。

(1)读数显微镜的调节步骤

①使显微镜镜筒位于标尺中部。

②用合适的光源照亮被测物,调节照明方向,使视场明亮。

③调节目镜,使十字叉丝清晰。

④移动被测物或显微镜镜筒的位置,使显微镜的光轴对准被测物。

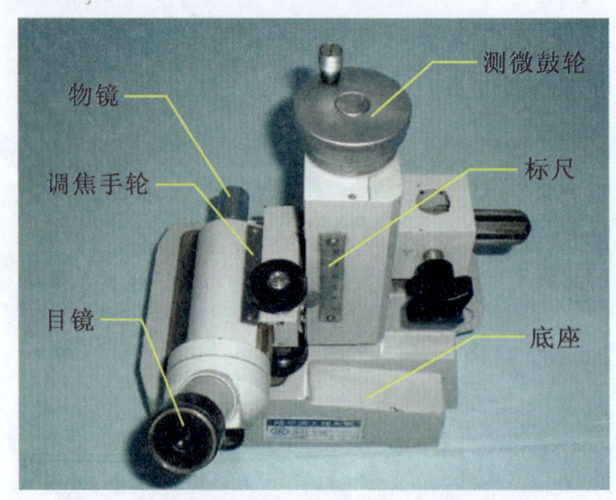

图 7－7　JCD3 型读数显微镜示意图

⑤调节显微镜镜筒的工作距离(调焦),直至目镜视场中可清晰无视差地看到物体的像。

(2)读数显微镜的测量步骤

①旋转测微鼓轮,带动显微镜镜筒上下移动,使十字叉丝的横线对准被测物的起点,记下位置读数 a_1(在标尺上读取整数,在测微鼓轮上读取小数,二者之和即为此点读数)。

②沿同方向继续旋转测微鼓轮,使十字叉丝的横线恰好停在被测物的终点,记下此值 a_2,则被测两点间距离为 $|a_2-a_1|$。

注意　①当眼睛注视目镜,用调焦旋钮调焦前,应先将物镜接近被测物,然后缓慢向后移动显微镜镜筒,避免物镜镜头与被测物相碰。

②目镜中的十字叉丝,一条应该和被测物相切,另一条和显微镜镜筒的移动方向平行。

③由螺旋杆和螺母构成的传动与读数系统,由于螺母和螺旋杆之间有螺纹间隙,在测量刚开始或刚反向转动螺旋杆时,与螺旋杆连接在一起的鼓轮已有读数变化,但与螺母连接在一起的仪器元件却未产生移动,由此产生读数误差,这种误差称为空程误差。为避免产生空程误差,在进行测量时测微鼓轮只许向一个方向旋转,若测量过程中发生问题,必须重新开始测量,不能中途往返移动,否则测量数据无意义。

2. 拉脱法使用的实验仪器

如图 7－8 所示,实验仪器包括液体表面张力系数测定仪主机(数字电压表)、硅压阻力敏传感器、实验调节装置、吊环以及玻璃器皿等。其中,硅压阻力敏传感器的受力量程为 0～0.098 N,灵敏度各台仪器已标出,吊环为外径 3.496 cm,内径 3.310 cm,高 1.006 cm 的铝合金吊环;玻璃器皿的直径为12.00 cm。

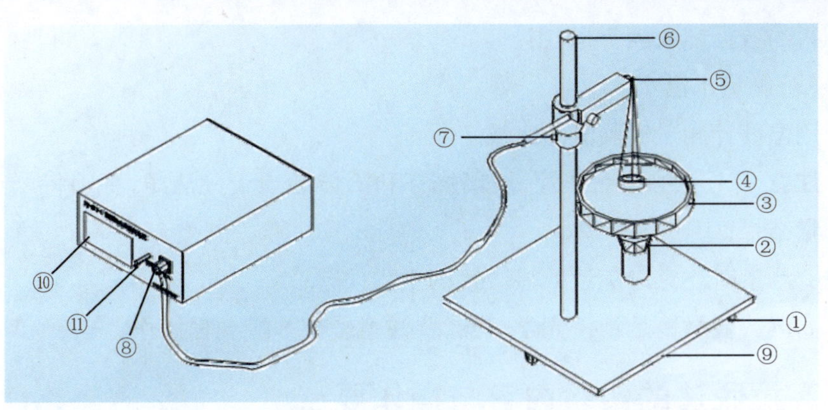

图7-8 液体表面张力系数测定仪装置示意图

①—调节螺丝;②—升降螺丝;③—玻璃器皿;④—吊环;⑤—硅压阻力敏传感器;⑥—支架;⑦—固定螺丝;⑧—航空插头;⑨—底座;⑩—数字电压表;⑪—调零旋钮

五、实验内容与操作要点

1. 毛细管升高法实验内容与操作要点

毛细管升高法实验中待测物理量包括水柱上升高度 h、毛细管内径 d 以及水温 T。

(1)测量水柱上升高度 h

①将洗净的玻璃毛细管一端通过支架小孔插入盛有干净蒸馏水的烧杯中,上下拉动毛细管,使毛细管内壁充分润湿。

②将毛细管缓慢从下向上提起,观察毛细管中液面的变化情况。待毛细管中水面上升至最高位置后进行测量。测量 h 时毛细管要竖直,毛细管内水柱中不能有气泡。

③调节读数显微镜,使目镜中叉丝横线对准烧杯中水面,读出其位置坐标 h_1;再调节读数显微镜,使十字叉丝横线与毛细管中凸液面相切(读数显微镜中为倒像),读出其位置坐标 h_2,则水柱上升高度 $h=|h_2-h_1|$。测量水柱上升高度的示意图如图7-9所示。

④重复测量三次,取平均值,将测得的数据记入表7-1中。

(2)测量毛细管内径 d

①将毛细管从水中取出,甩掉其中的水珠(注意不要用嘴去吹水珠),把毛细管放在支架上,使其一端面对准显微镜的物镜。

②调节显微镜镜筒,使十字叉丝横线分别与毛细管内孔上下相切,如图7-10所示。两次相切读数之差即为毛细管的内径 d。转动毛细管,在不同方位测量两次。

③换毛细管另一端面,再测量两次,取四次测量的平均值作为平均内径,

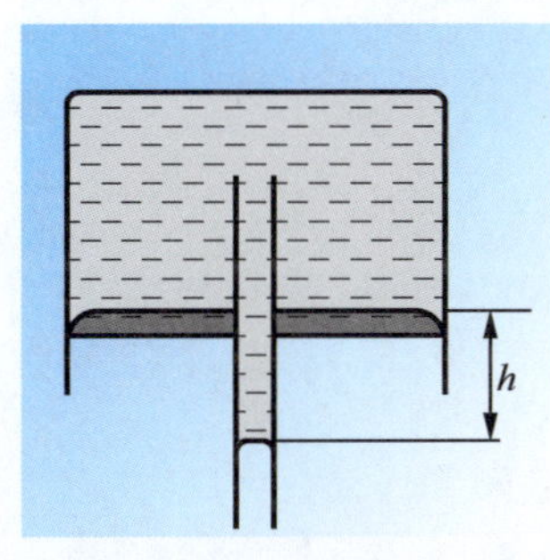

图7-9 测量水柱上升高度的示意图

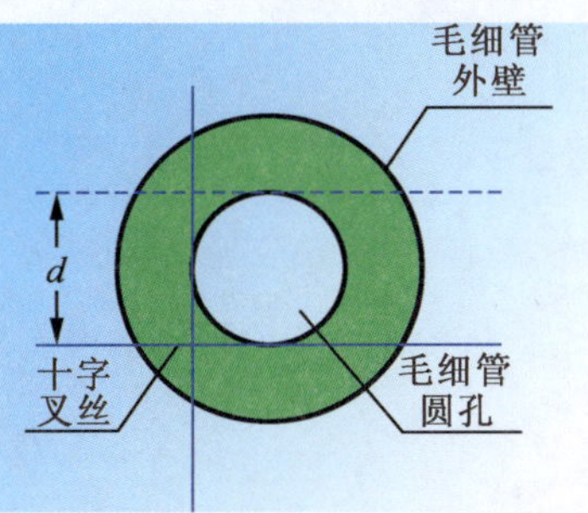

图7-10 测量毛细管内径的示意图

将测得的数据记入表 7 - 2 中。

(3)测量水温 T

用温度计测量实验时的水温 T。

注意 ①使用的毛细管、玻璃烧杯和液体必须十分洁净,否则将严重影响测量结果;

②测量时注意避免读数显微镜的空程误差;

③读数显微镜是精密光学仪器,要注意爱护并按规程操作。

2. 拉脱法的实验内容与操作要点

拉脱法实验中待测物理量包括吊环即将拉断液柱前一瞬间数字电压表读数 U_1 和拉断时一瞬间数字电压表读数 U_2。操作过程如下。

①开机预热,整机预热 15 min 以上可进行实验;

②在玻璃器皿内放入被测液体并安放在升降台上;

③挂上吊环,在测量液体表面张力系数过程中,可观察到液体产生的浮力与张力的情况及现象,逆时针转动升降螺丝时液体液面上升,当环下沿部分均浸入液体中时,改为顺时针转动该螺丝,这时液面下降(或者说相对吊环往上提拉),观察环浸入液体中及从液体中拉起时的物理过程和现象,特别应注意吊环即将拉断液柱前一瞬间数字电压表读数值为 U_1,拉断液柱时一瞬间数字电压表读数为 U_2,记下这两个数值,重复测量六次,将测得的数据记入表 7 - 3 中。

实验操作时的注意事项

①须严格将吊环处理干净,用清洁水冲洗干净,并吹干;

②吊环水平须调节好;

③开机预热,整机预热 15 min 以上;

④在旋转升降台时,尽量减少液体的波动;

⑤工作室风力不宜较大,以免吊环摆动致使零点波动,所测系数不准确;

⑥若液体为纯净水,在使用过程中防止灰尘和油污及其他杂质污染,特别注意手指不要接触被测液体;

⑦力敏传感器使用时用力不宜大于 0.098 N,以免拉力传感器损坏;

⑧实验结束须将吊环用清洁纸擦干,用清洁纸包好,放入干燥缸内。

六、数据记录与处理

1. 毛细管升高法的数据记录与处理

(1)测量水柱上升高度 h,将其填入表 7 - 1 中。

表7-1 测量水柱上升高度 h 的数据记录

次数	1	2	3
h_1/mm			
h_2/mm			
h/mm			
$\bar{h}$/mm			

(2)测量毛细管内径 d,将其填入表7-2中。

表7-2 测量毛细管内径 d 的数据记录

水的温度=________℃

次数	1	2	3	4
d_1/mm				
d_2/mm				
d/mm				
$\bar{d}$/mm				

按式(7-5)计算水的表面张力系数 α。将实验得到的表面张力系数与该温度下的标准值进行比较,计算百分差,分析产生误差的主要原因。

2. 拉脱法的数据记录与处理

将拉脱法测量液体表面张力系数的数据填入表7-3中。

表7-3 拉脱法测量液体表面张力系数的数据记录

吊环外径 D_1=3.496 cm;内径 D_2=3.310 cm

测量次数	U_1/mV	U_2/mV	ΔU/mV	$f/(10^{-3}$ N)	$\alpha/(10^{-3}$ N/m)
1					
2					
3					
4					
5					
6					

七、分析与思考

从实验原理上讲,毛细管升高法也可用来测量水银的表面张力系数,但水银不能润湿玻璃,毛细管内水银凸面低于毛细管外的水银面。由于水银是不透明的,因此管内液面相对管外下降的距离无法直接测量。另外,水银易在空气中蒸发并产生有毒的汞蒸气,因此不能直接采用本实验的方法测量水银的表面张力系数。实际上,可以通过在水银面上覆盖水,然后再采用毛细管升高法来测量水银表面张力系数。思考一下这时实验应怎样设计,怎样测量并计算水银的表面张力系数?

实验 8　理想气体定律实验

一、背景及应用

约瑟夫·路易·盖-吕萨克(Joseph Louis Gay-Lussac,1778—1850,图 8-1),法国化学家、物理学家,以对气体研究而知名。

图 8-1　约瑟夫·路易·盖-吕萨克

盖-吕萨克出生于法国上维埃纳省的圣利奥纳德,并在其家乡就学,1797 年考入巴黎综合理工大学,1800 年毕业后留校教书,不久后转到国立路桥学校,此后成为化学家克劳德·贝托莱的助手,1802 年回到巴黎综合理工大学担任安图昂·弗朗索瓦·富克鲁阿的助手。

1804 年,盖-吕萨克和物理学家毕奥等人带着气压计、温度计、湿度计、静电计等仪器和青蛙、小鸟等实验动物,乘坐拿破仑时代的热气球,上升到 6.4 km 的高空,进行空气测量和实验。1805 年,盖-吕萨克发现了一体积的氧气和两体积的氢气燃烧会生成水。1806 年,他当选为法国科学院院士。1809 年,他成为巴黎综合理工大学的化学教授。1812 年,他发现了氯气。

1808—1832 年,他任索邦大学的物理教授,后来任巴黎植物园的化学教授后才放弃了在索邦大学的教授位置。晚年的盖-吕萨克因实验不慎,致使坩埚发生爆炸而受重伤。他一直患有严重的关节炎,后来病情逐渐恶化,但他仍坚持在实验室工作。1850 年 5 月 9 日,他在巴黎逝世,葬于著名的巴黎拉雪兹神父公墓。在巴黎大学附近有一条街道是以他的名字命名的,在他的出生地有一个以他的名字命名的广场。

1. 盖-吕萨克的主要成就

1802 年,盖-吕萨克发现了气体在恒压、升温时的线性膨胀的定律(盖-吕萨克定律)。

1804 年,他与让·巴普蒂斯特·毕奥一起乘热气球上升到 6.4 km 的高空研究地球大气层,他打算收集不同高度的大气测量温度与湿度的变化。

1805 年,他与他的好友和科学同行亚历山大·冯·洪堡一起发现了大气随高度、气压降低时其成分不发生变化。

1808 年,他与泰纳尔合作分离出硼。

1815 年,他制造出氰。

1827 年,他设计出盖-吕萨克塔,用以改进硫酸的生产。

2. 比热容比

比热容比是一个常用的物理量,在热力学理论及工程技术的应用等方面起着重要的作用。例如,天然气运输过程中的安全阀计算及喷管的设计,经常需要知道气体的比热容比;计算热机的效率时也涉及比热容比;在火箭技术中,表征能量效率的特征速度和推力系数都直接与比热容比的大小有关;声波在空气中的传播特性与空气的比热容比有关;对发动机进行热力计算或气动计算时,经常要用到煤油燃烧产物的比热容比等。气体比热容比的确定,在压缩机设计与试验中也有着极为重要的意义。比热容比是制冷剂的一个主要参数,作为制冷剂的物质,比热容比要小,这样可降低排气温度。

对于理想气体,其状态方程一般为 $pV = nRT$,绝热过程方程为 pV^{γ} = 常数。对应于气体受热的等容及等压过程,气体的比热容分别为比定容热容 c_V 和比定压热容 c_p。比定容热容是将单位质量的气体在保持体积不变的情况下加热,当其温度升高 1 K 时所需的热量;而比定压热容则是将单位质量的气体在保持压强不变的情况下加热,当其温度升高 1 ℃时所需的热量。气体的比定压热容 c_p 与比定容热容 c_V 之比为 $\gamma = \frac{c_p}{c_V}$。其中,系数 γ 称为气体的比热容比(Ratio of specific heat capacity),又称为气体的绝热系数。根据热力学第一定律,在等容过程中气体吸收的热量全部用来增加它的内能;而在等压过程中,气体吸收的热量只有一部分是用来增加内能,另一部分转化为气体反抗外力做的功。所以,当气体升高一定的温度,在等压过程中吸收的热量要比等容过程中的多,因此气体的 c_p 比 c_V 大,比热容比 $\gamma = \frac{c_p}{c_V} > 1$。一般来说,$c_V$ 和 c_p 都是温度的函数,但当实际过程所涉及的温度变化范围不大时,二者均可看成常数。因此,比热容比也可以看作常数。

气体比热容比的测量方法主要有振动法、共振法、声速法、绝热膨胀法和压缩法等。振动法是通过实现热力学中的准静态过程,由测定振动物体的振动周期来计算比热容比;共振法是在振动法基础上发展起来的,典型的共振法由 Ruchar 设计,其测量准确度较高;声速法是利用在理想气体中声波的传播过程(可以认为是一个绝热过程),通过测定声速的方法来计算比热容比。本实验采用绝热膨胀法测定空气的比热容比,观测热力学过程中状态变化及基本物理规律,加深对绝热、定容、定压、等温几个热力学过程的理解。由于所研究的过程并不是准静态过程,所以实验获得的结果比较粗糙。但是,本实验方法简单,且有助于加深对热力学过程中状态变化的了解。

二、实验原理

1. 理想气体定律

理想气体分子是没有形状大小、没有相互作用的理想模型。理想气体定律是描述理想气体处于平衡态时,压强 p、体积 V、物质的量 n 与温度 T 间关系的状态方程,它建立在玻意耳定律、盖 - 吕萨克定律、查理定律等经验定律基础上。

理想气体状态方程为 $pV = nRT$。这个方程有四个变量:p 为理想气体的压强,单位为 kPa;V 为理想气体的体积,单位为 L;n 表示气体物质的量,单位为 mol;T 为理想气体的热力学温度,单位为 K;R 为理想气体常数。此方程对常温常压下的空气也近似地适用。

玻意耳(Robert Boyle,1625—1691)定律:温度保持不变,一定质量的气体

的压强 p 和体积 V 的乘积是一个恒量,即

$$pV = C \tag{8-1}$$

盖-吕萨克(Gay-Lussac,1778—1850)定律:压强不变时,一定质量气体的体积 V 跟热力学温度 T 成正比,即

$$\frac{V_1}{T_1} = \frac{V_2}{T_2} = \cdots = C \tag{8-2}$$

查理(Jacgues Charles,1746—1823)定律:体积不变时,一定质量气体的压力 p 跟热力学温度 T 成正比,即

$$\frac{p_1}{T_1} = \frac{p_2}{T_2} = \cdots = C \tag{8-3}$$

由上述三个定律归纳得到理想气压的压强(p)、体积(V)、温度(T)和物质的量(n)之间的关系为

$$pV = nRT \tag{8-4}$$

式(8-4)称为理想气体状态方程,R 是理想气体常数(或称为普适气体常数),$R = 8.31\ \mathrm{J \cdot mol^{-1} \cdot K^{-1}}$。

2. 测定空气的比热容比原理

实验原理如图8-2所示。振动物体小钢球A的直径比玻璃管B的直径仅小0.01~0.02 mm,所以它能在此精密的玻璃管中上下移动。在瓶子的壁上有一小口C,并插入一根细管,气体通过它可以注入烧瓶中。为了补偿由于空气阻尼引起振动物体A振幅的衰减,通过注气口C一直注入一个小气压的气流。在精密玻璃管B的中央开设一个小孔,当振动物体A处于小孔下方的半个振动周期时,注入气体使容器内压力增大,引起物体A上下振动,而当物体A处于小孔上方的半个周期时,容器内的气体将通过小孔流出,使物体下沉,以后重复上述过程。只要适当控制注入气体的流量,物体A就能在玻璃管B的小孔上下做简谐振动。

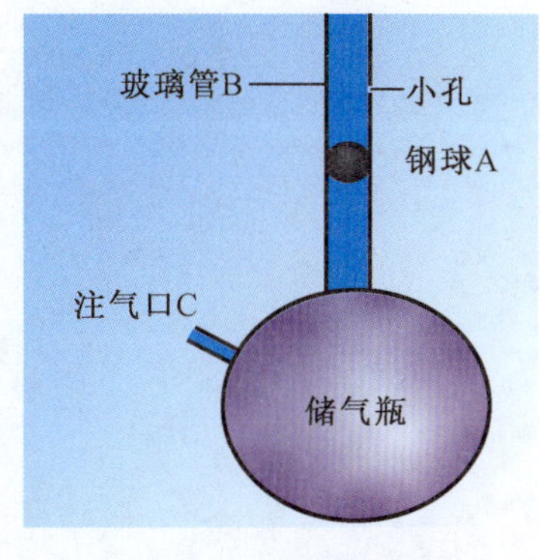

图8-2 实验原理图

设钢球A的质量为 m,半径为 r(直径为 d),当容器内压力 P 满足以下条件时,钢球A处于力平衡状态,即

$$P = P_1 + \frac{mg}{\pi r^2} \tag{8-5}$$

式中,P_1 为大气压力。

若物体偏离平衡位置一个较小距离 x,则容器内的压力变化 $\mathrm{d}P$,物体的运动方程为

$$m\frac{\mathrm{d}x^2}{\mathrm{d}t^2} = \pi r^2 \mathrm{d}P \tag{8-6}$$

因为物体振动过程相当快,所以可以看作绝热过程,绝热方程为

$$PV^{\gamma} = 常数 \tag{8-7}$$

将式(8-7)求导数得出

$$dP = -\frac{P\gamma dV}{V}, dV = \pi r^2 x \tag{8-8}$$

将式(8－7)代入式(8－6)得

$$\frac{d^2 x}{dt^2} + \frac{\pi^2 r^4 P\gamma}{mV} \cdot x = 0$$

此式即为熟知的简谐振动方程,它的解为

$$\omega = \sqrt{\frac{\pi^2 r^4 P\gamma}{mV}} = \frac{2\pi}{T}$$

即有

$$\gamma = \frac{64mV}{T^2 P d^4}$$

式中,各量均可方便测得,因此,可算出 γ 值。

由气体运动论可以知道,γ 值与气体分子的自由度数有关。单原子气体(如氩)只有三个平均自由度;双原子气体(如氮)除上述三个平均自由度外,还有两个转动自由度;多原子气体则还有三个转动自由度。

比热容比与自由度 f 的关系为 $\gamma = \frac{f+2}{f}$,理论上得出

单元子气体(Ar, He)　　$f=3, \gamma=1.67$

双原子气体(N_2, H_2, O_2)　　$f=5, \gamma=1.40$

多原子气体(CO_2, CH_4)　　$f=6, \gamma=1.33$ 且与温度无关

三、实验目的

理解热力学过程中状态变化及基本物理规律,学会用振动法测定空气的比热容比,验证理想气体状态方程。

四、实验仪器

1. 理想气体定律实验仪

本实验仪器(理想气体定律实验仪)如图 8－3 所示。

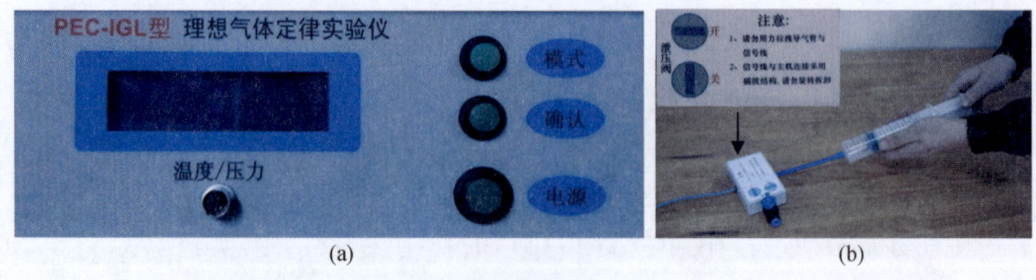

(a)　　(b)

图 8－3　理想气体定律实验仪

理想气体定律实验仪可同时测量被压缩气体的温度和压力。热敏电阻置于针管的末端,用来测量针管内温度的变化,响应时间大约是0.5 s。针管柱塞带有机械挡板用于保护热敏电阻,并可设定气体的体积。

2. 空气的比热容比实验仪

本实验的实验装置如图8-4所示,由玻璃储气瓶、多功能数字计时仪(分50次、100次两挡)、空气泵、缓冲瓶组成。

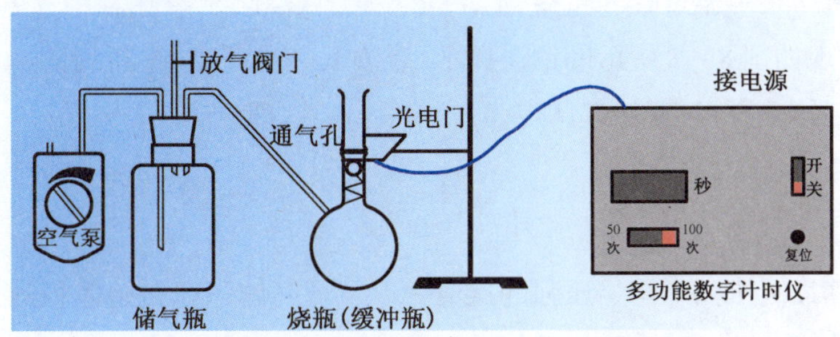

图8-4 振动法测量气体比热容比实验装置

本实验装置中主要装置由玻璃制成,且对玻璃管的要求特别高,振动物体的直径仅比玻璃管的内径小0.01 mm左右,因此,振动物体表面不允许擦伤。

五、实验内容与操作要点

1. 验证理想气体状态方程

(1)观察热力学实验现象

打开泄气阀,将针管柱塞置于体积为40 mL处;关闭泄气阀,快速推进针管柱塞到底,完全压住柱塞,保持该位置一定时间(30 s以上);松开柱塞,让柱塞自由膨胀到原来的位置,利用"状态监测"模式观察此实验过程的压力、温度的变化情况。

(2)测量导管内气体的体积(等温过程)

①打开泄气阀,将针管柱塞置于体积为40 mL处,进入"状态监测"模式,待温度及压强稳定后,记录40 mL体积对应的压强;

②关闭泄压阀,通过"模式"键将界面换为"等温过程",如图8-5所示,按"确认"键进入,屏幕上显示"处理中",如图8-6所示;

③快速推进针管柱塞到底,完全压住柱塞,保持该位置一定时间,直到屏幕上显示温度、压强读数,将柱塞位置位于20 mL时的压强读数记录到表8-1中;

④重复步骤①~步骤③,测量五次。

等温过程
按确认键进入

图8-5 等温过程模式选择界面

温度M: 处理中
压力M: 处理中

图8-6 等温过程数据处理界面

表 8-1　等温过程数据表

体积/mL	压强/kPa					
	1	2	3	4	5	平均值
40						
20						

图 8-7　等温过程异常提示

注意　在等温过程测量中，如果按下“确认”键，30 s 内没有按压针管柱塞，会出现如图 8-7 所示的错误提示，请按下“确认”键，重新测量。

对于等温过程，理想气体定律为 $p_1V_1=p_2V_2$，即

$$\frac{V_1}{V_2}=\frac{p_2}{p_1} \tag{8-9}$$

计算最终压强和初始压强的比值$\frac{p_2}{p_1}$以及最终体积和初始体积的比值$\frac{V_2}{V_1}$，比较两者是否相等。为什么不相等？这是因为体积读数有误差的缘故，我们可以计算这一确定误差。针管上读出的体积不包括气体导管中的体积，我们假设额外的体积为 V_0，则式(8-9)变为

$$\frac{V_1+V_0}{V_2+V_0}=\frac{p_2}{p_1} \tag{8-10}$$

通过测量值 V_1,V_2,p_1 和 p_2，即可计算出 V_0。

(3)验证理想气体状态方程(变温过程)

①打开泄压阀，将针管柱塞置于体积为 40 mL 处，进入“状态监测”模式，待温度、压强稳定后，记录 40 mL 体积对应的压强及温度；

②关闭泄压阀；

③通过“模式”键变换为“变温过程”，按“确认”键进入，屏幕上将显示“处理中”，如图 8-8 所示；

④快速推进针管柱塞到底，完全压住柱塞，保持该位置一定时间，直到屏幕上显示温度、压强读数，记录变温过程体积为 20 mL 时的压强及温度，将结果记入表 8-2 中。

图 8-8　变温过程界面

表 8-2　变温过程数据表

温度 t/℃	体积 V/mL	压强/kPa					
		1	2	3	4	5	平均值
	$40+V_0$						
	$20+V_0$						

用测量的数据计算 $C_1=\frac{p_1V_1}{T_1}$和 $C_2=\frac{p_2V_2}{T_2}$的值，比较它们的值是否相等，

计算其百分差 $E=\frac{|C_2-C_1|}{C_1}\times 100\%$ 。

(4)测量气体的物质的量

①打开泄压阀,将针管柱塞初始位置置于体积为 60 mL 处,进入“状态监测”模式,待温度及压强稳定后,记录 60 mL 体积对应的压强及温度;

②关闭泄压阀;

③通过“模式”键变换为“变温过程”模式,按“确认”键进入,屏幕上将显示“处理中”;

④快速推进针管柱塞到表 8-3 的指定体积后,压住柱塞,保持该位置一定时间,直到屏幕上显示温度及压强数据,记录此时对应体积的温度及压强;

表 8-3 柱塞初始位置为 60 mL 时的数据表

V/mL	p/kPa	t/℃	T/K	$\frac{T}{p}$/(10^{-3} k/Pa)
60				
55				
50				
45				
40				
35				

⑤松开柱塞,让柱塞自由膨胀到原来的位置,等待 1 min 以便温度回到室温;

⑥重复以上步骤完成柱塞初始位置置于体积为 40 mL 的数据测量,记入表 8-4 中;

表 8-4 柱塞初始位置为 40 mL 时的数据表

V/mL	p/kPa	t/℃	T/K	$\frac{T}{p}$/(10^{-3} k/Pa)
40				
35				
30				
25				
20				

⑦重复以上步骤完成柱塞初始位置置于体积为 80 mL 的数据测量,记入表 8-5 中。

表 8－5　柱塞初始位置为 80 mL 时的数据表

V/mL	p/kPa	t/℃	T/K	$\frac{T}{p}$/(10^{-3} k/Pa)
80				
75				
70				
65				
60				
55				
50				
45				

2. 计算气体的物质的量

根据表 8－3、表 8－4 和表 8－5 的数据在同一张坐标纸上作 $\frac{T}{p}-V$ 曲线，把图中同一表格的点连成直线，直线的斜率即为 nR。

(1) 计算初始体积

由斜率和表 8－3 中的初始压强和温度，计算初始体积 $V=\frac{nRT}{p}$，该体积包括了气体导管内的体积，由直线得到的截距 b 即气体导管内的体积，比较两者是否相等。

(2) 计算物质的量

由 $n=\frac{斜率}{R}$，分别计算初始位置为 60 mL，40 mL 和 80 mL 时针管内气体的物质的量。

(3) 比较三条直线在 y 轴上的截距

比较三条直线在 y 轴上的截距是否相等，为什么？

3. 测定空气的比热容比

测定空气的比热容比的过程如下：

①测量大气压强（实验开始前、结束各测一次，取平均值）；

②利用小气泵作为气源，测定空气的比热容比（可近似为双原子气体），振动次数选 50 次，重复测 10 次。

设计数据表格，记录实验数据，计算 γ 值以及与实际值的百分差 E。

注意　①为确保光电门正常工作，小球运动过程中必须能遮挡光电门间隙内的红外线发射管和红外线接收管之间的红外线，且确保光电门不在强光环境下工作。

②为确保小球平衡位置以下的气体体积 $V=V_0$，小球运动必须以通气孔为平衡位置。

③为确保小球做简谐振动，必须尽量使玻璃管竖直，从而减小小球和玻璃管内壁之间的摩擦力。

④为确保小球不从玻璃管内冲出而损坏实验仪器，请在打开电源前先将空气泵调至通气速率最小，然后根据实验需要细心调节空气泵。

六、分析与思考

1. 理想气体状态方程实验

(1)当针管的体积突然减少一半，压强为什么变化 2 倍多？它为什么瞬间达到 200 kPa 以上？

(2)当针管的体积突然减少一半，温度和压强将升高，经过短暂的时间，温度接近室温，但压强会达到更高的值。为什么压强不能像温度那样回到原来的值？

(3)当记录完最后一组数据，松开柱塞后，温度将如何变化，为什么？

2. 测定空气的比热容比

(1)如果压强增大，气体比热容比将发生什么变化？

(2)为什么 γ 始终大于 1？

(3)如果振动物体的周期较长，计算 γ 的公式还适用吗，为什么？

实验9 热机实验

一、背景及应用

1821 年,德国物理学家托马斯·约翰·塞贝克发现,当给连接在一起的不同金属加热时,就会产生电流,这一现象被称为塞贝克效应,这也是热电偶的基本原理。1834 年,法国物理学家让·查尔斯·帕尔帖发现了塞贝克效应的逆效应(帕尔帖效应),即根据电流的流向,连接在一起的金属会吸热或放热,这种热电转换器被称为帕尔帖元件。本实验中的热效率实验仪是以帕尔帖元件为核心构建的。

帕尔帖元件由 P 型半导体和 N 型半导体构成,如图 9-1 所示。当 P-N 对的两端存在温度差时,N 型半导体中的电子由热端向冷端扩散,使 N 型半导体的冷端带负电而热端带正电,P 型半导体中的空穴也由热端向冷端扩散,使 P 型半导体的冷端带正电而热端带负电。通过金属片将 P 型半导体和 N 型半导体的热端连接起来形成 P-N 对,则在 P 型半导体的冷端和 N 型半导体的冷端输出直流电压,将多个 P-N 对串联起来就可以得到较大的输出电压,从而实现"温差发电"(图 9-2),这个输出电压可以对外加电阻等负载做功。当给帕尔帖元件通直流电流时,根据电流方向的不同,元件一端吸热,另一端放热,冷端的热量被移到热端,导致冷端温度降低,热端温度升高,从而实现冷端的"制冷",如图 9-3 所示。这种将能量由低温处传送到高温处的装置通常被称为热泵。

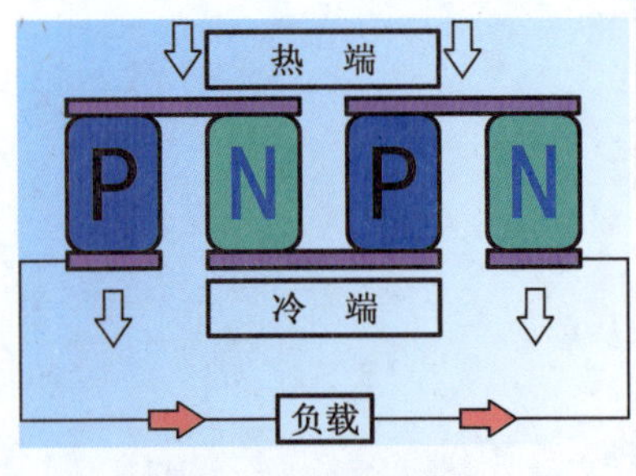

图 9-2 发电过程

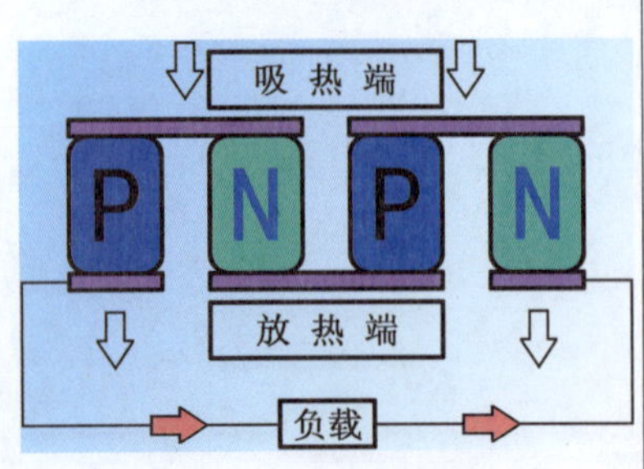

图 9-3 制冷过程

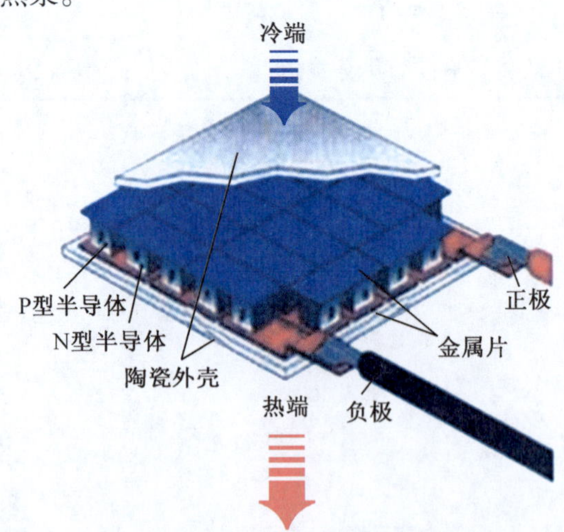

图 9-1 帕尔帖元件内部结构

帕尔帖片虽然效率低,但可靠性高,不需要循环流体或移动部件。典型的应用有卫星电源和远程无人气象站等。

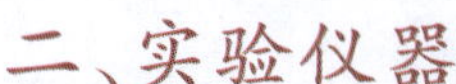

二、实验仪器

热效率实验仪可以作为热机或热泵使用。当热效率实验仪作为一个热机使用时，从高温热源发出来的热量会使帕尔帖元件两端产生电压，这个电压可以驱动一个负载电阻做功，在热机的实验中可以测出热机的实际效率，并且可以将其与理论最大效率相比；当热效率实验仪作为一个热泵使用时，可以将热量从低温热源传递到高温热源，在热泵的实验中可以测出热泵的实际制冷系数并和理论上的制冷系数比较。

热机实验的实验仪器如图 9－4 所示，包括热机效率实验仪、工作电源和连接用的导线。

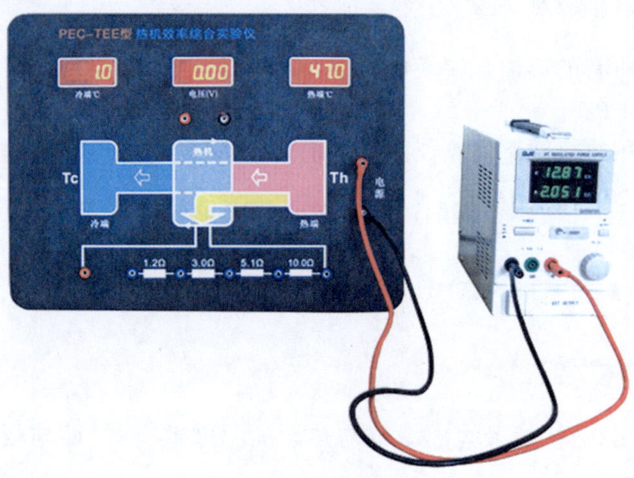

图 9－4　实验仪器

三、实验原理

1. 热机

热机通常被定义为将内能转化为机械能的装置。对于热效率实验仪来说，热机是利用一个高温热源和一个低温热源的温差产生的电压驱动一个负载电阻做功，做功最终产生的热量被负载电阻消耗（焦耳热）。

热机原理如图 9－5 所示，根据能量守恒定律（热力学第一定律）可以得出

$$Q_H = W + Q_C$$

式中，Q_H 表示热机的热输入；W 表示热机对外所做的功；Q_C 表示向低温热源的排热量。

上式表明热机的热输入等于热机对外所做的功加上向低温热源的排热量。

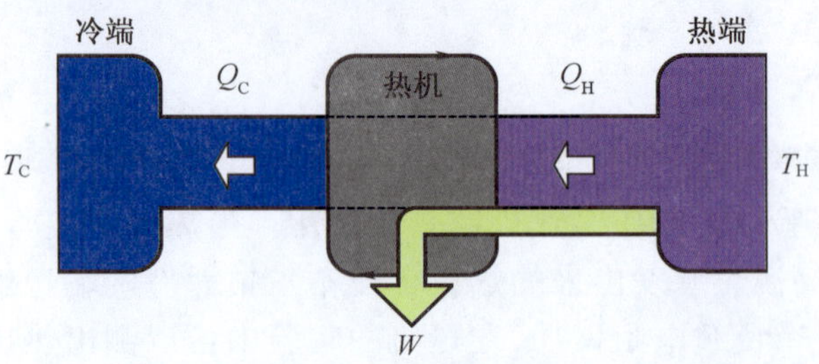

图 9－5　热机原理图

2. 实际效率

热机的效率被定义为 $e = \frac{W}{Q_H}$。

如果把所有的热输入转换成有用功,热机的效率就会为 1。因此,它的效率总是小于 1 的。

注意　用热机效率实验仪测量热机的效率,实际上测量的是功率而不是能量。由 $P_H = \frac{dQ_H}{dt}$,则方程两边同时对时间求导就变成了 $P_H = P_W + P_C$。因此,热机的效率也可以表示为 $e = \frac{P_W}{P_H}$。

3. 卡诺效率

卡诺指出,热机的最大效率仅与热源的温度差有关,而与热机的型号无关,即

$$e_{\text{carnot}} = \frac{T_H - T_C}{T_H}$$

上式中,温度必须为绝对温度,效率能够达到 100% 的热机只是运作在 T_H 和绝对零度之间的热机。假设没有由于摩擦、热传导、热辐射以及装置内部电阻的焦耳热引起的能量损失,卡诺效率是对于给定的两个温度下热机所能达到的最高效率。

4. 调整效率

利用热效率实验仪,可以将损失的能量添加回功率 P_W 和 P_H,最终的调整效率接近卡诺效率。

5. 热泵(制冷机)

热泵是热机的逆向运行,热泵工作时,是将热量从低温热源抽到高温热源,就像一个冰箱将热量从冷藏室抽到温室,或者像冬天里将热量从寒冷的户外抽到温暖的室内。热泵的原理如图 9－6 所示。

注意　相比于图 9－5,图 9－6 中的热量箭头是逆向的,满足能量守恒 $Q_C + W = Q_H$ 或者功率守恒 $P_C + P_W = P_H$。

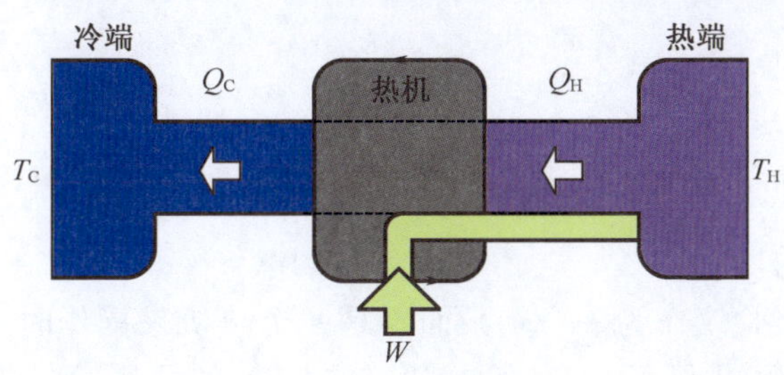

图 9-6 热泵原理图

6. 实际制冷系数

制冷系数是从低温热源抽出的热量与消耗的功率之比，即

$$\kappa = \frac{P_C}{P_W}$$

制冷系数的定义类似于热机效率，尽管热机效率总是小于 1，但是制冷系数一般情况下是大于 1 的。

7. 最大制冷系数

热泵的最大制冷系数只取决于温度，即

$$\kappa_{max} = \frac{T_C}{T_H - T_C}$$

这里的温度是指热力学温度。

8. 调整制冷系数

如果所有的能量损失都是由摩擦、热传导、热辐射和焦耳热导致的，实际的制冷系数是可以调整的，调整后它接近最大制冷系数。

四、实验测量

能够通过热机效率实验仪直接测量的量有三个，即温度、高温热源的功率和负载电阻消耗的功率。

1. 温度

冷、热源的温度在仪器面板上直接显示出来。

2. 高温热源的功率（P_H）

高温热源是利用电流通过电阻使其保持在一个恒定的温度。由于加热器电阻随温度变化，所以必须测量输入电流 I_H 和输入电压 U_H 获得输入功率，即

$$P_H = I_H U_H$$

3. 负载电阻消耗的功率（P_W）

负载电阻消耗的功率通过测量负载电阻两端的电压 U_W 求得，即

$$P_W = \frac{U_W^2}{R}$$

注意 因为负载电阻随温度的变化不明显，所以我们可以使用 $P_W = \frac{U_W^2}{R}$ 求出负载电阻的功率。

当热效率实验仪作为一个热泵而不是一个热机来操作时，不能使用负载电阻。外加电源可显示电流和电压，输入功率可用公式 $P_W = I_W U_W$ 计算得出。

间接测量的量有热机的内阻、热传导和热辐射以及从低温热源抽走的热量。

(1)内阻

将负载电阻接入热机效率实验仪（按照图 9－7 所示接线），在有负载电阻的情况下，其等效电路如图 9－8所示，由基尔霍夫定律，有

$$U_S - Ir - IR = 0$$

式中，U_S 为开路电压，通过图 9－9 的接线方式进行测量；r 为热机内阻；R 为负载电阻；I 为负载电流。

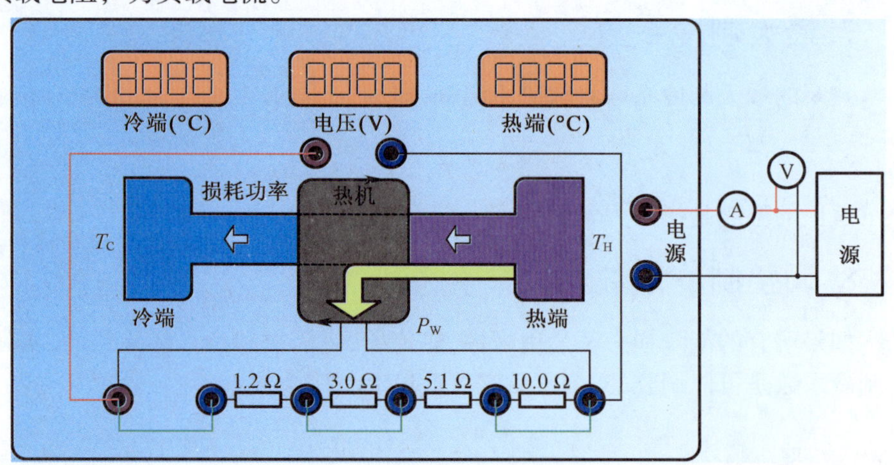

图 9－7 有外加负载的热机

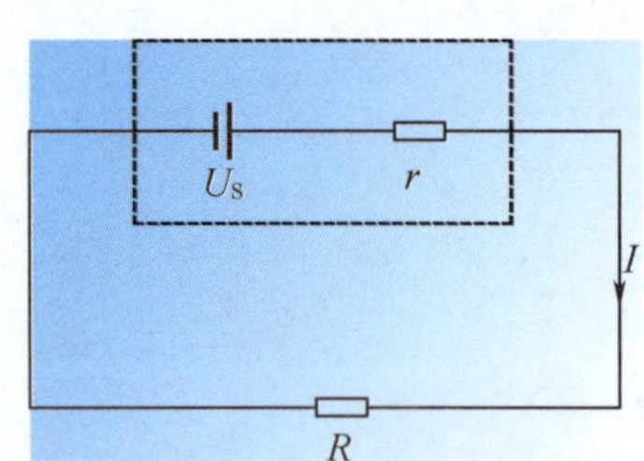

图 9－8 测量内阻等效电路

在带有负载的情况下，有 $U_S - \left(\frac{U_W}{R}\right)r - U_W = 0$，$U_W$ 为负载两端的电压。可以得出热机的内阻为

$$r = \left(\frac{U_S - U_W}{U_W}\right)R$$

(2)热传导和热辐射

高温热源的热量一部分被热机利用做功，而其他部分从高温热源辐射掉，或通过热机传到冷端。假设热传导与热辐射在工作与不工作时一样，即没有负载时，高温热源保持温度不变，通过加热电阻传递到高温热源的热量等于从高温热源中传导和辐射的能量，即 P_H（开路）。

(3)从低温热源被抽走的热量

当热效率实验仪作为一个热泵工作时，从低温热源被抽走的热量 P_C 等于传递到高温热源的热量 P_H 减去做的功 P_W，如图 9－6 所示。

注意 当热泵工作时，如果高温热源的温度保持不变，根据能量守恒定

律，通过加热电阻传递到高温热源的热量等于从高温热源中传导和辐射的能量，可以通过测量无负载时的热源输入功率求得此温差下的散热，如图 9-9 所示。

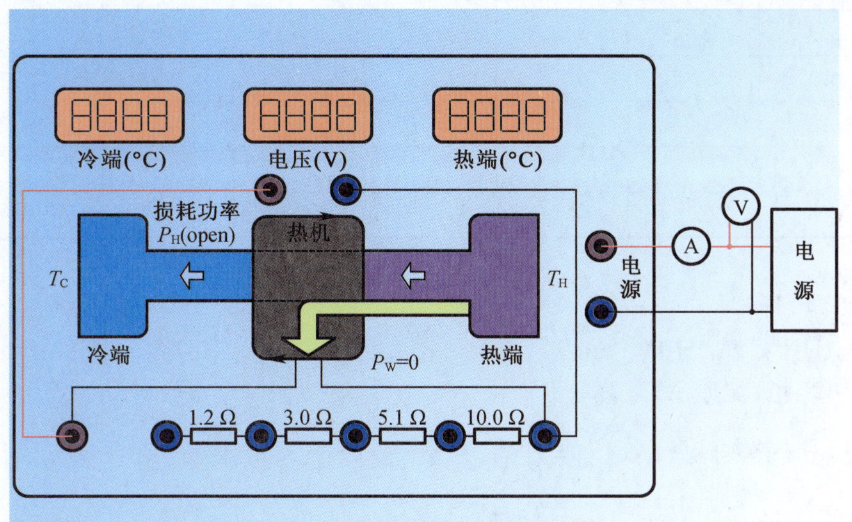

图 9-9　无外加负载的热机

五、实验内容

1. 测量热机的效率

(1) 实验目的

测量热机的实际效率和卡诺效率。

(2) 实验准备

用导线插接，将负载电阻设为 6.3 Ω。

(3) 实验步骤

①将直流稳压电源上电压调节旋钮向左（逆时针）旋至最小，电流调节旋钮向右（顺时针）旋至最大；

②将直流稳压电源输出接入热机效率实验仪上右端的“电源”插孔（注意极性，电源正极插入红孔，负极插入黑孔）；

③先打开热机效率实验仪的开关，再打开直流稳压电源的开关，向右（顺时针）缓慢调节直流稳压电源的电压调节旋钮，将电压调至 4.00 V；

④等待冷端与热端平衡（约为 5 min），分别将热端的绝对温度 T_H 和冷端的绝对温度 T_C 的数据记入表 9-1 中；

⑤从直流稳压电源上读出 U_H 和 I_H，从仪器面板中间的电压窗口读出负载电阻两端的电压 U_W 的数值，记入表 9-1 中；

⑥重复步骤③～步骤⑤，电源电压从 4.00 V 调至 14.00 V，每次增加 2.00 V，在表 9-1 中记录下 6 组数据。

表 9－1　热机数据

R/Ω	T_H/K	T_C/K	$\Delta T/K$	U_H/V	I_H/A	U_W/V
6.3						
6.3						
6.3						
6.3						
6.3						
6.3						

(4)计算

①计算 P_H 与 P_W；

②计算温差 $\Delta T = T_H - T_C$；

③计算实际效率 $e_{actual} = \dfrac{P_W}{P_H}$；

④计算卡诺效率 $e_{carnot} = \dfrac{T_H - T_C}{T_H}$；

⑤T(绝对温度)$= t$(摄氏温度)$+273.2$ ℃。

将计算结果填入表 9－2 中。

表 9－2　计算值

P_H/W	P_W/W	e_{actual}	e_{carnot}

(5)分析及问题

为比较实际效率与卡诺效率,采用作图法作出 $e_{actual} - \Delta T$ 图与 $e_{carnot} - \Delta T$ 图,并比较。

注意　我们在此假定 T_C 为定值或近似不变。

①卡诺效率是实际热机在给定温差下工作时的最大效率,图上的实际效率是否低于卡诺效率呢?

②温差增加时,卡诺效率与实际效率是增加还是减少?

2. 测量热机的内阻

(1)实验目的

确定热机的内阻。

(2)实验步骤

①按照无负载(开路)的情况连接电路;

②将电源接入热源供电,电压保持 14.00 V 不变;

③等待热平衡(约为 5 min),在仪器面板中间的电压窗口上读取开路电压 U_S;

④保持输入电压不变,连接 1.2 Ω 电阻做负载,等待热平衡(约为5 min);

⑤从仪器面板中间的电压窗口读取输出电阻两端的电压 U_W,并填入表 9-3中;

⑥分别改变负载电阻为 4.2 Ω,6.3 Ω,8.1 Ω,9.3 Ω,19.3 Ω,重复步骤④和步骤⑤,分别记录热平衡状态下每个电阻两端的电压 U_W,并填入表 9-3 中。

注意 电源的正负极性请勿接反;接线检查无误后再通电;实验结束请先关闭直流稳压电源,再关闭主机电源。

表 9-3 内阻数据

R/Ω	U_W/V	U_S/V	r/Ω
1.2			
4.2			
6.3			
8.1			
9.3			
19.3			

(3)计算

计算不同负载电阻下热机的内阻 $r=\left(\dfrac{U_S-U_W}{U_W}\right)R$。

3. 热机效率研究(选做)

(1)实验目的

确定热机的实际效率和卡诺效率。

(2)实验步骤

两种工作状态:闭路态(热机工作)与开路态(热机不工作)。闭路态为正常工作状态,开路态用来测量热源的热散。

①闭路态

同测量热机的效率的实验步骤①~步骤③。

②开路态

a. 断开负载电阻;

b. 降低热源电压,使其在原温度平衡,在表 9-4 中记录 T_H(kΩ),T_C(kΩ);

c. 记录 U_H,I_H,U_P(即开路电压 U_S)。

表 9－4　测量数据

R/Ω	T_H/K	T_C/K	$\Delta T/K$	U_H/V	I_H/A	U_W/V	U_S/V

(3)计算

①实际效率：$l=\dfrac{P_W}{P_H}$，$P_W=\dfrac{U_W^2}{R}$，$P_H=I_H U_H$。

②最高效率：$l_C=\dfrac{T_H-T_C}{T_H}$。

③调整效率：

a. 实际功率为 $P'_W=P_W+I_W^2 r=\dfrac{U_W^2}{R}+\left(\dfrac{U_W}{R}\right)^2 r$，而原来 $P_W=\dfrac{U_W^2}{R}$ 只是有用功率；

b. 实际高温热源提供热量为 $P'_H=P_H-P_{H(开路)}$，因为 $P_{H(开路)}$ 为热散失，在任何情况下均存在；

c. 调整效率 $l_C=\dfrac{P'_W}{P'_H}=\dfrac{P_W+I_W^2 R}{P_H-P_{H(开路)}}$，其中，$r=\left(\dfrac{U_S-U_W}{U_W}\right)R$；

d. 调整后百分差 $E=\dfrac{|l_{max}-l_{调整}|}{l_{max}}\times 100\%$。

将计算结果填入表 9－5 中。

表 9－5　计算结果

P_H/W	P_W/W	I_W/A	r/Ω	e_{actual}	e_{carnot}	$e_{adjusted}$	E

(4)问题

①温差减小，三种效率变化如何？

②计算熵变，对任一热源，$\dfrac{\Delta s}{\Delta t}=\dfrac{\frac{\Delta Q}{\Delta t}}{T}=\dfrac{P}{T}$，总熵变为正还是负，为什么？

4. 热泵制冷效率(选做)

(1)实验步骤

①接通仪器电源，仪器自动制冷。

②在热机上连接电源(图 9－10)，输入功率恒定，工作制冷，待热源平衡。

③测出输入功率 $P_W=I_W U_W$ 及冷、热源温度 T_H 和 T_C。

④使热机处于开路状态，调节高温热源的加热电压至前一热源温度，测出散热量 P_H。

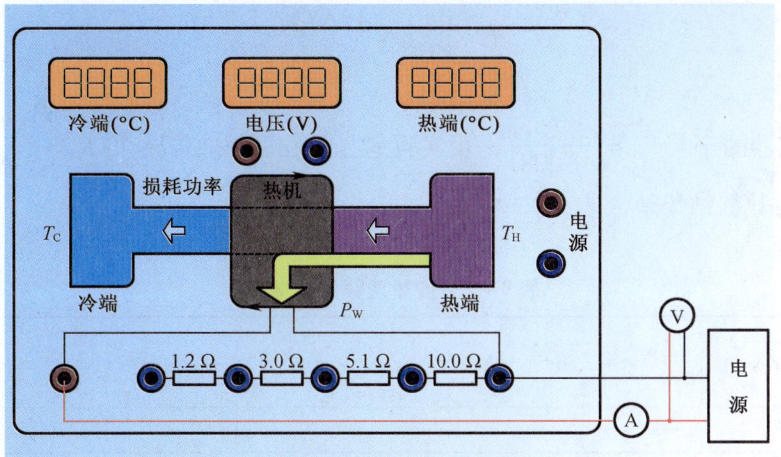

图 9-10 热泵接线图

注意 电源的正负极性请勿接反；连接电压表头的两根导线请拔出；接线检查无误后再通电；实验结束请先关闭直流稳压电源，再关闭主机电源。

(2)计算

①实际制冷系数：$\kappa_{actual}=\dfrac{P_C}{P_W}=\dfrac{P_H-P_W}{P_W}=\dfrac{P_H-I_WU_W}{I_WV_W}$。

②最大制冷系数：$\kappa_{max}=\dfrac{T_C}{T_A-T_C}$。

③调整制冷系数：$\kappa_{adjusted}=\dfrac{P_H-I_WU_W}{I_WU_W-I_W^2r}$。

④百分差：$E=\dfrac{|\kappa_{max}-\kappa_{adjusted}|}{\kappa_{max}}\times100\%$。

将数据结果填入表 9-6 中。

表 9-6 热泵数据表

T_H/K	T_C/K	ΔT/K	U_H/V	I_H/A	U_W/V	I_W/A
P_H/W	P_W/W	κ_{actual}	κ_{max}	$\kappa_{adjusted}$	D%	

(3)问题

①温差减小时，κ_{max}增大还是减小？

②计算总熵变，对任一热冷源，$\dfrac{\Delta s}{\Delta t}=\dfrac{\frac{\Delta Q}{\Delta t}}{T}=\dfrac{P}{T}$，总熵变为正还是负？

5. 热传导率(选做)

(1)实验原理

传导热量与厚度 X 成反比，与截面积 A 成正比，与温差成正比，比例系数 K 称为传热系数。

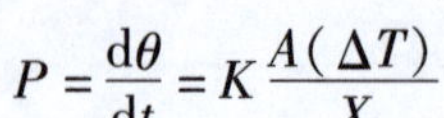

$$P=\frac{\mathrm{d}\theta}{\mathrm{d}t}=K\frac{A(\Delta T)}{X}$$

这台仪器的$\frac{X}{A}=\frac{X}{nA_0}=\frac{4.725\ \mathrm{cm}^{-1}}{128}$由实验室给出，由开路热传导，得$K=\frac{P_{\mathrm{H(开路)}}\frac{X}{A}}{\Delta T}$。

将数据结果填入表9－7中。

表9－7　传热系数数据结果

T_H/K	T_C/K	ΔT/K	$\frac{X}{A}$	P_H/W	K

(2)问题

计算出的传热系数与铜的传热系数相比如何(0 ℃时铜的导热系数为401 W·m^{-1}·K^{-1})?

6. 最佳负载(选做)

(1)实验原理

作为热机时，输出功率为$P=I^2R$，但实际电路满足$U_S=I(r+R)$，如图9－11所示。若温差不变，V_S不变，此时输出功率将随负载电阻R而变化，有一极大值(对应R_0)。

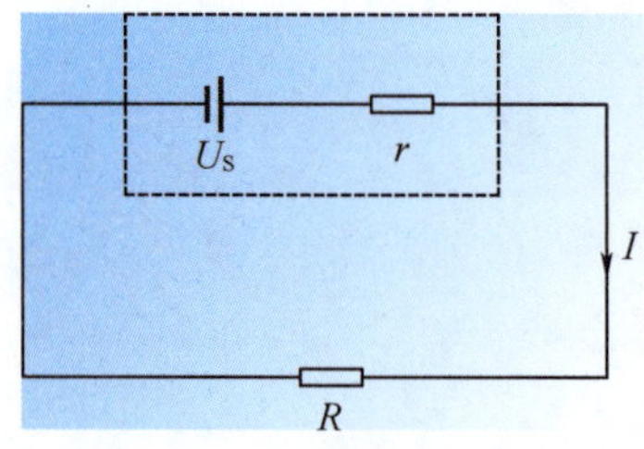

图9－11　有负载电阻的热效率实验仪

本实验目的为找出P最大时的R值，$P=I^2R=\left(\frac{U_S}{r-R}\right)^2R$，$R=r$时$P$取最大值。

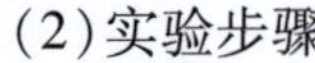

(2)实验步骤

①如图9－12所示连接电路，将电源接入热源供电，将温度差调到44 K;

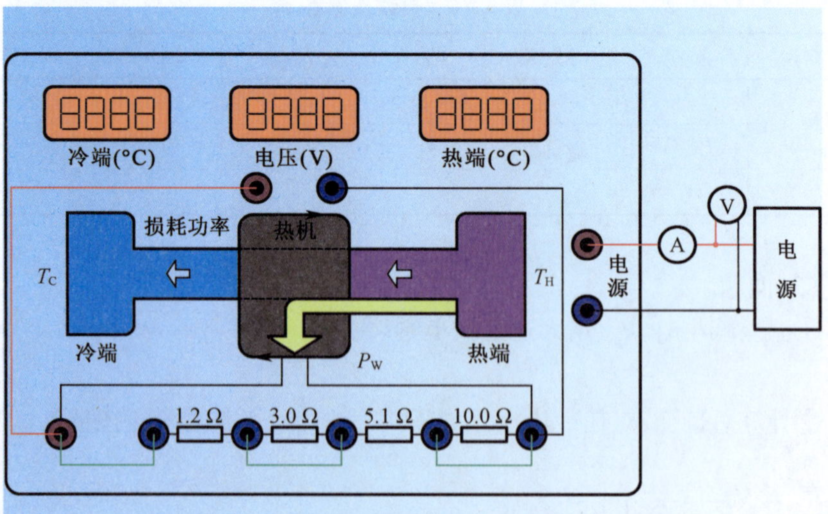

图9－12　热机负载电阻接线图

②连接 1.2 Ω 电阻做负载；

③等待热平衡；

④从仪器上读取高低温度（热、冷源温度）和输出电压；

⑤记录 U_H，I_H，U_W；

⑥计算输入功率 $P_H = I_H U_H$ 及有用功率 $P_W = \frac{U_W^2}{R}$，计算效率 $e = \frac{P_W}{P_H}$；

⑦改变负载电阻为 3 Ω，5.1 Ω，6.3 Ω，8.1 Ω，10.0 Ω，15.1 Ω，19.3 Ω，并改变输入功率的大小，使热、冷源保持温度不变，再做步骤①～步骤⑥；

⑧将温度差调到 54 K 和 64 K，再做步骤①～步骤⑦。

⑨比较 e_{max}时的 R 值。

将实验数据分别填入表 9－8、表 9－9 和表 9－10 中。

表 9－8　温度差为 44 K 时的数据

R/Ω	T_C/K	T_H/K	U_W/V	U_H/V	I_H/A	P_H/W	P_W/W	e

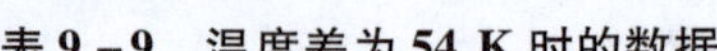

表 9-9 温度差为 54 K 时的数据

R/Ω	T_C/K	T_H/K	U_W/V	U_H/V	I_H/A	P_H/W	P_W/W	e

表 9-10 温度差为 64 K 时的数据

R/Ω	T_C/K	T_H/K	U_W/V	U_H/V	I_H/A	P_H/W	P_W/W	e

注意 导线的正负极性请勿接反；接线检查无误后再通电；实验结束请先关闭直流稳压电源，再关闭主机电源。

(3)问题

①效率最高时 R 为多少？

②效率最高时，实验值 R 与内阻 r 相比如何？

电磁学实验预备知识

电磁学实验是物理实验的一个重要组成部分。电学实验的测量方法是物理实验中最为普遍的方法,不仅电磁学物理量的测量要用这些实验方法,在力学、热学、声学、光学等实验中的一些非电学量的测量,也经常用到电学实验方法。一些非电学量常常通过各种传感器转化为电学量,再用电学实验方法测量,所以电学实验在整个物理实验课中占有重要地位。在电学实验中要用到很多电学仪器,包括电源、电表、电阻器、电感器、电容器、示波器、信号发生器和频率计等。本章仅就其中几种仪器做简单介绍,其余的将在相关实验中进一步介绍。

一、电源

电源分交流电源和直流电源两种。

交流电一般用符号"~"(或"AC")表示。例如,"~220 V"或"AC220 V"表示电动势为220 V的交流电源。通常国家电网提供的交流电源有AC380 V和AC220 V之分,其频率均为50 Hz。实验室常用的交流电源为AC220 V,由市电网提供,其电压常随用电情况而变化。若要求电压稳定,则需要接交流稳压器。交流稳压器有两种,即磁饱和式交流稳压器和电子式交流稳压器。使用交流电源时应注意它们的额定输出功率值,不可超载使用,注意安全。交流电表上的读数指示一般是有效值。例如,"~220 V"就是指电压有效值为220 V,其峰值电压为$\sqrt{2}\times220\ \text{V}=311\ \text{V}$。

直流电一般用符号"-"(或"DC")表示。例如,"-15 V"或"DC15 V"表示电动势为15 V的直流电源。常用的直流电源有干电池、蓄电池和晶体管直流稳压电源等。干电池、蓄电池是一种将化学能转变为电能的装置,其主要部分包括正、负电极和电解质。干电池有多种规格,其中常用的干电池电动势为1.5 V,其额定放电电流由电池的体积大小而定。例如,一号电池的额定放电电流为300 mA,汽车用铅蓄电池每个电池的电动势为2 V,额定放电电流为2 A,它们都可以根据需要串联或并联使用。由于干电池、蓄电池的内阻很小,使用时应注意不能把正、负极短接,以免烧坏。干电池、蓄电池的电压随使用时间的延长而逐渐降低,所以干电池使用一定时间后只能报废,而蓄电池可以充电后反复使用。

现在实验室最常用的电源是晶体管直流稳压电源,它是把市电网提供的220 V交流电经过整流、自动稳压后再输出的电子仪器。它的型号较多,但性能大同小异,其输出电压稳定性好、内阻低、功率大、使用方便,只要接到220 V交流电源上,就能输出连续可调的直流电压。使用时,应注意不能超过仪器的最大允许输出电压和电流,并注意其极性。

图B-1 直流稳定电源

1. HY1711-3s 双路输出可跟踪直流稳定电源

如图B-1所示,该电源采用国际先进悬浮预稳技术,集稳压、稳流于一体,连续可调,具有数字显示。它有稳压、稳流两种工作状态,并可随负载的变化自动转换,也可在跟踪状态下,实现主从工作,从路输出电压随主路输出电压的变化而变化,这对于需要对称可调双极性电源的场合具有无法代替的适应性。该电源可实现独立、跟踪、串联和并联四种工作方式。

(1)面板控制功能及使用说明

①电源开关

按下左下角电源开关,数码管亮,表示电源接通。

②指示表 V/A

分别指示左右两路电压和电流。

③电压/电流交换钮

按下指示电流值,弹出指示电压值。

④调压旋钮

分左(主)、右(从)两个旋钮,分别调节各自稳压输出(稳压指示红灯亮)。

⑤调流旋钮

分左、右两个旋钮,可分别调节各自稳流输出(稳流指示红灯亮)。

⑥跟踪/独立按钮

不按下为“独立”工作状态,按下为“跟踪”工作状态。

(2)输出工作方式

①独立工作方式

“跟踪/独立”按钮置“独立”,得到两个完全独立的电源。

②跟踪工作方式

“跟踪/独立”按钮置“跟踪”,将主电路(左路)输出“ - ”端与从路(右路)输出“ + ”端短接,即可得到一组输出电源数值完全相同、极性相反的电源。

③并联工作方式

“跟踪/独立”按钮置“独立”,主、从电源同名电极相连接,两路输出电压都调到使用值,可作为扩大电流使用。

④串联工作方式

“跟踪/独立”按钮置“独立”,主电源(左路)输出“ - ”端与从路(右路)输出“ + ”端短接,两路输出预置电流应大于使用值,可作为扩大电压使用。

2. 交流电源

实验室用的交流电源大多数为单相 220 V/50 Hz 的市电,使用时应严格遵守实验室操作规程。

注意　一要避免人体直接接触所谓“火”线,二要避免将电源“火”“地”两线短接。

二、电表

电表是电磁学测量所用到的最基本仪器。按工作原理,电表可分为磁电系仪表、电磁系仪表、电动系仪表、感应系仪表、静电系仪表、热电系仪表、电子系仪表和整流系仪表等;按工作电流,电表可分为直流表、交流表、交直流两用表;按用途,电表可分为电流表、电压表、功率表等。电工仪表的型号可以用一个例子说明。例如,42c3 - A 中的 42 是形状代号,字母 c 表示磁电系仪表,3 为设计序号,A 是用于测量电流。

1. 电表测量时的注意事项

(1)正确选择电表准确度等级和量程

按国家标准(GB/T 7676.2—1998),电流表和电压表共分十一个等级:0.05,0.1,0.2,0.3,0.5,1.0,1.5,2.0,2.5,3.0,5.0。电表准确度等级 α 的定义为

$$\alpha\% = \frac{\text{仪器最大绝对误差 } \Delta I_{\text{max}}}{\text{量程 } I_{\text{m}}}$$

由该式可知,在电表的刻度上,所有分度线的最大误差都不大于 ΔI_{max}。准确度等级 α 愈低,量程 I_{m} 愈大,则可能出现的最大误差愈大。在物理实验中,可粗略地用 ΔI_{max} 估算电表测量结果的 B 类不确定度 Δ_{B},即

$$\Delta_{\text{B}} = \Delta I_{\text{max}} = I_{\text{m}} \times \alpha\%, \quad I_{\text{m}} \text{ 为电表量程}$$

由此可见,在每一个测量值 X 中可能出现的最大相对误差为

$$E_{\text{r}} = \frac{\Delta I_{\text{max}}}{X} = \frac{\Delta I_{\text{m}}}{X} \times \alpha\%$$

所以在选用电表时,不能只追求准确度,而应根据测量值 X 的大小以及对测量误差的要求来选择电表的准确度等级和量程。为了充分利用电表的准确度等级,电表指针的偏转应达到量程的 $\frac{2}{3}$ 左右为好。若在不知道测量值范围的情况下,应选用电表的最大量程,再根据指针偏转情况逐步选择合适的量程。

(2)正确读数

在使用电表测量前,首先要对电表的指针零点进行校准。对指针式电表读数时应注意视觉误差,读数时视线垂直于表盘刻度。有反射镜面的电表应使指针与其像重合,此时对准的刻度才是电表的正确读数。读数的有效数字位数由电表的标称误差决定,一般电表读数估读到最小刻度的 $\frac{x}{10}$。其中,x 是估计的 10 以内的数。

(3)正确接入电路

使用电表测量时,应注意电表的极性。电流表串接在电路中,电压表并接在电路中,电流应从电表的正极流入,从负极流出,切记不可接错极性,以免损毁电表。

注意 磁电式仪表都有一定的内阻,当电表接入电路中时,会使原电路参数发生变化,因此给测量结果带来误差,所以测量时电表内接还是外接应根据具体情况而定。合理地接入电表,可明显地降低测量误差,再根据实验要求进一步对测量结果进行合理的修正。

(4)电表盘上的标记符号

在电表盘上有一些标记符号,理解它们的意义对正确选用仪表十分重要。常见电表盘上的标记符号及意义见表 B-1。

表 B-1　常见电表盘上的标记符号及意义

名称/意义	符号	名称/意义	符号
直流表	—	准确度等级,例如 1.0 级	1.0
交流表	~	绝缘强度实验电压 2 kV	⚡2 kV
			☆(2)
交直流两用表	≃	Ⅱ级防外磁场及电场	[Ⅱ]
电流表	Ⓐ	磁电式仪表	⊓
电压表	Ⓥ	整流式仪表	⊓→
欧姆表	(Ω)	调零器	⌒
功率表	Ⓦ	接地端钮	⏚
仪器水平放置	→	电极端钮	—
	⊓		+
仪器垂直放置	↑	公共端钮	*
	⊥		

2. 电流计(亦称检流计或表头 G)

电流计是一种最基本的磁电式电表。它是根据载流线圈在磁场中受力矩作用而产生旋转,直到跟游丝的反扭转力矩平衡时为止,线圈偏转角的大小与通入电流成正比,所以刻度是均匀的,电流方向不同,偏转方向也不同,其内部结构如图 B-2 所示。它具有很高的灵敏度,因此,常用来检验电路中有无电流通过,也可作为电桥、电位差计等仪器的电流指零仪。专门用来检验电路中有无电流的电流计被称为检流计,一般可分为指针式检流计和光点反射式检流计两类。光点反射式检流计在活动部分上装一个小平面镜,利用一个小平面镜、一个球面反射镜和一个反射镜,根据光线的反射原理把有叉丝的光斑反射到标度尺上,它的灵敏度高于指针式。

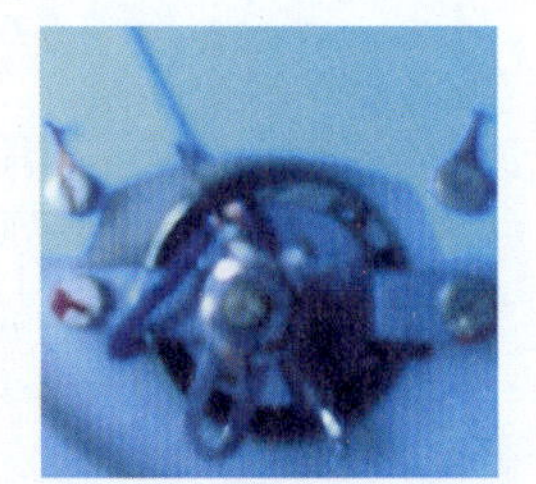

图 B-2　电流计内部结构

(1)检流计常数 K

检流计常数 K 表示偏转一个分度格时流过线圈的电流大小,其单位为 A/mm。K 越小,检流计灵敏度越高(K 的倒数称为灵敏度)。

(2)内阻 R_g

内阻 R_g 将影响接入电路中的检流计的动态特性。在检流计中,如果没有电流流过时,检流计的指针或光标通常都停留在标尺中央。因此,一般在接线时不必考虑其极性,有的检流计标出极性是为了判断电流方向而设置的。通常我们将未经过任何改装的电表称为表头,常用 G 表示。

3. 直流电流表

如图 B-3 所示,直流电流表是用来测量直流电路中电流大小的仪表,按量程大小的不同,一般分为微安表(μA)、毫安表(mA)、安培表(A)等。直流电流表的构造和电流计基本相同,只是在电流计的线圈两端并联一个低电阻,并且为了扩大指针的有效偏转范围,将指针的零点放在刻度盘的最左端。在表头上并联不同阻值的分流电阻可得到不同量程的电流表,直流电流表有多个量程的称为多量程电流表。直流电流表用以下两个基本量描述。

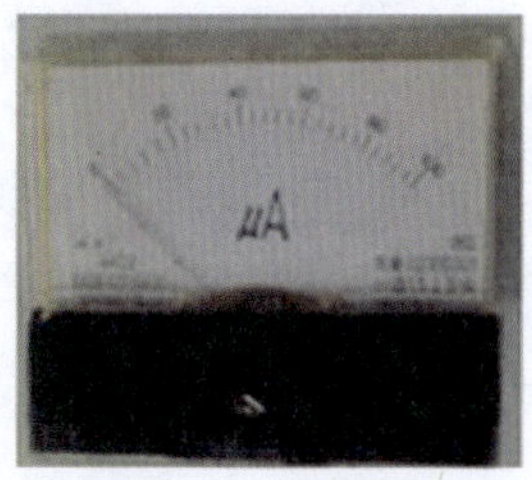

图 B-3　直流电流表

(1)量程

直流电流表能测量的最大值称为量程,用 I_m 或 I_{max} 表示。

(2)内阻

电流表两端的电阻值称为内阻,电流表的量程越大内阻越小,常用 R_g 表示。

注意　①测量时应首先对电流表进行机械零点调节,再选择合适的量程(亦称量限);

②直流电流表的极性(注意电表接线端钮处的极性标志);

③电流表的内阻很小,例如安培表(A)的内阻在 1 Ω 以下,所以绝不能将它与电源或用电器并联使用,否则会立即烧坏,电源也会损伤;

④观察电流表盘上的标记符号(常见标记符号见表 B-1);

⑤长期不用或经过维修的电流表,使用时应对其校准后再使用。

4. 直流电压表

如图 B-4 所示,直流电压表是用来测量直流电路中两点间电压大小的仪表,按量程大小的不同,一般分为毫伏表(mV)、伏特表(V)、千伏表(kV)等。直流电压表的构造是在磁电式表头的线圈上串联一个大电阻,并且为了扩大指针的有效偏转范围,指针的零点放在刻度盘的最左端。在表头上串联不同阻值的分压电阻可得到不同量程的电压表,直流电压表有多个量程的称为多量程电压表。直流电压表用以下两个基本量描述。

图 B-4　直流电压表

(1)量程

直流电压表所能测量的最大值称为量程,用 U_m 或 U_{max} 表示。

(2)内阻

电压表两端的电阻值称为内阻,电压表的量程越大,内阻越大。

注意　①测量时应首先对电压表进行机械零点调节,选择合适的量程(亦称量限);

②直流电压表的极性(注意电表接线端钮处的极性标志);

③观察电压表盘上的标记符号(常见标记符号见表 B-1);

④长期不用或经过维修的电压表,使用时应对其校准后使用。

三、万用表

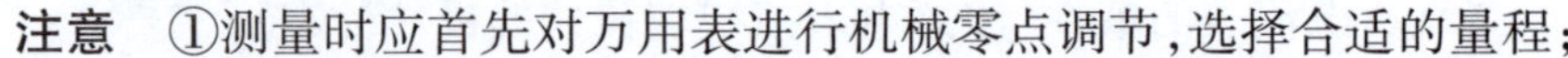

在电工测量仪表中万用表是最大众化的一种集电路检测、元器件检测、电源电压检验等多功能于一体的仪表，称为多功能测量仪表，万用表只是习惯上的称呼，在万用表中有指针型的模拟式万用表和数字显示的数字万用表。目前，由于大规模集成电路等半导体技术的进步，数字式万用表已经实现了高性能、低价格，因此获得广泛应用。现在实验室一般都使用数字显示万用表，但是，指针型模拟式万用表在对于变化量、近似零欧姆和电阻很大的场合测量时，与数字显示万用表相比具有明显优势，所以仍将继续使用下去。

1. 指针型模拟式万用表

图 B－5　指针型模拟式万用表

指针型模拟式万用表如图 B－5 所示，主要由表头、转换开关和测量电路三部分组成，它的测量状态有交流电压（AC. V～）、直流电压（DC. V－）、直流电流（DC. mA－）及电阻（Ω）等。此外，还有电池检验（BATTERY）、温度测量（TEMP）和电容测量（C）等功能。

注意　①测量时应首先对万用表进行机械零点调节，选择合适的量程；

②万用表红表笔接正端子，黑表笔接负端子，负端子有时用 COM 表示；

③使用欧姆挡时，测量前用零欧姆调节器对零欧姆值校验；

④测量状态切换时，表笔应远离被测电路；

⑤万用表使用完毕应将开关置于 OFF 挡或高压挡上，避免电池浪费。

2. 数字显示万用表

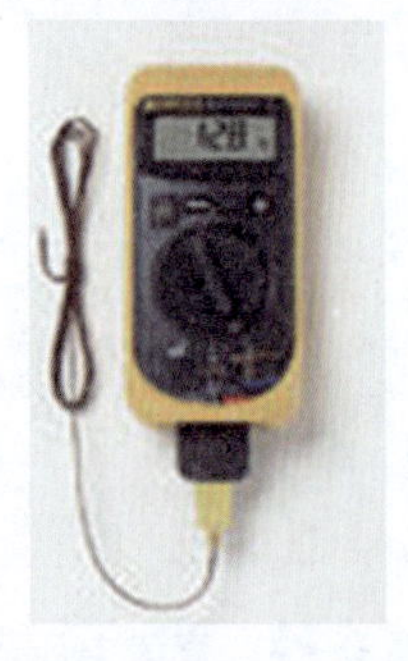

图 B－6　数字显示万用表

如图 B－6 所示，数字显示万用表的种类很多，但功能和面板设置大致相同，它主要由液晶显示屏（LCD）、转换开关和测量电路（采用大规模集成电路）三部分组成，其测量状态有交流电压（AC. V～）、交流电流（AC. A～）、直流电压（DC. V－）、直流电流（DC. A－）及电阻（Ω）等。除以上基本状态之外，还具有测量电容、二极管正向压降、NPN 型晶体管和 PNP 型晶体管参数等功能。

注意　①黑表笔始终插入“COM”孔；

②测直流电压、交流电压、电阻、二极管和检验电路通断时，红表笔插入“VΩ”孔；

③测量直流电流、交流电流 200 mA 以内时，红表笔插入“mA”孔；

④测量直流电流、交流电流 200 mA 以上时，红表笔插入“20 A”孔；

⑤h_{FE}插口用于测量 NPN 型晶体管和 PNP 型晶体管的直流放大系数，使用时将晶体管各极插入相应孔位；

⑥如果在 LED 液晶显示屏上显示“- +”符号，表示电池电量不足；

⑦如果只显示“1”，说明已经超过量程，必须调高量程挡位；

⑧万用表使用完毕应将开关置于 OFF 挡上，避免电池浪费。

（1）数字万用表的误差

数字万用表的误差主要由相对误差和固有误差两部分组成。相对误差包括 A/D 转换器中的基准电压误差、输入放大器误差、不同量之间的转换误差和分压器误差。固有误差包括零点漂移引起的误差、数字化处理引起的误差、A/D 转换器中量化误差及内部噪声引起的误差。相对误差与测量量有关，而固有误差与测量量无关。

（2）数字万用表的工作特点

①数字万用表的显示位数是指能够显示完整数字的多少，能显示从 0 ~ 9 所有数字的位为整数位，分数位的数值是以最大显示值中最高位数字为分子，用满量程时最高位数字为分母得出，一般分为三位半、四位半、六位半、八位半等。例如，数字万用表的最大显示值为 1 999，满量程计数值为 2 000，由于其最高位不能显示出 0 ~ 9 这十个数字的全体，故称为三位半数字表。

②数字万用表的测量准确度有以下三种表示方法，即

$$准确度 = \pm\alpha X \pm \beta X_m$$

$$准确度 = \pm\alpha X \pm n$$

$$准确度 = \pm\alpha X \pm \beta X_m \pm n$$

式中，α 为相对误差项系数；β 为固有误差项系数；X 为万用表的显示值；X_m 为万用表的满度值；n 为数字化处理引起的误差，反映末尾数字显示的变化量（字）。实际上，数字电表的误差很小，一般为最后显示位的1 ~ 2个字。

四、可变电阻器

电磁学测量中，常用可变电阻器来改变电路中的电流值或电压值。可变电阻器有电位器、滑线变阻器、电阻箱等。选用可变电阻器时要注意它的阻值范围和允许通过的最大电流（或功率）是否满足要求，否则电阻器易烧毁。

1. 电位器

电位器是一种可调节的电子元件，由一个电阻体和一个转动或滑动系统组成。当电阻体的两个固定触点之间外加一个电压时，通过转动或滑动系统改变触点在电阻体上的位置，在动触点与固定触点之间便可得到一个与动触点位置成一定关系的电压，因此电位器大多用作分压器。电位器有多种类别和规格，像数字电位器、绕线电位器、金属膜电位器、合成实心电位器、合成碳膜电位器等。电位器通常都用在仪器、设备的电路中，其外形如图 B－7 所示。

图 B－7　电位器

2. 滑线式变阻器

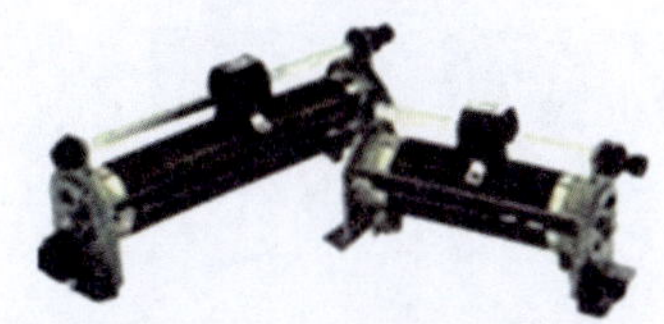

图 B－8　滑线电阻

滑线式变阻器也称滑线电阻，是常用的基本电学仪器之一，在实验控制电路中广泛使用。根据不同的连接方法，它可以在电路中起分压作用或制流作用，以便控制负载上所需要的电压值和电流值。滑线电阻的构造如图 B－8所示，电阻丝均匀绕在瓷质圆筒上，电阻丝上涂有绝缘物质，使电阻

丝圈与圈之间绝缘。电阻丝的两端分别与下面两接线柱相连接,下面两接线柱称为固定接线端,上接线端是由一条金属杆和滑动触头连在一起,在滑动触头与下面两接线柱间的电阻将随滑动触头的移动位置不同而改变,故上接线端称为滑动接线端。滑线式变阻器主要有以下两种作用。

(1)滑线式变阻器的分压作用

分压电路如图 B-9 所示。滑线电阻器两个固定接线端间(A 端和 B 端)的电压等于电源的输出电压;滑动接线端 C 和固定接线端 A 之间的电压 U_{AC} 就是加在负载 R_L 两端的电压(并联电路电压相等)。随着触头的滑动,电压值将发生变化,其电压可在 $0 \sim E$ 变化,此时滑线电阻起一个分压器的作用。

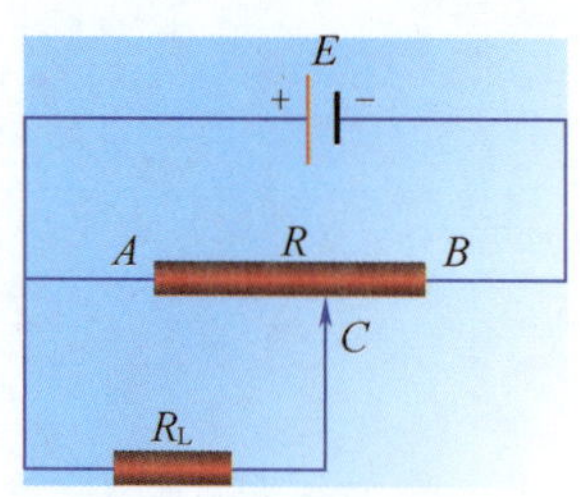

图 B-9　分压电路

注意　当滑线电阻作为分压器使用时,三个接线端都得用上,其中两个固定接头一定接到电源 E 上,负载接在一个固定接线端(A 端或 B 端)和滑动接线端 C 上。分压器在电源接通之前,通常应该让输出电压取最小值(此时滑动触头应放在什么位置?),电源接通以后再调整其输出电压值。同样,关闭电源前,也应让输出电压取最小值,以免表针摆动过大,损伤电表。

(2)滑线式变阻器的分流作用

分流电路如图 B-10 所示。此时滑线式变阻器起一个制流器的作用。调节滑线电阻器滑动触头,可以改变通过负载 R_L 的电流。接线时要注意,滑线式变阻器的三个接线端只用两个,其中,滑动接线端 C 一定得用上。制流器在电源接通前应该调节到滑线电阻的最大值,当电路接通以后再逐步减小其电阻值,目的是使开始时电路中只有较小的电流流过,比较安全。切断电源前,也应调滑线电阻到最大值,以免表针摆动过大,撞坏电表指针。

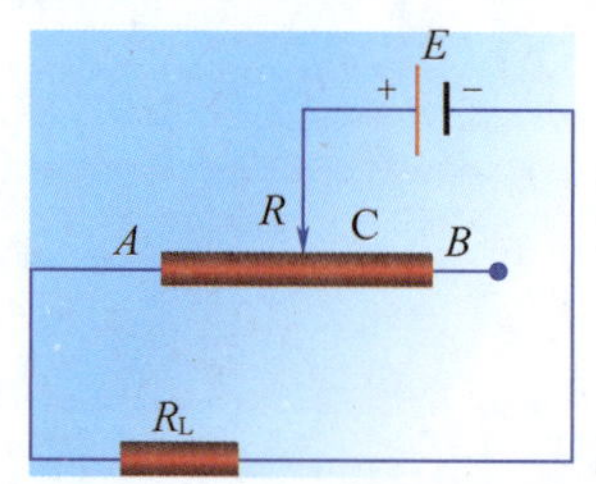

图 B-10　分流电路

五、电阻箱

电阻箱是常用的基本电学仪器之一,它的好处是可以改变电阻值的大小,并能从电阻箱上读出阻值大小,使用非常方便。如图 B-11 所示为实验室常用的 ZX21 型六转盘(旋钮)电阻箱,其准确度等级为 0.1。该旋钮式电阻箱是由锰铜丝绕制成的电阻,按照一定的组合方式,通过数个旋转开关连接而成的,在电路中常用符号"—▱—"表示。我们在使用电阻箱时,通过改变旋钮开关的位置,可以取得不同的阻值。如果电阻箱的电阻标称值为 87 654.3 Ω,即电阻箱面板上各旋钮示值为 $8\times10\ 000+7\times1\ 000+6\times100+5\times10+4\times1+3\times0.1\ =87\ 654.3\ \Omega$。其中,×10 000,×1 000,×100,×10,×1,×0.1 称为电阻箱倍率,它们都被刻在面板上各旋钮下面,并用点或箭头指示,所以也称十进盘电阻箱。面板上有四个接线柱,在每个接线柱旁边有 0 Ω,0.9 Ω,9.9 Ω,99 999.9 Ω 字样,它表示 0 与 0.9 Ω 两接线柱之间的电阻值的调整范围为 0~0.9 Ω;0 Ω 与 9.9 Ω 两接线柱间电阻值的调整范围为 0~9.9 Ω;0 与 99 999.9 Ω 两接线柱间电阻值的调整范围为 0~99 999.9 Ω。在使用时,如果只用到0~0.9 Ω 或 0~9.9 Ω 的阻值,则将导线分别接0 Ω与 0.9 Ω 两接线柱或 0 Ω 与 9.9 Ω 两接线柱,以避免电阻箱其余部分的接触电阻对该低电阻的影响。

图 B-11　电阻箱

1. 电阻箱的主要参数

(1)总电阻

电阻箱面板上所有旋钮置 9 即为总电阻的值。例如,ZX21 型电阻箱最大电阻为 99 999.9 Ω。

(2)额定功率

额定功率指电阻箱每个电阻的功率额定值。例如,ZX21 型电阻箱额定功率为 0.25 W,因此,各挡电阻允许通过的极限电流都不相同。例如,×0.1 挡允许电流为 1.5 A,×1 000 挡允许电流为 15 mA。使用时要注意这个问题,避免电阻箱受损。

(3)准确度等级

按照国家标准,准确度等级分为 0.01,0.02,0.05,0.1,0.2,0.5 和 1.0 七个准确度等级,它是表示电阻箱指示读数相对误差的百分数。

2. 电阻箱的误差

电阻箱的误差主要包括电阻箱准确度等级引入的误差和零电阻误差两部分。零电阻误差由电阻箱本身的接线、焊接、接触等因素产生。准确度等级不同的电阻箱,允许的接触电阻也不同。电阻箱的仪器误差为

$$\Delta R = R \times K\% + n \times m$$

式中,R 为电阻箱阻值读数;K 为电阻箱的准确度等级;m 是实验使用时十进制电阻盘的旋钮数。例如,所测量电阻 R 的值为 87 654.3 Ω 时,m 值取 6;当所测量电阻 R 的值为 20.3 Ω 时,m 值取 3;当 $K \leqslant 0.05$ 级时,$n = 0.002$ Ω;当 $K \geqslant 0.1$级时,$n = 0.005$ Ω。

当标称电阻值较大时,基本误差主要取决于 $R \times K$,所以可以近似认为 $\Delta R = R \times K$。例如,ZX21 型电阻箱标称电阻值为 87 654.3 Ω,绝对误差 $\Delta R = 87\,654.3 \times 0.1\% \approx 9 \times 10$ Ω,故此时电阻值表示为 $R = (8.765 \pm 0.009) \times 10^4$ Ω,它与电表的准确度等级计算不同。

实验10　用模拟法测绘静电场

一、背景及应用

人们在探求物质的运动规律和自然奥秘或解决工程技术问题时，经常会碰到一些特殊的情况，如受到被研究对象过分庞大或微小，或者非常危险，或者变化非常缓慢等限制，以致难以对研究对象进行直接测量时，可以依据相似理论，人为地制造一个类似于被研究对象的物理现象或过程的模型，通过对模型的测试代替对实际对象的测试来研究变化规律，这种方法称为模拟法，它可分为物理模拟和数学模拟两大类。

1. 物理模拟

人为制造的模型与实际原型有相似的物理过程和相似的几何形状，以此为基础的模拟方法即为物理模拟。如图10－1所示，为了研究高速飞行的飞机上各部位所受的力，人们首先制造一个与原型飞机几何形状相似的模型，将模型放入风洞，创造一个与实际飞机在空中飞行完全相似的物理过程，通过对模型飞机受力情况测试，便可以用较短的时间、方便的空间、较小的代价获得可靠的实验数据。物理模拟具有生动形象的直观性，并可使观察的现象反复出现，因此具有广泛的应用价值，尤其是对那些难以用数学方程式准确描述的对象进行研究时，常采用物理模拟方法。

图10－1　A400M接受风洞试验

2. 数学模拟

模型和原型遵循相同的数学规律，即满足相似的数学方程和边界条件，但在物理实质上可以毫无共同之处，这种模拟方法称为数字模拟，又称为类比。

模拟法虽然具有许多优点，但也有很大的局限性，因为它仅能解决可测性问题，并不能提高实验的精度。

二、实验原理

带电体在其周围空间形成静电场，静电场是由电荷分布所决定的。对一些比较简单的情况，如球形导体、平行平面板等，可通过理论计算得到其电场分布。但是大多数情况下，带电体形状比较复杂，很难或无法得到其静电场分布的解析解。目前可以通过计算机数值计算的手段获得其电场分布情况的数值解，然而计算结果的可靠性尚需验证，所以通过实验手段来研究静电场的分布特性就成为主要方法，但是直接测量静电场存在较大困难。首先，由于静电场中没有电流，不能使用简单的电学仪表测量，要使用的仪器设备很复杂；其次，探针一旦放入静电场中，将会产生感应电荷，使原电场发生畸变，影响测量结果的准确性。

1. 用稳恒电流场来模拟静电场

为了克服直接测量静电场的困难，可以仿造一个与待测静电场分布完全一样的稳恒电流场，用容易直接测量的稳恒电流场模拟静电场。

稳恒电流场和静电场是两种不同的场，但这两种场有相似的性质，它们都是有源场（保守场），都可以引入电位 U。对静电场和稳恒电流场来说，可以用两组对应的物理量来描述，其所遵循的物理规律见表 10－1。

表 10－1　描述静电场和稳恒电流场的物理量所遵循的物理规律

静电场	稳恒电流场
均匀电介质中两导体平板上各带电荷 $\pm Q$	两电极间的均匀导电介质中流过电流 I
电位分布 U	电位分布 U
电场强度 E	电场强度 E
介质介电常数 ε	导电介质电导率 σ
电位移矢量 $\boldsymbol{D}=\varepsilon\boldsymbol{E}$	电流密度矢量 $\boldsymbol{J}=\sigma\boldsymbol{E}$
介质内无自由电荷	导电介质内无电源
$\oint\boldsymbol{D}\cdot\mathrm{d}\boldsymbol{S}=0$	$\oint\boldsymbol{J}\cdot\mathrm{d}\boldsymbol{S}=0$
$\frac{\partial^2 U}{\partial x^2}+\frac{\partial^2 U}{\partial y^2}+\frac{\partial^2 U}{\partial z^2}=0$	$\frac{\partial^2 U}{\partial x^2}+\frac{\partial^2 U}{\partial y^2}+\frac{\partial^2 U}{\partial z^2}=0$

由表 10－1 可知，描述这两种场物理规律的数学形式是相同的。根据电

动力学的理论可以严格证明具有相同边界条件的相同方程，解的形式也相同（最多相差一个常数），这正是我们用稳恒电流场来模拟静电场的基础。

为了在实验中实现模拟，稳恒电流场和被模拟静电场的边界条件应该相同或相似，这就要求在模拟实验中用形状和所放位置均相同的良导体模拟产生静电场的带电导体，如图 10－2 所示。

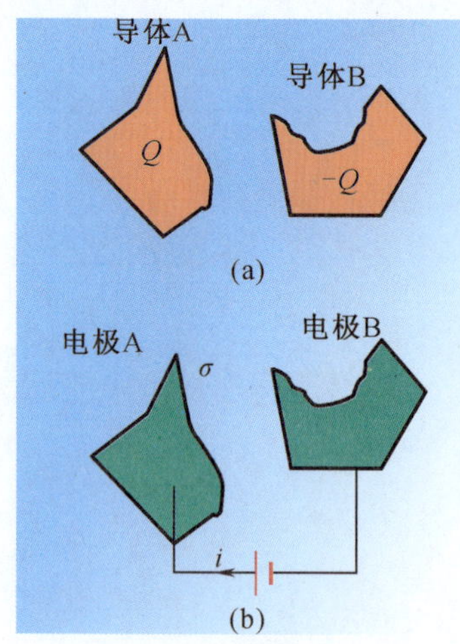

图 10－2　静电场和稳恒电流场的比较

因为静电场中带电导体上的电量是恒定的，相应的模拟电流场的两电极间的电压也应该是恒定的。用电流场中的导电介质（不良导体）模拟静电场中的电介质，如果模拟的是真空（空气）中的静电场，则电流场中的导电介质必须是均匀介质，即电导率必须处处相等。由于静电场中带电导体表面是等位面，导体表面附近的场强（或电力线）与表面垂直，这就要求电流场中的电极（良导体）表面也是等电位的，只有在电极（良导体）的电导率远大于导电介质（不良导体）的电导率时才能保证，所以导电介质的电导率不宜过大。

2. 无限长带电同轴圆柱体导体中间的静电场分布

如图 10－3(a)所示，真空中有一无限长圆柱体 A 和无限长圆柱体壳 B 同轴放置（均为导体），它们分别带有等量异号电荷。由静电学可知，在 A，B 间产生的静电场中，等位面是一系列同轴圆柱面，电力线则是一些沿径向分布的直线。图 10－3(b)是在垂直于轴线的任一截面 S 内的圆形等位线与径向电力线的分布示意图。由理论计算可知，在距离轴线距离为 r 的一点处的电位为

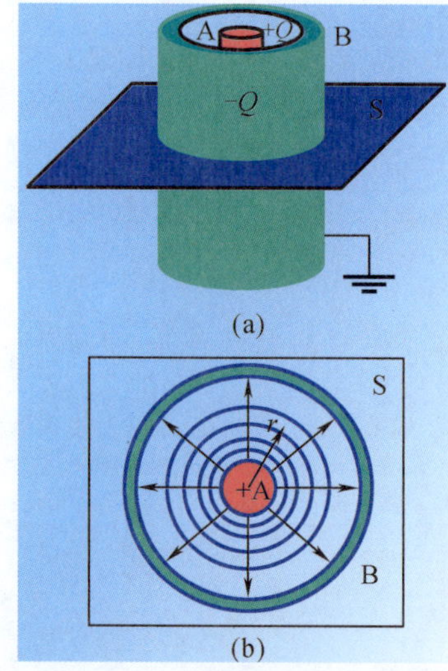

图 10－3　无限长带电同轴圆柱导体中间的静电场分布

$$U_r = U_1 \frac{\ln \frac{R_B}{r}}{\ln \frac{R_B}{R_A}} \tag{10-1}$$

式中，U_1 为导体 A 的电位；导体 B 的电位为零（接地）。

距中心 r 处的场强为

$$E_r = -\frac{dU_r}{dr} = \frac{U_1}{\ln \frac{R_B}{R_A}} \cdot \frac{1}{r} \tag{10-2}$$

式中，负号表示场强方向指向电势降落方向。

3. 模拟电流场分布

在无限长同轴圆柱体中间充以电导率很小的导电介质，且在内外圆柱间加电压 U_1，让外圆柱体接地，使其电位为零，此时通过导电介质的电流为稳恒电流，导电介质中的电流场即可作为上述静电场的模拟场，如图 10－4 所示。

由于无限长带电同轴圆柱体的电力线在垂直于圆柱体的平面内，模拟电流场的电力线也在同一平面内，且其分布与轴线的位置无关。因此，可以把三维空间的电场问题简化为二维平面问题，即只研究一个导电介质在一个平

面上的电流线分布即可。

理论计算可以证明，电流场中 S′面的电位分布 U'_r 与原真空中的静电场的电力线平面 S 的电位分布 U_r 是完全相同的，导电介质中的电场强度 E'_r 与原真空中的静电场的电场强度 E_r 也是完全相同的，即

$$U'_r = U_1 \frac{\ln \frac{R_B}{r}}{\ln \frac{R_B}{R_A}} = U_r \tag{10-3}$$

则 E'_r 为

$$E'_r = -\frac{dU_r}{dr} = \frac{U_1}{\ln \frac{R_B}{R_A}} \cdot \frac{1}{r} = E_r \tag{10-4}$$

由以上分析可见，U_r 与 U'_r，E_r 与 E'_r 的分布函数完全相同。

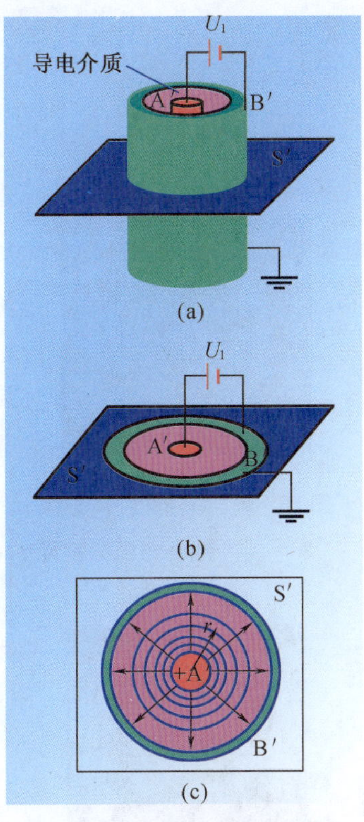

图 10-4 无限长带电同轴圆柱体导体中间的模拟电流场分布

三、实验目的

学习用模拟法测绘静电场的原理和方法；通过测绘同轴圆柱体间的电场分布和两平行导线间的静电场分布，了解模拟法的概念和使用模拟法的条件，并加深对电场强度和电势等基本物理概念的理解。

四、实验仪器

实验装置如图 10-5 所示。

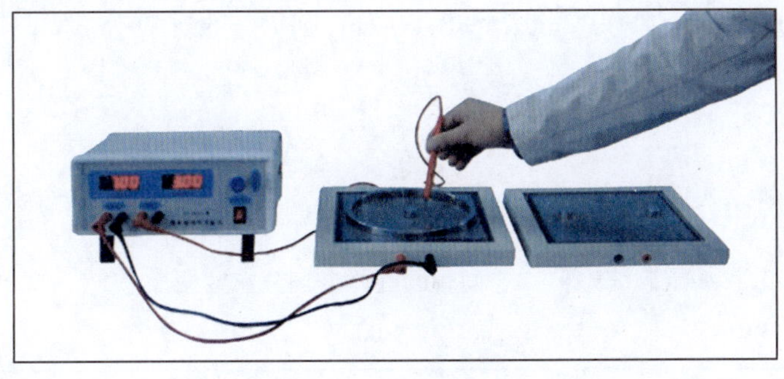

图 10-5 实验装置

同轴圆柱体导体静电场模拟装置如图 10-6 所示，平行导线间的静电场模拟装置如图 10-7 所示。学生需自带圆规。

五、实验内容与步骤

1. 测绘同轴圆柱体间的等位线并画出电力线

按图 10－8 所示接线，实验步骤如下：

①校准电源电压(8.00 V)；

②测出表 10－2 所要求的电位，每个电位至少测量 10 个点；

③按作图要求画出电场分布图；

④测量每条等位线的半径，填写数据表格并计算(注意有效数字)。

图 10－6　同轴圆柱体导体静电场模拟装置

2. 测绘两平行导线间的电场分布

按图 10－9 所示接线，实验步骤如下：

①校准电源电压(8.00 V)；

②导电玻璃板两电极中心的间距为 12 cm，在两电极连线上间隔 2 cm 测量该处的电位值并标在坐标纸上，然后测量跟该点同电位的等位线，每条等位线不少于 8 个均匀测量点；

③按作图要求画出电场分布。

④在其中一条等位线上任意取 4～5 个点，计算每一点到两个电极的距离之比，验证该比值是否为一个常数。

图 10－7　平行导线间的静电场模拟装置

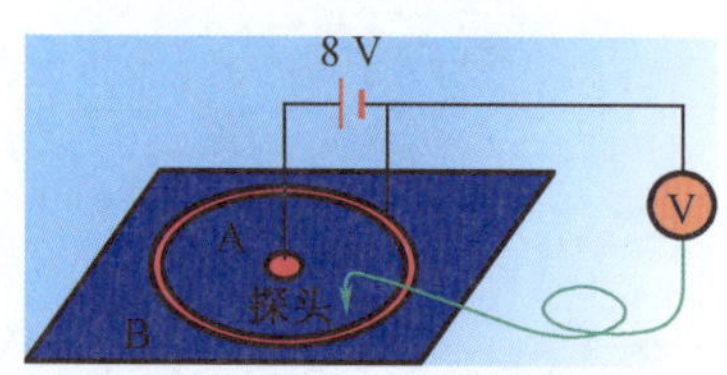

图 10－8　测绘同轴圆柱体间电场分布电路图

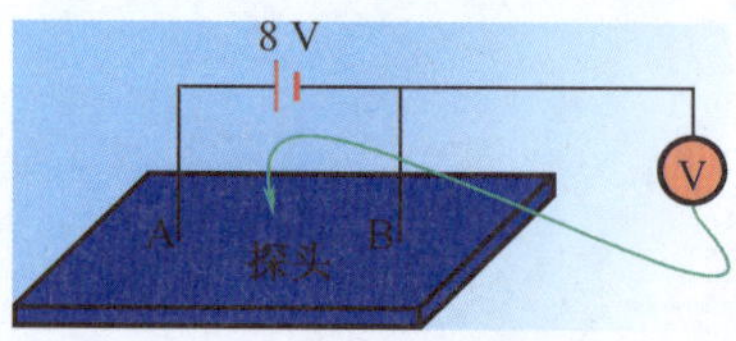

图 10－9　测绘两平行导线间的电场分布电路图

六、数据记录与处理

本实验中，$\overline{R_A}=1.00$ cm，$\overline{R_B}=8.00$ cm，则 $U_{r理}$ 的计算公式如下

$$U_{r理}=\frac{U_1}{\ln\frac{R_B}{R_A}}\cdot\ln\frac{R_B}{r}$$

表 10－2　同轴圆柱体电场分布数据

$U_1=8.00$ V

$U_{r实}$/V	5.00	4.00	3.00	2.00	1.00
r/cm					
$\ln\frac{R_B}{r}$					
$U_{r理}$/V					
$E_r=\frac{\lvert U_{r理}-U_{r实}\rvert}{U_{r理}}\times100\%$					

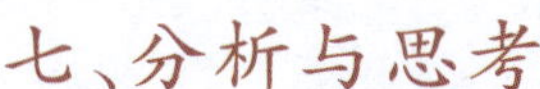

七、分析与思考

(1)为什么可以用稳恒的电流场模拟静电场？模拟的条件是什么？

(2)能否根据所描绘的等位线簇计算其中某点的电场强度，为什么？

(3)若将实验中使用的电源电压加倍或减半，测得的等位线和电力线形状是否变化？

(4)根据 AB 连线上各个位置的电位值，计算其电场强度，说明不同区域电场强度的分布规律。

八、附录

1. 静电的应用

人们对静电的应用主要是根据静电感应、高压静电场的气体放电等效应和原理设计出多种加工工艺与加工设备，从而在电力、机械、轻工、纺织、航空航天以及高技术领域有着广泛的应用。

(1)静电集尘

静电集尘是指用电气的方法去除气体中浮游的微小尘埃，其原理如图 10－10 所示。集尘电极接地，放电电极上施加直流电压(－40～－200 kV)并形成电晕放电。含尘气体由集尘电极下方进入放电区，粉尘会带上负电荷。负电荷的尘埃在电场作用下被集尘电极吸附，由此可去除气流中的粉尘。

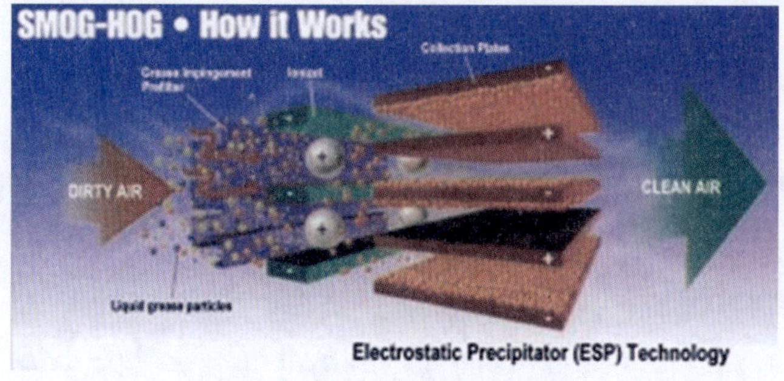

图 10－10　静电集尘原理图

(2)静电喷涂

静电喷涂使涂料微粒化，并使其带上负电荷，而被涂的金属物体接地，喷出的粒子会沿着电力线移动，使涂料牢牢地附着在物体的表面。图 10－11 为 YSP 系列全自动静电喷涂流水线。

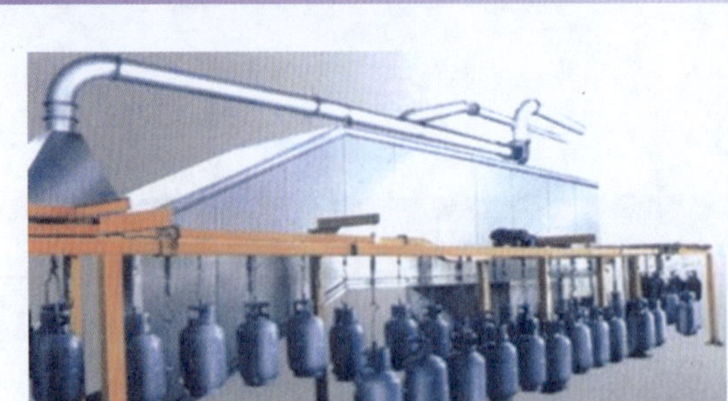

图 10－11　YSP 系列全自动静电喷涂流水线

(3)静电选别

利用静电力,从导电率不同的两类粒子组成的混合物中分离出各成分称为静电选别。例如,将混合粒子放在金属板上,利用电晕放电使粒子带电后,将金属板倾斜。此时,由于导电性好的粒子失去较多电荷,与金属板间的附着力降低,因此迅速从金属板上滑落,由此实现粒子选别,图 10－12 即为静电选别机。

图 10－12　静电选别机

(4)直流高压的产生

范德格拉夫静电发生器是利用电晕放电使高压球带电而产生直流高压的,可以做泄漏电流试验等绝缘检查试验,广泛应用于生产电力设备厂家和电力系统等部门。

(5)燃料气体的点火

静电具有高电位的特点,它的高压电场可以击穿气体,产生放电。利用该特点可以设计一个微小电流放电器,对气体炉灶、发动机气缸等燃料气体进行点火。

2. 静电的危害

静电被人们广泛应用的同时,也经常给人们带来危害。例如,第一艘阿波罗载人宇宙飞船由于静电放电导致火灾和爆炸,三名宇航员全部丧生;日本 IC 生产中的不合格器件有 45% 是由静电造成的;1988 年美国因静电放电影响损失 50 亿美元;20 世纪 90 年代初北京某公司试生产的高档数字万用表,由于 IC 没注意防静电,使其产品大部分不合格。静电的产生方式很多,如接触、摩擦、冲流、压电、温差、冷冻、电解等都可以产生静电。因此,防止静电的工作,任重而道远。

实验 11　磁场的测量

一、背景及应用

图 11－1　埃德温·赫伯特·霍尔

1879 年，24 岁的埃德温·赫伯特·霍尔（Edwin Herbert Hall，1855—1938，图 11－1）正在马里兰的约翰斯·霍普金斯（Johns Hopkins ）大学读研究生，当时还没有人发现电子，也没有人知道金属导电的机理。他注意到著名的英国物理学家麦克斯韦和瑞典物理学家埃德隆在关于磁场力是否作用于电流的问题上产生了分歧，于是他在导师罗兰（H. A. Rowland）教授的支持下做实验来验证磁场到底对导线中的电流有没有影响，却发现了一种特殊的现象。如图 11－2 所示，将载流导体板放在磁场中，使磁场方向垂直于电流方向，在导体板两侧 3 和 4 之间就会出现横向电势差 U_H。这种现象是霍尔首先发现的，因此称为霍尔效应（Hall effect），导体板两侧形成的电势差 U_H 称为霍尔电压。霍尔的发现在当时震动了科学界，人们称它是过去 50 年中电学方面最重要的发现，被开尔文称赞为可以与法拉第的发现相媲美。许多科学家纷纷转向这一研究领域，但是霍尔效应的广泛应用，是在大约 70 年后的半导体技术兴起之后才开始的。

霍尔效应在当今科学技术的许多领域都有着广泛的应用，如测量技术、电子技术、自动化技术等。近年来，由于新型半导体材料和低温物理学的发展，人们对霍尔效应的研究取得了突破性进展。德国物理学家克利青（K. V. Klitzing）因发现量子霍尔效应而荣获 1985 年诺贝尔物理学奖，美籍华裔物理学家崔琦、美籍德裔物理学家施特默（H. L. Stormer）和美国物理学家劳克林（R . B. Laughlin）因在发现分数量子霍尔效应方面所做出的杰出贡献而荣获 1998 年诺贝尔物理学奖，崔琦也成为第六位获得诺贝尔奖的华裔科学家，这一领域因两次授予诺贝尔奖而引起了人们广泛的兴趣。

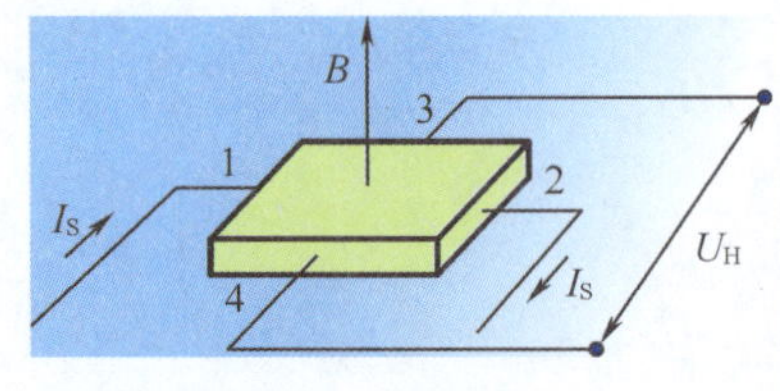

图 11－2　霍尔效应

根据霍尔效应，人们用半导体材料制成霍尔元件，它具有对磁场敏感、结构简单、体积小、频率响应宽、输出电压变化大和使用寿命长等优点。因此，它在测量、自动化、计算机和信息技术等领域得到了广泛的应用。

1959 年，第一个商品化的霍尔器件问世，1960 年发展成近百种通用型的测量仪器，它们的测量范围为 10^{-7} ~10 T 的恒磁场或高频磁场，使用方便、精度高，尤其适合小间隙空间测量。

利用霍尔效应可测量半导体材料的参数，如载流子浓度、电导率、迁移率，判别半导体材料的导电类型等，还可测量电流、力、温度、位移、压力、角度、振动、转速和加速度等非电学量。

利用等离子体霍尔效应制造磁流体发电机，可能是今后取代火力发电的一个方向，其基本原理就是利用等离子体的霍尔效应，即在横向磁场作用下，使通过磁场的等离子体正、负带电粒子分离后积聚于两个极板形成电源电动势。这种新型的高效发电方式通过燃料燃烧发出的热能使气体变成等离子体流而转换成电能，无须像火力发电那样，先将燃料燃烧释放的热能转换成机械能以推动发电机转动，再把机械能转换成电能。这样，在提高了热能利用效率的同时，也满足了环保的要求。目前，这方面已经有示范工程，发展前景广阔。

二、实验原理

1. 霍尔效应法测量磁场原理

霍尔效应从本质上讲是运动的带电粒子在磁场中受洛仑兹力作用而引起的偏转。当带电粒子（电子或空穴）被束缚在固体材料中，这种偏转就导致在垂直电流和磁场方向上产生正负电荷的聚积，从而形成附加的横向电场。对于如图11－3所示的半导体材料，若在 x 方向通以电流 I_S，在 y 方向加以磁场 B，则在 z 方向（即3和4两侧）开始聚积异号电荷，从而产生相应的附加电场。该电场阻止载流子继续向侧面偏移，当载流子所受的电场力 F_e 与洛仑兹力 F_m 相等时，半导体两侧电荷的聚集就达到平衡，此时有

$$qvB = qE_H \tag{11-1}$$

式中，q 为电荷电量；E_H 为霍尔电场强度；v 为载流子在电流方向上的漂移速度；B 为外加磁场的磁感应强度。

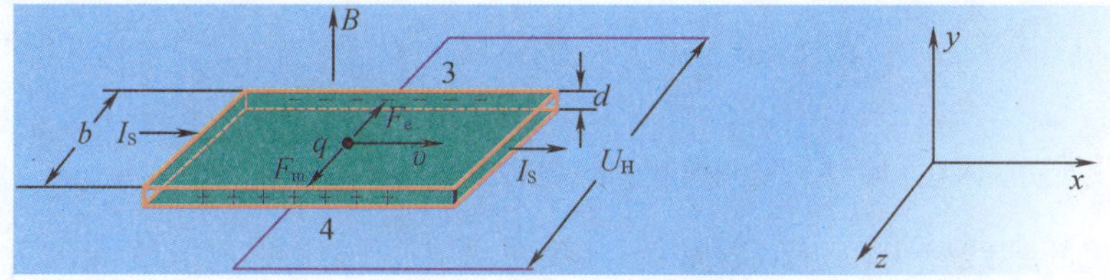

图11－3　霍尔效应原理图

设霍尔材料的宽度为 b，厚度为 d，载流子数量浓度为 n，平均速度为 $\bar{v}$，则

$$I_S = qn\bar{v}bd \tag{11-2}$$

由式(11－1)和式(11－2)可得

$$U_H = E_H b = \frac{1}{nq}\cdot\frac{I_S B}{d} = R_H\frac{I_S B}{d} \tag{11-3}$$

即霍尔电压 U_H 与 I_S 和 B 的乘积成正比，与霍尔材料的厚度 d 成反比。其中，比例系数 R_H 称为霍尔系数，$R_H=\frac{1}{nq}$，它是反映材料产生霍尔效应能力的重要参数。

霍尔器件就是利用上述霍尔效应制成的电磁转换元件。成品霍尔器件的 R_H 和 d 已知，因此，在实际应用中将式(11－3)改写为

$$U_H = K_H I_S B \tag{11-4}$$

式中，K_H 称为霍尔器件的灵敏度，$K_H=\frac{R_H}{d}$；U_H 表示该器件在单位工作电流和单位工作磁感应强度下输出的霍尔电压。

式(11－4)中，工作电流 I_S 的单位为 mA；磁感应强度 B 的单位为 kGs

(1 Gs = 10^{-4} T)；霍尔电压 U_H 的单位为 mV；霍尔器件灵敏度 K_H 的单位为 mV/(mA · kGs)。根据式(11-4)，K_H 已知，I_S 可调，只要测出 U_H 就可以求得未知磁感应强度 B，即

$$B = \frac{U_H}{K_H I_S} \tag{11-5}$$

2. 霍尔电压 U_H 的测量方法

霍尔效应产生的同时，伴随着多种副效应。3 和 4 两极之间的电压并不严格等于霍尔电压 U_H，而是包含各种副效应引起的附加电压，因此，必须设法消除。根据副效应产生的机理（见本实验附录）可知，采用电流和磁场换向的对称测量法，基本上能够消除副效应的影响。具体做法是保持 I_S 和 $B(I_M)$ 的大小不变，改变电流 I_S 和磁场 $B(I_M)$ 的方向，依次测量四组电压值 U_1，U_2，U_3 和 U_4，即

$$\begin{array}{lll} +I_S & +B & U_1 \\ +I_S & -B & U_2 \\ -I_S & -B & U_3 \\ -I_S & +B & U_4 \end{array}$$

然后，求上述四组电压 U_1，U_2，U_3 和 U_4 的代数平均值，可得

$$U_H = \frac{1}{4}(U_1 - U_2 + U_3 - U_4) \tag{11-6}$$

3. 载流长直螺线管内的磁感应强度

密绕的螺线管可以近似看成是一系列具有同轴线的圆形线圈的并排组合。因此，一个长直螺线管轴线上某点的磁感应强度，可以通过对各圆形电流在轴线上该点所产生的磁感应强度积分求和得到。对于有限长螺线管，在距离两端等远的中心点，磁感应强度最大，此时为

$$B_0 = \frac{\mu_0 N I_M}{\sqrt{L^2 + D^2}} \tag{11-7}$$

式中，μ_0 为真空磁导率；N 为螺线管的线圈总匝数；I_M 为通入线圈的励磁电流；L 为螺线管长度；D 为螺线管线圈的平均直径。

在本实验中，$L = 0.28$ m，$D = 0.04$ m，所以 $\sqrt{L^2 + D^2} \approx L$，因此式(10-7)可简化为

$$B_0 = \mu_0 n I_M \tag{11-8}$$

式中，n 为螺线管单位长度的线圈匝数，$n = \frac{N}{L}$。

由图 11-4 所示的长直螺线管的磁力线分布可知，腔内磁力线基本平行于轴线，轴线上的磁感应强度为 B_0，渐进端口时，这些直线向两侧离散，这说明腔内磁场基本上是均匀的，仅在两端和外部呈现明显的不均匀性。根据理论计算，长直螺线管一端的磁感应强度为腔内轴线上磁感应强度的$\frac{1}{2}$，即$\frac{B_0}{2}$。

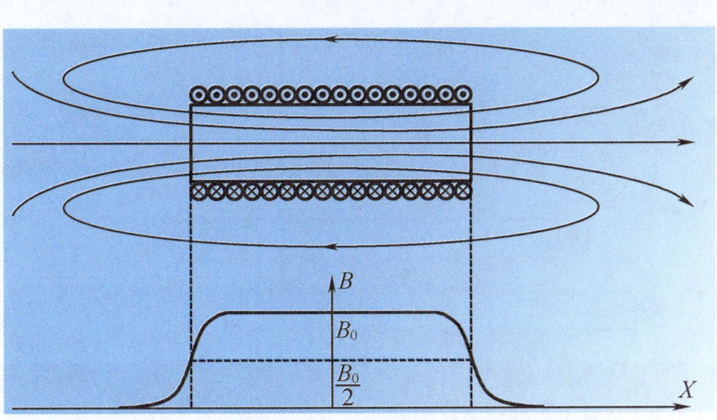

图 11－4 长直螺线管磁感应强度分布图

三、实验目的

掌握霍尔效应产生的机理和测量磁场的原理,学习测量霍尔电压及消除副效应的方法,用霍尔效应法测绘长直螺线管轴向磁感应强度分布,了解霍尔效应的应用。

四、实验仪器

本实验所用的仪器如图11－5所示。

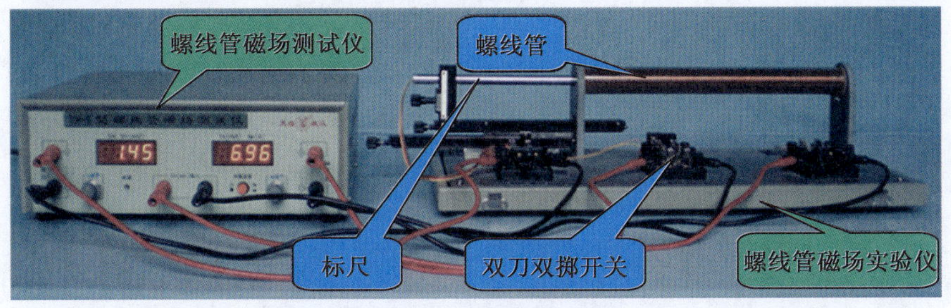

图 11－5 实验仪器

1. 螺线管磁场实验仪

图 11－6 是螺线管磁场实验仪的正视示意图。

注意 纵向调节支架的位置已经调好,实验过程中不要再进行调节,否则将使霍尔器件偏离轴线。图 11－7 为螺线管磁场实验仪接线图。

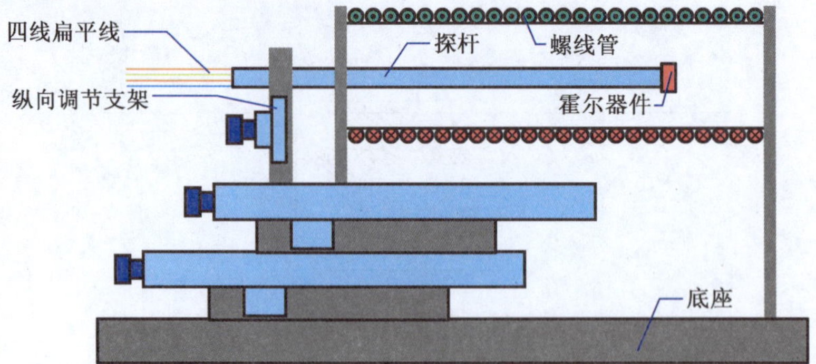

图 11－6　螺线管磁场实验仪正视示意图

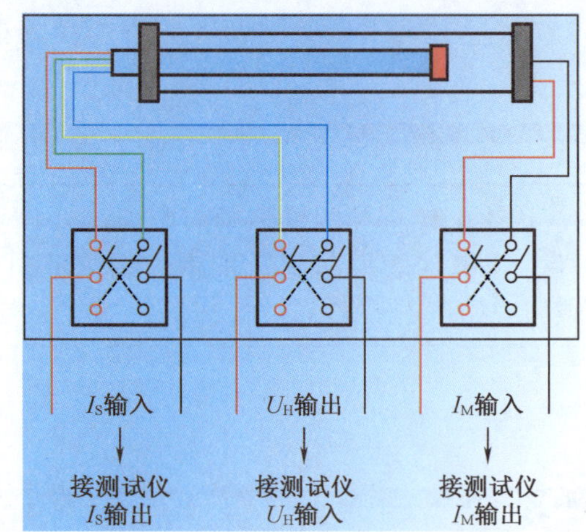

图 11－7　螺线管磁场实验仪接线图

2. 螺线管磁场测试仪

如图 11－8 所示，螺线管磁场测试仪面板由如下几部分组成。

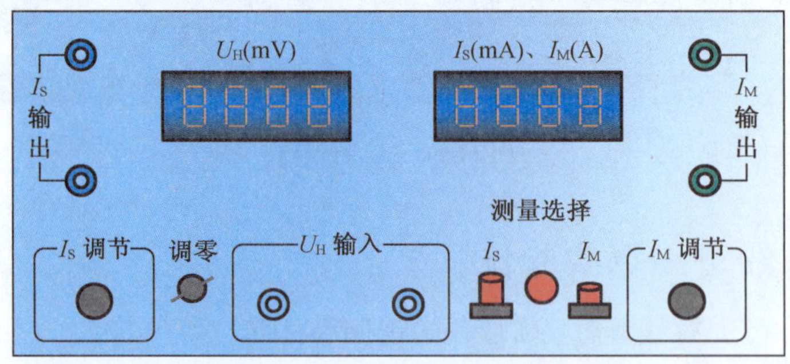

图 11－8　螺线管磁场测试仪面板图

（1）接线柱

面板上的三对接线柱（I_S 输出、I_M 输出和 U_H 输入）分别与实验仪上的对应。

（2）数码管

面板上共有两个数码管显示器，左侧的显示测量值（即 U_1，U_2，U_3 和 U_4），右侧的用来显示调节旋钮（"I_S 调节"或"I_M 调节"）调出的工作电流 I_S

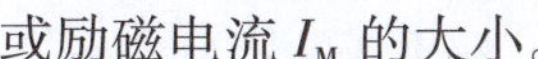

或励磁电流 I_M 的大小。

(3)调节旋钮与调节螺丝

面板上有两个调节旋钮和一个调节螺丝。在实验中,调节"I_S 调节"旋钮和"I_M 调节"旋钮分别用来改变工作电流 I_S 和励磁电流 I_M 的大小,而调节螺丝则是在实验前用来调节数码管显示器的零点(调零)。

(4)"测量选择"按钮

当此按钮弹起时,右侧数码管显示工作电流 I_S 的值,而当此按钮按下时,右侧数码管显示励磁电流 I_M 的值。

注意 在使用过程中,要注意"测量选择"按钮的状态,以免调错调节旋钮或读错数据。

五、实验内容与操作要点

1. 霍尔器件输出特性的测量

①熟悉仪器,并按图 11-7 连接实验仪和测试仪之间的三组连线(工作电流 I_S、霍尔电压 U_H 及励磁电流 I_M)。

注意 决不允许将测试仪的励磁电流"I_M 输出"误接到实验仪的"I_S 输入"或"U_H 输出"处,否则一旦通电,霍尔器件即遭损坏!因此,接完线需经教师检查后方可开启测试仪的电源。

②移动霍尔器件探杆,慢慢将霍尔器件移到螺线管的中心位置($X=0.00$ cm)。霍尔器件到螺线管中心位置的距离可以通过螺线管左侧端口处读出标尺上的坐标读数得知。

③测绘 U_H-I_S 曲线,测量过程中保持励磁电流 I_M 不变($I_M=0.800$ A),用对称法测出表 11-1 所列的工作电流 I_S 时相应的 U_1,U_2,U_3 和 U_4,记入表 11-1 中,并用式(11-6)算出相应的 U_H 值。

表 11-1 测绘 U_H-I_S 曲线数据记录表($I_M=0.800$ A)

I_S/mA	U_1/mV	U_2/mV	U_3/mV	U_4/mV	$U_H=\frac{1}{4}(U_1-U_2+U_3-U_4)$
	$+I_S,+B$	$+I_S,-B$	$-I_S,-B$	$-I_S,+B$	
1.00					
2.00					
3.00					
4.00					
5.00					
6.00					
7.00					
8.00					

④测绘 U_H-I_M 曲线,测量过程中保持工作电流 I_S 不变($I_S=8.00$ mA),用对称法测出表 11-2 所列的励磁电流 I_M 时相应的 U_1,U_2,U_3 和 U_4,记入表

11－2 中，并用式(11－6)算出相应的 U_H 值。

表 11－2　测绘 U_H-I_M 曲线数据记录表(I_S＝8.00 mA)

I_M/A	U_1/mV	U_2/mV	U_3/mV	U_4/mV	$U_H=\frac{1}{4}(U_1-U_2+U_3-U_4)$
	$+I_S,+B$	$+I_S,-B$	$-I_S,-B$	$-I_S,+B$	
0.100					
0.200					
0.300					
0.400					
0.500					
0.600					
0.700					
0.800					

2. 测量螺线管轴线上磁感应强度的分布

取工作电流 I_S＝8.00 mA，励磁电流 I_M＝0.800 A。将霍尔探头置于表 11－3所列出的位置，用对称法测出相应的 U_1，U_2，U_3 和 U_4，记入表 11－3 中，用式(11－5)和式(11－6)算出相应的霍尔电压 U_H 及磁感应强度 B。

表 11－3　测量螺线管轴线上磁感应强度分布数据记录表(I_M＝0.800 A，I_S＝8.00 mA)

X/cm	U_1/mV	U_2/mV	U_3/mV	U_4/mV	U_H/mV	B/kGs
	$+I_S,+B$	$+I_S,-B$	$-I_S,-B$	$-I_S,+B$		
－14.00						
－13.50						
－13.00						
－12.50						
－12.00						
－9.00						
－6.00						
－3.00						
0.00						
3.00						
6.00						
9.00						
12.00						
12.50						
13.00						
13.50						
14.00						

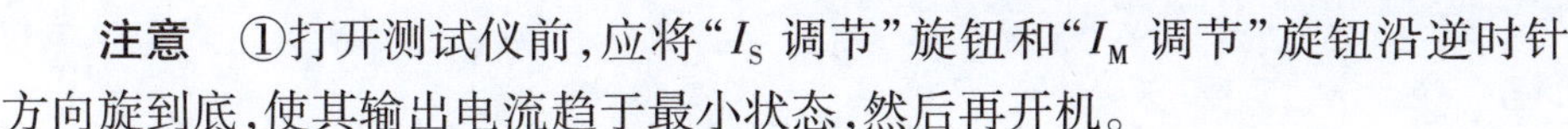

注意 ①打开测试仪前，应将"I_S 调节"旋钮和"I_M 调节"旋钮沿逆时针方向旋到底，使其输出电流趋于最小状态，然后再开机。

②接通测试仪电源后，应先预热几分钟。

③霍尔探头的移动范围为 -14.00 ~ 14.00 cm，操作时不许超出此范围，以免损坏霍尔器件。切忌鲁莽操作，以免损坏仪器。

④采用对称法测量时，注意三个双刀双掷开关的方向。"U_H 输出"（中间）的双刀双掷开关应始终保持正向（向前）；"I_S 输入"（左侧）和"I_M 输入"（右侧）在实验中则应该不断换向。

⑤表 11-1、表 11-2 和表 11-3 都应该采用横向测量的顺序，即保持电流和位置不变，依次测出 4 个测量值 U_1，U_2，U_3 和 U_4，然后再进行下一行的测量，这样可以减小由于温度和温度梯度引起的误差，也可以减小由于电流和位置不同而引起的误差。

⑥双刀双掷开关在使用时应注意按紧，避免产生断路或接触电阻。

⑦关掉测试仪前，应将"I_S 调节"和"I_M 调节"旋钮沿逆时针方向旋到最小，然后再关机。

六、数据记录与处理

1. 绘出霍尔器件的 U_H-I_S 特性曲线

用坐标纸描点或用 Excel 软件画出曲线。

2. 绘出霍尔器件的 U_H-I_M 特性曲线，用图解法求 K_H

①用坐标纸描点或用 Excel 软件画出曲线。

②用图解法求 K_H。

将式（11-8）代入式（11-4）得

$$U_H = K_H I_S \mu_0 n I_M \tag{11-9}$$

此式表明 U_H 和 I_M 是线性关系，因此，有

$$K_H = \frac{1}{\mu_0 n I_S} \cdot \frac{\Delta U_H}{\Delta I_M} \tag{11-10}$$

μ_0 和 I_S 已知，n 仪器上已给出，用作图法求出直线的斜率$\frac{\Delta U_H}{\Delta I_M}$，代入式（11-10）即可计算出 K_H。

3. 绘出螺线管轴线上磁感应强度的分布曲线

①用坐标纸描点或用 Excel 软件画出曲线。

②将测得的螺线管中心磁感应强度 B 与理论值 B_0 相比较，求出相对误差为

$$E_r = \frac{|B-B_0|}{B_0} \times 100\% \tag{11-11}$$

③验证螺线管端口处磁感应强度为中心的$\frac{1}{2}$。

七、分析与思考

(1)测量磁感应强度 B 时，如果 B 的方向不在霍尔片的法线方向上，对测量结果有何影响？

(2)举例说明一种获得匀强磁场的方法。

(3)如何用霍尔器件测量地磁场？简要说明测量原理和方法。

(4)如何用霍尔器件测量转速？简要说明测量原理和方法。

(5)如何测量半导体材料的载流子浓度、电导率、迁移率，以判别半导体材料的导电类型？

八、附录

1. 霍尔效应的副效应

(1) 不等位效应

这是由于霍尔器件的3,4两极的位置不在一个理想的等势面上而产生的。如图11-9所示，即使不加磁场，只要有电流 I_S 通过，就有电压 $U_o=I_Sr$ 产生，其中 r 为3,4所在两等势面之间的电阻，结果在测量 U_H 时就叠加了 U_o，使得 U_H 偏大(当 U_o 与 U_H 符号相同时)或偏小(当 U_o 与 U_H 符号相反时)。显然，U_H 的符号取决于 I_S 和 B 两者的方向，而 U_o 的符号只与 I_S 有关，因此可以通过改变 I_S 的方向予以消除。

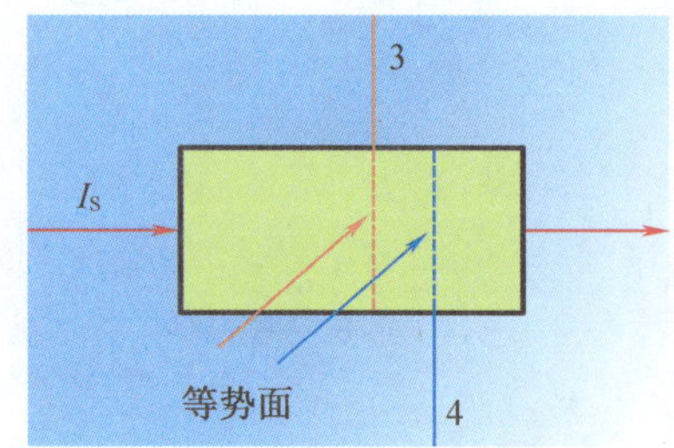

图11-9　不等位电压产生的机理

(2)埃廷斯豪森效应(Ettingshausen Effect)

电流是一个宏观的统计量，所以式(11-2)采用平均速度 $\bar{v}$，而洛仑兹力表示每个电荷实际受到的力，式(11-1)中采用每个电荷的实际速度 v。显然，实际情况中电荷的运动速度不会与平均速度一致，既有大于平均速度的载流子又有小于平均速度的载流子。如图11-10所示，以平均速度运动的电荷所受的洛仑兹力与霍尔电场的作用力刚好抵消，而速度大于或小于平均速度的电荷将分别向对立面偏转，随着载流子的动能转化为热能，从而在 Y 方向产生温差 T_3-T_4，在3,4两极产生温差电效应，引入附加电压 U_E，且 $U_E\propto I_SB$，所以其符号始终与霍尔电压 U_H 相同，因此，不能用对称法予以消除。但其引入的误差很小，可以忽略。

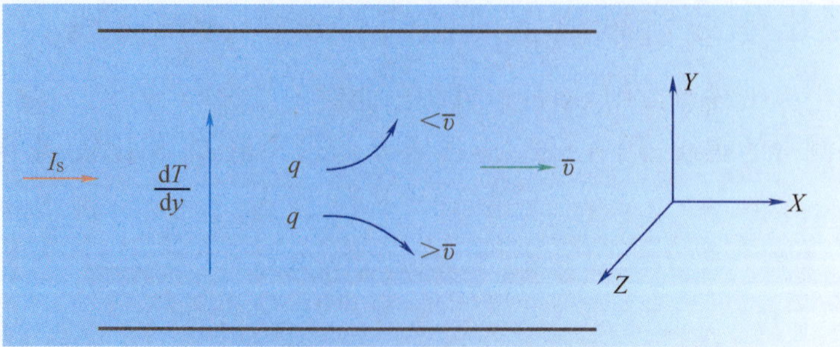

图11-10　埃廷斯豪森效应原理

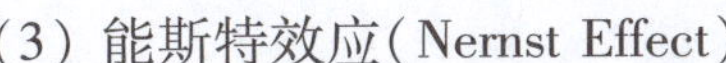

(3) 能斯特效应(Nernst Effect)

如图 11－11 所示,因器件两端电流引线的接触电阻不等,通电后在两接点将产生不同的焦耳热,导致在 X 方向产生温度梯度,引起载流子沿梯度方向扩散而产生扩散电流。热流 Q 在 Z 方向磁场作用下,类似于霍尔效应在 Y 方向产生一附加电场 δ_N,相应的电压 U_N 的符号只与 B 的方向有关。因此,可以通过改变 B 的方向予以消除。

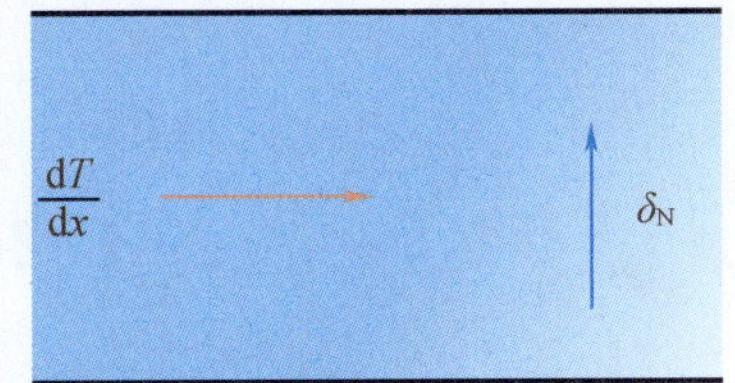

图 11－11　能斯特效应原理图

(4) 里吉－勒迪克效应(Righi－Leduc Effect)

如图 11－12 所示,(3) 中所述的 X 方向的热扩散电流,因载流子的速度服从统计分布,在 Z 轴方向的磁场作用下,和(2)中所述的同理,将在 Y 方向产生温度梯度,此温度梯度将引入附加电压 $U_{RL} \propto QB$,U_{RL} 的符号只与 B 的方向有关,亦能消除。

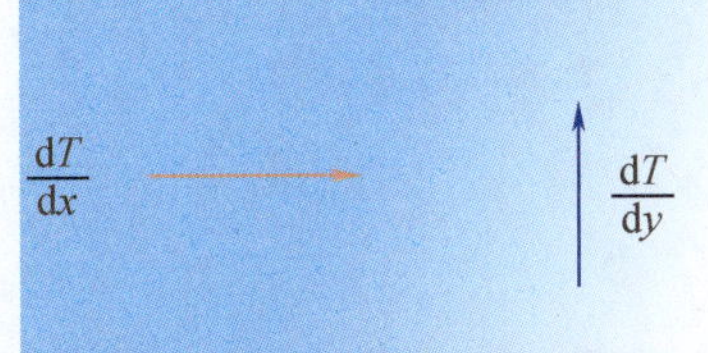

图 11－12　里吉－勒迪克效应原理图

2. 副效应的消除方法

综上所述,实验中测得的 3,4 两极之间的电压除 U_H 外,还包括 U_o,U_E,U_N 和 U_{RL}。其中,U_o,U_N 和 U_{RL} 均可以通过对称法(I_S 和 B 的换向)消除。

当 $+I_S$,$+B$ 时

$$U_1 = U_H + U_o + U_N + U_{RL} + U_E$$

当 $+I_S$,$-B$ 时

$$U_2 = -U_H + U_o - U_N - U_{RL} - U_E$$

当 $-I_S$,$-B$ 时

$$U_3 = U_H - U_o - U_N - U_{RL} + U_E$$

当 $-I_S$,$+B$ 时

$$U_4 = -U_H - U_o + U_N + U_{RL} - U_E$$

由以上四式可得

$$U_H + U_E = \frac{1}{4}(U_1 - U_2 + U_3 - U_4)$$

由于 U_E 的符号始终与 U_H 的相同,故无法消除,但在非大电流、非强磁场的情况下,U_E 比 U_H 小得多(仅为后者的5%),因此,U_E 可以忽略不计,所以霍尔电压为

$$U_H = \frac{1}{4}(U_1 - U_2 + U_3 - U_4)$$

3. 利用霍尔效应测量半导体材料的参数

(1)测量半导体材料的载流子数量浓度 n

由霍尔系数的定义可得

$$n = \frac{1}{R_H q}$$

由此式还可判断半导体的导电类型。

(2)测量半导体材料的电导率 σ

为了测量霍尔器件的电导率,通常将霍尔器件采用图 11－13 的接线方式。图 11－13 中,D,E 为电流输入端,A,A' 为霍尔电压输出端,C 端则是为了测量电导率而引入的。由于 A,C 两点在霍尔器件的同一个侧面上,所以当外磁场为零时,若 D,E 间的工作电流为 I,则 A,C 间的电势差 U_{AC} 与霍尔器件的电导率 σ 有如下关系,即

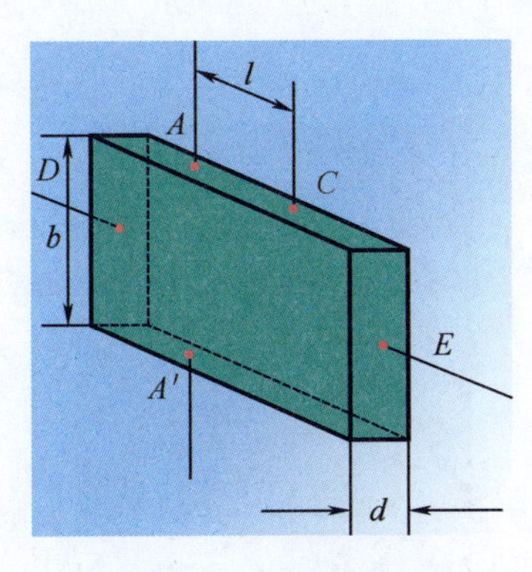

图 11－13　测量电导率接线图

$$\sigma = \frac{1}{\rho} = \frac{I}{U_{AC}} \cdot \frac{l}{S}$$

式中,ρ 为材料的电阻率;l 为 A,C 两点间的距离;S 为霍尔器件的截面积,$S = bd$。

(3)测量载流子的迁移率 μ

迁移率反映的是导电材料中载流子在外电场作用下的活动能力,它表示在单位电场作用下,载流子的平均漂移速度。

由固体物理理论可以证明,对于半导体材料 $\sigma = ne\mu$,所以

$$\mu = \frac{\sigma}{ne} = |R_{\mathrm{H}}|\sigma$$

4. 霍尔效应的发现

(1)霍尔生平

霍尔于1855年11月7日生于美国缅因州的北戈勒姆(NorthGorham),1875年以优异的成绩毕业于鲍登(Bowdoin)学院,在从事了两年教学工作后,将兴趣转向了科学研究。谈到自己由教学转向科学研究的动机时,霍尔说:"我经过两年的教学生涯后转向科学研究,是为了求得进步,也是为了实现我对知识和道德上趋于完美的追求。倒不是由于我对科学事业有强烈的热情,也不是感到自己有什么特殊的天赋。"霍尔坦率地说明转向科学研究是由于现实的需要,是为了使自己的知识更加完善。他去了霍普金斯(Johns Hopkins)大学的研究生院,随罗兰(H. A. Rowland,1848—1901,图11-14)教授学习物理学,1879年发现的"霍尔效应"是他学位论文的研究结果,并于1880年获博士学位。在霍普金斯大学工作一年后,1881年夏天霍尔到欧洲访问,参观了亥姆霍兹(Hermann Von Helmholtz)的实验室,在这段时间他完成了对一些金属材料霍尔效应的测量,1881年秋天他到哈佛大学任讲师。1888年,他任助理教授,1895年任教授,1911年被选入美国国家科学院,1914年任伦福德教授,1921年成为荣誉退休教授。直到1938年逝世前不久,他仍在哈佛大学的实验室工作。

除了对霍尔效应进行过深入研究,霍尔的主要研究方向是关于热现象的。例如,金属的热传导、液体的热行为和各种热电效应,特别是汤姆逊效应。他在哈佛任教初期,为了提高入学学生的实验素质,他编写了物理实验的教学要求,制定了高中生的40个物理实验,所用装置简单,对学生的训练效果明显,影响很大,后来还写了一些论述基础物理教育的著作。1937年他接受了美国物理教师学会的"物理教师杰出贡献"奖章,成为该学会的第一位荣誉会员。

(2)罗兰简介

图11-14 罗兰

霍尔的导师罗兰教授是一位卓越的物理学家,曾任美国物理学会的第一任主席,是美国物理学会的创始人之一。他于1870年毕业于伦斯勒工学院,获土木工程技术学士学位。在大学学习的第二年,他就决定要转向纯科学的研究,自学物理学,写出详细的读书笔记,尽可能多地做一些实验。他早期关于磁导率的研究论文得到了麦克斯韦的高度评价,两年后任伦斯勒工学院物理学讲师,四年后被选为新成立的约翰斯·霍普金斯大学物理学教授。1876年,他在亥姆霍兹的实验室做了带电旋转盘的磁效应实验,第一次用实验证明了运动电荷能够产生磁场。他在霍普金斯大学建立了美国当时最好的实验室,进行了一系列实验研究(测定了热功当量值、电阻的标准值——欧姆、

水的比热容随温度变化的关系等)。他最杰出的贡献是对衍射光栅的研制,为光谱测定和分析提供了精密的仪器,推动了光谱学的发展。他认为在纯数学和纯实验之间有一条中间道路,在这个地方很少有人工作,因而他致力于将理论与实验相结合的研究。他用经典理论解释了霍尔效应。1881 年,罗兰根据霍尔效应解释磁致旋光现象,认为前者是磁场作用下金属中传导电流旋转的结果,而后者是同样条件下介质中位移电流旋转的结果,从而在数学上推导出与麦克斯韦一致的旋光方程。

由于对物理学发展的贡献,因此他先后当选为美国国家科学院院士,英国皇家学会会员和法国科学院外籍院士。1901 年,罗兰逝世。

(3)霍尔效应的发现

霍尔在阅读麦克斯韦的《电和磁》一书的有关部分时,注意到其中的一段话:“必须小心地记住,作用在穿过磁力线的有电流流过的导体上的机械力不是作用在电流上的,而是作用在流过电流的导体上的。”霍尔认为麦克斯韦这一论断与人们考虑这一情况时的直观推想是矛盾的。不带电流的导线不会受到磁的作用,通有电流的导线所受的作用力与电流的大小成正比,而作用力的大小通常与金属丝的尺寸和材料是没有关系的。恰好不久他又读到了瑞典物理学家埃德隆(Erik - Edlund)于 1878 年发表在《哲学杂志》上的一篇论文《单极感应》(*Unipolar Induction*),作者明确指出,磁场作用在一固定导体中的电流上,与它作用在自由移动的导体上是完全相同的。他发现这两位物理学家的见解不同,便请教了自己的导师罗兰教授。罗兰说他也曾怀疑过麦克斯韦论断的真实性,以前也为此仓促地做了一下实验,但没有成功。

霍尔首先重复了罗兰以前的实验(图 11 - 15),将一个金属圆盘放在电磁铁的两极之间,使圆盘平面垂直于磁力线方向,电流沿圆盘的一条直径流过,将灵敏电流计的两输入端与圆盘的不同部分相连通,通过它监测电流的大小。在电磁铁未通电时找到两个几乎等电位的点,此时检流计几乎无电流流过。接通励磁电流后,重新观察检流计,以便检测出这两个输入端间电势的变化,这次实验没有观察到任何现象。后来,霍尔根据罗兰的建议,用金箔窄条代替金属圆盘,按照上面的思路进行实验(图 11 - 16),获得了磁作用的效果,检流计指针有明显的偏转。当然,现在很容易理解,金箔比金属圆盘要薄得多,而霍尔电动势是与样品的厚度成反比的。

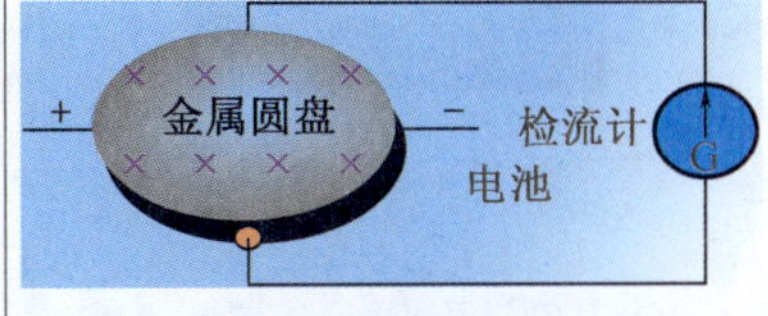

图 11 - 15 初步的实验装置

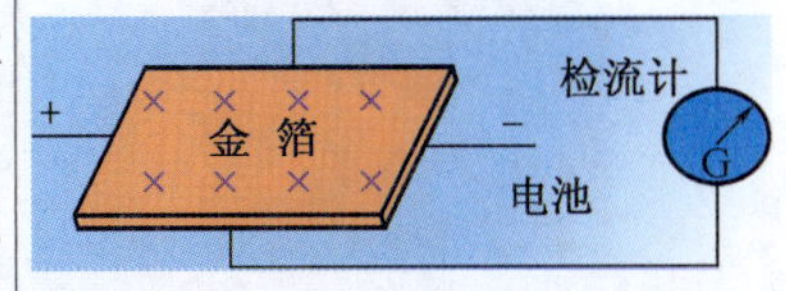

图 11 - 16 成功的实验装置

霍尔能够成功地发现这一效应,有很多原因,最主要的是名师的指导,以及霍尔的灵感、缜密的作风和顽强的毅力。还有一个插曲:英国物理学家洛奇(O. Lodge)曾有类似的想法,但慑于麦克斯韦的权威,放弃了实验。霍尔的成功给我们的启示是不迷信权威,尊重科学,敢于向权威挑战!不怕失败,反复实践,要具有坚忍不拔的精神!

后来的研究表明,由于霍尔电势与载流子的数量浓度成反比,因此在半导体材料中的霍尔电势比在金属材料中要大得多。利用霍尔效应测量磁场是现代最常用的磁场测量手段,各种霍尔传感器已广泛用在实验测量中,霍尔效应已成为研究半导体材料电学性能的重要方法。

5. 量子霍尔效应

按经典理论,霍尔电阻 $R_H = \dfrac{U_H}{I_S} = K_H B$,其随 B 连续变化,如图 11 - 17 所

示。但是,1980 年,德国物理学家冯·克利青(Klaus Von Klitzing,1943— ,图11-18)观察到在 1.5 K 的极低温度和 18.9 T 的强磁场下测量金属-氧化物-半导体场效应晶体管时,发现其霍尔电阻随磁场的变化出现了一系列量子化平台,称为量子霍尔效应。

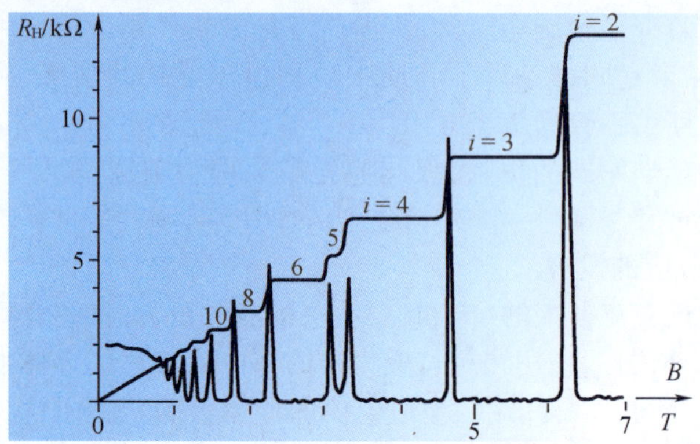

图 11-17 量子霍尔效应

图 11-18 冯·克利青

霍尔电阻 $R_H=\frac{U_H}{I}=\frac{h}{ne^2}$($h$ 为普朗克常数,e 为电子电量,$n=1,2,\cdots$,n 为整数)与样品和材料性质无关。国际计量局(BIPM)在 1988 年正式将第一阶($n=1$)平台的电阻值定义为冯·克利青常数,符号为 R_k,并规定 $R_k=25\ 812.807\ \Omega$作为电阻单位的标准值。

量子霍尔效应是 20 世纪凝聚态物理及其新技术领域发展中的重大成就,冯·克利青因此获得 1985 年诺贝尔物理学奖。

图 11-19 崔琦

6. 分数量子霍尔效应

1982 年,美籍华裔物理学家崔琦(图 11-19)和美籍德裔物理学家施特默(H. L. Stormer,图 11-20)在样品纯度更高、磁场更强(20 T)和温度更低(0.1 K)的极端条件下也观察到霍尔电阻呈现量子化平台,但极为不同的是,这些平台对应的不是整数值而是分数值,称为分数量子霍尔效应(图 11-21)。美国物理学家劳夫林(R. B. Laughlin,图 11-22)通过建立模型和计算解释了这一发现,三人因此共同获得 1998 年诺贝尔物理学奖,崔琦成为第六位获诺贝尔奖的华裔科学家。

图 11-20 施特默

图 11-22 劳夫林

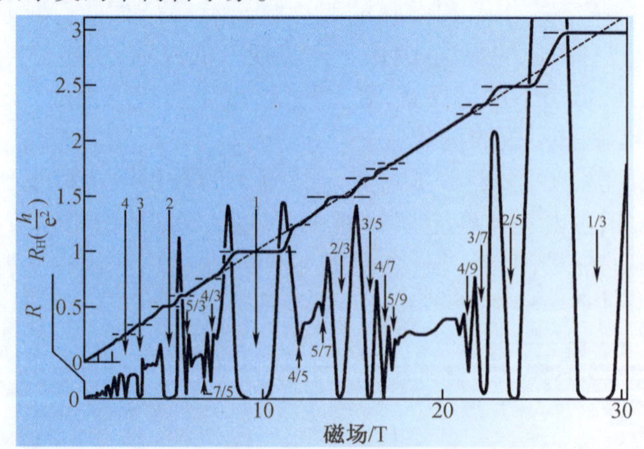

图 11-21 分数量子霍尔效应

7. 用磁阻效应测量磁场

物质在磁场中电阻率发生变化的现象称为磁阻效应，磁阻传感器利用磁阻效应制成。

磁场可利用电磁感应、霍尔效应、磁阻效应等进行测量。其中，磁阻效应法发展最快，测量灵敏度最高。磁阻传感器可用于直接测量磁场或磁场变化，如弱磁场测量、地磁场测量、各种导航系统中的罗盘、计算机中的磁盘驱动器和各种磁卡机等，也可通过磁场变化测量其他物理量，如利用磁阻效应已制成各种位移、角度、转速传感器和各种接近开关、隔离开关等，广泛用于汽车、家电及各类需要自动检测与控制的领域。

磁阻元件的发展经历了半导体磁阻（MR）、各向异性磁阻（AMR）、巨磁阻（GMR）、庞磁阻（CMR）等阶段。本实验研究 AMR 的特性并利用它对磁场进行测量。

（1）实验目的

①了解 AMR 的原理并对其特性进行实验研究；

②测量亥姆霍兹线圈的磁场分布；

③测量地磁场。

（2）实验原理

各向异性磁阻（AMR）传感器由沉积在硅片上的坡莫合金（$Ni_{80}Fe_{20}$）薄膜形成电阻，沉积时外加磁场，形成易磁化轴方向。铁磁材料的电阻和电流与磁化方向的夹角有关，当电流与磁化方向平行时，电阻 R_{max} 最大；当电流与磁化方向垂直时，电阻 R_{min} 最小；电流与磁化方向成 θ 角时，电阻可表示为

$$R = R_{min} + (R_{max} - R_{min})\cos^2\theta$$

在磁阻传感器中，为了消除温度等外界因素对输出的影响，由四个相同的磁阻元件构成惠斯通电桥，结构如图 11－23 所示。图 11－23 中，易磁化轴方向与电流方向的夹角为 45°。理论分析与实践表明，采用 45°偏置磁场，当沿与易磁化轴垂直的方向施加外磁场，且外磁场强度不太大时，电桥输出与外加磁场强度呈线性关系。

无外加磁场或外加磁场方向与易磁化轴方向平行时，磁化方向即易磁化轴方向，电桥的四个桥臂电阻阻值相同，输出为零。当在磁敏感方向施加如图 11－23 所示方向的磁场时，合成磁化方向将在易磁化方向的基础上逆时针旋转，使左上和右下桥臂电流与磁化方向的夹角增大，电阻减小 ΔR；右上与左下桥臂电流与磁化方向的夹角减小，电阻增大 ΔR。通过对电桥的分析可知，此时输出电压可表示为

$$U = U_b \cdot \frac{\Delta R}{R}$$

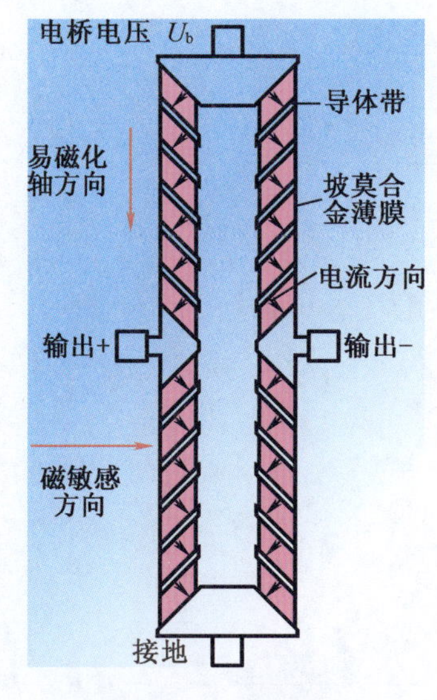

图 11－23　惠斯通电桥结构图

式中，U_b 为电桥工作电压；R 为桥臂电阻；$\frac{\Delta R}{R}$为磁阻阻值的相对变化率，与外加磁场强度成正比。故 AMR 传感器输出电压与磁场强度成正比，可利用磁阻传感器测量磁场。

商品磁阻传感器已制成集成电路，除如图 11－23 所示的电源输入端和信号输出端外，还有复位/反向置位端和补偿端两对功能性输入端口，确保磁阻传感器正常工作。

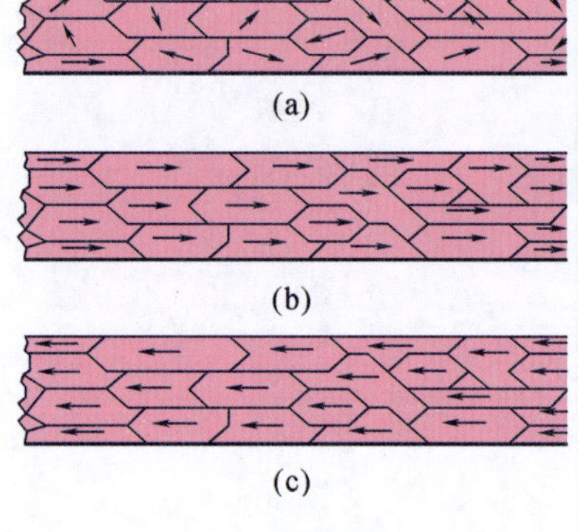

图 11－24　复位/反向置位脉冲的作用

(a)磁干扰使磁畴排列紊乱；
(b)复位脉冲使磁畴沿易磁化轴整齐排列；
(c)反向置位脉冲使磁畴排列方向反转

复位/反向置位的机理可参见图 11－24。AMR 置于超过其线性工作范围的磁场中时，磁干扰可能导致磁畴排列紊乱，改变传感器的输出特性。此时，可在复位端输入脉冲电流，通过内部电路沿易磁化轴方向产生强磁场，使磁畴重新整齐排列，恢复传感器的使用特性。若脉冲电流方向相反，则磁畴排列方向反转，传感器的输出极性也将相反。

从补偿端每输入 5 mA 补偿电流，通过内部电路会在磁敏感方向产生 1 Gs的磁场。可用来补偿传感器的偏离。

图 11－25 为 AMR 的磁电转换特性曲线。其中，电桥偏离是在传感器制造过程中，4 个桥臂电阻不严格相等带来的，外磁场偏离是测量某种磁场时，外界干扰磁场带来的。不管要补偿哪种偏离，都可调节补偿电流，用人为的磁场偏置使图 11－25 中的特性曲线平移，使所测磁场为零时输出电压为零。

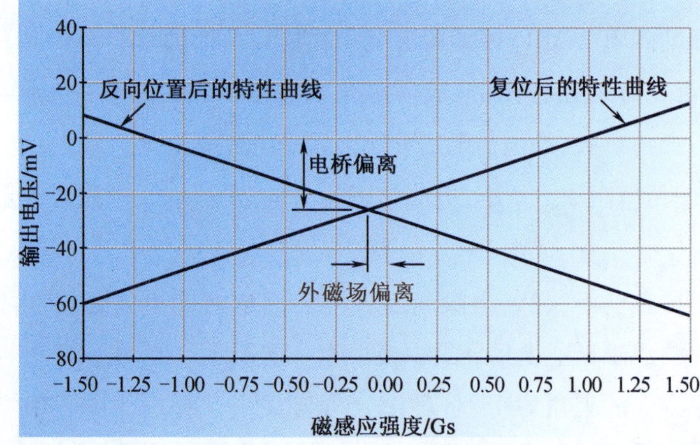

图 11－25　AMR 的磁电转换特性

(3)实验仪器

磁场实验仪如图 11－26 所示，核心部分是磁阻传感器，辅以磁阻传感器的角度、位置调节、读数机构和亥姆霍兹线圈等。

本仪器所用磁阻传感器的工作范围为 ±6 Gs，灵敏度为 1 $\mathrm{mV \cdot V^{-1} \cdot Gs^{-1}}$。灵敏度表示当磁阻电桥的工作电压为 1 V，被测磁场磁感应强度为1 Gs时，输出信号为 1 mV。

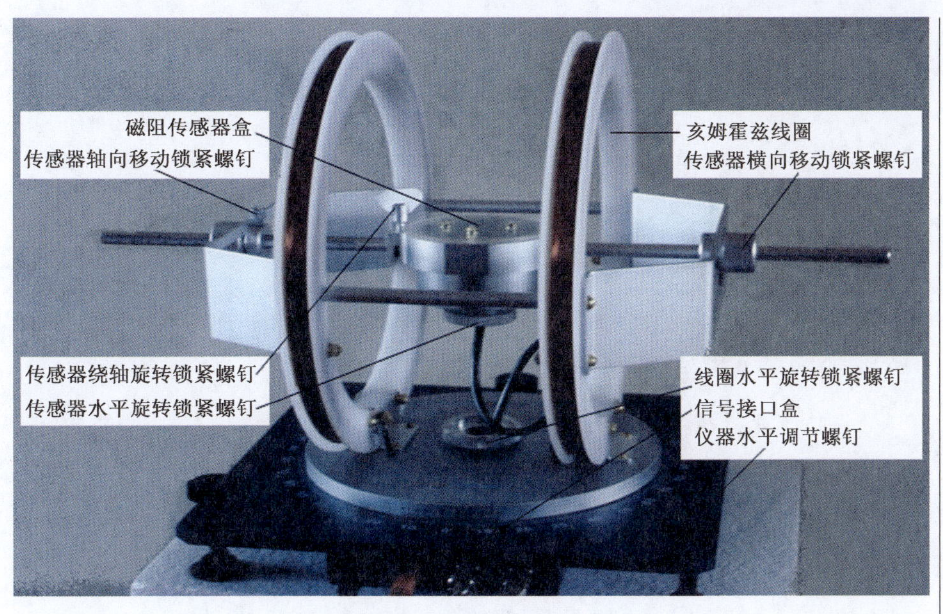

图 11-26 磁场实验仪

磁阻传感器的输出信号通常须经放大电路放大后，再接显示电路，故由显示电压计算磁场强度时还须考虑放大器的放大倍数。本实验仪电桥工作电压为5 V，放大器放大倍数为50，磁感应强度为1 Gs时，对应的输出电压为0.25 V。

亥姆霍兹线圈是由一对彼此平行的共轴圆形线圈组成。两线圈内的电流方向一致、大小相同，线圈之间的距离 d 正好等于圆形线圈的半径 R，这种线圈的特点是能在公共轴线中点附近产生较广泛的均匀磁场。根据毕奥-萨伐尔定律，可以计算出亥姆霍兹线圈公共轴线中点的磁感应强度为

$$B_0 = \frac{8}{5^{\frac{3}{2}}} \cdot \frac{\mu_0 NI}{R}$$

式中，N 为线圈匝数；I 为流经线圈的电流；R 为亥姆霍兹线圈的平均半径；μ_0 为真空中的磁导率。采用国际单位制时，$\mu_0 = 4\pi \times 10^{-7}$ H/m，由上式计算出的磁感应强度单位为T(1 T = 10^4 Gs)。本实验仪中 $N = 310$，$R = 0.14$ m，线圈电流为1 mA时，亥姆霍兹线圈中部的磁感应强度为0.02 Gs。

如图11-27所示，恒流源为亥姆霍兹线圈提供电流，电流的大小可以通过旋钮调节，电流值由电流表指示，电流换向按钮可以改变电流的方向，补偿(OFFSET)电流调节旋钮调节补偿电流的方向和大小，电流切换按钮使电流表显示亥姆霍兹线圈电流或补偿电流，传感器采集到的信号经放大后由电压表指示电压值，放大器校正旋钮在标准磁场中校准放大器放大倍数。复位(R/S)按钮每按下一次，向复位端输入一次复位脉冲电流，仅在需要时使用。

(4)实验内容及步骤

①测量准备

连接实验仪与电源，开机预热20 min。

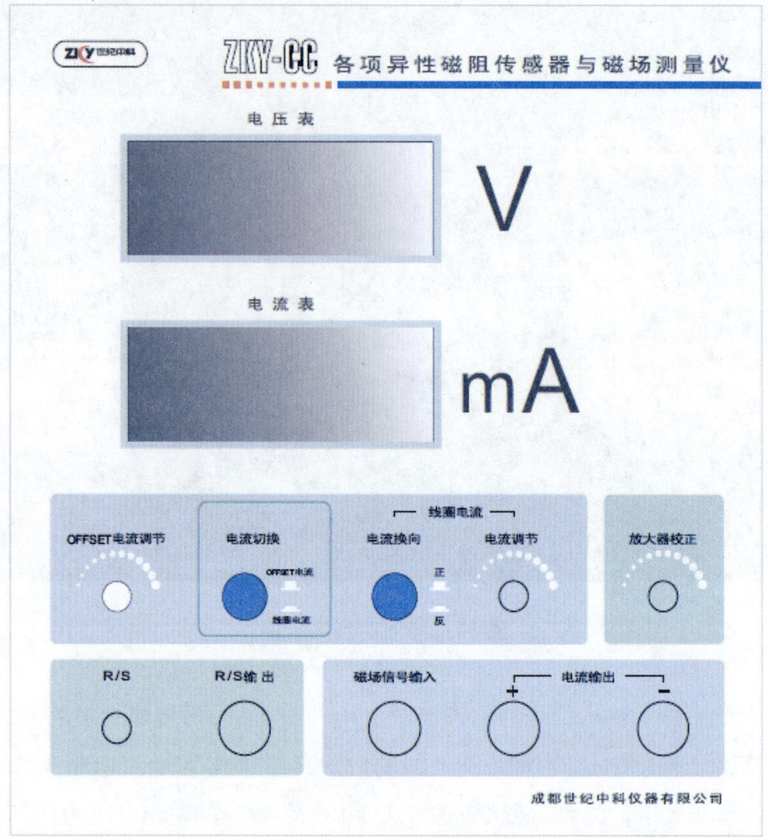

图 11-27 仪器前面板示意图

将磁阻传感器位置调节至亥姆霍兹线圈中心,传感器磁敏感方向与亥姆霍兹线圈轴线一致。

调节亥姆霍兹线圈电流为零,按"复位"键(图 11-24,恢复传感器特性),调节补偿电流(图 11-25,补偿地磁场等因素产生的偏离),使传感器输出为零。调节亥姆霍兹线圈电流至 300 mA(线圈产生的磁感应强度为6 Gs),调节放大器校准旋钮,使输出电压为 1.500 V。

②磁阻传感器特性测量

a. 测量磁阻传感器的磁电转换特性

磁电转换特性是磁阻传感器最基本的特性。磁电转换特性曲线的直线部分对应的磁感应强度,即磁阻传感器的工作范围;直线部分的斜率除以电桥电压与放大器放大倍数的乘积,即为磁阻传感器的灵敏度。

按表 11-4 中的数据从 300 mA 逐步调小亥姆霍兹线圈电流,记录相应的输出电压值。切换电流换向开关(亥姆霍兹线圈电流反向,磁场及输出电压也将反向),逐步调大反向电流,记录反向输出电压值。

注意 电流换向后,必须按"复位"键消磁。

表 11－4 AMR 磁电转换特性的测量

线圈电流/mA	300	250	200	150	100	50	0	－50	－100	－150	－200	－250	－300
磁感应强度/Gs	6	5	4	3	2	1	0	－1	－2	－3	－4	－5	－6
输出电压/V													

以磁感应强度为横轴，输出电压为纵轴，将表 11－4 数据作图，并确定所用传感器的线性工作范围及灵敏度。

b. 测量磁阻传感器的各向异性特性

AMR 只对磁敏感方向上的磁场敏感，当所测磁场与磁敏感方向有一定夹角 α 时，AMR 测量的是所测磁场在磁敏感方向的投影。由于补偿调节是在确定的磁敏感方向进行的，实验过程中应注意在改变所测磁场方向时保持 AMR 方向不变。

将亥姆霍兹线圈电流调节至 200 mA，测量所测磁场方向与磁敏感方向一致时的输出电压。

松开线圈水平旋转锁紧螺钉，每次将亥姆霍兹线圈与传感器盒整体转动 10°后锁紧，松开传感器水平旋转锁紧螺钉，将传感器盒向相反方向转动 10°（保持 AMR 方向不变）后锁紧，记录输出电压数据于表 11－5 中。

表 11－5 AMR 方向特性的测量

磁感应强度＝4 Gs

夹角 α/(°)	0	10	20	30	40	50	60	70	80	90
输出电压/V										

以夹角 α 为横轴、输出电压为纵轴将表 11－5 数据作图，检验所作曲线是否符合余弦规律。

③亥姆霍兹线圈的磁场分布测量

亥姆霍兹线圈能在公共轴线中点附近产生较广泛的均匀磁场，在科研及生产中得到广泛的应用。

a. 亥姆霍兹线圈轴线上的磁场分布测量

根据毕奥－萨伐尔定律，可以计算出通电圆线圈在轴线上任意一点产生的磁感应强度矢量垂直于线圈平面，方向由右手螺旋定则确定，与线圈平面距离为 x_1 的点的磁感应强度为

$$B(x_1)=\frac{\mu_0 R^2 I}{2(R^2+x_1^2)^{\frac{3}{2}}}$$

亥姆霍兹线圈是由一对彼此平行的共轴圆形线圈组成。两线圈内的电流方向一致，大小相同，线圈匝数为 N，线圈之间的距离 d 正好等于圆形线圈的半径 R。若以两线圈中点为坐标原点，则轴线上任意一点的磁感应强度是两线圈在该点产生的磁感应强度之和，即

$$B(x)=\frac{\mu_0 NR^2 I}{2\left[R^2+\left(\frac{R}{2}+x\right)^2\right]^{\frac{3}{2}}}+\frac{\mu_0 NR^2 I}{2\left[R^2+\left(\frac{R}{2}-x\right)^2\right]^{\frac{3}{2}}}$$

$$=B_0\frac{5^{\frac{3}{2}}}{16}\left\{\frac{1}{\left[1+\left(\frac{1}{2}+\frac{x}{R}\right)^2\right]^{\frac{3}{2}}}+\frac{1}{\left[1+\left(\frac{1}{2}-\frac{x}{R}\right)^2\right]^{\frac{3}{2}}}\right\}$$

式中，B_0 是 $x=0$ 时，即亥姆霍兹线圈公共轴线中点的磁感应强度。表 11－6 列出了 x 取不同值时$\frac{B(x)}{B_0}$的理论计算结果。

表 11－6　亥姆霍兹线圈轴向磁场分布测量

$B_0=4$ Gs

位置 x	$-0.5R$	$-0.4R$	$-0.3R$	$-0.2R$	$-0.1R$	0	$0.1R$	$0.2R$	$0.3R$	$0.4R$	$0.5R$
$\frac{B(x)}{B_0}$计算值	0.946	0.975	0.992	0.998	1.000	1	1.000	0.998	0.992	0.975	0.946
$B(x)$ 测量值/V											
$B(x)$ 测量值/Gs											

调节传感器磁敏感方向与亥姆霍兹线圈轴线一致，位置调节至亥姆霍兹线圈中心（$x=0$），测量输出电压值。

已知 $R=140$ mm，将传感器盒每次沿轴线平移 $0.1R$，记录测量数据。

将表 11－6 中的数据作图，讨论亥姆霍兹线圈的轴向磁场分布特点。

b. 亥姆霍兹线圈空间磁场分布测量

由毕奥－萨伐尔定律，同样可以计算亥姆霍兹线圈空间任意一点的磁场分布。由于亥姆霍兹线圈的轴对称性可知，只要计算（或测量）过轴线的平面上两维磁场分布，就可得到空间任意一点的磁场分布。

理论分析表明，在 $x\leqslant 0.2R$，$y\leqslant 0.2R$ 的范围内，$\frac{B_x-B_0}{B_0}$小于百分之一，$\frac{B_y}{B_x}$小于万分之二，故可认为在亥姆霍兹线圈中部较大的区域内，磁场方向沿轴线方向，磁场大小基本不变。

按表 11－7 中的数据改变磁阻传感器的空间位置，记录 x 方向的磁场产生的电压 V_x，测量亥姆霍兹线圈空间磁场分布。

表 11-7 亥姆霍兹线圈空间磁场分布测量 V_x

$B_0 = 4$ Gs

Y	X						
	0	0.05R	0.1R	0.15R	0.2R	0.25R	0.3R
0							
0.05R							
0.1R							
0.15R							
0.2R							
0.25R							
0.3R							

由表 11-7 中的数据讨论亥姆霍兹线圈的空间磁场分布特点。

④地磁场测量

地球本身具有磁性，地表及近地空间存在的磁场叫地磁场。地磁的北极和地磁的南极分别在地理南极和地理北极附近，彼此并不重合，可用地磁场强度、磁倾角、磁偏角三个参量表示地磁场的大小和方向。磁倾角是地磁场强度矢量与水平面的夹角，磁偏角是地磁场强度矢量在水平面的投影与地球经线（地理南北方向）的夹角。

在现代的数字导航仪等系统中，通常用互相垂直的三维磁阻传感器测量地磁场在各个方向的分量，根据矢量合成原理，计算出地磁场的大小和方位。本实验学习用单个磁阻传感器测量地磁场的方法。

将亥姆霍兹线圈电流调节至零，将补偿电流调节至零，将传感器的磁敏感方向调节至与亥姆霍兹线圈轴线垂直（以便在垂直面内调节磁敏感方向）。

调节传感器盒上平面与仪器底板平行，将水准气泡盒放置在传感器盒正中，调节仪器水平调节螺钉使水准气泡居中，使磁阻传感器水平。松开线圈水平旋转锁紧螺钉，在水平面内仔细调节传感器方位，使输出最大（如果不能调到最大，则需要将磁阻传感器在水平方向选择 180°后再调节）。此时，传感器磁敏感方向与地理南北方向的夹角就是磁偏角。

松开传感器绕轴旋转锁紧螺钉，在垂直面内调节磁敏感方向，至输出最大时转过的角度就是磁倾角，记录此角度。

记录输出最大时的输出电压值 U_1 后，松开传感器水平旋转锁紧螺钉，将传感器转动 180°，记录此时的输出电压 U_2，将 $U = \dfrac{U_1 - U_2}{2}$ 作为地磁场磁感应强度的测量值（此法可消除电桥偏离对测量的影响）记入表 11-8 中。

表 11－8　地磁场的测量

磁倾角/(°)	磁感应强度			
	U_1/V	U_2/V	$U/\mathrm{V}=\dfrac{U_1-U_2}{2}$	$B/\mathrm{Gs}=\dfrac{U}{0.25}$

在实验室内测量地磁场时，建筑物的钢筋分布，同学携带的铁磁物质，都可能影响测量结果，因此，此实验重在掌握测量方法。

注意　①禁止将实验仪处于强磁场中，否则会严重影响实验结果；

②为了降低实验仪间磁场的相互干扰，任意两台实验仪之间的距离应大于 3 m；

③实验前请先调水平实验仪；

④在操作所有的手动调节螺钉时应用力适度，以免滑丝；

⑤为保证使用安全，三芯电源须可靠接地。

实验 12 动态磁滞回线的测量

一、背景及应用

铁磁材料的动态磁化特性曲线是指其在交变磁场磁化下所得到的 $B-H$ 关系曲线,即动态磁滞回线(图 12-1)。

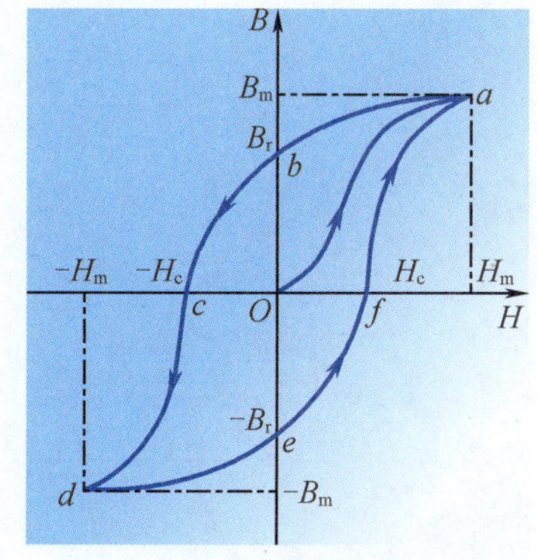

图 12-1 动态磁滞回线

铁磁材料除了具有高磁导率外,另一重要的磁性特点就是磁滞。设铁磁材料已沿起始磁化曲线磁化到饱和,饱和时的磁感应强度值用 B_m 表示,如果在达到饱和状态之后使 H 减小,这时的 B 也要减小,但不沿原来的曲线下降,而是沿着 $a \to b$ 曲线段下降,对应的值比原先的值大,说明铁磁质磁化过程是不可逆的过程。当 $H=0$ 时,B 不为零,而为 B_r,B_r 称为剩余磁感应强度,简称剩磁,这是铁磁质的剩磁现象。要想消除剩磁,使铁磁质中的 B 恢复为零,需加反向磁场 H_c,反向磁场强度 H_c 称为矫顽磁力。继续增加反向磁场,材料又可被反向磁化达到反方向的饱和状态。再逐渐减小反方向的磁场至零值时,H 和 B 的关系将沿左下段变化,这时改变线圈中的电流方向,即又引入正向磁场。当磁场强度变化一个周期后,铁磁质的磁化曲线形成一个闭合曲线。磁感应强度值的变化总是落后于磁场强度的变化,这种现象称为磁滞,是铁磁质的重要特性之一。上述闭合曲线常称为磁滞回线,各种不同的铁磁性材料有不同的磁滞回线,主要是磁滞回线的宽窄不同和矫顽力的大小之别,磁滞回线是介质内部磁场强度和磁感应强度的关系曲线。

铁磁材料在工程技术和科学研究中应用十分广泛,磁滞回线和磁化曲线是铁磁材料的重要特性,也是磁性部件材料选择和设计的重要依据。铁磁材料分为硬磁材料与软磁材料两种,不同铁磁材料,其磁滞回线有宽“胖”窄“瘦”之分,通常根据磁滞回线的不同将磁铁材料分为软磁材料、硬磁材料和矩磁材料等。

软磁材料的磁滞回线窄而长,剩余磁感应强度 B_r 和矫顽磁力 H_c 都很小,其基本特征是磁导率高、易于磁化及退磁。软铁、硅钢及某些合金属于这一类,它们常用来制造变压器及电机的转子。当铁磁质反复被磁化时,介质要发热。实验表明,反复磁化所发生的热与磁滞回线包围的面积成正比,变压器选用软磁材料就是考虑了这一点。

硬磁材料的磁滞回线较宽,B_r 和 H_c 都较大。因此,其剩余磁感应强度 B_r 可保持较长时间。铬、钴、镍等元素的合金属于硬磁材料,常用于制造永久磁铁。

矩磁材料的磁滞回线接近矩形,其特点是剩余磁感应强度 B_r 接近饱和时的 B_m,矫顽磁力 H_c 较小。若使矩磁材料在不同方向的磁场下磁化,当磁化电流为零时,它仍能保持 $+B_r(\approx B_m)$ 和 $-B_r(\approx -B_m)$ 两种不同的剩磁,矩磁材料常用作记忆元件,如电子计算机中存储器的芯片。

软磁材料和硬磁材料的根本区别在于矫顽磁力 H_c 的差别。对于高磁导率的软磁材料,H_c 很小,只有 1 ~ 10 A/m;对于高矫顽磁力硬磁材料,H_c 在

10^5 A/m以上；对于矩磁材料，H_c 一般在 10^2 A/m 以下。可见，铁磁材料的磁化曲线和磁滞回线是该材料的重要特性，也是设计电磁机构和仪表的重要依据之一。

动态磁滞回线是磁性材料的交流磁特性，其在工业中有重要应用，因为交流电动机、变压器的铁芯都是在交流状态下使用的。磁学量通常是通过将其转换为电学量进行测量的，本实验将利用示波器对铁磁材料的动态磁滞回线进行观测。

二、测量原理

1. 铁磁材料的磁滞现象

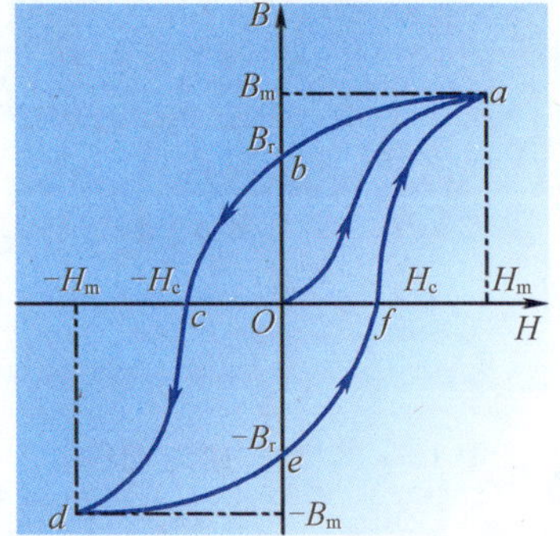

图 12－2　磁滞回线

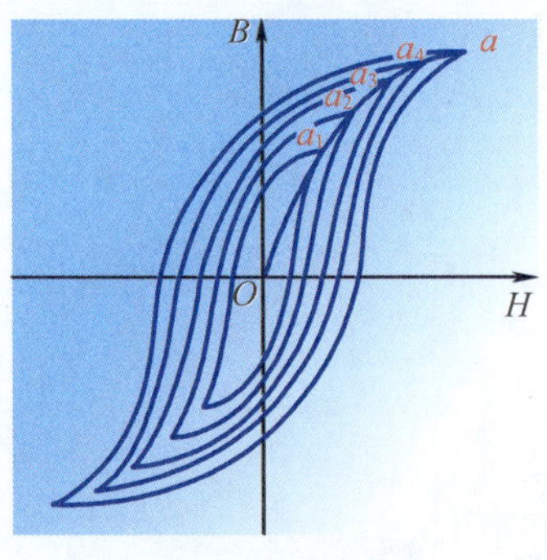

图 12－3　磁化曲线

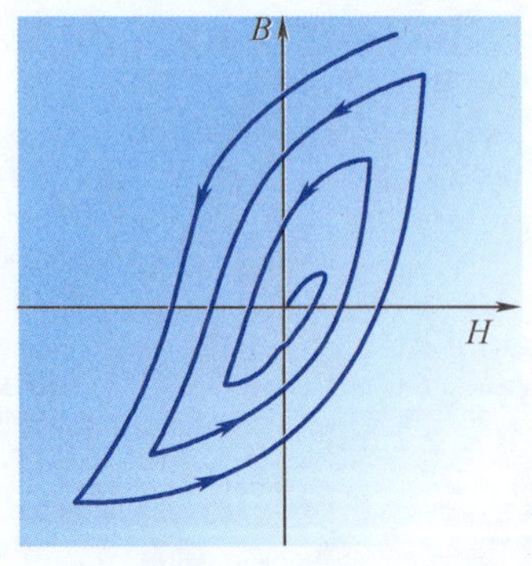

图 12－4　退磁过程

将铁磁材料置于磁场中时，铁磁材料将被磁化（Magnetization）。如图 12－2 所示，磁化开始时，磁感应强度 B 随磁场强度 H 的增加而增加，即曲线的 Oa 段，称为起始磁化曲线。可以看出，当 H 增加到一定值时，B 的增加趋于缓慢，逐渐达到饱和。此时如果将 H 由 H_m 变到 $-H_m$，再由 $-H_m$ 变到 H_m，B 将随 H 的变化而变化，形成一条闭合曲线（即 $a \to b \to c \to d \to e \to f \to a$），这就是该铁磁材料的一条磁滞回线。

从图 12－2 中还可以看出，B 的变化总是落后于 H 的变化，当 $H=0$ 时，B 不为零，大小为 B_r，这个量就是铁磁材料的剩磁。如果想使 B 变为零，则必须加一反向磁场 H_c，H_c 即为铁磁材料的矫顽磁力。如果将铁磁材料置于周期性变化的磁场中，它将被反复磁化，由此得到的磁滞回线称为动态磁滞回线（Dynamic Magnectization Curve）。

如果由小到大选取不同的最大磁场强度 H_m，则可得到一系列由小到大的磁滞曲线，如图 12－3 所示。将这些曲线的顶点连接起来（$O \to a_1 \to a_2 \to a_3 \to a_4 \to a$），得到的 $H-B$ 曲线称为铁磁材料的基本磁化曲线。通常该曲线与其起始磁化曲线并不一定完全重合。

铁磁材料在磁化过程中有剩磁存在，表明磁化过程的不可逆性。对于已经磁化的铁磁材料，简单地加个反向磁场并不能使之退磁。如欲退磁，可将其置于线圈中。首先在线圈中通以大电流，使磁铁达到磁饱和状态，然后边改变电流方向边减小电流，直至电流减为零，在这个操作过程中，可检测出一连串逐渐缩小、最终趋向原点的不封闭的曲线，就达到了退磁的目的（图 12－4）。用交流电退磁时，因电流方向自动改变，故只需逐渐减小电流大小即可。

2. 示波器显示动态磁滞回线的原理

图 12－5 是用示波器测绘磁滞回线的原理电路图。当绕在环形铁芯的原线圈 N 通过交变电流 i_1 时，在环形铁芯内产生的磁场强度 H 与副线圈 n 中产生的交变电动势 e_2 分别为

$$H = \frac{N}{l} i_1 \tag{12-1}$$

$$e_2 = -n \frac{\mathrm{d}\Phi}{\mathrm{d}t} = -nA \frac{\mathrm{d}B}{\mathrm{d}t} \tag{12-2}$$

式中，l 为环形铁芯的平均磁路长度；A 为环形铁芯的截面积。

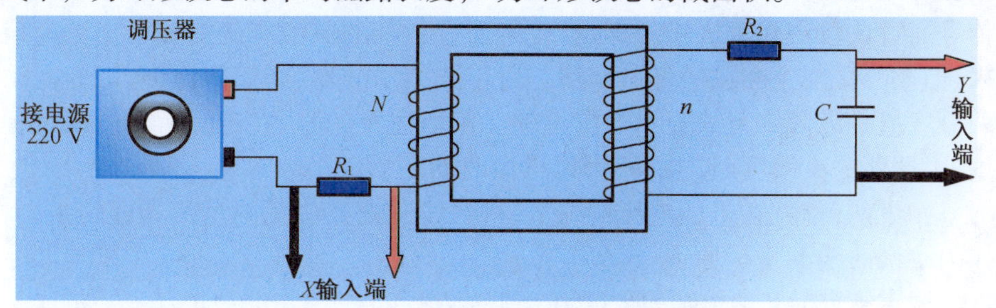

图 12－5 用示波器测绘磁滞回线的原理电路

与原线圈串联的电阻 R_1 为取样电阻，它的阻值远小于原线圈 N 的感抗。将 R_1 上的电压 U_{R_1} 接到示波器的 X 输入端，由 $i_1=\frac{U_{R_1}}{R_1}$ 得

$$H=\frac{N}{l}\cdot\frac{U_{R_1}}{R_1} \tag{12-3}$$

由于 N,l,R_1 皆为已知数，所以输入到示波器 X 输入端的电压 U_{R_1} 就与磁场强度 H 的大小成正比。

在副线圈 n 一端串联电阻 R_2 和电容 C，令电阻 R_2 阻值远大于电容 C 的容抗，且 R_2C 远大于交流电的周期，则可认为

$$i_2=\frac{U_{R_2}}{R_2}=-\frac{e_2}{R_2} \tag{12-4}$$

式中，i_2 为副线圈回路中的电流；U_{R_2} 为电阻 R_2 上的电压。

而

$$i_2=\frac{\mathrm{d}q_2}{\mathrm{d}t}=C\frac{\mathrm{d}U_C}{\mathrm{d}t} \tag{12-5}$$

由式(12－2)、式(12－3)和式(12－4)得

$$\mathrm{d}B=\frac{R_2C}{nA}\mathrm{d}U_C$$

于是得到

$$B=\frac{R_2C}{nA}U_C \tag{12-6}$$

由于 R_2,C,n,A 皆为已知数，所以输入到示波器 Y 输入端的电压 U_C 正比于铁芯内的磁感应强度 B。

综上所述，当按图 12－5 连接电路，并将 U_R 和 U_C 分别接入示波器的 X 输入端和 Y 输入端时，由于输入的是交流电，对于每一个输入电压，示波器荧光屏上都可以显示出一条稳定的磁滞回线。为了避免波形畸变，应使 R_2C 串联电路的时间常数远大于所加交流电的周期。

在观察中，实际看到的磁滞回线有时会与理论曲线有些差异，这主要是由于电容 C 的容抗很小，电压 U_C 信号幅值也很小，必须经过放大器的放大方可在屏上显示出波形来，而在放大过程中往往会产生一定的相位畸变和频率畸变。通过适当地选择 R_2 的阻值，可以使图形得到改善。

3. 磁滞回线的测绘

为了定量地画出示波器上显示的磁滞回线，首先需对示波器荧光屏上的

刻度线进行定标。通常，示波器上都有幅值确定的标准信号，可利用该标准信号通过比较法对刻度进行标定，也可通过各轴的灵敏度旋钮显示出分度值来，但此时必须关断灵敏度微调钮。对于数字示波器，则简单得多，因为两个的分度值是以数字形式显示在屏上的。值得注意的是，在定标后的测试过程中，示波器的灵敏度（增益）不可以再做改动。

测量前，首先在未加电压情况下，将示波器光点位置调至荧光屏的中心，作为测试曲线的坐标原点。

假定经定标知两个轴的分度值分别为 D_x 和 D_y，测出曲线上某一点的坐标（到原点的距离）为 x 和 y，则有

$$U_{R_1} = U_x = D_x \cdot x$$

$$U_C = U_y = D_y \cdot y$$

代入式（12－3）和式（12－6）可得

$$H = \frac{ND_x}{lR_1} x$$

$$B = \frac{R_2 CD_y}{nA} y \tag{12-7}$$

计算出曲线上各点的 H 值和 B 值，就可以绘出磁滞回线了。

三、实验目的

加深对铁磁材料的磁滞回线、磁化曲线以及对剩磁、矫顽磁力等概念的理解，学习用示波器观测铁磁材料磁滞回线的方法。

四、实验仪器

本实验选用 GOS－630FC 型通用示波器。熟悉示波器的以下旋钮：通道选择、灵敏度调节、扫描周期调节。实验中示波器（图 12－6）水平时基旋钮位于 $X-Y$ 模式，要使观察到的饱和磁滞回线大小适中，X 轴灵敏度和 Y 轴灵敏度旋钮要位于合适的位置。

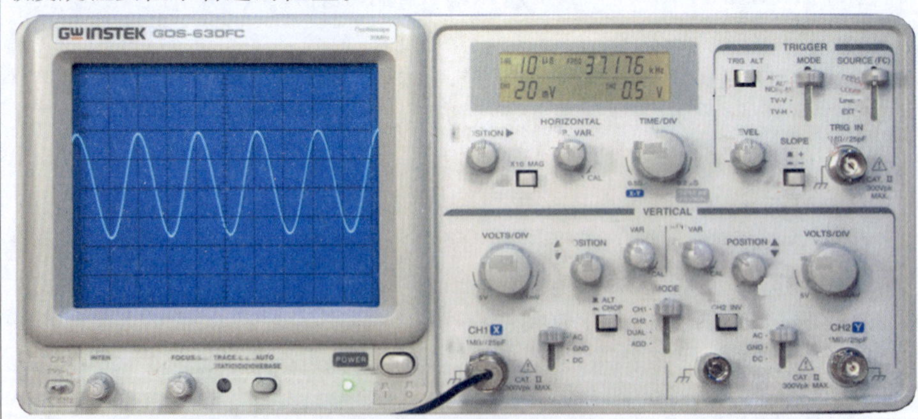

图 12－6　示波器示意图

五、实验内容与操作要点

1. 按图12－5连接实验电路

①将调压器旋钮指针放置在非零位置，打开示波器观察磁滞回线；

②通过示波器灵敏度调节旋钮将饱和的磁滞回线调至大小适中，记录灵敏度旋钮读数 D_x 与 D_y，注意在测量过程中必须保持 D_x 与 D_y 值不变；

③将调压器旋钮调至零，调节示波器上的POSITION旋钮使磁滞回线缩小成的亮点位于示波器屏幕的中心位置。

2. 测绘基本磁化曲线

调节调压器电压从零开始，逐渐增加直至饱和状态，得到一系列磁滞回线，分别测出磁滞回线在第一象限的顶点的坐标。

3. 测绘饱和的磁滞回线

当磁滞回线在饱和状态时，测出波形上多点坐标（必须包括 $\pm B_r$，$\pm B_m$，$\pm H_c$ 和 $\pm H_m$）。为了使画的磁滞回线比较准确，实验过程中应尽量多读几个点。

4. 通过计算，得出结果

用卡尺测出铁芯的横截面积 A 和平均磁路长度 l，N 和 n 的数值已标记在铁芯上，根据已知参数通过式(12－7)计算出各点的 H 值和 B 值，在坐标纸上画出该铁磁材料的基本磁化曲线和饱和的磁滞回线。

六、分析与思考

(1)某两种材料的磁滞回线，一个很宽，一个很窄，它们各属于哪类磁性材料，分别可以应用于什么场合？

(2)一钢制部件不慎被磁化，请设计一种退磁方案。

(3)测量磁滞回线要使材料达到磁饱和，退磁也应从磁饱和开始，意义何在？

光学实验预备知识

光学实验是物理实验的重要组成部分，其实验项目占全部物理实验的30%以上。光学实验内容丰富、涉及面广，不仅有几何光学方面的实验内容，还有物理光学的实验内容，其内容涵盖了干涉、衍射、偏振及近代物理领域的激光全息照相技术、全息干涉计量技术、光通信技术、光纤传感技术、光谱技术、光学镀膜技术等方面。光学实验技术，特别是激光技术在当代科学技术领域中起着十分重要的作用。因此，学好光学实验不仅可以增加很多现代技术方面的知识，也能为今后的应用打下坚实的基础。

光学实验的主要特点是：所使用的仪器比较精密，也容易损坏；实验中对仪器和光路的调整要求较高，测试精度也较高；实验与理论课的联系比力学、电学等实验更为密切，实验中对各种现象的正确分析，调整中的许多步骤都要用理论来指导。因此，学生在做光学实验时必须做到以下两点：

①课前做好充分预习，要了解实验的基本原理，了解仪器设计与调整的基本思想。

②实验中要正确地调整、使用仪器；要细致地观察、分析与比较实验现象，从中发现问题、提出问题和解释、解决问题，要准确地记录并正确处理实验数据。下面对光学实验所涉及的共性内容做一简要介绍。

一、光源(Optical source)

光学实验一般离不开光源。用于光学实验的光源种类很多，常用的光源有以下几种。

1. 白炽灯(Incandescent lamp)

图 C-1　白炽灯

白炽灯(图 C-1)包括通常用以照明的各种钨丝灯(如家用220 V电灯，机床上使用的36 V工作灯，仪器仪表上的6.3 V指示灯等)，其工作原理是通过电流的钨丝被加热至白炽状态产生热辐射。现在使用的灯泡都充氮、氩等气体以提高其使用寿命，其光谱为可见光及近红外的各种波长组成的连续光谱，这种灯发光效率低，使用寿命短。

图 C-2　卤钨灯

卤钨灯(图 C-2)也可认为是白炽灯的一种，其工作原理是在钨丝灯泡内加入少量卤族元素，灯丝蒸发出来的钨与卤族元素反应生成卤化钨，当它扩散到炽热的灯丝周围时又分解成卤族元素和钨，钨又重新沉积到灯丝上。这种卤钨循环减少了钨的蒸发，延长了使用寿命，提高了发光效率。目前使用的产品主要有碘钨灯和溴钨灯，其光谱为可见光连续光谱，短波长成分增多，发光颜色比前述白炽灯更近于白色。

2. 气体放电光源(Gaseous discharge)

气体放电光源是利用气体放电而发光的，其光谱为线状谱。钠光灯、汞灯、氢灯、氘灯等皆属于此类光源。

3. 钠光灯(Natrium lamp)

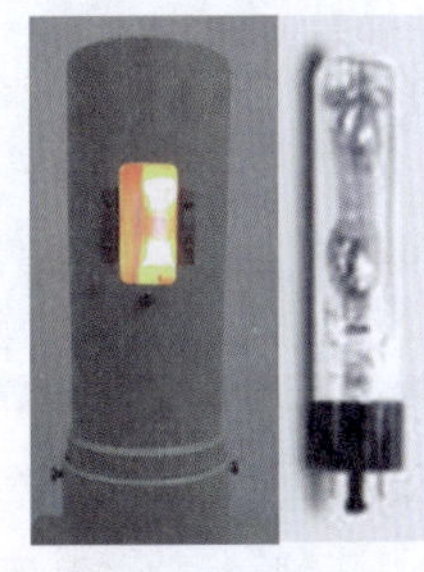
图 C-3　钠光灯

钠光灯(图 C-3)利用钠蒸气放电,它在可见光范围内发出两条较强的谱线,即 $\lambda_1 = 589.0$ nm,$\lambda_2 = 589.6$ nm。因为两条谱线非常接近,所以常将它作为一个比较好的单色光源使用。

大学物理光学实验中,通常取两条谱线的平均值 $\lambda = 589.3$ nm 作为单色钠黄光的波长。钠在常温下是固体,蒸气压强很低。在钠光灯中还必须含有一定量的氩气,它的作用是使放电现象得以发生,氩放电时发出略带粉红的光。当由于氩放电而使温度升高时,钠开始蒸发,出现黄光。几分钟之后,钠黄光达到一定的强度,方可使用。

注意　①钠光灯必须与镇流器串联使用;

②钠光灯一旦点燃,应直至全部做完实验再熄灭,因为钠光灯每开一次,就折减一定的使用寿命;

③钠蒸气活泼,遇水会发生爆炸,使用时注意不能碰碎,报废的钠光灯应予以深埋。

4. 汞灯(Mercury lamp)

图 C-4　汞灯

汞灯(图 C-4),又称水银灯,利用汞蒸气放电,实验中常用低气压汞灯,它在可见光和近紫外线区域有很强的谱线,主要有 579.1 nm,577.0 nm,546.1 nm,435.8 nm,404.7 nm,365.0 nm 等。

注意　①汞灯必须与镇流器或限流器串联使用;

②汞灯必须在额定电压与额定电流下使用。

5. 激光器(Laser)

激光是受激辐射产生的,它具有单色性好、方向性好、亮度高等优点,是极好的相干光源。氦-氖激光器(图 C-5)由激光管和直流高压激光电源组成,发出波长为 632.8 nm 的连续激光。由于它属于可见光波段,而且价格较低、容易得到,所以应用十分广泛。

图 C-5　氦-氖激光器

注意　①激光电源为直流高压电源,使用中谨防触电;

②激光管的电极不能反接,以免损坏激光管;

③激光管在最佳工作电流下工作,才能使激光输出功率值最大;

④实验者不要正视激光束,以免损伤眼睛,因为氦-氖激光束尽管功率不高,但其单位面积上的能量也可能大于视网膜损伤阈值。

最近十几年,半导体激光器的制造技术得到迅速发展,其应用也越来越广泛。半导体激光器(图 C-6)不但具有一般激光器单色性好、相干性好、高亮度等特点,还具有体积小、质量轻、功耗小、工作电压低、使用方便等优点。它的波长范围主要在红光、绿光及红外区段,物理实验常使用的是红光,波长为 635 nm,650 nm,670 nm 等。今天的半导体激光器已广泛进入了人们的日常生活,如激光唱机、计算机上的光驱等,现在日益发展起来的光纤通信技术所使用的光源也主要是半导体激光器。

图 C-6　半导体激光器

6. 发光二极管(Light emitting diode)

发光二极管(LED)是一种由磷化镓(GaP)等半导体材料制成的能够直接将电能转变成光能的发光器件。当其内部有一定的电流通过时,它就会发光。发光二极管与普通二极管的结构相同,也是由PN结构成的,具有单向导电性,在各种电子电路、家用电器、仪器仪表等设备中作为电源指示灯或其他指示灯。按其使用材料,发光二极管可分为磷化镓(GaP)发光二极管、磷砷化镓(GaAsP)发光二极管、砷化镓(GaAs)发光二极管、磷铟砷化镓(GaAsInP)发光二极管和砷铝化镓(GaAlAs)发光二极管等。按其封装结构及封装形式除可分为金属封装、陶瓷封装、塑料封装、树脂封装和无引线表面封装外,根据发光波长不同,亦可分为可见光和红外光的LED。图C-7中给出的是可见光发光二极管。

图C-7　可见光发光二极管

二、光学滤光器(Optical filter)

光学滤光器是用来从复色光中获得单色光的光学器件。

1. 吸收滤光器(Absorption filter)

吸收滤光器(图C-8)用以透射连续光谱中一定宽度的光谱带,各类玻璃或明胶的带色滤光器就是其中的一类,还可以将某些化学药品溶液盛于有平行平面的吸收皿中,制成吸收滤光器,如浓重铬酸钾的水溶液可以透射578 nm的光辐射,而阻止其他辐射光的透过等。

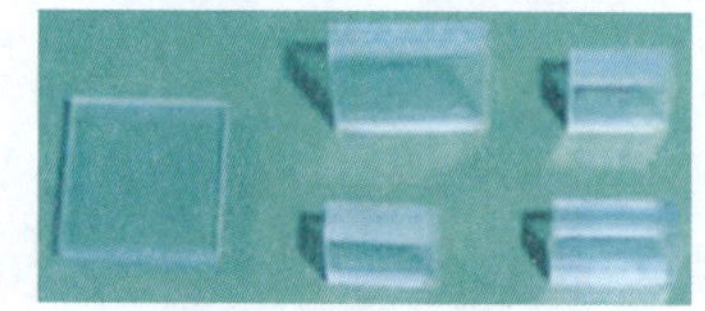

图C-8　吸收滤光器

2. 干涉滤光器(Interferometric filter)

干涉滤光器是利用干涉原理只使特定光谱范围的光通过的光学薄膜,通常由多层薄膜构成。干涉滤光片种类繁多,用途不一,常见干涉滤光片分为截止滤光片和带通滤光片两类。截止滤光片能把光谱范围分成两个区,一个区中的光不能通过(截止区),而另一区中的光能充分通过(通带区)。典型的截止滤光片有低通滤光片(只允许长波长的光通过)和高通滤光片(只允许短波长的光通过),它们均为多层介质膜,具有由高折射率层和低折射率层交替构成折射率周期性分布的结构。例如,最简单的高通滤光片结构为$\mathrm{G}\frac{\mathrm{L}}{2}(\mathrm{HL})^m\mathrm{H}\frac{\mathrm{L}}{2}\mathrm{A}$。其中,G代表玻璃(光学元件材料);A代表膜外空气;L和H分别代表厚度为$\frac{1}{4}$波长的低折射率层和高折射率层;$\frac{\mathrm{L}}{2}$则代表厚度为$\frac{1}{8}$波长的低折射率层;m为周期数。类似地,低通滤光片的结构为$\mathrm{G}\frac{\mathrm{H}}{2}\mathrm{L}(\mathrm{HL})\frac{\mathrm{H}}{2}\mathrm{A}$。一种具有对称型周期膜系的高通和低通滤光片的结构分别为$\mathrm{G}\left(\frac{1}{2}\mathrm{LH}\frac{1}{2}\mathrm{L}\right)^m\mathrm{A}$和$\mathrm{G}\left(\frac{1}{2}\mathrm{HL}\frac{1}{2}\mathrm{H}\right)^m\mathrm{A}$。

带通滤光片只允许较窄波长范围的光通过,常见的是法布里-珀罗型滤光片，它实质上是一个法布里－珀罗标准具（法布里－珀罗干涉仪），具体结构为玻璃衬底上涂一层半透明金属层，接着涂一层氟化镁隔层，再涂一层半透明金属层，两金属层构成了法布里－珀罗标准具的两块平行板。当两极的间隔与波长同数量级时，透射光中不同波长的干涉高峰分得很开，利用别的吸收型滤光片可把不允许透过的光滤掉，从而得到窄通带的带通滤光片，其通带宽度远比普通吸收型滤光片窄。另外还有全电介质的法布里－珀罗型滤光片，两种典型结构为 GHLHLLHLHA，GHLHLHHLHLHA$_1$。根据需要，带通滤光片的通频带可从红外到紫外。在可见光区，彩色电视摄像机中可利用这种滤光片把像分离成不同颜色；在红外区，常用于二氧化碳激光器、导弹制导系统及卫星传感器等。

三、光探测器（Optical detector）

光探测器的种类繁多，且各自的工作机理和工作方式各有不同，常用的有以下几种。

1. 光电池（Photoelectric cell）

光电池（图 C－9）的工作原理是光生伏特效应。在半导体片和金属片之间有一个 PN 结，PN 结吸收能量足够大的光子后在结处形成电动势，金属一边带负电，半导体一边带正电，用导线连接两极则可产生光电流。在光不太强时，光电流与光辐射照度近似成正比，在物理实验中往往利用这一关系，用光电流来代表照射在光电池上的光强。常用的光电池有硅光电池与硒光电池，其光谱响应范围分别为 400～1 100 nm 与 350～800 nm。

图 C－9　光电池

2. 光电二极管（Photo diode）

光电二极管（图 C－10）和普通二极管一样，也是由一个 PN 结组成的半导体器件，具有单方向导电特性。但是，在电路中不是用它作为整流元件，而是通过它把光信号转换成电信号。那么，它是怎样把光信号转换成电信号的呢？普通二极管在反向电压作用时处于截止状态，只能流过微弱的反向电流。光电二极管在设计和制作时尽量使 PN 结的面积相对较大，以便接收入射光。光电二极管是在反向电压作用下工作的。没有光照时，反向电流极其微弱，称为暗电流；有光照时，反向电流迅速增大到几十微安，称为光电流。光的强度越大，反向电流也越大。光的变化引起光电二极管电流变化，把光信号转换成电信号，成为光电传感器件，它的特点是体积小、使用方便，其光谱响应范围与光电二极管材料有关，锗管为 400～1 800 nm，硅管为 400～1 100 nm。

图 C－10　光电二极管

3. 光电倍增管（Multiplier phototube）

图 C－11　光电倍增管

光电倍增管（图 C－11）的工作原理是某些金属氧化物表面吸收一定能量的光子后能发射电子，这种效应称为外光电效应。光电倍增管有一个阴极、多个倍增极和一个阳极。光照射在阴极上时发射的电子打在倍增极上并且产生二次电子，逐级增多，最后阳极收集电子而形成电流，其光谱响应与阴极材料有关。光电倍增管的特点是灵敏度高，因此常用来探测微弱光，它的放大倍数一般为 $10^6 \sim 10^8$。

四、视差（Parallax）

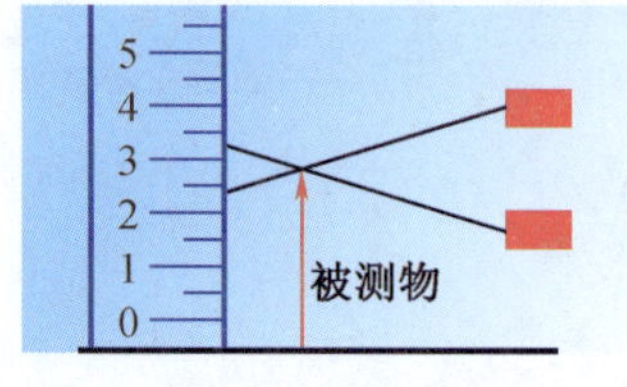

图 C－12　视差

视差是在光学实验的调整过程中随着眼睛的晃动（观察位置稍微改变），标尺与被测物体之间产生相对移动，造成难以进行准确的实验测量的一种现象（图 C－12）。视差产生的原因是度量标尺（分划板）与被测物体（像）不共面，使得当眼睛晃动（观察位置稍微改变）时，标尺与被测物体之间产生相对移动造成的。在许多光学实验中，常利用视差进行调试。例如，当人的眼睛通过显微镜或望远镜进行观察时，要求物像成在目镜的分划板上，以便用分划线确定观测物的坐标。调试中，是利用有无视差判断成像位置的。当移动眼睛时，若像与分划线相对移动，即存在视差，说明物未成像在分划板上，只有像与分划线无视差，才能认定已调试准确。

五、光路的布置与调整

在光学实验中，光束经过的途径称为光路。光路的布置与调整是光学实验的重要内容，它犹如电学实验中电路的布置与连接一样。成套的光学仪器有相应的调整措施与调整要求，实验者应按要求耐心地进行正确调试。组装的装置往往置于光学导轨或光学平台上，调整光路的常用方法是：首先目测粗调，将各个光学元件布置好，然后再利用光屏上的小圆孔分划线，调整光束与导轨或平台平行，调整光学元件同光轴。如果有条件，通常用可见激光作为准直光束调整同轴。

六、光学仪器的保护

光学仪器由光学玻璃元件及精密测量机构组成，所以光学仪器一方面很精密，另一方面大多贵重且容易损坏，使用时要注意保护。

①使用时要轻拿轻放，勿使元件碰撞，更要避免摔坏。不用的光学元件不能随便乱放，尤其在暗室里，以免无意将其扫落地面。

②任何时候都不能用手触及光学元件的光学表面。不要对着光学元件说话，更不能打喷嚏、咳嗽。

③光学元件表面有沾污时，无镀膜的表面可以在教师指导下用洁净的镜头纸轻轻擦拭干净，有镀膜的表面，必须由有经验的实验人员进行去污处理，

否则容易损坏镀膜。

④光学仪器中的机械部分,如分光计的刻度盘、迈克尔逊干涉仪的蜗轮蜗杆等,要按照操作规程操作,动作要轻、精细。不准随意拆卸仪器或乱拧旋钮,以免造成仪器严重损伤或丢失零件。

⑤仪器使用完毕,盖好防尘罩,以保持清洁。

实验 13　薄透镜焦距的测定

一、背景及应用

透镜是由透明物质(如玻璃、水晶等)制成的一种光学元件,在天文、军事、交通、医学、艺术等领域发挥着重要作用。

人们使用透镜的历史可以追溯到古希腊和古罗马时期,那时人们就已经知道并且记述了透镜的放大性能,并且发现透镜可以聚光引火。在古罗马时期,有人还利用透镜帮助近视患者矫正视力。我国早在西汉(公元前 202—公元 8 年)《淮南万毕术》中就有关于冰透镜记载:“削冰令圆,举以向日,以艾承其影,则火生。”其后,晋朝张华的《博物志》中也有类似记载。

图 13-1　早期的显微镜

图 13-2　哈勃太空望远镜

随着光学技术的深入研究,透镜的触角已涉及军事国防、航天航空、工矿农业、能源环保、生物医学、计量测试、自动控制乃至家庭生活等各个领域。当然,透镜的两个最重要的应用则要属望远镜和显微镜了,望远镜使人类实现了“千里眼”,显微镜使人类走进了奇妙的微观世界。早期的显微镜如图 13-1 所示。身边的摄像机、照相机以及各种各样的光学仪器等,都离不开透镜的作用。1990 年发射的哈勃太空望远镜(图 13-2)的物镜直径为2.4 m,角分辨率约为 0.1″,在地球大气层外 615 km 的高空绕地球运行,采用计算机图像处理技术把图像资料传回地球,可观察 130 亿光年远的太空深处,发现了 500 亿个星系。但是,它仍不能满足科学家的期望。目前,人们正在设计制造物镜直径为 8 m 的巨大太空望远镜,用以取代哈勃望远镜,期望能观察到“大爆炸”开端的宇宙星体。对于显微镜来说,采用极短波长的光对提高其分辨率是十分有利的。对于光学显微镜而言,使用 400 nm 的紫光照射物体而进行显微观察,最小分辨距离约为 200 nm,最大放大倍数约为2 000,这已是光学显微镜的极限。电子具有波动性,当加速电压为几十万伏时,电子的波长只有约 10^{-3} nm,所以电子显微镜可获得很高的分辨率,这就为研究分子、原子的结构提供了有力的工具。

如今科学技术的发展日新月异,光学仪器已在生产部门和日常生活中得到了广泛的应用。虽然光学仪器的种类繁多,但透镜是组成各种光学仪器的基本光学元件。因此,为了解光学仪器的构造和正确的使用方法,必须掌握透镜的成像规律,学会光路的分析和调节技术,而焦距是反映透镜特性的基本参数,根据不同的使用要求可选择合适焦距的透镜,为此就需要测定透镜的焦距。这对于深入学习透镜的成像规律,理解各种常见光学仪器的构造具有积极的意义。

二、测量原理

1. 薄透镜的成像规律

薄透镜是最常见的基本光学元件,它由两个折射面组成,中间是构成透镜的媒质(即光学玻璃)。所谓薄透镜,是指中心厚度与两个折射球面的半径相比可以忽略不计的透镜。透镜分为两大类：一类是凸透镜，对光线起会聚作用，焦距越短，会聚本领越大；另一类是凹透镜，对光线起发散作用，焦距越短，发散本领越大。

薄透镜成像的物像关系可用下式描述，即

$$\frac{1}{p}+\frac{1}{q}=\frac{1}{f} \tag{13-1}$$

式中，p 为物距，实物为正，虚物为负；q 为像距，实像为正，虚像为负；f 为焦距，凸透镜为正，凹透镜为负。公式中各量的符号由上述统一符号规则决定。对于薄透镜，公式中 p 和 q 都是从透镜光心算起。

在透镜中使用最多的是会聚透镜，其成像规律可用如图 13－3 所示的光路图表示。图 13－3 中不带撇的数字表示物的编号，带撇的数字表示像的编号，透镜焦距为 f。为了清楚起见，我们分别画出了两个光路图，图13－3(a)是凸透镜成像的情形，图 13－3(b)是凹透镜成像的情形。

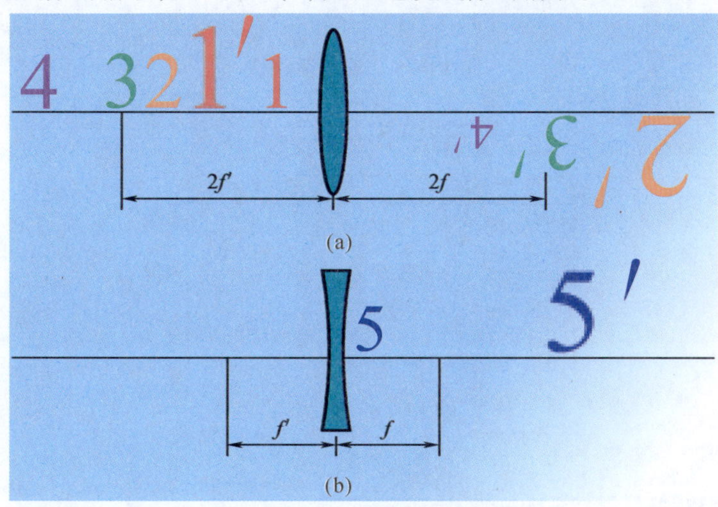

图 13－3　透镜的成像规律

2. 凸透镜焦距的测定

(1)平面镜法

若将物调到某一位置，其发出的光经透镜后为平行光，若用平面镜将这束平行光反射回来，再经过透镜则又成像于物面上(图 13－4)，这时物与透镜间的距离就是透镜的焦距 f。

(2)物距像距法

如图 13－5 所示，物体 A 发出的光线经过凸透镜折射后，成像在另一侧。用像屏接收到这个像，测出物距 p 和像距 q。用式(13－1)可计算焦距 f。

(3)共轭法

如图 13－6 所示，使物与像屏间的距离大于 $4f$ 并保持不变。当凸透镜在 O_1 处时，像屏上成放大实像；再将凸透镜移动到 O_2 处，屏上成缩小实像。令 O_1 和 O_2 间的距离为 l，物到像的距离就是 d。根据共轭关系有 $p_1=q_2$，$p_2=q_1$，则利用式(13－1)可推得

$$f=\frac{d^2-l^2}{4d} \tag{13-2}$$

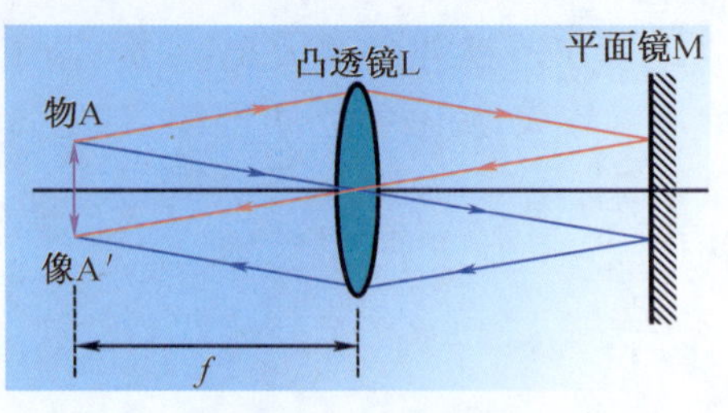

图 13-4　平面镜法

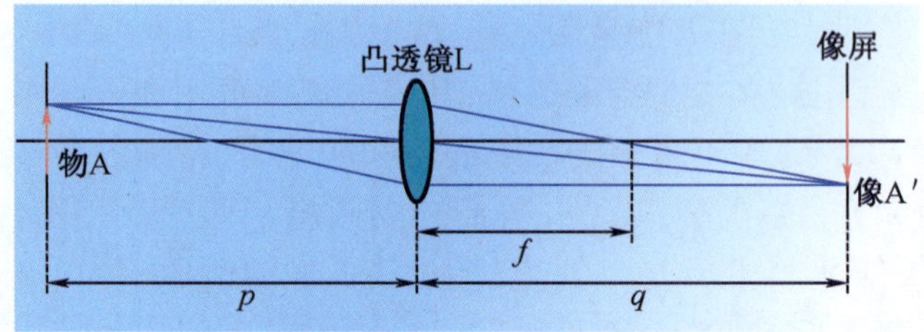

图 13-5　物距像距法

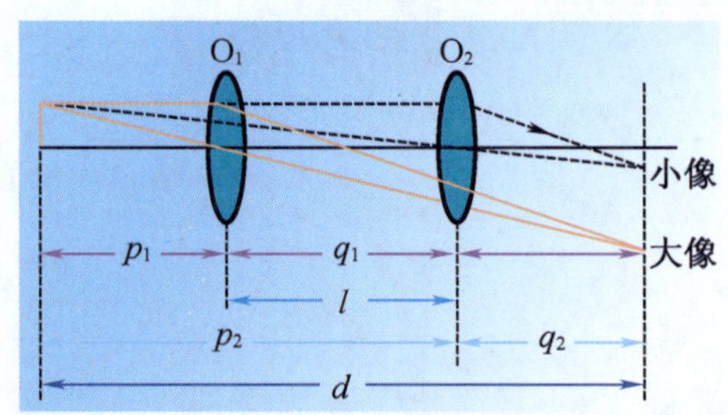

图 13-6　共轭法

3. 凹透镜焦距的测定

(1)平面镜法

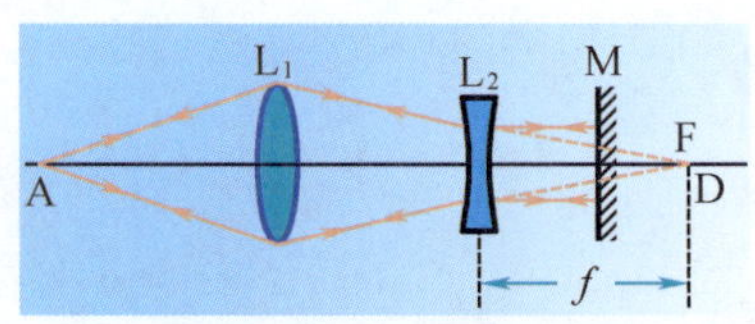

图 13-7　平面镜法

如图 13-7 所示,凸透镜 L_1 所成的像 D 也是凹透镜 L_2 的虚物。当调节凹透镜使 D 处于其焦平面上,则光线经过凹透镜后生成平行光。用平面镜将这束平行光反射回去仍回原处,这时 D 与 L_2 间的距离即为凹透镜的焦距 f。

(2)物距像距法

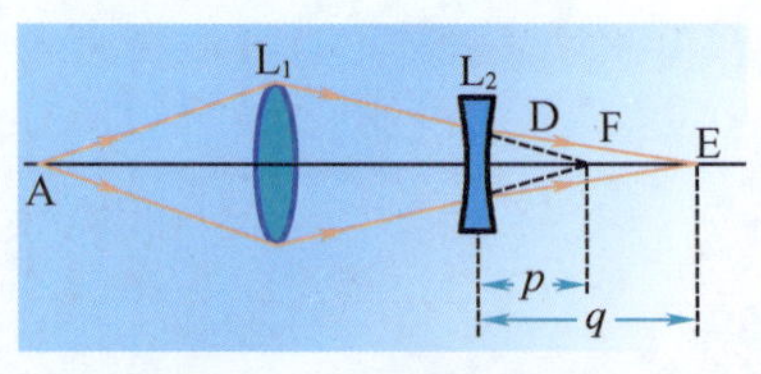

图 13-8　物距像距法

如图 13-8 所示,从 A 点发出的光经凸透镜 L_1 后会聚于 D。在 L_1 和 D 之间插入凹透镜 L_2,使 L_2 和 D 的距离小于凹透镜 L_2 本身的焦距,则凸透镜所成的像 D 可看作凹透镜 L_2 的虚物。由凹透镜成像规律可知,在凹透镜焦距内的虚物可以成实像 E。此时用 p 表示 L_2 和 D 的距离,q 表示 L_2 和 E 的距离,依符号规则,已知 p 应为负,q 应为正,根据式(13-1)得

$$\frac{1}{q}-\frac{1}{|p|}=\frac{1}{f} \tag{13-3}$$

所以

$$f=\frac{q\cdot|p|}{|p|-q} \tag{13-4}$$

三、实验目的

了解薄透镜的定义;掌握简单光路的分析和调节技术;加深理解透镜的成像公式;通过几种方法对凹透镜、凸透镜的焦距进行定量测量,掌握一些简单光路的调整方法;学习了解光学仪器的构造和正确的使用方法。

四、实验仪器

薄透镜的焦距测定装置由凹透镜、凸透镜、光源、画有箭矢的物屏、像屏、光具座组成,如图13-9所示。

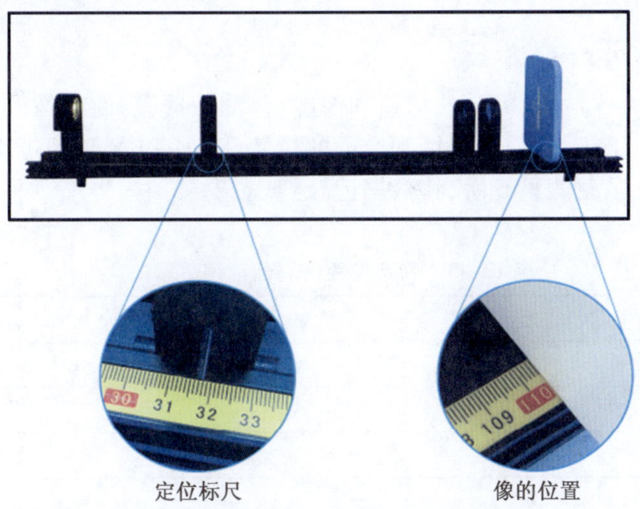

图13-9 薄透镜的焦距测定装置

五、实验内容与操作要点

1. 观察薄透镜的成像规律

根据透镜成像作图法,将观察和分析结果列入表13-1中。

表13-1 成像结果

物距	成像范围	像的性质
$p>2f$	$2f>q>f$	倒立、缩小、实像
$P=2f$		
$2f>p>f$		
$P=f$		
$p>f$		
$0>p>-f$		

2. 凸透镜焦距的测定

(1)平面镜法

按图 13－4 放置物屏、凸透镜和和平面镜,移动凸透镜,使在物屏上看到一清晰倒立的像。记录物屏、凸透镜和平面镜的位置 A,l_1 和 M。固定物屏和平面镜的位置,移动凸透镜,重复测量 6 次,将数据记录到表 13－2 中。

表 13－2　平面镜法法测凸透镜数据记录　　单位:cm

次数	1	2	3	4	5	6	平均
l_1							
A							
M							

(2)物距像距法

按图 13－5 放置物屏、凸透镜和像屏,移动凸透镜,使在像屏上看到一清晰倒立的像,记录物屏、凸透镜和像屏的位置 A_1,l_1 和 A_2。固定物屏和像屏,移动凸透镜,重复测量 6 次,将数据记录到表 13－3 中。

表 13－3　物距像距法测凸透镜数据记录　　单位:cm

次数	1	2	3	4	5	6	平均
l_1							
A_1							
A_2							

(3)共轭法

使物屏和像屏间的距离略大于 $4f$,这样成像误差较小,物屏和像屏的位置分别为 A_1 和 A_2,透镜在成大像和小像时的位置分别为 l_1 和 l_2,透镜在两次成像之间的位移为 $l=|l_1-l_2|$,测定物屏、透镜、像屏的位置 A 坐标。要求重复测量 6 次。

固定 A_1,A_2 不变,重复测量 l_1 和 l_2 各 6 次,将数据记录到表 13－4 中。

表 13－4　共轭法测凸透镜焦距数据记录　　单位:cm

次数	1	2	3	4	5	6	平均
l_1							
l_2							
A_1							
A_2							

3. 凹透镜焦距的测定

(1)平面镜法

如图13－7所示,取L_1到物屏的距离大于L_1的焦距,移动L_1和L_2,使经平面镜反射回去的光在物屏上成一清晰的倒立像。固定L_1的位置,记下L_2的位置,拿掉L_2和平面镜,换上像屏,沿导轨移动像屏,直至屏上看到清晰的像。记下像屏的位置D,此时D与L_2的位置间距即为凹透镜的焦距。重复测量6次,将数据记录到表13－5中。

表13－5　平面镜法测凹透镜焦距数据记录　　单位:cm

次数	1	2	3	4	5	6	平均
L_2							
D							

(2)物距像距法

固定物屏和凸透镜的位置A,l_1,重复测量凸透镜成像的位置D 6次。然后在l_1和D之间放入待测凹透镜,测出凹透镜的位置l_2,固定凹透镜,重复测量加入凹透镜后成像像屏的位置E 6次,将数据记录到表13－6中。

表13－6　物距像距法测凹透镜焦距数据记录　　单位:cm

次数	1	2	3	4	5	6	平均
D							
E							
A							
l_1							

六、数据记录与处理

计算采用上述测量方法时对应的焦距f及其不确定度Δf,并将结果表示成$f=f\pm\Delta f$的形式。

七、分析与思考

(1)用物距像距法测凸透镜焦距时,常取$p=2f$,此时测量的相对不确定度误差最小,你能证明这个结论吗?

(2)用共轭法测凸透镜焦距时,为什么必须使$d>4f$?试证明之。

八、附录

透镜的两个最主要的应用就是望远镜和显微镜，这两个伟大发明的作用不言而喻。下面我们就了解一下望远镜和显微镜的结构。

1. 望远镜

(1)望远镜的结构

常见望远镜可简单分为伽利略望远镜、开普勒望远镜和牛顿式望远镜。伽利略发明的望远镜在人类认识自然的历史中占有重要地位，它由一个凹透镜(目镜)和一个凸透镜(物镜)构成，其优点是结构简单，能直接成正像。但自从开普勒望远镜发明后，此种结构已不被专业级的望远镜采用，而多被玩具级的望远镜采用，所以又被称作观剧镜。

开普勒望远镜由两个凸透镜构成。由于两者之间有一个实像，可方便地安装分划板，并且性能优良，所以目前军用望远镜、小型天文望远镜等专业级的望远镜都采用此种结构。但这种结构成像是倒立的，所以要在中间增加正像系统。

正像系统分为两类：棱镜正像系统和透镜正像系统。我们常见的前宽后窄的典型双筒望远镜即采用了双直角棱镜正像系统，这种系统的优点在于正像的同时将光轴两次折叠，从而大大减小了望远镜的体积和质量。透镜正像系统采用一组复杂的透镜将像倒转，成本较高，但俄罗斯三节伸缩古典型单筒望远镜采用的是设计精良的透镜正像系统。

(2)望远镜的主要性能参数

下面以一个望远镜的参数为例来说明各个参数的含义。

①规格

10 ×40，说明望远镜的放大倍数即倍率是 10 倍，望远镜的物镜镜片的直径是 40 mm。对于变倍望远镜，可能标为(10 ~40) ×60，那么倍数是在 10 ~40 倍连续可调，口径是 60 mm。

②视场角

6°30′，表示望远镜观看的视野范围，望远镜倍数越大，视场角越小。

③1 000 m 视界

114/1 000 m，表示视野大小的另一种方法，指望远镜在 1 000 m 远处所看到的范围的宽度，望远镜倍数越大，这个参数越小。

④出瞳距离

12 mm，望远镜在视网膜上成像时眼睛距离目镜的最佳距离。与望远镜的倍数等有关，一般来说倍数高的望远镜出瞳距离小一些。足够大的出瞳直径可以保证望远镜在使用者佩戴防毒面具或眼镜时使用。

⑤出瞳直径

4 mm，出瞳直径 = $\frac{口径}{倍数}$。例如，这个 10 × 40 的望远镜，出瞳直径就是 4 mm。当然这是理想状态，一些望远镜可能因为光路设计和成本等原因不能达到这个理论值。

⑥分辨率

4.7″，指望远镜分辨最小细节的能力，一般和望远镜规格、材料、做工等因素有关。

2. 显微镜

显微镜是由一个透镜或几个透镜的组合构成的一种光学仪器，是人类进入原子时代的标志，是用于放大微小物体使之成为人肉眼所能看到物体的仪器。显微镜分光学显微镜和电子显微镜。光学显微镜是在 1590 年由荷兰的杨森父子首创。现在的光学显微镜可把物体放大 1 500 倍，分辨的最小极限达 0.2 μm（图 13－10）。

光学显微镜的种类很多。例如，暗视野显微镜是一种具有暗视野聚光镜效果的，使照明的光束不从中央部分射入，而从四周射向标本的显微镜，显微镜的成像原理如图 13－11 所示。荧光显微镜以紫外线为光源，使被照射的物体发出荧光。电子显微镜是在 1931 年在德国柏林由克诺尔和哈罗斯卡首先装配完成的，这种显微镜用高速电子束代替光束。由于电子流的波长比光波短得多，所以电子显微镜的放大倍数可达 80 万倍，分辨的最小极限达 0.2 nm。如图 13－12 所示是普通的光学显微镜，如图 13－13 所示是投射式电子显微镜。1963 年开始使用的扫描电子显微镜可使人看到物体表面的微小结构。

现有的各种显微镜都是由目镜和物镜组成，物镜的焦距很短，目镜的焦距很长。物镜的作用是得到物体放大的实像，目镜的作用是将物镜放大的实像作为物体，进一步放大成虚像，其放大的总倍数就是物镜的放大倍数乘以目镜的放大倍数。

图 13－10 杨森父子制造的第一台显微镜

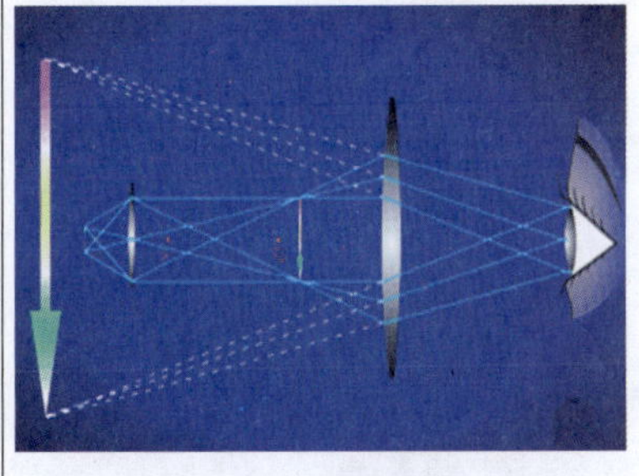

图 13－11 显微镜的成像规律

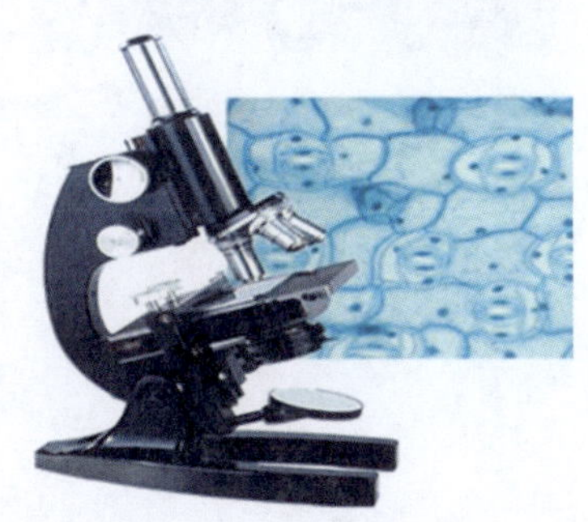

图 13－12 普通的光学显微镜

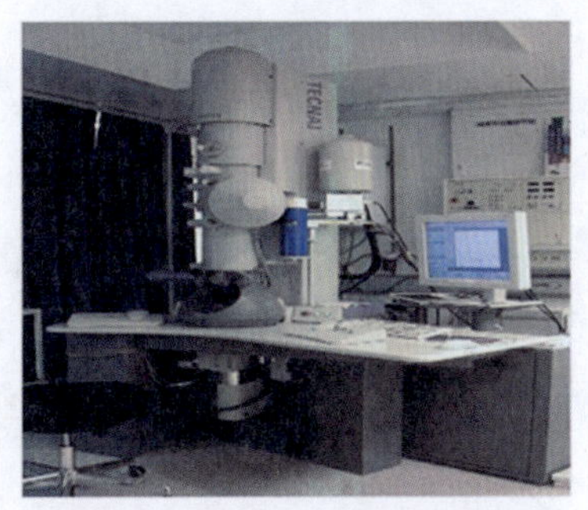

图 13－13 投射式电子显微镜

实验 14　分光计实验

一、背景及应用

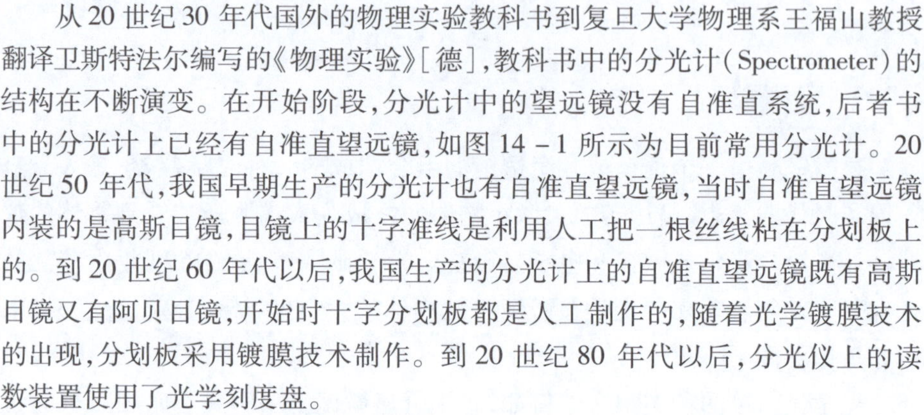

从 20 世纪 30 年代国外的物理实验教科书到复旦大学物理系王福山教授翻译卫斯特法尔编写的《物理实验》[德]，教科书中的分光计(Spectrometer)的结构在不断演变。在开始阶段，分光计中的望远镜没有自准直系统，后者书中的分光计上已经有自准直望远镜，如图 14－1 所示为目前常用分光计。20 世纪 50 年代，我国早期生产的分光计也有自准直望远镜，当时自准直望远镜内装的是高斯目镜，目镜上的十字准线是利用人工把一根丝线粘在分划板上的。到 20 世纪 60 年代以后，我国生产的分光计上的自准直望远镜既有高斯目镜又有阿贝目镜，开始时十字分划板都是人工制作的，随着光学镀膜技术的出现，分划板采用镀膜技术制作。到 20 世纪 80 年代以后，分光仪上的读数装置使用了光学刻度盘。

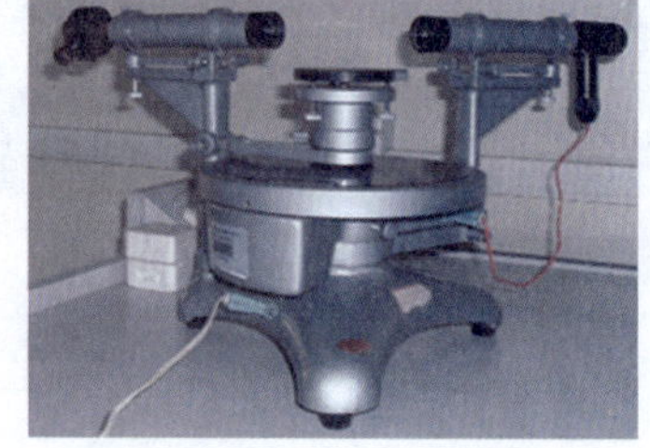

图 14－1　常用分光计

分光计通常利用棱镜或光栅把一束多波长入射光分解为不同角度出射的单色光，通过对出射光角度的测量来得到它的波长等信息。由于分光计对角度的测量精度较高，因此它有时也作为一种用光学方法测量角度的精密仪器，在光学实验中常用来测定光线的方向及各种角度。由于有些物理量(如折射率(Index of refraction)、光栅常数(Grating constant)、色散率(Dispersive power)等)往往可以通过直接测量有关的角度(如最小偏向角(Minimum deviation)、衍射角(Diffraction angle)、布儒斯特角(Brewster's angle)等)来确定，所以在光学技术中，分光计的应用十分广泛。分光计的基本部件和调节原理与其他更复杂的光学仪器(如单色仪、摄谱仪等)有许多相似之处，因此学习使用分光计能为今后使用更为精密的光学仪器打下良好的基础。

几十年来，在我国高等院校的光学实验教学中，分光计发挥了重要的作用。根据我们的教学实践经验，分光计在实验教学中有以下三个方面的作用。

(1)操作性强

可以调节的螺丝有 20 多个，有利于训练学生的实验技能。在调节技术上可以进行以下的训练。

①平行光的产生和检验；

②无视差技术的练习；

③对光学技术的练习；

④$\frac{1}{2}$调节技术的练习。

(2)实验思想清晰

有利于提高学生的实验技能和水平。

①调整好的装有高斯目镜的自准直望远镜输出平行光，而调整好的装有阿贝目镜的输出不是平行光；

②实验内容可以密切地配合课堂教学(如色散、最小偏向角、材料的折射

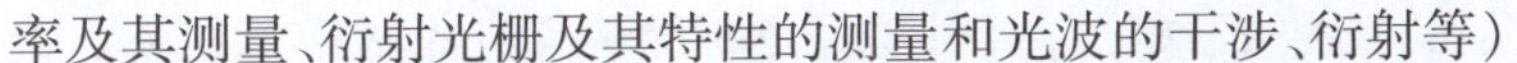

率及其测量、衍射光栅及其特性的测量和光波的干涉、衍射等)；

③用分光计测量角度时，为什么有偏心差及其消除的方法；

④怎么能使待测角度的水平面和分光计的刻度盘的水平面平行；

⑤测量角度时，为什么刻度盘和游标盘两者只能转动一个盘；

⑥$\frac{1}{2}$调节方法的物理意义。

(3)用分光计可开设多个教学实验

①分光计的调整和三棱镜顶角的测量；

②利用分光计测量玻璃砖的折射率；

③利用最小偏向角法测量棱镜的折射率；

④用掠入射线法测量棱镜的折射率；

⑤衍射光栅的基本常量测定；

⑥利用分光仪观察光波的双缝干涉现象；

⑦利用分光计观察光波的衍射现象；

⑧光波的偏振现象的观察。

二、实验仪器

本实验所使用的分光计及配套的光源、双面反射镜和光栅等如图 14-2 所示。分光计主要由望远镜(Telescope)、载物平台(Object stage)、平行光管(Collimator tube)和读数装置(包括刻度盘和读数游标)组成。在分光计的四个组成部分中，除了平行光管被固定在支架上外，其余的三个部分都可以围绕着仪器的中心转轴(又称仪器的主转轴)转动。下面介绍分光计各个部分的使用方法。

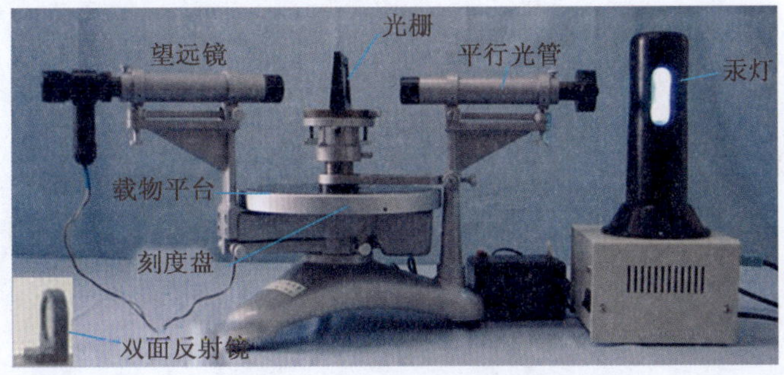

图 14-2 实验装置组成图

1. 望远镜

分光计所使用的望远镜主要由物镜、目镜、分划板和镜筒组成，如图 14-3 所示。这种测量用望远镜在其镜筒内设置一块分划板，一般是三条横线和一条竖线(通常作为测量的基准)，圆形视场的两条直径的交点就是望远镜镜筒的轴线(望远镜的光轴)，在分划板的下方有一个被照亮的绿色十字，其作用是判断望远镜的光轴与仪器主转轴的角度，这个角度的调整可用望远镜下面的倾角调节螺栓。测量用望远镜通常有两个焦距需要使用者自行调整，即目镜焦距和物镜焦距，因为每个人眼睛所适应的焦距是不同的。目镜的调整方法是旋转目镜套筒,使分划板上的刻线被清晰地看到;物镜焦距的调整方法是松开物镜焦距锁紧螺栓,将目镜、光源和分划板组成的一体的黑色部分拉出来、推进去,改变的就是分划板与物镜之间的距离(调整的就是物镜的焦距)。

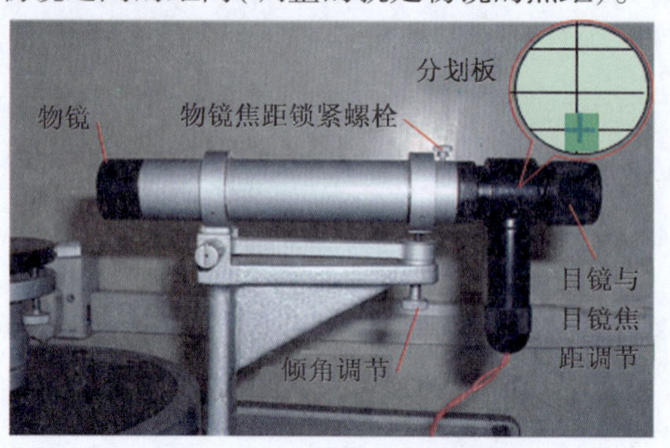

图 14-3　望远镜的组成与使用

2. 平行光管

平行光管被固定在分光计上,如图 14-4 所示,其组成部件有透镜、狭缝、狭缝宽度调节旋钮、焦距锁定螺栓、平行调节螺栓和倾角调节螺栓。松开焦距锁定螺栓,将狭缝整体伸缩,当狭缝刚好处于透镜的焦平面时,平行光管发射出的就是平行光。倾角调节的目的是使平行光管的光轴和仪器的主转轴垂直并与望远镜的光轴平行,平行调节的目的是调整平行光管的光轴与望远镜的光轴在同一条直线上。狭缝的宽窄是否适当以及是否清晰将直接影响测量的准确程度。

3. 载物平台

载物平台(图 14-5)是用来放置待测件的平台。台面下方装有三个细纹螺丝支撑着台面,用来调节台面的倾斜角度,这三个螺丝的位置组成一个正三角形。松开载物台锁定螺丝,载物台可以单独绕分光计中心轴转动,也可沿中心轴升降以适应不同待测件;旋紧载物台锁定螺丝,载物台将与游标盘固定在一起。游标盘可用游标盘止动螺丝(即图 14-4 中的刻度盘锁紧螺栓)锁紧,此时载物台与游标盘同时被固定。

注意　除了需要升高或降低载物台,载物台锁定螺栓在测量过程中应始终处于锁紧状态。

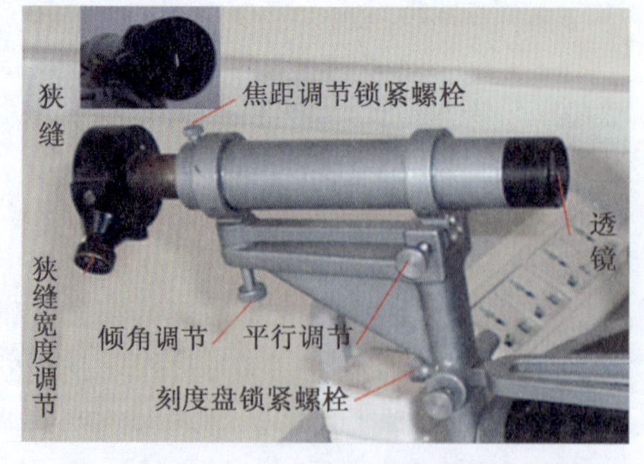

图 14-4　平行光管的组成与使用

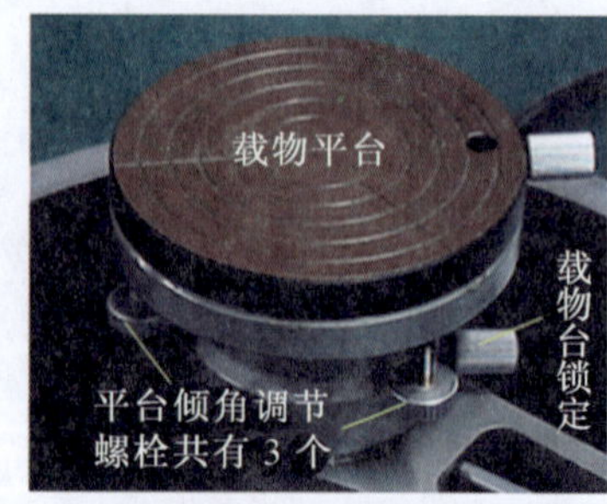

图 14-5　载物平台

4. 读数装置

读数装置由主尺度盘和游标盘组成，如图 14－6 所示。主刻度圆盘分为 360°，最小刻度为0.5°，小于0.5°则利用游标读数。复习游标卡尺的读数原理，其最小分度等于主尺最小刻度被游标尺上的格数去除，即$\frac{a}{n}$。分光计的游标上刻有 30 小格，于是 0.5°(即 30′)被 30 除，则每小格对应角度应为 1′。分光计的角度游标读数的方法与游标卡尺的读数方法相似，即以游标尺上零线所指示的读数为"度(°)"，超过 0.5°要加上 30′，游标盘上的刻线与主刻度盘上刻线对齐的刻度线即为游标盘上的读数为"分(′)"。如图 14－7 所示，图 14－7(a)的读数为 81°17′，图 14－7(b)的读数则为 30°44′。

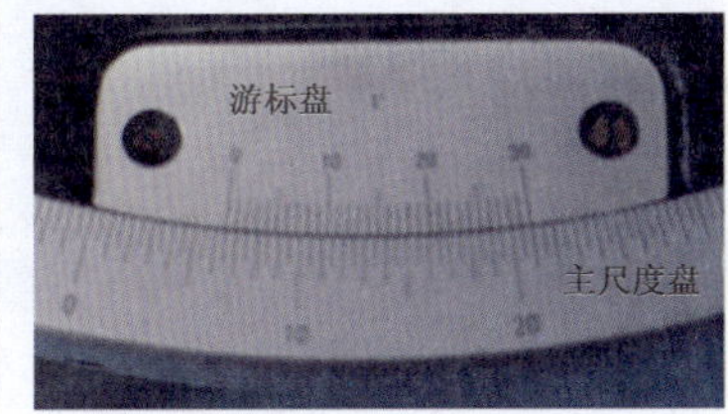

图 14－6 游标读数

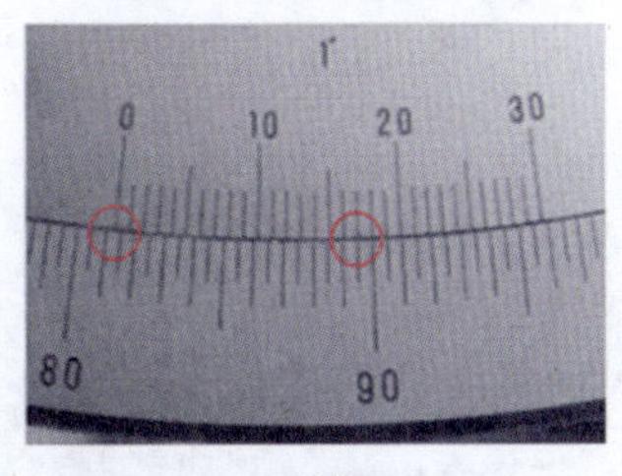

(a)

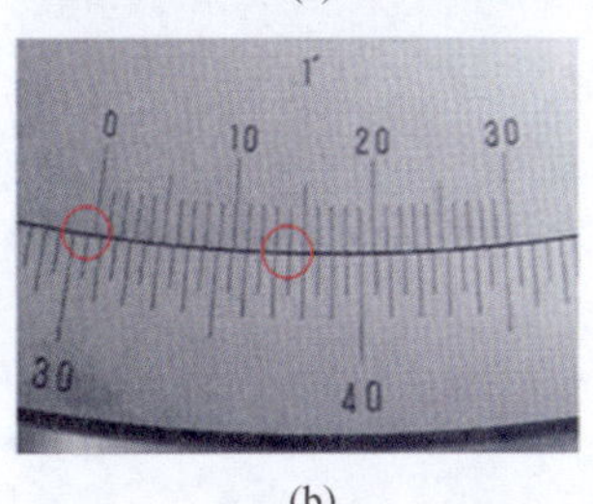

(b)

图 14－7 游标读数举例

三、实验目的

了解分光计的基本结构和工作原理；学习并掌握分光计的调整方法；在此基础上，通过测量光栅光谱的衍射角计算光波波长，加深对光栅衍射理论的理解；测量三棱镜的顶角。

四、调整原理和方法

分光计的调整，归纳起来最主要的是望远镜的光轴与仪器的主转轴垂直、载物平台与仪器的主转轴垂直、平行光管的光轴与仪器的主转轴垂直，即三个垂直。也就是说，只有当分光计满足这三个垂直的条件，它才可以用于测量各种空间夹角。调整这三个垂直的最简单的方法是利用一块双面反射镜，本实验学习的就是这种方法。

1. 自准直法原理

在分光计的调整过程中所依赖的光学原理为：光是沿直线传播的，且入射角等于反射角。分光计上使用的望远镜又称为自准直望远镜，所谓自准直是指用自带的光源对自身的光轴实现校准目的，简称为"自准直"。如果从望远镜中被照亮的绿色小十字发射出的光经平面镜反射回来的像能够成像在它关于光轴(即两条中心线的交点 O)的对称线上时，如图 14－8 所示，则从望远镜发射的光和反射回来的光可以等效于如图 14－9 所示的等腰三角形，光轴刚好是等腰三角形的高，用几何的方法很容易证明此时的光轴一定垂直于反射面。特别提示：如果光源和分划板的刻线看不清晰，需要调整望远镜目镜的焦距；如果反射回来的小十字看不清晰，则需要调整望远镜的物镜焦距，调整方法参见前述的望远镜的使用方法。当望远镜的焦距调整到适合你

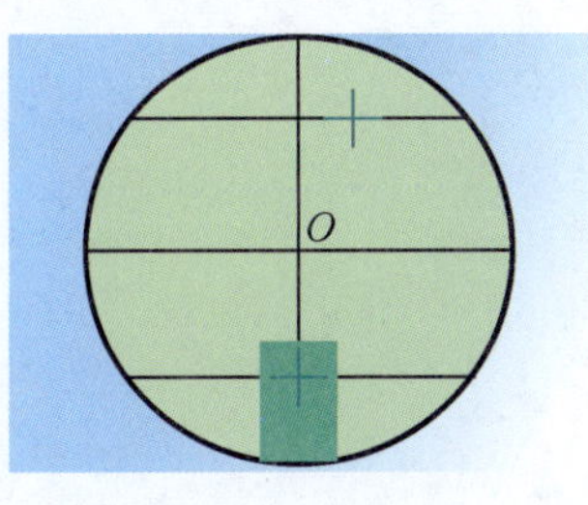

图 14－8 自准直法

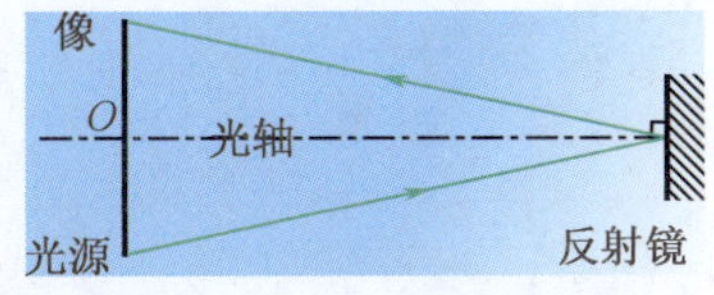

图 14－9 自准直法等效光路

的眼睛(即你看得很清晰)之后,在接下来的实验测量过程中这两个焦距无须再重新调整。

2. 目测粗调

要想利用自准直法校准望远镜的光轴与平面镜垂直,首先必须能够从望远镜的目镜里看到绿色十字光源经双面镜反射回来的反射像,才能利用平台下的三个顶丝和望远镜倾角调整螺丝的配合来控制反射像在分划板上的位置。只有当望远镜的光轴与反射镜面接近垂直的时候,才能在目镜里的分划板上看到反射像。因此,所谓粗调就是用目测的方法使分光计基本上满足三个垂直的条件。

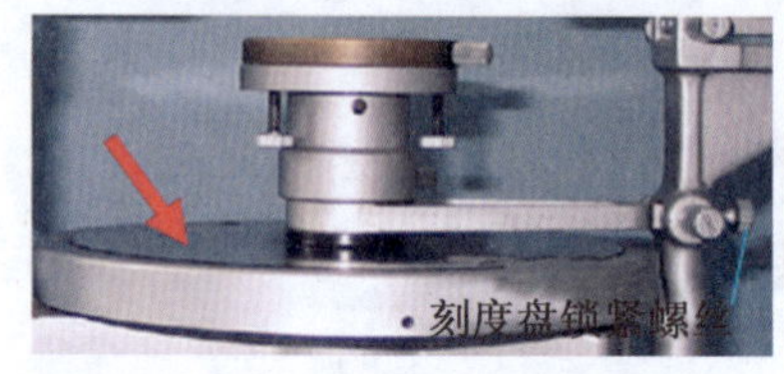

图 14-10　目测找出反射像的方法示意图

调整方法的第一步如图 14-10 所示,松开度盘锁紧螺栓;第二步用手沿箭头所示方向(或相反方向)推着带有两个游标的黑色盘转动,这种转动将带着载物台和它下面的三个顶丝一起绕着仪器的主转轴转动(称之为转动平台整体),在转动的过程中用眼观察载物台台面是否有扭动现象,如有则利用三个顶丝进行调整,使之在转动过程中观察到台面无扭动现象,此时说明载物台的平面与仪器的主转轴已接近垂直;第三步将双面反射镜放在载物台上,注意其摆放方法,如图 14-11 所示。要使双面镜的一个棱边对着载物台下的三个顶丝中的任意一个,这样放置的好处是当需要调整反射镜的两个反射面的角度时,这个顶丝可以不用。

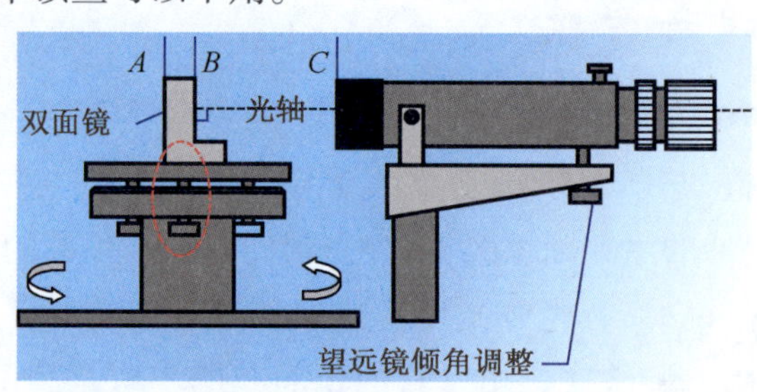

图 14-11　粗调示意图

如何找到反射像是分光计调整的关键。判断望远镜的光轴与反射面垂直的方法如图 14-9 所示,将望远镜的镜筒转动到水平位置在面前,于是从你的方向看过去望远镜的镜口可看作一条直线 C,望远镜的光轴应该与 C 面基本垂直。双面反射镜有两个反射面,将反射镜如图 14-11 所示方法放在平台上,A 面和 B 面也可看作直线;转动平台,使 A 和 B 两个反射面交替地分别对着望远镜,并观察 B 面对着望远镜时 B 线和 C 线是否平行,当 A 面对着望远镜时 A 线和 C 是否平行,利用平台下的顶丝和望远镜的倾角调整螺丝配合调整,使 B 线和 C 线接近平行,平台转 180°时 A 线和 C 线也接近平行。将望远镜转回到面前,从目镜中观察,同时用双手左右微微转动平台观察分划板上能否看到反射回来的小十字像。如果没有,则重复上述步骤。只有当上述条件得到满足时(此时望远镜的光轴与反射镜的两个反射面都接近垂直),才能在分划板上看到反射像。

3. 减半调节法

由于粗调的结果只能做到望远镜的光轴与反射面接近垂直，因此当两个反射面都能观察到反射像时，反射像在分划板上的位置并不一定在如图14－9所示的位置（图14－12），也就没有满足自准直的条件。要想将两个反射面的反射像都调整到图14－9所示的位置，只有让望远镜的光轴与A面垂直，转动平台整体180°后光轴与B面仍然垂直，即所谓两面都垂直。于是，望远镜的光轴一定垂直于仪器的主转轴。假如此时双面反射镜是垂直地放在平台上，则平台亦垂直于仪器的主转轴（两个垂直了）。要想达到这一目的，使用的就是所谓的减半调节法。

望远镜中的分划板是这样设计的，如图14－12所示，a线和b线是关于光轴O对称的，因此只要将反射像的横线调整到与a线重合（图14－10），即满足了自准直的条件。在上述粗调的基础上，转动载物台整体，使望远镜分别对准平板玻璃的两个反射面。从望远镜中观察反射像的横线是否与a线重合，一般情况下两个面的反射像都不与a线重合，而是一个偏高，一个偏低，此时需要认真分析，确定调节方向，切不可盲目乱调，如果将某一个面的反射像调没了，则必须从头再来。假设从望远镜中看到的反射像（小十字）横线不与a线重合，而是有一段距离d，则调节望远镜的倾斜度，再调节载物台顶丝，使差距减小一半（这里所谓的d缩小了一半，是指载物台和望远镜各调了一半，也就是说，载物台和望远镜各自的调整是这一半中的一半）。将载物台旋转180°，使望远镜对准另一个反射面，用同样的方法调节，如此重复调节数次，使得从两个反射面上的反射像不断交替地向a线靠近，直至转动载物台整体时，从两个反射面反射回来的反射像的横线都能与a线重合为止，这种调节方法叫作“减半”调节法。

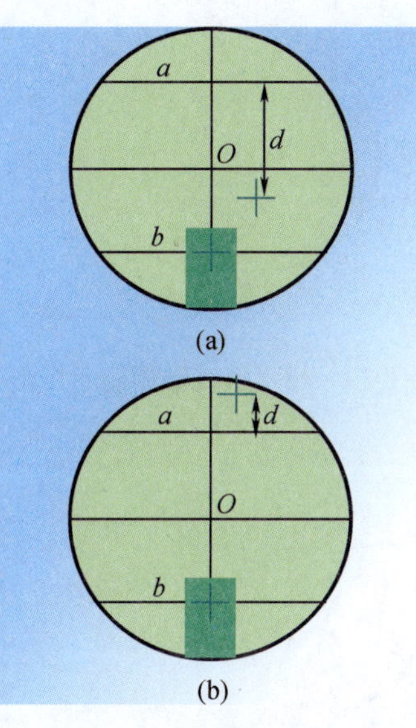

图14－12　粗调结果

注意　至此，望远镜上的所有可用于调整的部分都无须再做调整，因为光轴与仪器主转轴已经垂直，且可用于接收平行光。

3. 平行光管的调整方法

如果平行光管的光轴能够与望远镜的光轴平行（或在同一平面内），则平行光管的光轴也就一定垂直于仪器的主转轴（第三个垂直）。被汞灯照亮的狭缝经平行光管出射的如果是平行光，则狭缝在望远镜的分划板上所成的像就一定是清晰的像，并与叉丝无视差。

调整方法如下：

① 从侧面和俯视两个方向用目视法把平行光管光轴大致调节到与望远镜光轴相一致，接通汞灯的电源，使之充分照亮平行光管的狭缝；

② 打开狭缝，从望远镜中观察同时调节平行光管的焦距，即狭缝与透镜间的距离，直到看见清晰的狭缝像为止（如果狭缝的像不清晰，需要调整平行

光管狭缝的焦距,而不是望远镜的焦距),然后调节狭缝宽度使之既窄又亮;

③ 将狭缝旋转到水平位置,如图 14-13(a)所示,调节平行光管的倾斜度,使狭缝的像位于望远镜分划板的中线上,如图 14-13(b)所示,此时平行光管的光轴一定与望远镜的光轴平行,同时也就垂直于仪器的主转轴,然后将狭缝再旋转 90°,如图 14-13(c)所示,因为我们要用狭缝作为光源测量光栅光谱。

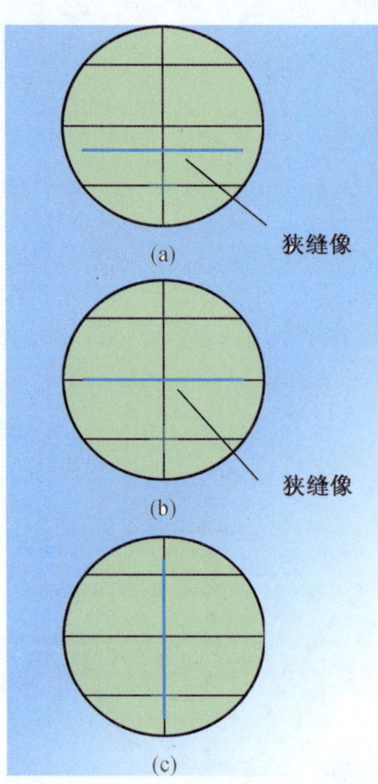

图 14-13 狭缝像调整示意图

至此,分光计全部调整完毕,可以用于测量了。

五、测量原理与步骤

光栅是根据多缝衍射原理制成的一种分光元件,它能产生谱线间距较宽的光谱,所得光谱线亮度比用棱镜分光时要小些,但光栅的分辨本领比棱镜大。光栅在结构上可分为平面光栅、阶梯光栅和凹面光栅等几种,同时又可分为透射式和反射式两类。

本实验选用的是透射式平面光栅,它是在光学玻璃板上刻画多条相互平行、宽度和间距相等的刻痕而制成的。当光照在光栅面上时,刻痕处由于散射不易透光,光线只能在刻痕间的狭缝中通过。因此,光栅实际上是一排密集、均匀而又平行的狭缝。

1. 利用光栅光谱测量光波波长的原理

按照光栅衍射理论,如图 14-14 所示,假设某种波长为 λ 的光波垂直地照射到光栅上,衍射光谱中明条纹的位置由下式光栅方程决定,即

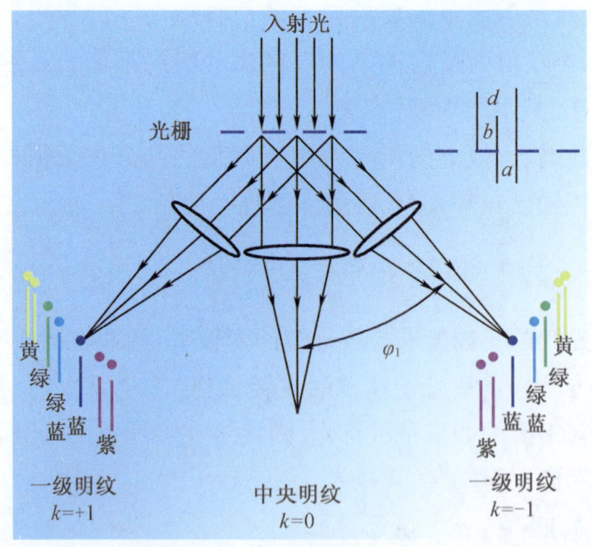

图 14-14 光栅衍射光谱示意图

$$(a+b)\sin\varphi_k = \pm k\lambda$$

或

$$d\sin\varphi_k = \pm k\lambda,\quad k=0,1,2,\cdots$$

式中，d 称为光栅常数，$d=a+b$；λ 为入射光波长；k 为明条纹（光谱线）级数；φ_k 是 k 级明条纹的衍射角。如果入射光不是单色光，则由光栅方程可以看出，光的波长不同，其衍射角 φ_k 也各不相同，于是复色光将被分解，而在中央 $k=0$，$\varphi_k=0$ 处，各单色光重叠在一起，组成中央明条纹。在中央明条纹两侧对称地分布着 $k=1,2,\cdots$级光谱，各级光谱线都按波长大小顺序依次排列成一组彩色谱线，这样就把复色光分解为单色光，且光栅的各级光谱是关于中央明纹对称分布的。

如果已知光栅常数 d，用分光计测出第1级（即 $k=1$）光谱中某一条颜色明条纹的衍射角 φ_1，然后代入光栅方程，即可算出该颜色明条纹所对应的单色光的波长 λ。

2. 光栅光谱衍射角的测量方法

转动平台整体，把两个游标转动到方便读数的位置，锁定载物台。将光栅放在已调整好的分光计载物台上，使平行光管出射的光垂直地照射到光栅的表面，并且平行光管狭缝应与光栅刻痕相平行。

转动望远镜观察衍射光谱的分布情况，确认从中央明纹的两侧都能够清晰地看到所要测量的四条谱线。为消除分光计的偏心误差，分光计采用两个游标同时测量同一个夹角，然后把两个游标所得的测量结果取平均的测量方法。为了克服入射光不能确保垂直入射到光栅的表面，而给测量结果带来的误差，可利用光栅光谱的对称性进行测量，即不直接测量其衍射角，而是测量汞灯光谱中各颜色谱线的 ±1 级光谱线间的夹角，然后除以2得到该颜色光的衍射角。

3. 三棱镜顶角的测量方法

将三棱镜放在已调整好的分光计载物台上（此时要将刻度盘锁紧在载物台），如图14－15所示。使顶角 A 对准平行光管，顶角 A 应放在靠近平台中心附近，否则反射光1和反射光2将不能进入望远镜。让平行光照射在三棱镜的两个反射面上，将望远镜转到1处，可以观察到 AC 面反射的光线。让望远镜中的十字叉丝对准狭缝的中央，记录左、右游标的读数 θ_{I}，θ_{II}，再将望远镜转到2处，测量从 AB 面反射的光线，此时左、右游标的读数为 θ'_{I}，θ'_{II}，则顶角为

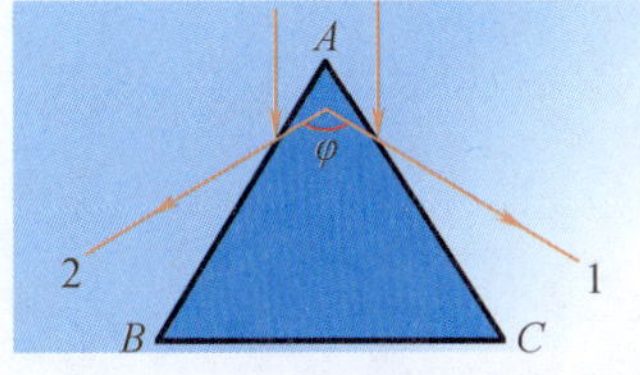

图14－15 测三棱镜顶角光路图

$$A=\frac{\varphi}{2}=\frac{1}{4}\left(\left|\theta'_{\mathrm{I}}-\theta_{\mathrm{I}}\right|+\left|\theta'_{\mathrm{II}}-\theta_{\mathrm{II}}\right|\right)$$

六、数据记录与处理

用分划板的竖线分别对准衍射光栅的左边第1级光谱中蓝、绿、黄$_1$ 和

黄$_2$光谱线，记录左、右游标读数，填入表 14－1 中。再用分划板的竖线分别对准衍射光栅的右边第 1 级光谱中蓝、绿、黄$_1$和黄$_2$光谱线，记录左、右游标的读数，填入表 14－1 中（表 14－1 中，左游标用θ_{I}表示，右游标用θ_{II}表示）。

表 14－1 数据记录表

	游标读数 \ 光谱	θ_{I}	θ_{II}		游标读数 \ 光谱	θ_{I}	θ_{II}
蓝	+1 级			绿	+1 级		
	−1 级				−1 级		
黄$_1$	游标读数 \ 光谱	θ_{I}	θ_{II}	黄$_2$	游标读数 \ 光谱	θ_{I}	θ_{II}
	+1 级				+1 级		
	−1 级				−1 级		

逐项将数据和相应的计算结果填入表 14－2 和表 14－3 中。

表 14－2 数据处理表

光栅常数 $d=(a+b)=\frac{1}{300}$ mm

谱线 \ 数据处理	蓝	绿	黄$_1$	黄$_2$
$\varphi_{\mathrm{I}}=\frac{1}{2}(\theta_{\mathrm{I}}^{-}-\theta_{\mathrm{I}}^{+})$				
$\varphi_{\mathrm{II}}=\frac{1}{2}(\theta_{\mathrm{II}}^{-}-\theta_{\mathrm{II}}^{+})$				
$\bar{\varphi}=\frac{1}{2}(\varphi_{\mathrm{I}}+\varphi_{\mathrm{II}})$				
$\lambda=d\sin\bar{\varphi}/(10^{-6}\ \mathrm{m})$				
$\lambda_{标}/(10^{-6}\ \mathrm{m})$	0.435 8	0.546 1	0.577 0	0.579 1
$\Delta\lambda=\lvert\lambda_{标}-\lambda\rvert$				
$E_r=\frac{\Delta\lambda}{\lambda_{标}}\times 100\%$				

表 14－3 测量三棱镜顶角数据记录表格

	θ_{I}	θ_{II}
光线 1 位置		
光线 2 位置		
$\theta'-\theta$		
A		

七、分析与思考

(1)实验中若把光栅面放反了,或者是没有将光栅放在载物台中央,是否会引入附加误差?

(2)利用本实验装置怎样测定光栅常数?

(3)当狭缝太宽或太窄时将会出现什么现象?

实验15　等厚干涉实验

一、背景及应用

光的干涉是重要的光学现象之一，它为光的波动性提供了重要的实验依据。要产生光的干涉现象，两束光必须满足相干条件，即频率相同、振动方向相同和相位差恒定。由于普通光源是不相干的，我们不能简单地由实际点光源和面光源的两个独立部分形成稳定的干涉场。为了保证相干条件，通常的办法是利用光学元件组将同一波列分解为两个波列，使它们经过不同的途径后重新相遇。由于这样获得的两个波列是由同一波列分解而来的，它们满足相干条件，从而可以产生稳定的可观测的干涉场。分解波列的方法有两种，即分波前法和分振幅法。

(1)分波前法

将点光源的波前分割为两部分，使之分别通过两个光学元件组，经衍射、反射或折射后交叠起来，在一定区域内产生干涉场，杨氏实验是这类分波前干涉装置的典型，其他装置如双棱镜、菲涅耳双面镜、洛埃镜等也是分波前干涉装置。

(2)分振幅法

当一束光投射到两种透明介质的分界面上时，光能一部分反射，一部分透射，这种方法叫作分振幅法。最简单的分振幅干涉装置是薄膜，其他装置如迈克尔逊干涉仪、牛顿环(白光入射时的牛顿环如图15-1所示)、劈尖等也是分振幅干涉装置。

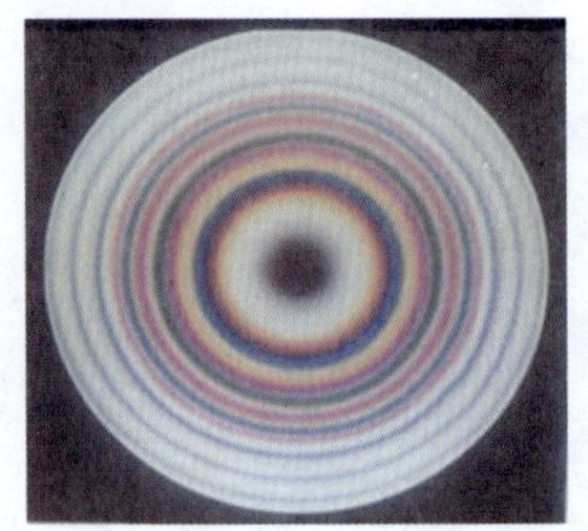

图15-1　白光入射时的牛顿环

光的等厚干涉正是基于分振幅的方法产生的干涉现象，牛顿环和劈尖是典型的等厚干涉装置。光的等厚干涉在现代精密测量技术中有很多重要的应用，一直是高精度光学表面加工中检验光洁度和平直度的主要手段(图15-2)，还可以精密测量薄膜的厚度和微小角度、测量曲面的曲率半径，研究零件的内应力分布，测量样品的膨胀系数等。

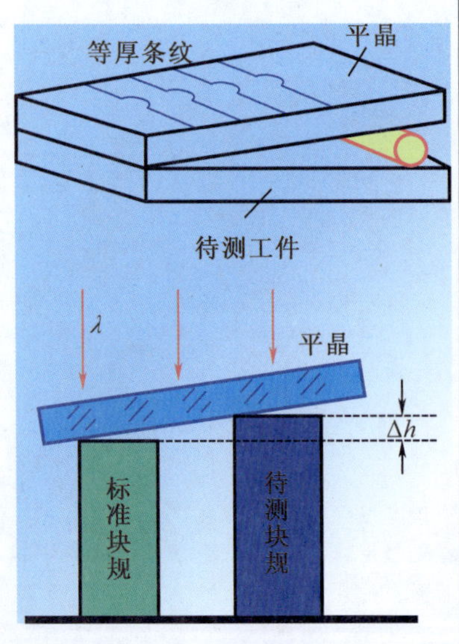

图15-2　测表面平直度及块规校准装置

二、实验原理

1. 等厚干涉

当用光源照射楔形介质时，设光源中心点 S_0 发出的一束入射光经介质上表面反射后分离出的两束光相交于空间某一点 P(图15-3)，两束光在 P 点的干涉效应由两束光的光程差 $\Delta = n(AB + BC) - n_0(AP - CP)$ 决定。式中，n 为楔形介质的折射率；n_0 为周围介质的折射率。当介质的厚度很小，而且楔角不大，光线又接近垂直入射时，有

$$\Delta = 2nh \tag{15-1}$$

式中，h 是楔形介质板在 B 点的厚度。考虑到光束在上表面或下表面反射时

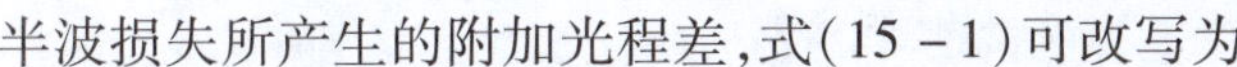

半波损失所产生的附加光程差，式(15－1)可改写为

$$\Delta = 2nh + \frac{\lambda}{2} \tag{15-2}$$

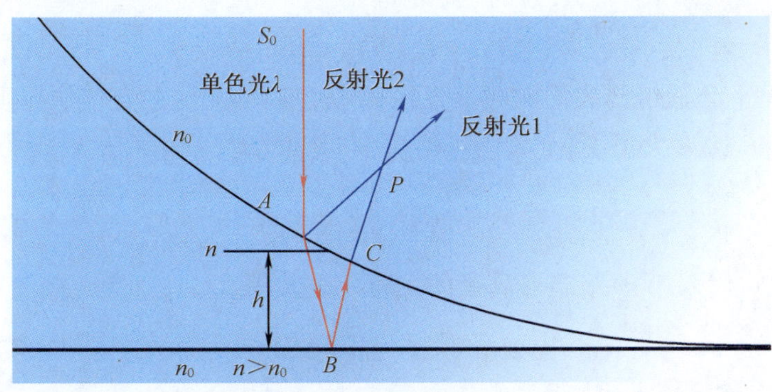

图15－3 楔形介质在定域面某一点 *P* 产生的干涉

如果所研究的楔形介质板的折射率是均匀的，则由式(15－2)可知，两束反射光在相遇点的光程差只依赖于反射光反射处介质板的厚度 h。因此，干涉条纹是介质板上厚度相同点的轨迹，这种条纹称为等厚条纹，产生的干涉称为等厚干涉。

当光程差 Δ 满足条件

$$\Delta = 2nh + \frac{\lambda}{2} = m\lambda, \quad m = 1,2,\cdots \tag{15-3}$$

时，空间 P 点是强度极大点，同一级的强度极大点的轨迹称为亮条纹；而当光程差 Δ 满足条件

$$\Delta = 2nh + \frac{\lambda}{2} = (2m+1)\frac{\lambda}{2}, \quad m = 0,1,2,\cdots \tag{15-4}$$

时，空间 P 点是强度极小点，同一级的强度极小点的轨迹称为暗条纹。

由式(15－3)和式(15－4)可知，相邻两亮条纹或两暗条纹对应的光程差为 λ，所以从一个条纹过渡到另一个条纹，介质板的厚度改变$\frac{\lambda}{2n}$，介质板上相邻两亮条纹或暗条纹之间的距离(即条纹间距)为

$$l = \frac{\lambda}{2n\alpha} \tag{15-5}$$

式中，α 为楔形介质板两表面的楔角。

式(15－5)表明，在 n 一定时，条纹间距与楔角 α 成反比，这一结论也适用于其他形状的介质板的等厚条纹。

2. 用牛顿环测透镜的曲率半径

牛顿环实验是等厚干涉实际应用的一个例子。在一块平面玻璃上，放置一曲率半径 R 很大的平凸透镜，在透镜的凸面和玻璃板的平面之间便形成一厚度由零逐渐增大的空气薄层。当以单色光垂直照明时，便形成一组以接触点 O 为中心的中央疏边缘密的圆环条纹，称为牛顿环。用读数显微镜测量出

牛顿环的半径,便可以计算透镜的曲率半径。

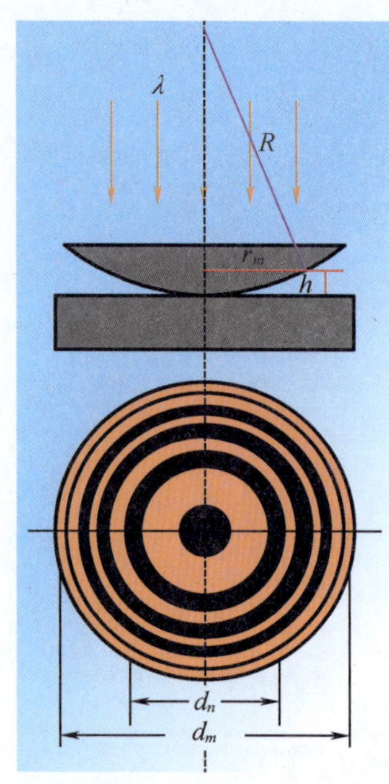

图 15－4　牛顿环干涉

如图 15－4 所示,设中央暗斑为零级,由中心向外第 m 级暗环的半径为 r_m,则

$$r_m^2 = R^2 - (R-h)^2 = 2Rh - h^2$$

式中,R 是平凸透镜凸表面的曲率半径;h 是该暗环对应的空气层厚度。

由于 R 比 h 大得多,上式中可略去 h^2 项,因此

$$h = \frac{r_m^2}{2R} \tag{15-6}$$

将此式代入第 m 级暗环满足的光程差公式得

$$2h + \frac{\lambda}{2} = (2m+1)\frac{\lambda}{2} \tag{15-7}$$

从而得到

$$R = \frac{r_m^2}{m\lambda} \tag{15-8}$$

因此,若用读数显微镜准确测量出第 m 级暗环的半径 r_m,且已知所用单色光波长 λ,即可由式(15－8)计算出透镜的曲率半径 R。

在牛顿环的中心,即在透镜凸表面和玻璃板的接触点上,因为 $h=0$,两反射光的光程差 $\Delta = \frac{\lambda}{2}$,所以牛顿环中心是一暗点,显然在透射光方向也可看到一组圆环干涉条纹。这些条纹的明暗情形与反射光的明暗条纹恰好相反,因而透射光圆环条纹的中心是一个亮点。

上述讨论中,实际上忽略了平凸透镜与玻璃接触点附近的形变,如考虑该影响,接触点附近圆环的半径与式(15－8)不符。这时,可通过测量离中心较远的两个圆环的半径,来计算透镜的曲率半径。设第 m 级暗环的半径为 r_m,第 n 级暗环的半径为 r_n,则由式(15－8)有

$$r_m^2 = mR\lambda,\ r_n^2 = nR\lambda$$

得到

$$R = \frac{r_m^2 - r_n^2}{(m-n)\lambda} = \frac{d_m^2 - d_n^2}{4(m-n)\lambda} \tag{15-9}$$

式中,d_m 与 d_n 分别为第 m 级与第 n 级暗环的直径。

从式(15－9)可知,只要数出所测各环的环差数 $m-n$ 即可,而无须确定各环的级数。而且不难证明,直径的平方差等于弦的平方差,因此,就可以不必确定圆环的中心,从而避免了在实验过程中所遇到的级数及圆环中心无法确定的困难。

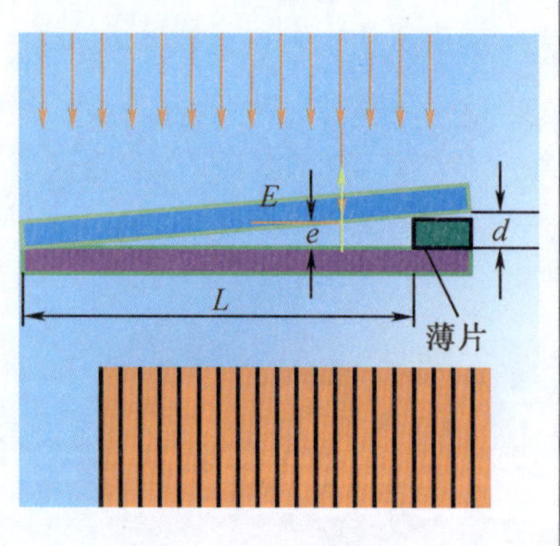

图 15－5　劈尖干涉

3. 用劈尖干涉法测量薄片厚度

如图 15－5 所示,将两块光学平玻璃板一端叠在一起,在另一端插入一根细丝(或薄片等),则在两玻璃板间形成一空气劈尖。当用单色光垂直照射时,和牛顿环一样,在空气劈尖的上下两表面反射的两束光将发生干涉。例如,设空气劈尖上表面 E 点的空气膜厚度为 e,则两束光的光程差为

$$\Delta = 2e + \frac{\lambda}{2}$$

当$\Delta = (2k+1)\frac{\lambda}{2}(k=0,1,2,\cdots)$时，对应的两束光在$E$点相消，出现暗纹，于是可解得

$$e = k\frac{\lambda}{2} \tag{15-10}$$

由式(15－10)可知，$k=0$时，$e=0$，即在两玻璃板交线处为零级暗条纹；$k\neq 0$时，由于空气劈尖厚度相等之处是一系列平行于两玻璃交线的平行直线，所以其干涉条纹是一族与交线平行且间距相等的平行条纹。如在薄片处呈现$k=N$级暗条纹，则待测薄片的厚度d为

$$d = N\frac{\lambda}{2} \tag{15-11}$$

由式(15－11)可知，若直接数出从劈尖端头(交线)到薄片处的干涉条纹总数N，即可直接求出d，但这一般比较困难。因此，我们通常采用先测量单位长度的干涉条纹数目n，再测出劈尖交线到薄片处的总长度L(见图15－5)，最后计算出N，即

$$N = Ln \tag{15-12}$$

考虑到相邻干涉条纹间距较小，我们是通过测量50条干涉条纹间距来求n的。设50条干涉条纹间隔为l，则

$$n = \frac{50}{l} \tag{15-13}$$

以某一条纹为第0条条纹，由读数显微镜读出其位置x_0，再读出第50条条纹的位置x_{50}，则

$$l = x_{50} - x_0$$

将式(15－12)和式(15－13)代入式(15－11)，得

$$d = \frac{50L}{l} \times \frac{\lambda}{2} \tag{15-14}$$

三、实验目的

加深对光的等厚干涉原理的理解；掌握用牛顿环测量球面曲率半径的原理和方法以及用劈尖干涉法测量薄片厚度的方法；在系统了解读数显微镜光学原理基础上，学会使用读数显微镜。

四、实验仪器

读数显微镜、牛顿环装置、劈尖装置、钠光灯。

1. 读数显微镜的读数方法

读数显微镜装置如图15－6所示。该装置主尺的分度值为1 mm,测微鼓轮共有100个刻度,其分度值为0.01 mm,可估读到0.001 mm。

现以图15－7所示为例进行读数,此时正确的读数结果应为15.506 mm。

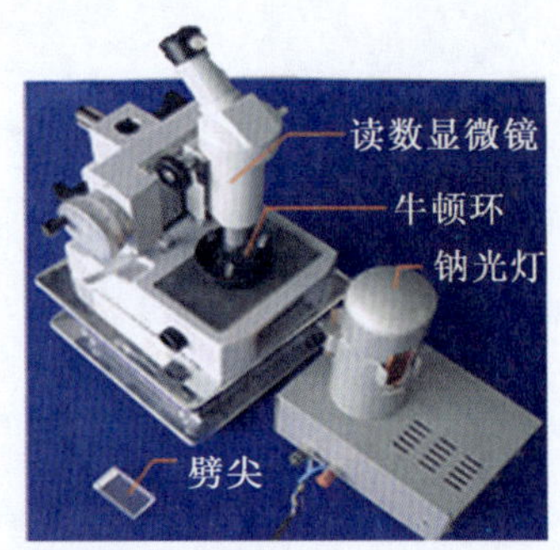

图15－6　读数显微镜

2. 钠光光源

钠光光源是一种气体放电灯,在放电管内充有金属钠和氩气。开启电源的瞬间,氩气放电发出粉红色的光。氩气放电后,金属钠被蒸发并放电发出黄色光。

钠光在可见光范围内两条谱线的波长分别为589.59 nm和589.00 nm。这两条谱线很接近,所以可以把它视为单色光源,并取其平均值589.30 nm为波长。

主尺　15 mm

副尺　0.506 mm

图15－7　读数显微镜读数演示

五、实验内容与实验步骤

1. 用牛顿环测量透镜的曲率半径

实验装置如图15－6所示。

①实验前应仔细阅读读数显微镜的使用说明。

②检查牛顿环装置,调整三个紧固螺丝,使得待测面刚好压住平板面。注意此时螺丝不要旋得太紧,以免损坏相接触的玻璃元件。

③测量中,由式(15－9)可知,当λ一定时,只需测出d_m和d_n的值即可求出曲率半径R。通常为计算方便取$m-n=25$。

④由于机械结构的原因,若读数显微镜使用不当,会有空程误差。因此,在测量过程中,手轮只能沿一个方向转动,不许倒转,这样可避免空程差,否则数据作废。正确的操作方法是从中央暗斑开始,叉丝依次向左移至第45级暗环,然后倒转鼓轮,叉丝反向移动,移至第40级暗环时开始读数。依次记下左方的第39级到31级暗环和第15级到第6级暗环的位置;再依次记下右方的第6级到第15级和第31级到第40级暗环的位置读数。

2. 用劈尖测量薄片的厚度

(1)观察劈尖干涉现象

点亮钠灯,用劈尖装置代替牛顿环装置放在物镜下,跟牛顿环实验方法一样,使单色光垂直入射空气劈尖表面,仔细调节显微镜调焦螺旋,同时在显微镜下看清干涉条纹,然后再调节劈尖装置的方位,使叉丝走向跟条纹垂直。旋转测微鼓轮,观察劈尖干涉特点。

(2)测量薄片厚度

测量劈尖交线到薄片处的总长度L,L为单次测量量。测量50条干涉条纹

间隔 l 时，应选择条纹较直、均匀分布的一部分，要求重复测量5次，取平均值。

六、数据记录与处理

1. 用牛顿环测量所得数据记录与处理

（1）数据记录表格

数据记录表格如表15－1所示。

表15－1　数据记录表

$\lambda = 0.5893 \times 10^{-6}$ m；$\Delta_0 = 0.005$ mm　　　　单位：mm

环的级别	m	40	39	38	37	36	35	34	33	32	31
环的位置	左										
X_m	右										
直径	d_m										
环的级别	n	15	14	13	12	11	10	9	8	7	6
环的位置	左										
X_m	右										
直径	d_n										
$d_m^2 - d_n^2$											

（2）数据处理

①用逐差法进行数据处理（见绪论部分）。

②根据测量数据计算曲率半径 R 及其不确度 ΔR，并将最终结果表示为

$$R = \overline{R} \pm \Delta R$$

部分数据处理公式如下

$$\Delta d_{m,n} = \sqrt{\Delta_0^2 + \Delta_0^2} = \sqrt{0.005^2 + 0.005^2}$$

$$S_{d_m^2 - d_n^2} = \sqrt{\frac{\sum[(\overline{d_m^2 - d_n^2}) - (d_m^2 - d_n^2)]^2}{n-1}}$$

$$\Delta_B(d_m^2 - d_n^2) = \sqrt{(2d_{40}\Delta d_{40})^2 + (2d_{15}\Delta d_{15})^2}$$

$$\Delta_{d_m^2 - d_n^2} = \sqrt{S^2 + \Delta_B^2}, \Delta R = \frac{\Delta_{d_m^2 - d_n^2}}{4(m-n)\lambda}$$

$$\overline{R} = \_\_\_\_\_\_\_\_, R = \overline{R} \pm \Delta R$$

$$E_r = \frac{\Delta R}{\overline{R}} \times 100\%$$

2. 用劈尖测量所得数据记录与处理

①数据记录表格自拟。

②数据处理要求：$\lambda = 0.5893 \times 10^{-6}$ m，根据式（15－14）计算薄片厚度 d。

七、分析与思考

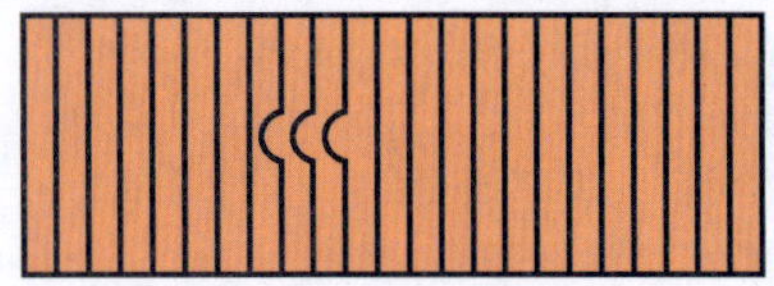

图 15－8　劈尖干涉图样

(1)为什么牛顿环的相邻两暗条纹(或亮条纹)之间的距离,靠近中心的要比边缘的大?

(2)在实验中牛顿环中心是亮斑而非暗斑,对实验结果有无影响,为什么?

(3)采用图 15－4 所示光路,得劈尖干涉图样如图 15－8 所示,那么玻璃板内下表面是有凸起还是有凹陷?如何测量凸起或凹陷的大小?

实验16　旋转液体物理特性的测量

一、背景及应用

早在力学创建之初，就有牛顿的水桶实验。牛顿发现，当水桶中的水旋转时，水会沿着桶壁上升，旋转的液体有一些独特的物理特征。例如，盛有液体的圆柱形容器绕其圆柱面的对称轴匀速转动时，旋转液体的表面将成为抛物面；通过旋转液体，可以分离不同密度的液体等。

根据旋转液体的这些特性，一系列的应用产生了，如目前广泛应用的分离机等。图16－1给出了一种液体镜头，它在一个大容器里旋转水银。由于旋转液体的表面是一个理想的抛物面，同时水银能很好地反射光线，所以能起反射镜的作用。通常，这样一个光滑的曲面完全可以代替需要大量复杂工艺并且价格昂贵的玻璃镜头，从而可以有效地降低大型望远镜的制造成本。

图16－1　大型望远镜的液体镜片

二、实验仪器

FB805型旋转液体综合实验仪配备了半导体激光器、霍尔传感器结合单片机测量转动周期等技术，可用于测重加速度、测量焦距与液体折射率、研究测量转速和液面形状及液面光学特性的关系等。

实验仪器如图16－2所示。

图16－2　实验仪器

①—激光器；②—毫米刻度水平屏幕；③—水平标线；④—水平仪；⑤—激光器电源插孔；⑥—调速开关；⑦—速度显示窗；⑧—圆柱形实验容器；⑨—水平量角器；⑩—毫米刻度垂直屏幕；⑪—张丝悬挂圆柱体；⑫—实验容器内径$\frac{R}{\sqrt{2}}$刻线

三、实验目的

了解旋转液体测量重力加速度的基本原理,通过实验学习用旋转液体最高处与最低处高度差测量重力加速度和激光束平行转轴入射测斜率法求重力加速度的方法,并测量转速和液面形状及液面光学特性的关系。

四、实验原理

盛有液体的圆柱形容器绕其圆柱面的对称轴匀速转动时,旋转液体的表面将成为抛物面。抛物面的参数与重力加速度和旋转角速度有关,利用此性质可以测重力加速度。旋转液体的上凹面可作为光学系统加以研究,还可测定液体折射率等。

1. 旋转液体表面公式

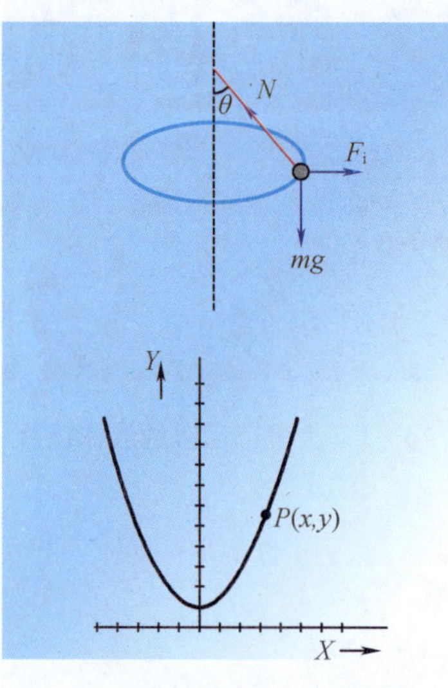

图 16-3　实验原理图

牛顿发现,当圆柱体中的水旋转时,水会沿着圆柱体壁上升。定量计算时,选取随圆柱形容器旋转的参考系,这是一个转动的非惯性参考系。液体相对于参考系静止,任选一小块液体 P,其受力如图 16-3 所示。F_i 为沿径向向外的惯性离心力,mg 为重力,N 为这一小块液体周围液体对它的作用力的合力,由对称性可知,N 必然垂直于液体表面。在 $X-Y$ 坐标下 $P(x,y)$ 有

$$N\cos\theta - mg = 0$$

$$N\sin\theta - F_i = 0$$

$$F_i = m\omega^2 x$$

$$\tan\theta = \frac{\mathrm{d}y}{\mathrm{d}x} = \frac{\omega^2 x}{g}$$

根据图 16-3,有

$$y = \frac{\omega^2}{2g}x^2 + y_0 \tag{16-1}$$

式中,ω 为旋转角速度;y_0 为 $x=0$ 处的 y 值。

式(16-1)为抛物线方程,可见液面为旋转抛物面。

2. 用旋转液体测量重力加速度原理

在实验系统中,一个盛有液体半径为 R 的圆柱形容器绕该圆柱体的对称轴以角速度 ω 匀速稳定转动时,液体的表面形成抛物面,如图 16-3 所示。

设液体未旋转时液面高度为 h,液体的体积为

$$V = \pi R^2 h \tag{16-2}$$

因液体旋转前后体积保持不变,旋转时液体体积可表示为

$$V = \int_0^R y(2\pi x)\mathrm{d}x = 2\pi\int\left(\frac{\omega^2 x^2}{2g} + y_0\right)x\mathrm{d}x \tag{16-3}$$

由式(16－2)和式(16－3)得

$$y_0 = h - \frac{\omega^2 R^2}{4g} \tag{16-4}$$

联立式(16－1)和式(16－4)可得：当 $x = x_0 = \frac{R}{\sqrt{2}}$ 时，$y(x_0) = h$，即液面在 x_0 处的高度是恒定值。

(1)用旋转液体液面最高与最低处的高度差测量重力加速度

如图16－3所示，设旋转液面最高与最低处的高度差为 Δh，点 $(R, y_0 + \Delta h)$ 在式(16－1)的抛物线上，由 $y_0 + \Delta h = \frac{\omega^2 R^2}{2g} + y_0$ 得

$$g = \frac{\omega^2 R^2}{2\Delta h}$$

又有 $\omega = \frac{2\pi n}{60}$，则

$$g = \frac{\pi^2 D^2 n^2}{7\ 200\Delta h} \tag{16-5}$$

式中，D 为圆筒直径；n 为旋转速度，单位为 rad/min。

(2)斜率法测重力加速度

如图16－4所示，激光束平行转轴入射，经过 BC 透明屏幕，打在 $x_0 = \frac{R}{\sqrt{2}}$ 液面的 A 点上，反射光点为 C，A 处切线与 x 方向的夹角为 θ，则 $\angle BAC = 2\theta$，测出透明屏幕至圆桶底部的距离 H、液面静止时高度 h 以及两光点 BC 间距离 d，则 $\tan 2\theta = \frac{d}{H-h}$，求出 θ 值。因为 $\tan\theta = \frac{\mathrm{d}y}{\mathrm{d}x} = \frac{\omega^2 x}{g}$，在 $x_0 = \frac{R}{\sqrt{2}}$ 处有 $\tan\theta = \frac{\omega^2 R}{\sqrt{2}\times g}$，$\omega = \frac{2\pi n}{60}$，则

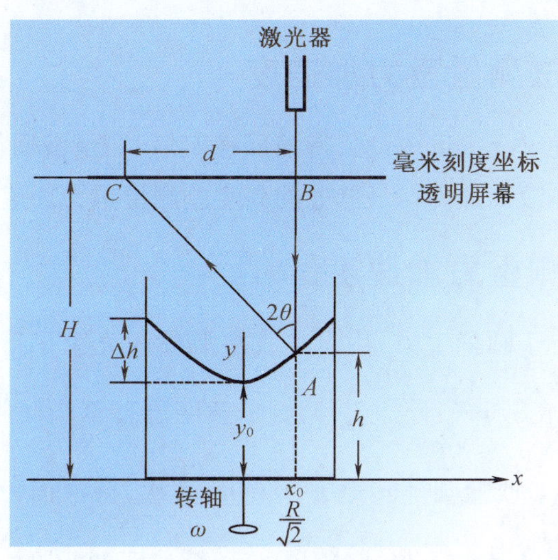

图16－4 实验示意图

$$\tan\theta=\left(\frac{2\pi n}{60}\right)^2\frac{R}{\sqrt{2}\times g}=\frac{4\pi^2Rn^2}{3\,600\sqrt{2}\times g}=\frac{2\pi^2Dn^2}{3\,600\sqrt{2}\times g}$$

$$g=\frac{2\pi^2Dn^2}{3\,600\sqrt{2}\times\tan\theta}\tag{16-6}$$

或可作 $\tan\theta-n^2$ 曲线，求斜率 k，可得 $k=\dfrac{2\pi^2D}{3\,600\sqrt{2}\times g}$，求出 $g=\dfrac{2\pi^2D}{3\,600\sqrt{2}\times k}$。

3. 抛物面焦距与转速的关系

旋转液体表面形成的抛物面可看作一个凹面镜，符合光学成像系统的规律，若光线平行于曲面对称轴入射，反射光将全部会聚于抛物面的焦点。

根据抛物线方程(16－1)，抛物面的焦距为

$$f=\frac{g}{2\omega^2}\tag{16-7}$$

可以看到，不同的转速的抛物面的焦距是不同的。

五、实验内容与操作要点

1. 调整旋转液体综合实验仪仪器

①调整旋转液体综合实验仪仪器底座旋钮，观察水平仪，调整仪器的水平；

②利用自准直法，调整激光器方向和位置，使其垂直指向实验容器内径 $\dfrac{R}{\sqrt{2}}$ 刻线。

2. 高度差法测量重力加速度

改变圆桶转速 n(r/min)六次，待液面稳定后，测量液面最高与最低处的高度。用旋转液体液面最高与最低处的高度差测量重力加速度 g。

3. 斜率法测重力加速度

将透明屏幕置于圆桶上方，用自准直法调整激光束平行转轴入射，经过透明屏幕，对准桶底 $x_0=\dfrac{R}{\sqrt{2}}$ 处的记号，测出透明屏幕至圆筒底部的距离 H 和液面静止时高度 h。改变圆桶转速 n(r/min)六次，待液面稳定后，在透明屏幕上读出入射光与反射光点 BC 间距离 d，根据公式 $\tan 2\theta=\dfrac{d}{H-h}$，求出 $\tan\theta$ 的值。

4. 验证抛物面焦距与转速的关系

将毫米刻度垂直屏幕过转轴放入实验容器中央，激光束平行转轴入射至液面，后聚焦在屏幕上，可改变入射位置观察聚焦情况。改变圆桶转速 n(r/min)六次，记录聚焦点及液面最低点位置。

5.（选做）研究旋转液体表面成像规律

给激光器装上有箭头状光阑的帽盖，使其光束略有发散且在屏幕上成箭头状像。光束平行光轴在偏离光轴处射向旋转液体，经液面反射后，在水平屏幕上也留下了箭头。固定转速，上下移动屏幕的位置，观察像箭头的方向及大小变化。

六、数据记录与处理

将实验所测数据分别记录在表 16－1、表 16－2 和表 16－3 中。

表 16－1　高度差法测量重力加速度数据记录表格

次数	1	2	3	4	5	6
转速 n/(r/min)						
高度差 Δh/cm						
g/(cm/s^2)						

表 16－2　斜率法测重力加速度数据记录表格

屏幕高度 H = ________ cm，液面高度 h = ________ cm

次数	1	2	3	4	5	6
转速 n/(r/min)						
BC 间距离 d/cm						
$\tan 2\theta = \dfrac{d}{H-h}$						
θ						
$\tan\theta$						
g/(cm/s^2)						

表 16－3　验证抛物面焦距与转速关系数据记录表格

测量次数	1	2	3	4	5	6
转速 n/(r/min)						
聚焦点位置/cm						
液面最低点位置/cm						

七、分析与思考

如何对实验用的旋转液体综合实验仪改进，来实现液体折射率的测量。

八、附录

液体镜头可以按照不同方式进行分类，如有使用一种液体的，也有使用发射率不同的完全不能融合的两种液体的。目前，液体镜头按照实现方式的不同可以分成传导式和反射式两类。反射式液体镜头在大型望远镜中得到了应用。2000 年以前，天文望远镜的造价都高达数千万美元，个人几乎是不可能拥有的，只能共享。天文学家何其多也，而天文望远镜何其少也。2000 年后，只用 100 多万美元，科学家就造成了一个巨大的天文望远镜。成本降低的关键是首次采用了液体镜头，而不是传统采用的磨光金属、坚硬的玻璃和大型的镜面。反射望远镜上的反射镜最好是抛物面的，也就是液体在旋转的容器里形成的那种表面的形状。制造望远镜的人要付出大量辛勤的劳动才能使反射镜有这样的表面。打磨望远镜所用反射镜的工作常常要延续好几年。美国的物理学家乌德为了解决这个困难，创造了液体镜面：他在一个大容器里旋转水银，得到一个理想的抛物面，由于水银能很好地反射光线，所以能起反射镜的作用。

反射式液体镜头已经在大型望远镜中得到了应用，代替传统望远镜中使用的玻璃反射镜。当盛满液体（通常采用水银）的容器旋转时，向心力会产生一个光滑的用于望远镜的反射凹面，通常这样一个光滑的曲面完全可以代替需要大量复杂工艺并且价格昂贵的玻璃镜头，而哈勃空间望远镜的失败也让我们了解了玻璃镜头何等脆弱。

反射式液体镜头绝对不会存在易碎这样的问题，通过改变液体容器的旋转速度，可以形成曲率不同的发射曲面。英国哥伦比亚大学（UBC）的科学家已经研制了一架直径为 6 m 液体发射镜面望远镜（LMT）。作为全球第 13 大的望远镜，其反射曲面是由一个盛满水银的容器以 5 r/min 的速度旋转形成的。而这架望远镜的造价仅为 100 万美元左右，而用传统技术建造同样大小的一架望远镜约需 1 亿美元。

现在，随着拍照手机等的流行，人们对微型变焦镜头的需求持续膨胀，让原本在 2000 年就已经在天文望远镜中成功实现的液体镜头受到人们的密切关注。目前人们着重于传导式液体镜头的研究。

传导式液体镜头使用两种不能融合的液体，每一种液体拥有不同的折射率，生成一种与传统的高质量的光学镜头一样的可变聚焦镜头，而镜头大小却可以减少到 10 mm（图 16－5）。两种液体，一种是导电的水性溶液，另一种是不导电的油。这两种液体被装在一个加有弹簧装置的很小的管子里，管子的内部和弹簧装置涂上防水材料，通过弹簧装置加压和调整在管子两端的直流电电压，在管子的一端形成相当于玻璃镜头的月牙形地曲面，曲面的曲率就是液体镜头的焦距。根据相关测试，每次的变焦过程所消耗的能量仅为 0.1 μJ，而变焦所用的时间从最极端的凸面到凹面也仅需几毫秒。另外，两种液体的边界非常光滑和规整，使得液体镜头可用于诸如医学上用的内窥镜成像系统，也可以应用在空间狭小的其他领域，如显微镜照相机。

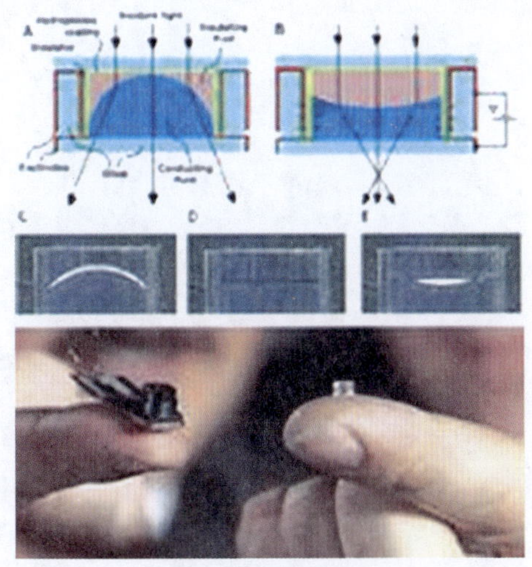

图 16－5　液体镜头

传统的变焦镜头是通过调整两个固定焦距的镜头之间的距离来实现变焦（图 16－6），而液体镜头则通过改变液体的压力来调整焦距。这样，设备可以在一个很小的固定距离范围内实现变焦系统。根据加利福尼亚大学科学家的试验，这种液体镜头非常容易批量生产，而且成本将大幅度下降。

图 16－6　传统镜头的剖面图

传导式液体镜头已经走出实验室。法国的 Varioptic 公司在 2004 年年底发布了一项用于手机的采用了电子技术的液体镜头专利，使用这种镜头的手机，只要在镜头中加入几滴油或者水，就可以让镜头实现自动变焦，并且准确地把焦点放在需要拍照的物体上。该液体镜头的变焦速度非常快，即使从最极端的凸面到凹面也仅需几毫秒的时间。韩国、德国、日本等国家也液体镜头方面进行了研究，并公布了量产计划。

实验 17　声速的测量

一、背景及应用

在科研和工程技术领域，通常都要对各种信号进行测量以了解信号的特征和所携带的各种信息。示波器是一种用途广泛的电子测量仪器，它能直接测量电信号，也能通过换能器把各种非电信号转化为电信号来测量，它既能显示信号的波形，也能测定信号的幅度、周期和频率等参数，用双踪示波器还可以测量两个信号之间的时间差或相位差。本实验中用示波器测量声速是示波器的一个典型应用实例。

声音是一种机械扰动在气态、液态和固态物质中传播的现象。由于其振动方向与传播方向一致，故声波是纵波，其频域宽广，范围为 $10^{-4} \sim 10^{10}$ Hz。振动频率在 20 Hz ~ 20 kHz 的声波可以被人们听到，称为可闻声波，频率超过 20 kHz 的声波称为超声波。

声音在传播过程中还会引起物质的光学、电磁、力学、化学性质以及人类生理、心理等性质的变化，而它们反过来又将影响声音的传播。所以，声学研究的范围很广，分支很多。

声学是研究声音的产生、传播、接收、作用和处理重现的学科。声学作为物理学的一个分支是一门具有悠久历史的古老学科，也是一门发展的学科。振动学是研究声源的理论基础，从伽利略的工作到胡克定律的发现，都是振动学的实验研究。18 世纪数学的发展，推动了声学理论的发展，为机械振动的研究开辟了近代声振动研究的新方向。

目前声学的发展已经广泛渗入到国民经济以及国防建设等各个领域，并形成了一些新的交叉学科，推动了许多边缘学科的产生和发展。例如，水声领域的各类型声呐的发展，医学及工业中的超声成像及武器装备中的声波武器等都与声学的发展有着密不可分的关系。正在进行研究的课题有超声马达，声致发光，时空有限的波在界面上的反射、透射，厅堂声混响，磁流体声波以及声波在工程检测中的应用等问题。在基础研究方面，曾在液晶非线性动力学问题的研究中发现指向波。

声波特性的测量（如频率、波速、波长、声压衰减和相位等）是声学应用技术中的一个重要内容，特别是声波波速（简称声速）的测量，在声波定位、探伤、测距等应用中具有重要的意义。

二、测量原理

1. 示波器的结构和工作原理

示波器的规格和型号众多，内部结构复杂，但基本结构类似，都可大致分为示波管（CRT）、Y 轴放大（和衰减）系统、X 轴放大（和衰减）系统、扫描及整步系统四个部分（图 17－1），示波器的工作原理可以简述如下。

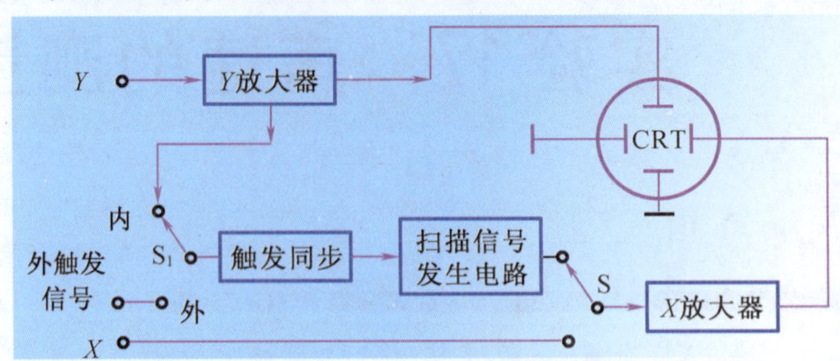

图 17－1　示波器的基本组成

Y 放大器负责放大待测微弱信号，触发同步电路决定何时开始显示待测信号波形，扫描信号发生电路和 X 放大器负责波形显示速度，而示波管（CRT）则是显示器件，工作过程可以定性地与沙摆进行类比。单摆由一个装满沙子的漏斗构成，单摆摆动起来后，下方匀速漏出沙粒，当下方的纸张匀速运动起来后，沙粒就会在纸面上绘出一幅简谐振动曲线，常习惯称为“波形”曲线，如图 17－2 所示。在沙摆装置中，单摆的振动周期相当于待测信号，单摆振幅大小的变化相当于 Y 放大器放大倍数的变化，纸相当于示波管（CRT），纸的运动速度相当于扫描信号发生电路和 X 放大器的功能设置，对纸运动起始时间的控制相当于触发同步电路的功能选择。这样，根据纸的运动速度（扫描）及“波形”的长度我们就能测出单摆的周期。示波器的工作原理实际上要复杂得多，详细原理请读者参阅附录介绍。

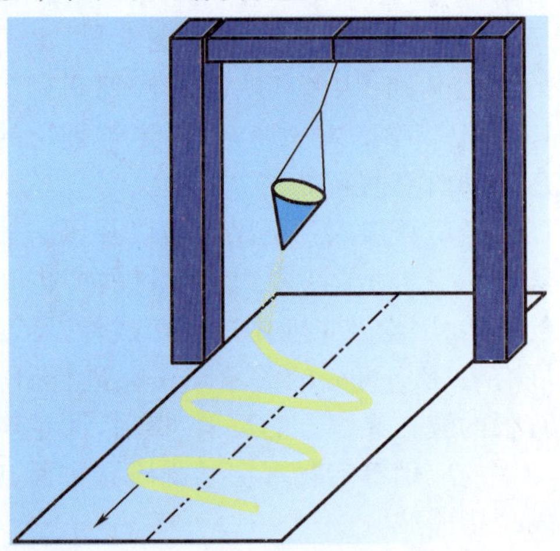

图 17－2　沙摆

2. 声速测量的原理

（1）声波在空气中的传播速度

在空气中声波的传播速度（声速）可写为

$$v=\frac{1}{\sqrt{\rho X}} \qquad (17-1)$$

式中，ρ 是气体的密度；X 是压缩系数。

由于气体的压缩与稀疏部分的传播速度很快，可以认为是绝热的，因此

在理想气体状态近似下，有 $X=\frac{1}{\gamma p}$，将其代入式(17-1)，得

$$v=\sqrt{\frac{\gamma p}{\rho}}=\sqrt{\frac{\gamma RT}{M}} \tag{17-2}$$

式中，R 为摩尔气体常量，$R=8.31\ \mathrm{J/(mol\cdot K)}$；$M$ 是气体的摩尔质量；γ 为比热容比，$\gamma=\frac{c_p}{c_V}$；T 为热力学温度。

由式(17-2)可知，声速与气体的温度、摩尔质量及比热容比有关，后两个参数与气体成分有关。利用摄氏温标与热力学温标之间的换算关系，可将式(17-2)用摄氏温标表示为

$$v=v_0\sqrt{1+\frac{t}{T_0}} \tag{17-3}$$

式中，v_0 为在标准状态下干燥空气中的声速，$v_0=\sqrt{\frac{\gamma RT_0}{M}}=331.45\ \mathrm{m/s}$；$T_0=273.15\ \mathrm{K}$。

式(17-3)可作为空气中声速的理论计算公式。

(2)空气中声速的测量原理

声速的测量方法可以分为两类：一类是根据运动学理论 $v=\frac{L}{t}$，通过测量声波传播的距离 L 与所用的时间相比而获得 v；另一类是根据波动学理论，由声速与频率、波长间的关系，即

$$v=f\cdot\lambda \tag{17-4}$$

可知，测出声波的频率 f 与波长 λ，即可由式(17-4)算出声速 v。

由于超声波具有波长短、易于定向发射、相互干涉小等优点，我们采用压电陶瓷换能器为波源进行声波发射与接收。在测出声波的频率 f 与波长 λ 后利用公式(17-4)得到 v。式中，声波的频率 f 由信号发生器直接读出，波长 λ 由共振干涉法或相位比较法分别测得。

(3)用共振干涉(驻波)法测量声波的波长

用共振干涉法测量声波波长的实验装置如图17-3所示，图中的T1和T2为压电超声换能器。信号发生器输出的正弦交流信号加到T1上，由T1完成电声转换，作为声源，发出波前近似为平面的声波。T2作为超声波接收换能器，将接收到的声信号转换成电信号，然后接入示波器观察。T2在接收声波的同时，其表面还反射一部分声波。当T1与T2的表面互相平行时，往返于T1与T2之间的声波发生干涉而形成驻波。

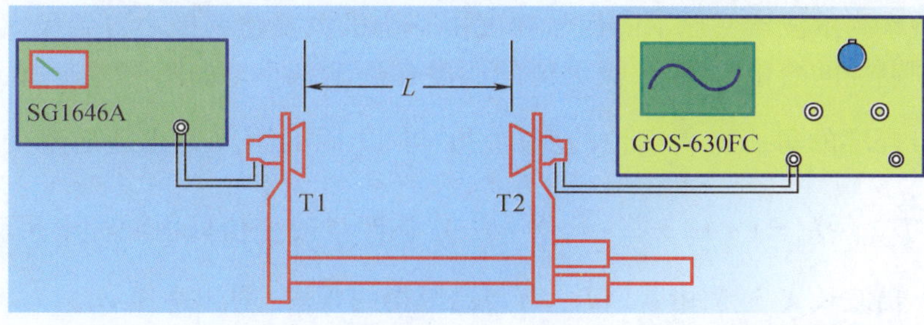

图17-3 用共振干涉(驻波)法测量声波波长的实验装置

依波动理论，设沿 x 方向射出的入射波方程为

$$y_1 = A\cos\left(\omega t - \frac{2\pi}{\lambda}x\right)$$

反射波方程为

$$y_2 = A\cos\left(\omega t + \frac{2\pi}{\lambda}x\right)$$

式中，A 为声源振幅；ω 为角频率；$\frac{2\pi}{\lambda}x$ 为由于波动传播到坐标 x 处（t 时刻）引起的位相变化。在任意时刻 t，空气中某一位置处的合振动方程为

$$y = y_1 + y_2 = \left(2A\cos\frac{2\pi}{\lambda}x\right)\cos\omega t \tag{17-5}$$

式(17-5)即为驻波方程。

当 $\left|\cos\frac{2\pi}{\lambda}x\right| = 1$，即 $\frac{2\pi}{\lambda}x = k\pi$ 时，在 $x = k\cdot\frac{\lambda}{2}$ $(k = 0,1,2,\cdots)$ 处，合成振动振幅最大，称为波腹或声振幅的极大值。

当 $\left|\cos\frac{2\pi}{\lambda}x\right| = 0$，即 $\frac{2\pi}{\lambda}x = (2k+1)\frac{\pi}{2}$ 时，在 $x = (2k+1)\cdot\frac{\lambda}{4}$ $(k = 0,1,2,\cdots)$ 处，合成振动振幅最小，称为波节或声振幅的极小值。

以上是理论的简单推导，而实际情况则要复杂得多。根据波动理论，由于超声波在换能器中的传播速度比在空气中大得多，在接收器一端，从声压来考查是波腹，从声振幅来考查则是波节。改变两换能器之间的距离，当二者之间的距离是半波长的整数倍时，则两换能器的端面将组成共振腔，声波在共振腔的两个端面之间反复往返将形成稳定的驻波，在发射换能器和接收换能器处，声波的幅度（声压）都达到极大值，此时称为共振。在相邻极大值之间，两换能器间的距离变化量为 $\frac{\lambda}{2}$。

由波腹（或波节）条件可知，相邻两个波腹（或波节）间的距离为 $\frac{\lambda}{2}$，当 T1 和 T2 间的距离 L 恰好等于半波长的整数倍，即当

$$L = n\cdot\frac{\lambda}{2},\quad n = 0,1,2,3,\cdots \tag{17-6}$$

时，接收换能器 T2 接收到的声压是极大值，在示波器上观察的经 T2 转换成的电信号也是极大值。

由于衍射及其他损耗，自左向右各极大值的幅值随 T2 到 T1 间的距离增大而逐渐减小。为测量声波的波长，我们可连续地改变 T2 到 T1 的距离 L，此时可观察到示波器上显示的信号幅度由一个极大变化到极小再到极大……这样周期性的变化。同时，极大值的幅度在逐渐减小。如图 17-4 所示，随着信号幅度的每一次周期性的变化，T1 与 T2 间的距离 L 也随之改变了 $\frac{\lambda}{2}$ $\left(\Delta L = L_{n+1} - L_n = (n+1)\frac{\lambda}{2} - n\frac{\lambda}{2} = \frac{\lambda}{2}\right)$，该距离改变值可由游标卡尺读出，从而算出波长 λ，进而由式(17-4)与已测得的频率 f 算出声速 v。

由于声振幅随 L 的变化在极大值附近较尖锐，而在极小值附近较平坦，故测定极大值的位置比较精确。另外，由于压电换能器本身有一固有频率，

当外加强迫振动的频率等于其固有频率时，压电换能器将产生共振，此情形下振动幅度最大，发出的声波的振幅也最大，所以实验时应仔细调节信号发生器的工作频率，使接收到的信号振幅为最大。

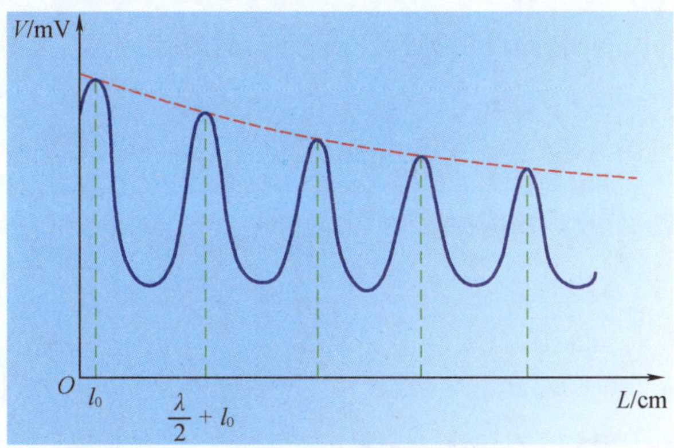

图 17－4 接收端声压幅度随距离的变化

(4)相位比较(行波)法测量声波的波长

用相位比较法测量声波波长的实验装置如图 17－5 所示。

当发射换能器与接收换能器之间距离为 L 时，在发射换能器的驱动正弦信号与接收换能器接收到的正弦信号之间将有相位差 $\varphi=\frac{2\pi L}{\lambda}=2n\pi+\Delta\varphi$。

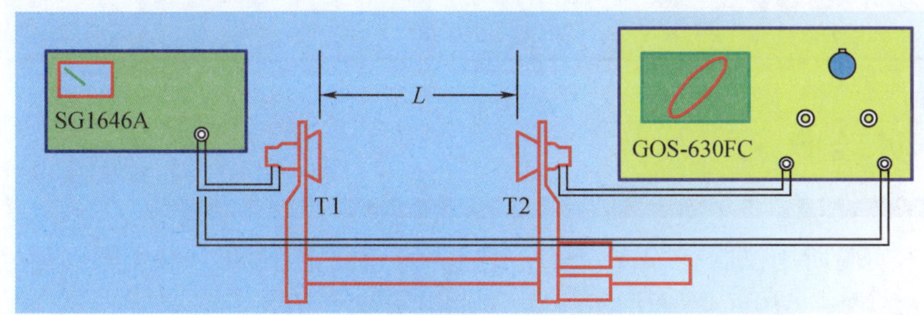

图 17－5 相位比较(行波)法测量声波波长的实验装置

若将发射换能器驱动正弦信号与接收换能器接收到的正弦信号分别接入示波器的 X 输入端及 Y 输入端，则相互垂直的同频率正弦波将干涉，其合成轨迹称为李萨如图，如图 17－6 所示。

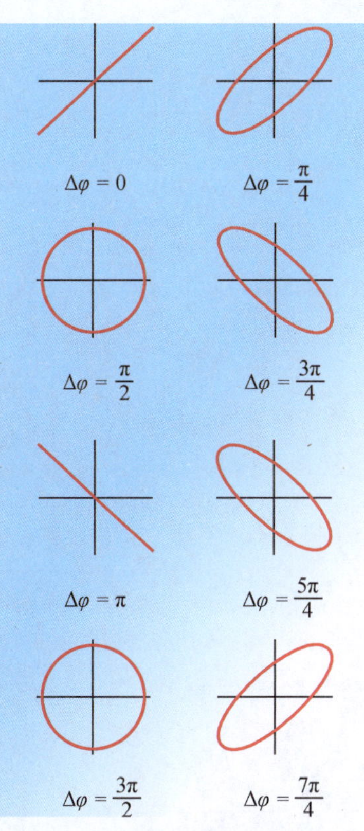

图 17－6 不同相位差对应的李萨如图

当接收换能器和发射换能器间的距离变化等于一个波长时，发射与接收信号之间的相位差也正好变化一个周期(即 $\Delta\varphi=2\pi$)，相同的图形就会出现。反之，当准确观测相位差变化一个周期时接收换能器移动的距离，即可得出其对应声波的波长 λ，再根据声波的频率，即可求出声波的传播速度。

(5)时差法测量声速

时差法测量声速是工程应用中常用的方法。例如，在海洋舰船上使用声呐来测量目标的距离和方位，水利工程中应用的测深仪工作原理都是时差法，时差法测量声速的实验装置如图 17－3 所示。用时差法测量声速，需要信号源能够发射调制正弦脉冲信号。测量时，设置信号源功能选择，用调制的正弦信号输入到超声波发射换能器(固定在游标卡尺主尺上的压电陶瓷换能器)，使其发出脉冲超声波，经时间 t 后到达距离 L 处的超声波接收换能器(固定在游标卡尺游标上的压电陶瓷换能器)。接收换能器接收到脉冲信号后,能量逐渐积累,振幅逐渐加大,脉冲信号过后,接收器作衰减振荡,发射及接收信号如图 17-7 所示,时间 t 可用示波器测出。发射换能器和接收换能器之间的距离由超声实验装置的游标卡尺测出,即可由实验公式 $v=\frac{L}{t}$ 计算出声速。

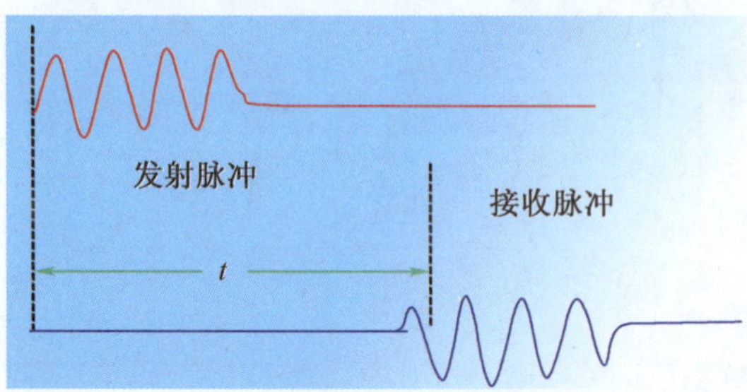

图 17-7 时差法测量声速发射和接收波形图

三、实验目的

了解声波在空气中的传播速度与气体状态参数之间的关系;了解压电换能器的功能,加深对驻波及振动合成理论的理解;掌握示波器的使用方法;学会一种测量空气中声速的方法。

四、实验仪器

本实验所用仪器有 ZKY-SSA 型超声声速测定仪、SG1646A 低频信号发生器及 GOS-630FC 型通用示波器,现将其分别介绍如下。

1. ZKY-SSA 型超声声速测定仪

ZKY-SSA 型超声声速测定仪由支架、游标卡尺及两只超声压电换能器组成。两只换能器的位置分别与游标卡尺的主尺和游标相对定位,因此两只换能器间相对距离的变化量可由游标卡尺直接读出。两只换能器具有完全相同的结构,其中位于仪器左侧固定于卡尺上的一只换能器平面端面用于发射声波,即实现电声转换,另一只位于仪器右侧并固定于游标之上的换能器平面端面用于接收和反射声波,实现声电转换。

ZKY-SSA 型超声声速测定仪上换能器的谐振频率范围为 30 kHz ~ 40 kHz;有效测量距离为 250 mm;距离读数精度为 0.02 mm。

2. SG1646A 低频信号发生器

SG1646A 低频信号发生器的面板及各键(钮)功能如图 17-8 所示。

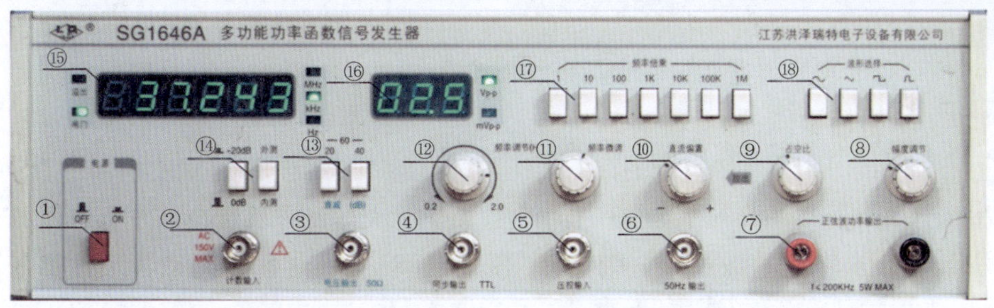

图 17－8　SG1646A 低频信号发生器面板及各键(钮)功能

①—电源开关;②—计数输入;③—电压输出;④—同步输出;⑤—压控输入;⑥—50 Hz 输出;⑦—正弦波功率输出;⑧—输出幅度调节;⑨—占空比;⑩—直流偏置;⑪—频率微调;⑫—频率调节;⑬—衰减调节;⑭—内测/外测切换键;⑮—频率显示;⑯—电压显示;⑰—频率倍乘;⑱—波形选择

(3)GOS－630FC 型通用示波器

GOS－630FC 型通用示波器面板如图 17－9 所示,其中各键(钮)功能如图 17－9 所示。

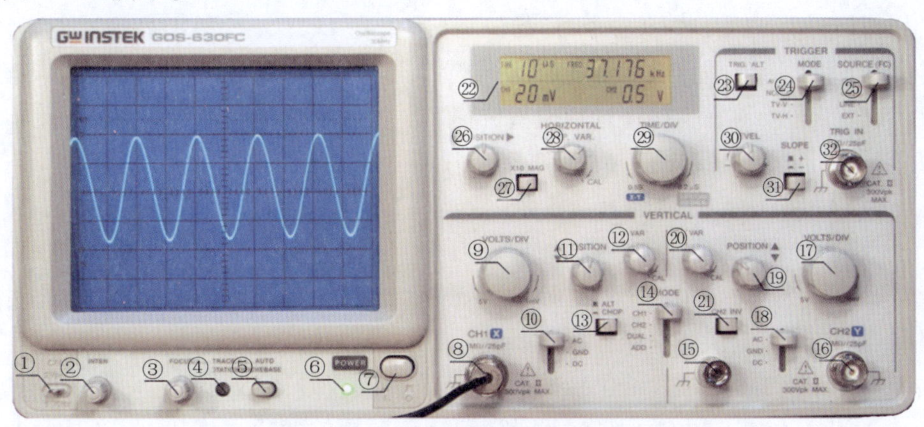

图 17－9　GOS630FC 型通用示波器面板及各键(钮)功能

①—校准信号输出端;②—辉度调节;③—聚焦调节;④—光迹旋转;⑤—扫描时间自动控制选择;⑥—电源指示灯;⑦—电源开关;⑧—CH1 的垂直输入端;⑨—CH1 通道(垂直)信号衰减选择;⑩—CH1 通道输入信号与垂直放大器连接方式选择;⑪—CH1 通道垂直位移;⑫—CH1 通道(垂直)信号衰减微调;⑬—双轨迹模式下,CH1 和 CH2 信号显示方式选择键;⑭—CH1 及 CH2 垂直操作模式选择;⑮—示波器接地端;⑯—CH2 的垂直输入端;⑰—CH2 通道(垂直)信号衰减选择;⑱—CH2 通道输入信号与垂直放大器连接方式选择;⑲—CH2 通道垂直位移;⑳—CH2 通道(垂直)信号衰减微调;㉑—CH2 信号反向;㉒—LCD 显示屏;㉓—交替触发选择;㉔—触发模式选择;㉕—触发信号源选择;㉖—扫描曲线水平位置调节;㉗—水平扫描倍乘 10 倍选择;㉘—(水平)扫描时基微调;㉙—(水平)扫描时间选择;㉚—触发电平调整;㉛—触发极性选择;㉜—外触发信号输入端

五、实验内容与操作要点

(1)熟悉仪器

按图 17－3 接好线路,对照仪器仔细阅读“实验仪器”部分的内容。

(2)仪器的调整

①将接收换能器T2向发射换能器靠拢并注意留有约1 cm左右的间隙(以防止损坏换能器)。

②将输出信号电缆接头接入“电压输出接口”;将低频信号发生器的“频率选择”置于“100 k”挡位(自右向左数第二个键),“波形选择”置于“正弦波”挡位(自左向右数第一个键),将“幅度调节”向逆时针方向旋转至输出最小(为保护仪器不被错误操作损毁,电学仪器都应这样操作,待仪器反应正常后,再根据需要适当增加输出)。打开“电源开关”,先调节“频率粗调钮”,再调节“频率微调钮”,使“频率数码显示”所显示的频率读数大致在超声声速测定仪上换能器的谐振频率范围内。

③将接收换能器T2的输出端信号线接入示波器的“CH1通道(垂直)信号输入端”。接通示波器的“电源开关”,将示波器的“垂直系统工作方式选择”置于“CH1”位置上,“CH1通道(垂直)信号衰减选择”调节到“20 mV/cm”或“50 mV/cm”位置上(数值在LCD显示屏上显示),“(水平)扫描时基选择”调整到“10 μs/cm”的位置(数值在LCD显示屏上显示),“CH1通道输入信号与垂直放大器连接方式选择”调整到“AC”挡位。适当调节“辉度调节”“聚焦调节”“CH1通道垂直位移”及“曲线水平位置调节”,并适当调节信号发生器的“幅度调节”及“衰减选择”,即可得到一条输入电信号的曲线。

(3)谐振状态的确定

用示波器观察由T2接收并转换成的电信号。调节信号发生器的“频率细调钮”(必要时调节“频率粗调钮”),使示波器显示的波形振幅最大,此时信号发生器的工作频率即为换能器的固有频率。

(4)T2的起始最大值位置的确定

缓慢移动T2,可在示波器上观察到波形振幅的变化。将T2移到某一振幅最大处,固定T2,记录下T2对应的卡尺读数作为第一个极大值位置数据S_1,作为测量T2与T1之间距离L的起始位置。

注意 在完成操作的过程中,应随时调节示波器的“CH1通道(垂直)信号衰减选择”,务必控制示波器上显示的波形的两个波峰均在屏幕显示范围内,否则无法判断波形是否达到最大。

(5)用干涉法测声波波长

为提高实验精度,充分利用数据资源,本实验采用逐差法处理数据。为此,需要测量两组数据,使两组数据中互相对应的项间相差20个半波长。具体方法是缓慢向右移动T2,首先顺序记录下使示波器出现波形极大的T2的前10个位置读数$S_1,S_2,\cdots,S_{10}$,然后继续向右移动T2,并在默数至第21个极大值位置时,开始连续记录第二组共10个数据$S_{21},S_{22},\cdots,S_{30}$。将这20个数据对应相减得$(S_{21}-S_1),(S_{22}-S_2),\cdots,(S_{30}-S_{10})$,注意到这10个差值大小在理论上都应是$20\times\frac{\lambda}{2}=10\lambda$,将这10个值相加后除10得$10\lambda$的算数平均值,再将其除10得$\lambda$,将其与频率$f$代入式(17-4)即可求得声速$v$。

(6)用相位比较(行波)法测声波波长(用另一种方法验证测量结果,数据表

格自拟)

把信号源的输出信号用 BNC 三通(T 形)接头分成两路,一路用于驱动换能器,即接收换能器 T1,另一路接入示波器的"CH2 通道(垂直)信号输入端"。T2 的输出端信号线依旧接入示波器的"CH1 通道(垂直)信号输入端"。调节信号源频率调节旋钮,使换能器达到共振状态,再分别调节示波器 CH1 通道和 CH2 通道(垂直)信号衰减选择调节旋钮,使两路信号比例大小相近(两路信号波形幅度相近)。以上工作完成后,调节示波器(水平)扫描时基选择旋钮至"(X－Y)"状态(此时 LCD 上 X－Y 指示器显示(X－Y)),示波器触发信号源选择键置于"CH1(X－Y)"状态,此时发射器驱动正弦信号与接收器接收到的正弦信号分别接到示波器的 X 输入端及 Y 输入端,示波器处于"(X－Y)"工作状态,则相互垂直的同频率正弦波干涉,其合成轨迹称为李萨如图,如图 17－6 所示(此时可通过调整 CH1 POSITION(位置)旋钮进行 CH1 通道(垂直)信号衰减选择来改变 X 轴位置和图形大小;可以通过调整 CH2 POSITION(位置)旋钮进行 CH2 通道(垂直)信号衰减选择来改变 Y 轴位置和图形大小)。根据李萨如图的周期性变化测量波长,采用逐差法处理数据,同样需要测量两组数据,使两组数据中互相对应的项间相差 10 个半波长。具体方法是缓慢向右移动 T2,首先顺序记录下使示波器出现同一状态的李萨如图(最好是某个方向的直线状态)的 T2 前 10 个位置读数 $S_1, S_2, \cdots, S_{10}$,然后继续向右移动 T2,连续记录第二组共 10 个数据 $S_{11}, S_{12}, \cdots, S_{20}$。将这 20 个数据对应相减得 $(S_{11}-S_1), (S_{12}-S_2), \cdots, (S_{20}-S_{10})$,注意到这 10 个差值大小在理论上都应是 10λ(为什么?),同样将这 10 个值相加后除 10 得 10λ 的算数平均值,再将其除 10 得 λ,将其与频率 f 代入式(17－4)即可求得声速 v。自己设计合适的数据记录表格记录处理数据。

(7)记录室内温度

记录下实验时实验室内的温度 t,用于计算声速的理论预期值,供与实验结果比较之用。

注意 ①实验过程中要保持信号发生器的工作频率始终工作于换能器的固有频率上,并保持输出电压基本不变。

②可反复调整手轮以确定 T2 在极大值位置附近的精确位置,手轮空程对读数无影响(为什么?)。

六、数据记录与处理

(1)频率的测量

$$f = \underline{\qquad\qquad} \pm 0.05\ \text{kHz}$$

$$\Delta f = 0.05\ \text{kHz}$$

(2)波长的测量

将测量的结果填入表 17－1 中。

表 17－1　波长测量数据记录表

室温 $t=$_________℃；10 个波长的仪器误差 $\Delta_0=0.02$ mm

	S_1	S_2	S_3	S_4	S_5	S_6	S_7	S_8	S_9	S_{10}
S_i/mm										
	S_{21}	S_{22}	S_{23}	S_{24}	S_{25}	S_{26}	S_{27}	S_{28}	S_{29}	S_{30}
S_j/mm										
S_{j-i}/mm										
$\overline{S_{j-i}}$/mm										
ΔS_{j-i}/mm										
$(\Delta S_{j-i})^2$/mm^2										

①$10\lambda$ 的 A 类不确定度：$\Delta_{A10\lambda}=\sqrt{\dfrac{\sum\limits_{i=1}^{n}(x_i-\bar{x})^2}{10-1}}=\sqrt{\dfrac{\sum\limits_{i=1,j=21}^{10,30}(\Delta S_{j-i})^2}{10-1}}=$ _________ mm

②$10\lambda$ 的 B 类不确定度：$\Delta_{B10\lambda}=\sqrt{\Delta_0^2+\Delta_0^2}=$ _________ mm

③$10\lambda$ 的总不确定度：$\Delta_{10\lambda}=\sqrt{\Delta_{A10\lambda}^2+\Delta_{B10\lambda}^2}=$ _________ mm

④$\lambda\pm\Delta\lambda=\dfrac{\overline{S_{j-i}}\pm\Delta_{10\lambda}}{10}=$ _________ ± _________ mm

(3)计算出波速值

①$v=f\cdot\lambda=$ _________ m/s

②$E_r=\sqrt{\left(\dfrac{\Delta f}{f}\right)^2+\left(\dfrac{\Delta\lambda}{\lambda}\right)^2}=$ _________%

③$\Delta v=v\cdot E_r=$ _________ m/s

④$v=\bar{v}\pm\Delta v=$ _________ ± _________ m/s

(4)与理论预期值比较

①$v_{理}=v_0\sqrt{1+\dfrac{t}{T_0}}=331.45\sqrt{1+\dfrac{(\quad)}{T_0}}=$ _________ m/s

②$\Delta' v=|v_{理}-v|=$ _________ m/s

③$E_r'=\dfrac{\Delta' v}{v_{理}}\times100\%=$ _________%

七、分析与思考

(1)本实验为什么要在换能器谐振状态下测定空气中的声速？

(2)为什么实验中要保持换能器发射面与接受面的平行？

(3)为什么实验中信号源的频率会发生变化？

八、附录

1. 电子射线示波管(CRT)的结构及其作用

示波管是示波器的核心部件,它能实现从电信号到光信号的转变,待测信号的波形就是由其显示出来的,其基本结构如图 17-10 所示,由电子枪、偏转系统和荧光屏三部分组成。示波管的作用是把高速运行的电子束在偏转系统的作用下打到荧光屏上,使荧光屏上产生明亮图线。如果能使电子束在被测电压和扫描电压的共同作用下运动,就能使荧光屏上的亮点形成一条运动着的轨迹,以此来显示被测信号波形,这个过程就如同笔在手的控制下在纸上画图一样,电子束充当笔的角色,荧光屏则扮演纸的角色,则偏转系统就是那只绘图的手。

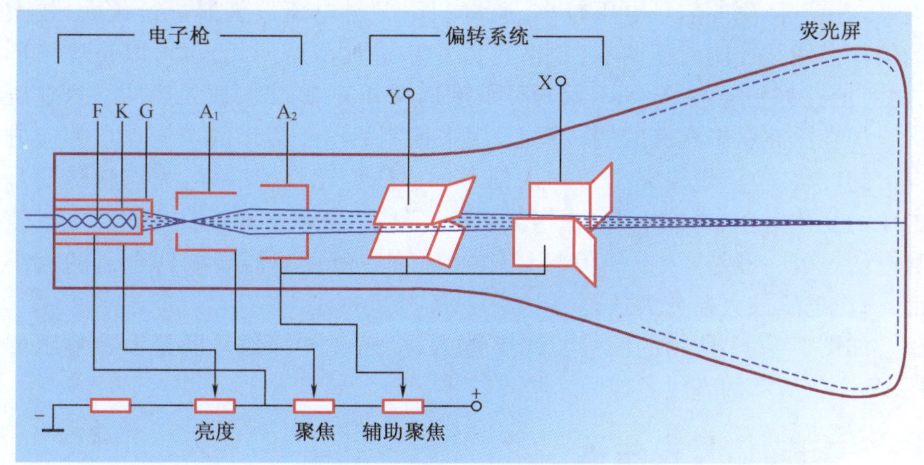

图 17-10 示波管的结构

F—灯丝;K—阴极;G—控制栅极;A_1—第一加速阳极;
A_2—第二加速阳极;Y—竖直偏转板;X—水平偏转板

(1)电子枪

电子枪由灯丝 F、阴极 K、控制栅极 G、第一加速阳极 A_1 和第二加速阳极 A_2 五部分组成,灯丝通电后加热圆筒形的阴极。阴极是一个表面涂有氧化物的金属圆筒,被加热后外表面大量地发射热电子。控制栅极是一个顶端有孔(直径约 1 mm)的金属圆筒,它套在阴极外面,其电位要比阴极略低一些,热电子流在阳极加速下奔向荧光屏。示波器面板上的“亮度”调整就是通过调节栅极电位以控制射向荧光屏的电子流密度,从而改变屏上光斑的亮度。阳极电位比阴极电位高得多,电子被它们之间的电场加速形成射线。当控制栅极、第一阳极与第二阳极之间电位调节合适时,电子枪内的电场对电子射线有聚焦作用,所以第一阳极也称聚焦阳极。第二阳极电位更高,又称加速阳极。面板上的“聚焦”调节就是调节第一阳极电位使荧光屏上的光斑成为明亮、清晰的小圆点。有的示波器还有“辅助聚焦”,实际上是调节第二阳极电位。

(2)电偏转系统

它由两对互相垂直的偏转板组成,一对竖直偏转板 $Y-Y$,一对水平偏转板 $X-X$。在偏转板间加上几十伏特电压,电子束通过时,其运动方向发生偏转,从而能够控制电子束在荧光屏上轰击点(光斑)的位置。

(3)荧光屏

屏上涂荧光粉,电子打上去它就发光,形成光斑。不同材料及不同配比的荧光粉发光的颜色不同,发光过程的延续时间(一般称为余辉时间)也不同,对直流或低频信号的显示宜用长余辉屏幕。荧光屏前有一块透明、带刻度的坐标板,供测定光点位置用。在性能较好的示波器中,将刻度直接刻在屏玻璃内表面上,使其与荧光粉紧贴在一起以消除视差,光点位置可测得更准。

2. X 轴、Y 轴电压放大(和衰减)装置

示波器的输入至少有 X 和 Y 两个通道,它们各有自己互相独立的电压放大器。由于待测的信号电压较小,通常利用 Y 轴电压放大器进行放大,放大的倍率由增益控制旋钮调节(调节可以是步进加微调形式,也可以是连续形式)。上述都是通过"V/div"偏转灵敏度选择开关来实现,放大后的信号电压最终加在示波管中相应的偏转板上,用来控制热电子轰出的荧光点在相应方向上的位移,位移规律完全跟输入信号的电压变化规律一样,光点将随信号电压的变化沿左右(或上下)作摆线运动,形成一条水平或垂直亮线。如果信号电压过大,一般输入电压信号经输入端的精密衰减器衰减到合适的大小后,再送电压放大器放大。

如图 17-11 所示的信号加到 Y 输入端,若无扫描信号屏幕上将显示如图 17-12 所示的直线图像。

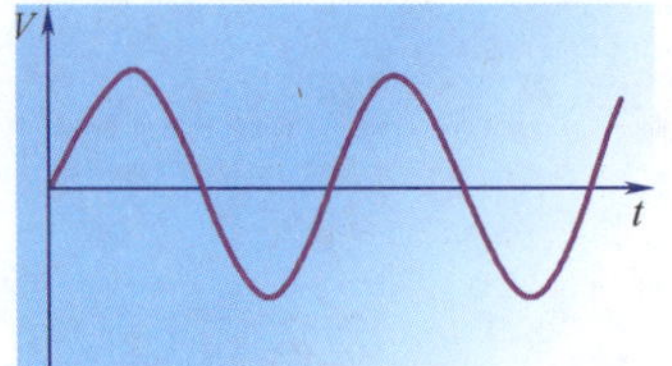

图 17-11 待测信号波形

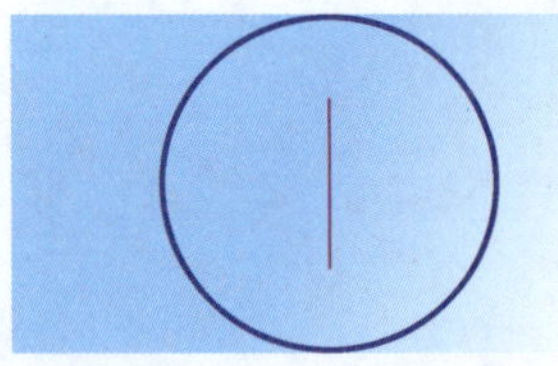

图 17-12 无扫描信号时示波器显示波形

3. 扫描信号发生器

为了在屏上看到待测信号电压的波形,需将此信号电压加在 Y 偏转板上,同时在 X 偏转板上加一个随时间线性变化的周期性电压,即电压随时间线性地上升到最大值后迅速降到起始值(零),以后不断重复,如图 17-13 所示。因为电压与时间的关系曲线形如锯齿,故称为锯齿波。产生锯齿形电压的装置称为"锯齿波发生器"。然而,通过示波器面板上旋钮的控制,只能把锯齿波信号加到水平偏转板上,此时若 Y 轴上不加任何信号,电子束在屏上只能沿水平方向作有限范围的直线运动,屏上将出现一段水平亮线。若锯齿波的频率较低,就可看到一个亮点周而复始地自左至右运动,这正是扫描一词的由来。

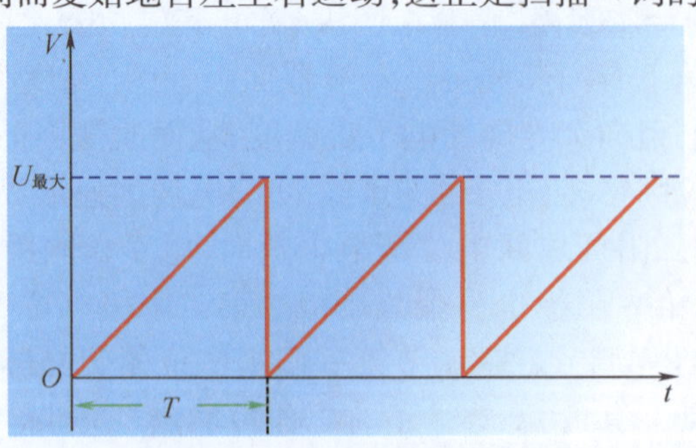

图 17-13 锯齿波扫描电压

在 Y 偏转板上加上一个随时间作正弦变化的电压，如果 X 偏转板上电压为零，在屏上将得到一条垂直亮线；如果同时在 X 偏转板上加一个与时间成正比的锯齿波电压，并且锯齿波电压的周期与 Y 偏转板上信号电压的周期相同，则屏上显示出如图 17－14 所示的一个周期完整的波形。

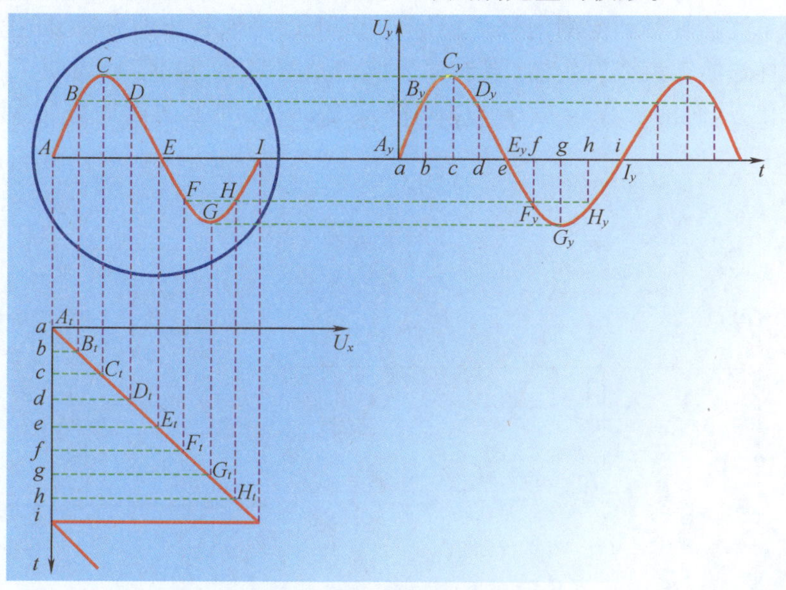

图 17－14 示波器显示波形原理

设在开始时刻 a，电压 U_x 和 U_y 均为零，荧光屏上亮点在 A 处，时间由 a 到 b。在只有电压 U_y 作用时，亮点沿铅直方向的位移为 bB_y，屏上亮点在 B_y 处。在同时加入 U_x 后，电子束既受 U_y 作用向上偏转，同时又受 U_x 作用向右偏转（亮点水平位移为 bB_x），因此亮点不在 B_y 处，而在 B 处。随着时间推移，以此类推，便可显示出正弦波形来。所以，在荧光屏上看到的正弦曲线实际上是两个相互垂直的运动合成的轨迹。

由于锯齿波电压是周期性变化（电子束沿水平方向来回扫描）的，使得加在 Y 偏转板上的信号波形重复出现。又因为两信号的周期相等（$T_x=T_y$），每次扫描出现的波形完全重合，因此屏上显示的波形是稳定的。改变锯齿波的周期，如果它的周期是 Y 偏转板上信号电压周期 2 倍或 3 倍，则屏上显示 2 个或 3 个周期的 Y 偏转板上信号的波形。当 Y 轴信号电压的周期 T_y 与 X 轴锯齿波电压的周期 T_x 满足关系（$T_x=nT_y$）时，屏上显示波形的周期数为 n 个稳定波形。

实际上，T_y 由被测电压决定，T_x 由示波器内锯齿波发生器决定，二者相互无关。虽然可调节锯齿波的“扫描范围”和“扫描微调”使 $T_x=nT_y$，但由于 T_x 和 T_y 来自两个不同的系统，在实验过程中不可避免地各自发生变化，因此会导致波形不稳定。当 T_x 稍小于 nT_y 时，波形将向屏幕右侧移动，移动速度取决 T_x 与 nT_y 差别的大小。类似地，当 T_x 稍大于 nT_y 时，波形将向屏幕左侧移动，例如锯齿波电压的周期 T_x 比被测的正弦波电压的周期 T_y 稍小，设 $T_x:nT_y=7:8$，如图 17－15 所示。在第一个扫描周期内，屏上显示正弦信号 0～4点之间的曲线段，起点在 O 处；在第二周期内，显示 4～8 点的曲线段，起点在 4 处；第三周期内，显示8～12点的曲线段，起点在 8 处。这样，屏上显示的波形每次都不重叠，造成波形向右移动的现象。同理，如果 T_x 比 nT_y 稍大，则又会造成波形向左移动的现象。以上描述的现象在示波器使用过程中经常会出现，究其原因就是扫描控制电压的周期与被测信号的周期不成整数倍数关系，以至于每次扫描开始时波形曲线的起点都不在同一位置而造成的。

为了能够观察到待测信号的稳定波形，可以采取整步的方法，即把待测信号取样送给锯齿波发生器，强迫锯齿波的频率跟随待测信号周期 T_y 的变化而变化，从而能够保证 $T_x = nT_y$ 始终成立，荧光屏上便能始终得到稳定的波形。

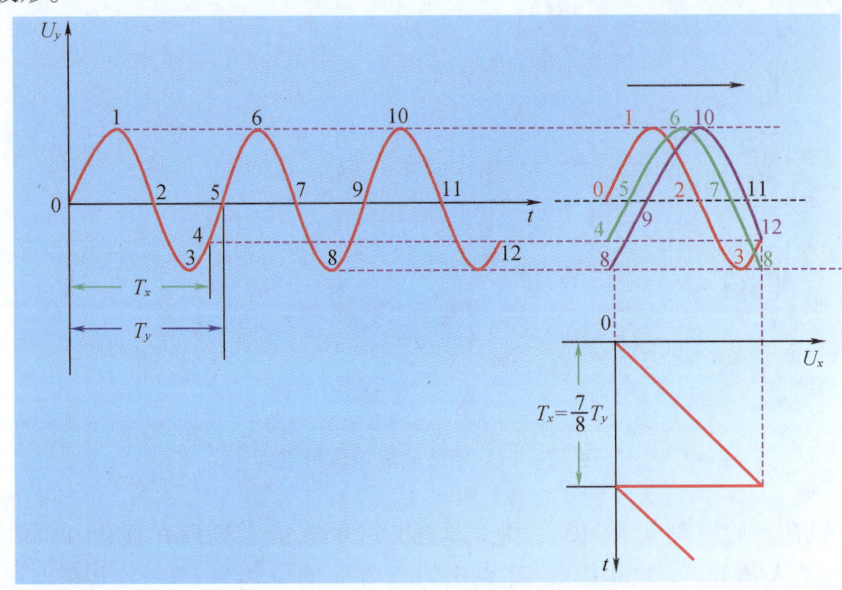

图 17－15　T_x 和 T_y 不成整数倍时波形的移动

由以上的讨论可知，示波器显示稳定波形的条件是待测信号有足够大的强度，同时，锯齿波扫描信号的周期应保持为待测信号周期的整数倍。

实验 18　受迫振动实验

振动是自然界中常见的运动形式之一。由受迫振动引发的共振现象在日常生活和工程技术中极为普遍。共振现象在许多领域有着广泛的应用,例如,众多电声器件需要利用共振原理设计制作;为研究物质的微观结构,常采用核磁共振方法等。另一方面,共振有时也会造成巨大的破坏性,因此研究受迫振动的规律并合理地利用共振是工程技术和科学研究中的一个重要课题。

一、实验目的

用受迫振动阻尼复摆研究机械系统的阻尼振动、受迫振动、共振等振动现象;研究复摆的振动周期计算及其振动规律;研究复摆在受迫振动情况下的幅频特性和相频特性;了解不同阻尼力对受迫振动的影响,并学习对阻尼系数的测量方法。

二、实验仪器简介

本实验仪由振动装置与测量控制主机两部分组成。

受迫振动阻尼复摆的振动装置结构如图 18 –1 所示。

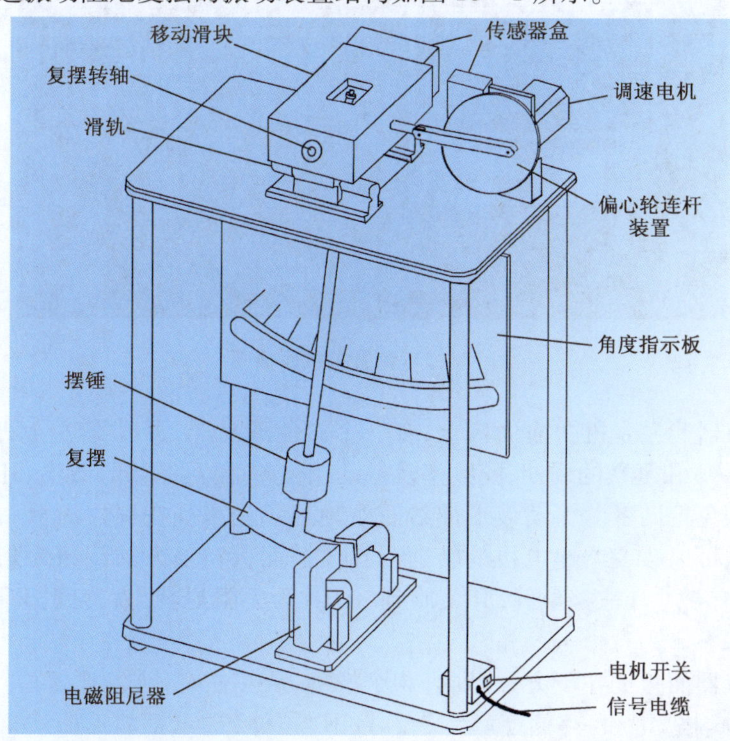

图 18 –1　受迫振动阻尼复摆的振动装置结构图

1. 振动装置简介

本仪器振动的主体是一个复摆，复摆由一个摆锤和摆杆及阻尼片三部分组成。摆杆的上部连接复摆转轴，复摆转轴支撑在移动滑块的轴承上，可以使复摆自由摆动。当摆锤处于摆杆的不同高度时，因复摆的质心位置和绕转轴的转动惯量发生改变，所以它的固有振动周期是可变的。按照复摆理论的推算，在小角度时的自由摆动周期 T 与复摆的转动惯量 J、质量 m、质心离转轴距离 b 及重力加速度 g 四者之间的关系为

$$T=2\pi\sqrt{\frac{J}{mbg}} \tag{18-1}$$

计算出复摆的转动惯量 J、质量 m、质心离转轴距离 b，就可从理论上求得复摆的固有振动周期 T。

在仪器的上层有一个可以改变转速的调速电机，通过偏心轮连杆装置和移动滑块把周期性的水平驱动力作用在复摆转轴上，从而使复摆做受迫振动。在复摆转轴上有一个非接触式的磁传感器，可以利用它实时测得复摆摆动的摆幅、周期和相位；在电机的偏心轮旁也有一个非接触式的磁传感器，可用来测电机转动的转速和相位。比较两个磁传感器测得的数据，就可以测得整个受迫振动系统的振动周期、频率、相位和相位差的参数。在整个装置的右下方有一个开关盒，上面的开关控制调速电机的开关状态。开关盒上的信号电缆把振动装置和仪器测量主机连接在一起。

2. 测量主机简介

测量主机面板如图 18－2 所示。

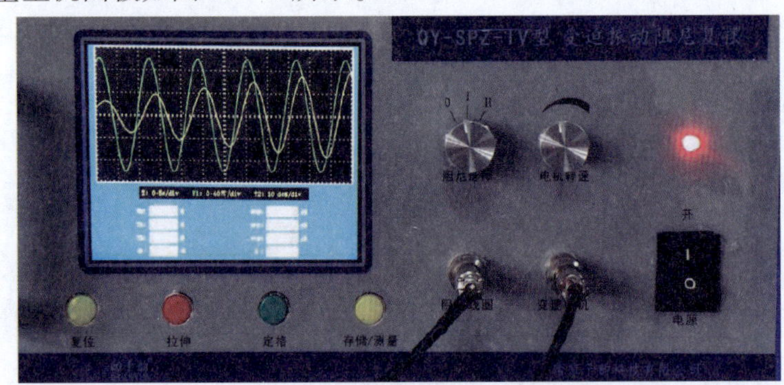

图 18－2　测量主机面板图

在仪器测量主机的前面板上，有一个彩色液晶屏，可以实时分别显示电机（强迫力）和复摆的周期、圆频率及振动相位差、阻尼系数等数值，还可以用不同的颜色把两者的振动波形曲线直观地显示出来。在仪器面板右上方的调节旋钮可以改变调速电机的转速。在仪器面板左上方的旋钮为阻尼调节开关，共有 0，I，II 三挡位置，开关旋到“0”时为无阻尼状态，旋到“II”时为阻尼最大状态。

在仪器面板的左下方，分别有 4 个按键，从左往右依次为“复位”键、“拉伸”键、“定格”键和“存储/测量”键。按下“拉伸”键可把波形曲线横向拉伸 5 倍，便于从波形图上观测两曲线间的相位差；按下“定格”键可让移动的实

时测量曲线定格;“存储/测量”键是用于实验开始时测量并存储复摆自由振动时的固有周期和频率的。

三、实验原理

1. 受迫振动

物体在周期外力的持续作用下发生的振动称为受迫振动,这种周期性的外力称为强迫力。如果外力按简谐振动规律变化,那么稳定状态时的受迫振动也是简谐振动,此时,振幅保持恒定,振幅的大小与强迫力的频率和原振动系统的固有振动频率以及阻尼系数有关。在受迫振动状态下,系统除了受到强迫力的作用外,同时还受到恢复力和阻尼力的作用。因此,在稳定状态时,物体的位移、速度变化与强迫力变化不是同相位的,存在一个相位差。在阻尼力较小的情况下,当强迫力频率与系统的固有频率相同时产生共振,此时振幅最大,两者相位差约为 $-\pi/2$。

实验采用复摆在重力作用下的自由摆动,在外界调速电机的周期性强迫力的作用下做受迫振动来研究受迫振动特性,可直观地显示机械振动中的一些物理现象。

实验所采用的受迫振动阻尼复摆的外形结构如图 18-1 所示。当复摆受到周期性强迫外力矩 $M=M_0\cos\omega t$ 的作用,并在有阻尼的装置中运动时,其运动方程为

$$J\frac{\mathrm{d}^2\theta}{\mathrm{d}t^2}=-a\theta-b\frac{\mathrm{d}\theta}{\mathrm{d}t}+M_0\cos\omega t \tag{18-2}$$

式中,J 为复摆的转动惯量;$-a\theta$ 为复摆受到的恢复力矩;$-b\frac{\mathrm{d}\theta}{\mathrm{d}t}$为阻尼力的力矩;$M_0$ 为强迫力矩的幅值;ω 为强迫力的圆频率。

令 $\omega_0^2=\frac{a}{J}$,$2\delta=\frac{b}{J}$,$m=\frac{M_0}{J}$,则式(18-2)变为

$$\frac{\mathrm{d}^2\theta}{\mathrm{d}t^2}+2\delta\frac{\mathrm{d}\theta}{\mathrm{d}t}+\omega_0^2\theta=m\cos\omega t \tag{18-3}$$

式中,δ 为阻尼系数;ω_0 为复摆系统的固有圆频率。

当 $m\cos\omega t=0$ 时,式(18-2)即为阻尼振动方程。

当 $\delta=0$,即在无阻尼情况时,式(18-2)变为简谐振动方程,ω_0 即为系统的固有圆频率。

式(18-3)的通解为

$$\theta=\theta_1\mathrm{e}^{-\delta t}\cos(\omega_f t+\alpha)+\theta_2\cos(\omega t+\varphi) \tag{18-4}$$

由式(18-4)可见,受迫振动可分成以下两部分:

第一部分,$\theta_1\mathrm{e}^{-\delta t}\cos(\omega_f t+\alpha)$ 表示阻尼振动,经过一定时间 t 后会衰减消失。

第二部分,$\theta_2\cos(\omega t+\varphi)$ 说明强迫(驱动)力矩对复摆的作用,向振动体传送能量,最后达到一个稳定的振动状态。

振幅

$$\theta_2 = \frac{m}{\sqrt{(\omega_0^2 - \omega^2)^2 + 4\delta^2\omega^2}} \tag{18-5}$$

它与强迫力矩之间的相位差 φ 为

$$\varphi = \arctan\frac{-2\delta\omega}{\omega_0^2 - \omega^2} = \arctan\frac{-\delta T_0^2 T}{\pi(T^2 - T_0^2)} \tag{18-6}$$

由式(18－5)和式(18－6)可看出,振幅 θ_2 与相位差 φ 的数值取决于强迫力矩 m、频率 ω、系统的固有频率 ω_0 和阻尼系数 δ 四个因素,而与振动起始状态无关。

在实测的情况下,复摆与强迫力矩之间的相位差 φ 的计算也可以从相位差的定义出发,即

$$\varphi = -\frac{\Delta t}{T}\cdot 2\pi \tag{18-7}$$

式(18－7)中,Δt 为复摆与强迫力矩做同方向运动时,各自角位移为零时刻的时间差(见图18－3),在图18－3中我们可通过两条不同的曲线直观地体会相位差的物理意义。通过图18－3,把测得的时间差 Δt 与振动周期 T 的比值转化为弧度就可定量求得相位差。式(18－7)中的负号表示受迫振动的运动状态永远是滞后于强迫力的。

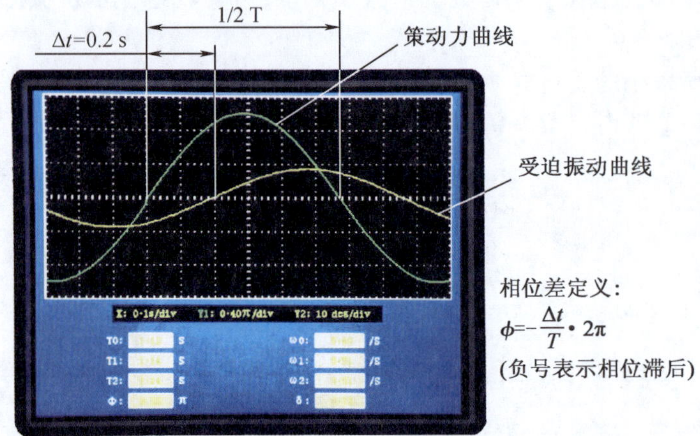

图18－3　受迫振动曲线与强迫力曲线的同相位时差

2. 共振

由 $\frac{\partial}{\partial\omega}[(\omega_0^2-\omega^2)^2+4\delta^2\omega^2]=0$ 的极值条件可得出,当强迫力的圆频率 $\omega=\sqrt{\omega_0^2-2\delta^2}$ 时,θ 有极大值,系统产生共振。若共振时圆频率和振幅分别用 ω_r 和 θ_r 表示,则

$$\omega_r = \sqrt{\omega_0^2 - 2\delta^2} \tag{18-8}$$

$$\theta_r = \frac{m}{2\delta\sqrt{\omega_0^2 - \delta^2}} \tag{18-9}$$

式(18－8)和式(18－9)表明,产生共振的圆频率 ω_r 比复摆自由摆动的固有频率 ω_0 低,且阻尼系数 δ 越大,产生共振的圆频率 ω_r 越低。而阻尼系数 δ 越小,共振时圆频率越接近于系统固有频率,振幅 θ_r 也越大。若 $\delta\to 0$,则振

幅 $\theta_r \to \infty$，系统会因共振产生严重的损害。

从式(18－8)中我们还可以看出，由于阻尼系数 δ 的存在，系统共振时的圆频率 ω_r 总是小于系统自由振动的固有圆频率 ω_0，这就表明，如果外界的强迫力要和振动系统产生共振并产生共振峰，须外界的强迫力频率≤系统自由振动的固有频率。

图18－4和图18－5表示在不同阻尼系数 δ 时受迫振动的幅频特性和相频特性。

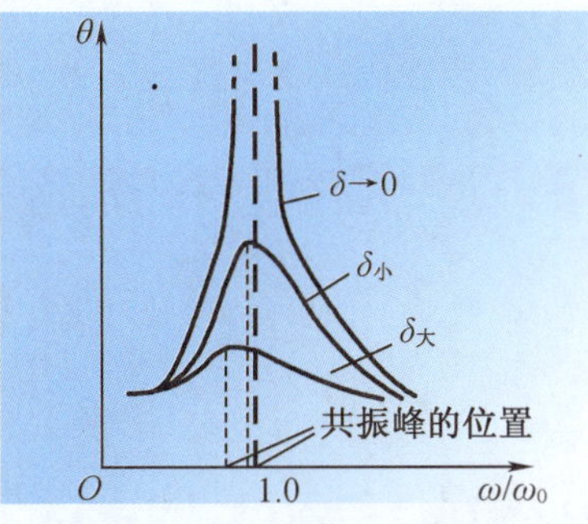

图18－4 受迫振动的幅频特性

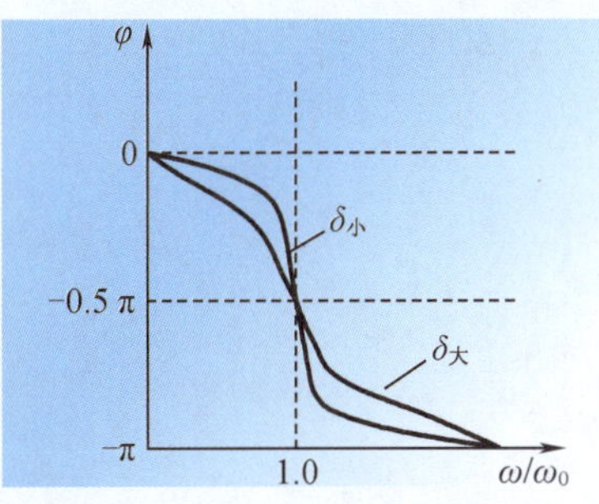

图18－5 受迫振动的相频特性

在图18－4中还可以看出，随着振动系统阻尼系数 δ 的增大，共振峰的位置逐步向频率小的方向位移，这与式(18－8)的结果是一致的。并且当阻尼系数 δ 变大时，曲线逐步变得平坦。幅频特性在峰值附近时，振幅对频率的变化也极不敏感，所以用幅频特性曲线来寻找共振点的频率要非常仔细。

再看图18－5的情况，不论阻尼系数 δ 偏大还是偏小，相频特性曲线在 $\omega \approx \omega_0$ 附近都是最陡的，尤其是当阻尼系数很小时，在 $\omega \approx \omega_0$ 附近相频特性曲线几乎接近垂直。因此，用相频特性曲线来寻找阻尼系数 δ 较小时的共振点比较灵敏。因为在阻尼系数较小的情况下，当共振峰出现时，$\omega \approx \omega_0$，此时的相位差 φ 就应在 -0.5π 左右。（注意：在阻尼系数较大时，共振峰出现时所对应的相位差 φ 并不等于 -0.5π。）

3. 在实验仪上测量复摆的固有振动周期（或圆频率）

先把复摆的摆锤调到某一个需要的位置，再把仪器面板上的阻尼开关拨至“0”位置，并把调速电机的电源切断，使复摆保持静止，然后把仪器测量主机电源打开，此时液晶显示屏上出现约3 s的欢迎界面，随即进入测量复摆自由振动周期的测量界面。把复摆偏离一定角度，然后释放复摆，让其自由振动，此时做无阻尼振动的复摆就在做简谐振动。可以看到屏幕上 Y_2 的波形是一个正弦波，其周期 T_0 和圆频率 ω_0 基本保持不变。这时可按一下仪器测量主机面板上的“存储/测量”键，复摆的固有振动周期 T_0 和圆频率 ω_0 的值就被存储固化下来。同时液晶显示屏幕也转入下一步的测量界面（图18－6）。

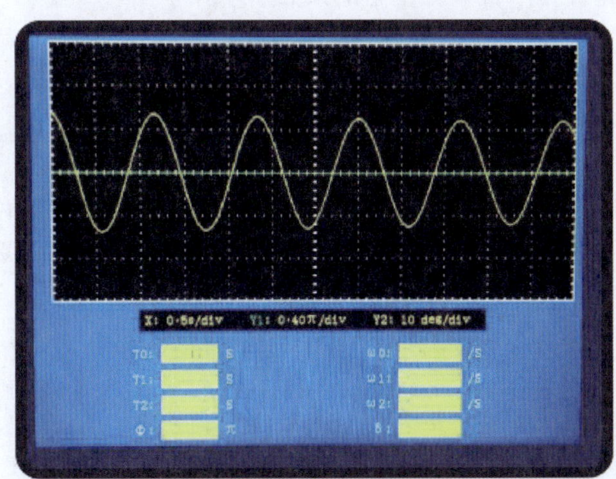

图18－6 测量复摆固有频率的界面

注意：在做测量复摆自由振动周期（或圆频率）的测量时，复摆开始释放的角度不宜过大，否则摆的运动就不太稳定，它的振动周期和频率的变化可能比较复杂。

4. 阻尼系数 δ 的测量

(1)利用阻尼振动曲线图来观察和计算阻尼系数(图 18－7)

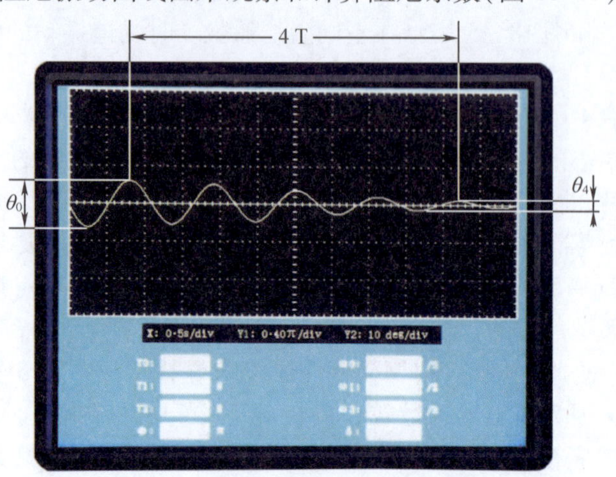

图 18－7 利用阻尼振动曲线图来计算阻尼系数

具体测量阻尼系数时，先把提供驱动力的调速电机开关关闭，把面板上的电磁阻尼开关拨到 1 挡或 2 挡，再将复摆抬至某一初始角度(比如 15°)后自由释放，当屏幕上出现 n 个周期(一般为 4 ~ 5 个周期)时，按下面板上的“定格”按键，从液晶屏上的复摆阻尼振动曲线上读出复摆的初始振幅 θ_0 和第 n 个周期的振幅 θ_n。由有关的力学理论可推知，复摆在当前的阻尼状况下做振动时的阻尼系数 δ 为

$$\delta = \frac{1}{nT}(\ln \theta_0 - \ln \theta_n) = \frac{1}{nT}\ln \frac{\theta_0}{\theta_n} \tag{18-10}$$

式中，T 为振动的周期。

(2)观察角度指示板来推算阻尼系数

在复摆背面有一块带弧形镜面的角度指示板，该指示板随移动滑板同步移动，复摆的摆动角度可以借助角度板上的反光镜直接观察。观察时人眼须与反光镜保持垂直，此时摆杆与反光镜中的投影应该重合。测量方法：先把阻尼开关置于 I 挡或 II 挡位置，然后把摆杆拉到边缘 20°或 25°位置释放，到达 10 个周期时观察摆杆瞬间的偏转的角度，记录结果。重复做几遍同样的步骤求平均值。最后根据式(18－10)求得阻尼系数。这种用原始的直接观察法测得的阻尼系数虽然受人为因素的影响较大，但对培养实验观测技能的基本功是很有益处的。

(3)根据共振时的频率变化来求阻尼系数

做这项测量实验时，先要按前面测量复摆自由振动的方法，让测量主机把复摆自由振动的周期 T_0 和圆频率 ω_0 存储下来，再将产生电磁阻尼力的旋钮调到某一合适位置，并将调速电机的电源打开，缓慢调节电机转速，使电机转动圆频率 ω_1 略小于复摆的固有圆频率 ω_0，在此频率附近寻找使复摆振幅最大的频率点。当找准振幅最大点时，液晶屏幕右下角的数据框中的 δ 值就是当前的阻尼系数,该 δ 值是从式(18-8)中解得的。由式(18-8)可解得:$\delta=\sqrt{\frac{1}{2}(\omega_0^2-\omega_r^2)}\approx\sqrt{\frac{1}{2}(\omega_0^2-\omega_1^2)}$。(注意:用此参考方法计算所得的阻尼系数 δ 只有在系统共振的情况下,屏幕显示的 δ 的值才是正确的,所以屏幕显示的 δ 值准确与否取决于共振频率点是否找得准。)

5. 复摆的转动惯量和质心距离计算

复摆总的转动惯量 J 要把摆杆绕顶端转动的转动惯量和摆锤及阻尼片相对转轴的转动惯量三部分相加,复摆总的质量要包括摆杆、摆锤和阻尼片三部分,复摆的质心计算也要把杆的质心位置(杆中心)和摆锤、阻尼片的质心位置(摆锤或阻尼片离转轴的距离)结合起来考虑。具体计算方法及公式如下。

(1)摆杆、摆锤和摆片的质量和转动惯量的计算

①摆杆

质量 $m_p=152$ g。摆杆等效长度 400 mm。转动惯量可近似按直杆绕顶端的计算公式计算,即 $J_p=\frac{1}{3}m_pL^2$。

②摆片

质量 $m_s=74$ g。摆片虽然有一定宽度,但因摆的半径较大,故计算弧形摆片的转动惯量时仍可近似按质点计算。转动惯量的计算公式为 $J_s=m_sR^2$($R=410$ mm 为摆片中心到转轴距离)。

③摆锤

质量 $m_H=237$ g。转动惯量可近似按质点计算公式计算,即 $J_H=m_HX^2$(X 为摆锤中心到转轴距离)。

(2)复摆总转动惯量的计算

①摆杆绕转轴的转动惯量

$$J_p=\frac{1}{3}m_pL^2=\frac{1}{3}\times0.152\times0.400^2\ \text{kg}\cdot\text{m}^2$$

②摆片绕转轴的转动惯量

$$J_s=m_sR^2=0.074\times0.410^2\ \text{kg}\cdot\text{m}^2$$

摆锤绕转轴的转动惯量和复摆总转动惯量(分 4 种情况)的计算,见表18-1。

表 18-1 摆锤绕转轴的转动惯量和复摆总转动惯量计算

摆锤中心距转轴距离 X/m	0.200	0.250	0.300	0.350
J_H/kg·m^2	0.237×0.200^2	0.237×0.250^2	0.237×0.300^2	0.237×0.350^2

总转动惯量 $J=J_p+J_s+J_H$

(3)复摆质心的计算

质心离转轴的距离 b(分 4 种情况)的计算,见表 18-2。

表 18－2 质心离转轴的距离 b 的计算

摆锤距转轴距离 x/m	质心距离 $b=\left[m_p\left(\frac{L}{2}-0.017\right)+m_sR+m_HX\right]/(m_p+m_s+m_H)$
0.200	$b=\frac{[0.152\times(0.200-0.017)+0.074\times0.410+0.237\times0.200]}{(0.152+0.073+0.235)}$ m
0.250	$b=\frac{[0.152\times(0.200-0.017)+0.074\times0.410+0.237\times0.250]}{(0.152+0.073+0.235)}$ m
0.300	$b=\frac{[0.152\times(0.200-0.017)+0.074\times0.410+0.237\times0.300]}{(0.152+0.073+0.235)}$ m
0.350	$b=\frac{[0.152\times(0.200-0.017)+0.074\times0.410+0.237\times0.350]}{(0.152+0.073+0.235)}$ m

6. 复摆固有振动周期的计算

复摆是指刚体在做定轴摆动时的一种摆的形式。设刚体振动系统绕定轴的转动惯量为 J，刚体的质心距离转轴的距离为 b，刚体的总质量为 m，则根据刚体理论的推导可得知刚体在做小角度摆动时的振动周期为

$$T=2\pi\sqrt{\frac{J}{mbg}} \tag{18-11}$$

式(18－11)与单摆的振动周期公式相比较，可知$\frac{J}{mb}$与单摆中的 L 相当，故我们一般将 $\frac{J}{mb}=L_0$ 称为复摆的“等值摆长”。只要计算出 L_0 的值，式(18－11)就和单摆公式具有完全相同的形式。

在本实验中，复摆总的转动惯量是由摆杆、摆片和摆锤三部分的转动惯量叠加而成的，由于摆锤高度的不同，复摆总的转动惯量 J 和质心距离转轴的距离 b 是不同的。因而，不同的摆锤高度，按式(18－11)会有不同的固有振动周期与之对应。

四、实验内容及步骤

1. 调节振动装置的垂直

在实验开始前须首先调节振动装置的垂直。在复摆静止状态下，调节振动装置的四个底脚螺丝，使复摆的摆杆保持垂直。

2. 测量复摆的固有振动周期(或圆频率)

按前面实验原理 3 的方法测量复摆的固有振动周期(或圆频率)。

3. 观察阻尼复摆受迫振动的现象，测定受迫振动阻尼复摆的幅频特性和相频特性曲线

(1)记录下复摆的固有振动周期后，把仪器面板上的阻尼开关拨到“I”挡

或"II"挡,再打开电机电源,屏幕上就会出现黄、绿两条不同的曲线。绿色曲线是电机的振动波形,黄色曲线是复摆的振动波形。调整电机的转动频率,在屏幕上绿色的曲线周期会发生改变,同时屏幕中的 T_1 和 ω_1 的数值也会随之变化。当电机转速保持不变时,绿色曲线波形稳定下来,而黄色曲线波形经过一段时间复杂的变化后也趋于稳定,并且屏幕表格中反映复摆运动 T_2 和 ω_2 的数值也会与 T_1 和 ω_1 的数值趋同。这个过程表明了复摆在受迫振动时振动频率跟踪策动源频率的情况。

(2)旋转仪器面板上的调速旋钮,先把调速电机的转动频率调小,使调速电机的圆频率 ω_1 比复摆的自由振动圆频率 ω_0 小约 20%,然后从小到大缓慢地增大调速电机的圆频率 ω_1,直至 ω_1 比 ω_0 大 20% 左右,在此过程中,每改变一次调速电机的圆频率 ω_1 后都要等一段时间,等受迫振动稳定,且 ω_2 与 ω_1 基本相同时,记录下液晶屏上显示的相位差 φ,并在复摆摆动达到最大位置时记录下复摆的振幅 θ(注意:可以从屏幕上的振动曲线和复摆振动对应的振幅板刻度两方面同时进行观察)。

(3)根据屏幕数据记录下不同 ω_1/ω_0 情况下的振幅 θ 和相位差 φ 的值,以 ω_1/ω_0 为横坐标,以 θ 或 φ 为纵坐标,分别绘制受迫振动阻尼复摆的幅频响应特性曲线和相频响应特性曲线。

(4)改变阻尼开关位置,重复步骤(3)的实验内容,将测得的数据画成两幅频响应特性曲线和相频响应特性曲线,并把 δ 较大时和较小时的曲线画在同一张图上,以便进行比较。

4. 定量测量受迫振动的相位差

在仪器受迫振动状态稳定的情况下,先记录下仪器面板中所显示的相位差 φ 的数值,然后按下仪器面板上的"定格"按键,使振动曲线图像定格。然后再按一下面板上的"拉伸"按键,使图像横向放大 5 倍。从图中读出两曲线的零相位的时差,然后据此计算相位差 φ,并与屏幕表格中的数据进行比较。

5. 测定阻尼系数 δ 并比较同一阻尼条件下用两种方法求得的阻尼系数 δ 的值,进行分析和讨论

按实验原理 4 中的方法测两挡阻尼开关位置中的阻尼系数,记录下相应的数据,进行分析比较和讨论。

6. 探索自由复摆在大角度摆动时的规律

按照测复摆自由振动周期和圆频率的方法,测复摆在初始释放位置为 25°时的圆频率变化的情况。可以选择的摆锤高度 = 30 cm,每隔两个周期记录一下圆频率的数值,看看会如何变化?

五、测量数据表格

逐项将数据和计算结果填入表 18 - 3 ~ 表 18 - 6 中。

表 18－3　复摆理论固有振动周期与实测周期比较

阻尼状况:无

摆锤高度/m	复摆理论周期 $T=2\pi\sqrt{\frac{J}{mbg}}$/s	实测周期/s	复摆理论值与实测值相对误差/%
0.35			
0.30			
0.25			
0.20			

表 18－4　幅频特性和相频特性测量记录表

摆锤高度＝30 cm, ω_0＝________

δ	ω_1	ω_1/ω_0	θ	φ
I 挡				
II 挡				

表 18－5　测定阻尼系数 δ

T_0＝________ s

阻尼挡位	θ_1	振动周期数 n	摆动周期 T_2	θ_n	$\delta=\frac{1}{nT}\ln\frac{\theta_0}{\theta_n}$
I					
II					

表 18-6 探索自由复摆在大角度摆动时的不规律现象

摆锤高度 = 30 cm，开始摆幅：25°

振动次数	0	2	4	6	8	10	12	14
圆频率 ω_2								
振动次数	16	18	20	22	24	26	28	30
圆频率 ω_2								

观测结果：

五、注意事项

①测量复摆的固有周期（或频率）时，一定要把阻尼开关拨到“0”，并且要在复摆静止状态下才能开机（或按复位键），以保证复摆振幅测量的零角度和固有周期测量的正确性。

②复摆在正常摆动时，阻尼开关不能拨到“0”，以免发生共振时振幅过大损坏仪器。

③用仪器液晶屏右下角的阻尼系数框测阻尼系数时，仅在受迫振动频率接近共振频率且小于共振频率时才有效。

六、分析与思考题

（1）复摆的等值摆长如何计算？试证明：长度为 L 的匀质直杆绕其顶端的支点转动时的等值摆长 $L_0=\frac{2}{3}L$。

（2）为什么在测量阻尼系数 δ 的方法 2 中，若复摆不在共振的情况下，屏幕显示的阻尼系数 δ 的值就是不准的？

实验 19　测定金属电子的逸出功与荷质比

一、背景及应用

电子从热金属发射的现象,称为热电子发射。研究热电子发射的目的之一就是要选择合适的阴极物质。实验和理论证实,影响灯丝发射电流密度的主要参量是灯丝温度和灯丝物质的逸出功。灯丝温度愈高,发射电流密度愈大。因此,理想的纯金属热电子发射体应该具有较小的逸出功并且有着较高的熔点,使得工作温度得以提高,以期获得较大的发射电流。由于热电子发射取决于材料逸出功及温度,应选熔点高而逸出功低的材料来做阴极。目前应用最广泛的纯金属是钨,本实验就是用理查森直线法来测定钨的逸出功,从而加深对于热电子发射基本规律的了解。

图 19－1　欧文·威廉斯·理查森

欧文·威廉斯·理查森(Owen Willianms Richardson,1879—1959,图 19－1),“理查森定律”的创立者,1879 年 4 月 26 日生于英国约克郡的杜斯伯里,1904 年获剑桥大学硕士学位,毕业后留卡文迪许实验室从事热离子的研究工作,1906 年赴美任普林斯顿大学物理学教授,著名物理学家康普顿(Arther Holly Compton,1892—1962),康普顿效应的发现者,1927 年获诺贝尔物理学奖获得者是他的研究生。1913 年回英国,受聘于伦敦大学任物理学教授和物理实验室主任。1921—1928 年,他还兼任英国物理学会会长等社会职务,1939 年被封为爵士。第二次世界大战期间,他致力于雷达、声呐、电子学实验仪器、磁控管和速调管等的研究,1944 年从伦敦大学退休。

图 19－2　无线天线设备

1911 年,理查森提出了经受住 20 世纪 20 年代量子力学考验的热电子发射公式(理查森定律),即

$$I = AST^2 \exp\left(-\frac{e\varphi}{kT}\right)$$

理查森由于对热离子现象的研究取得了成就,特别是因发现了理查森定律而获得了 1928 年度诺贝尔物理学奖。理查森的热电子发射理论为无线电的发展打下了坚实的基础,如图 19－2 所示为无线天线设备。现在许多电真空器件的阴极是靠热电子发射工作的,例如真空管(图 19－3)。

图 19－3　真空管

二、实验原理

在高真空的电子管中,一个由被测金属丝做成的阴极 K 通过电流 I_f 加热,当在另一个阳极上加上相对于阴极为正的电压时,在连接这两个电极的外电路中有电流通过,如图 19－4 所示,这种现象称为热电子发射。通过对热电子发射规律的研究,可以测定阴极材料的逸出功,以选择合适的阴极材料。

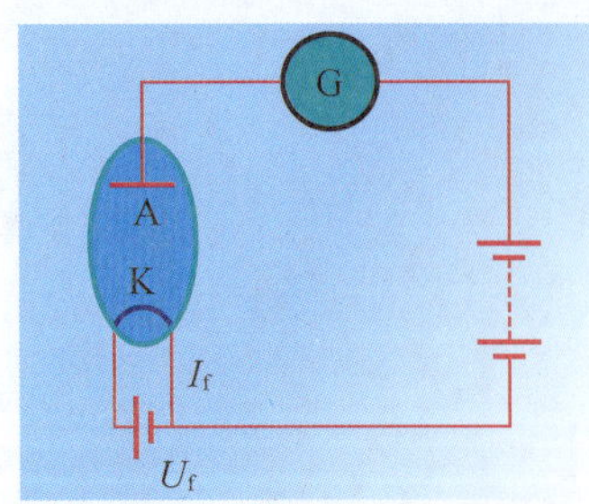

图 19－4　热电子发射原理图

1. 电子的逸出功

根据固体物理中金属的电子论，金属中的传导电子具有一定的能量，但是它们处于简并状态，单个原子中的每一级分裂为许多很靠近的能级，犹如一连续的带，称之为“能带”。现代电子论认为金属中电子能量分配不是按照麦克斯韦（Maxwell）分布，而是按费密－狄拉克（Fermi－Dirac）统计公式分布的，即

$$f(W)=\frac{\mathrm{d}N}{\mathrm{d}W}=\frac{4\pi}{h^3}(2m)^{\frac{3}{2}}W^{\frac{1}{2}}\frac{1}{\exp\left(\frac{W-W_i}{kT}\right)+1} \tag{19-1}$$

在绝对零度时其能量分布曲线如图19－5中曲线1所示，此时电子具有最大的能量为费密能级 W_i。当温度升高时，电子的能量分布曲线如图19－5中曲线2所示，其中能量较大的少数电子具有比 W_i 更高的能量，而且具有这样能量的电子数随能量的增加而按指数规律递减。

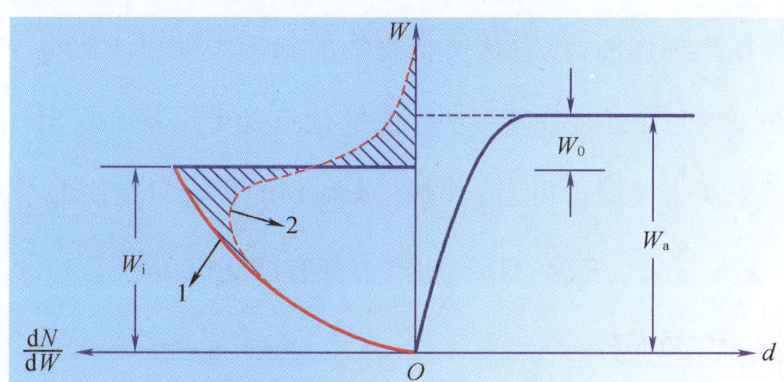

图19－5 电子能量分布曲线

那么，在通常温度下，金属中为什么几乎没有电子从其表面挣脱出来呢？这是由于金属表面存在一个厚约 10^{-10} m左右的电子－正电荷的偶电层，阻碍电子从金属表面逸出，也就是说，金属表面与外界之间有位能势垒 W_a，电子要从金属中逸出至少具有能量 W_a，即必须克服偶电层的阻力做功（见图19－5）。在绝对零度时电子逸出金属所需的最小能量就叫作电子逸出功，以 W_0 表示，显然有

$$W_0=W_a-W_i=e\varphi \tag{19-2}$$

式中，W_0 的常用单位为电子伏特（eV），它表征要使处于绝对零度下的金属中具有最大能量 W_i 的电子逸出金属表面所需要给予的能量；φ 称为逸出电位，其数值等于以电子伏特表示的电子逸出功，单位为伏特（V）。

2. 热电子发射公式

根据费密－狄拉克的能量分布式（19－1），可以导出热电子发射的理查森－德西曼（Richardson－ Dushman）公式，即

$$I=AST^2\mathrm{e}^{-\frac{e\varphi}{kT}} \tag{19-3}$$

式中，I 为热电子发射的电流，单位为 A；S 为阴极金属的有效发射面积，单位为 cm^2；T 为热阴极的绝对温度，单位为 K；$e\varphi$ 为阴极金属的电子逸出功，单位为 eV；k 为玻尔兹曼常量，$k=1.38\times10^{-23}$ J/K；A 为与阴极化学纯度有关的系数。

原则上，只要测定 I,A,S 和 T，我们就可以根据式(19－3)算出阴极的逸出功 $e\varphi$，但是困难在于 A 和 S 的测量，所以在实际测量中常用下述的所谓理查森直线法。

3. 理查森直线法

式(19－3)两边除以 T^2，再取对数得到

$$\lg\frac{I}{T^2}=\lg(AS)-\frac{e\varphi}{2.303kT}=\lg(AS)-5\,040\varphi\frac{1}{T} \tag{19-4}$$

从式(19－4)中可以看到 $\lg\frac{I}{T^2}$ 与 $\frac{1}{T}$ 呈线性关系。如果我们以 $\lg\frac{I}{T^2}$ 为纵坐标，以 $\frac{1}{T}$ 为横坐标作图，然后从所得直线的斜率中就可求出电子的逸出电位 φ，这种方法就叫作理查森直线法。它的优点是可以不必求出 A 和 S 的具体数值，直接由 T 和 I 就可得出 φ 的值，A 和 S 的影响只是使 $\lg\frac{I}{T^2}-\frac{1}{T}$ 直线平行移动。这种方法在实验、科研、生产上都有广泛应用。

4. 肖脱基效应

为了维持阴极发射的热电子能连续不断地飞向阳极，必须在阳极与阴极间外加一个加速电场 E_a。然而，由于 E_a 的存在，必须助长热电子发射，这就是所谓的肖脱基效应。肖脱基认为，在加速电场 E_a 的作用下，阴极发射电流 I_a 与 E_a 有如下关系，即

$$I_a=Ie^{\frac{0.439\sqrt{E_a}}{T}} \tag{19-5}$$

式中，I 是加速电场 E_a 为零时的发射电流。对式(19－5)取对数得

$$\lg I_a=\lg I+\frac{0.439}{2.303T}\sqrt{E_a} \tag{19-6}$$

如果把阴极和阳极做成共轴圆柱形，并忽略接触电位差和其他影响，则加速电场可表示为

$$E_a=\frac{U_a}{r_1\ln\frac{r_2}{r_1}} \tag{19-7}$$

式中，r_1 和 r_2 分别为阴极与阳极的半径；U_a 为加速电压。

将式(19－7)代入式(19－6)可得

$$\lg I_a=\lg I+\frac{0.439}{2.303T}\frac{1}{\sqrt{r_1\ln\frac{r_2}{r_1}}}\sqrt{U_a} \tag{19-8}$$

由式(19－8)可知，在一定温度和管子结构下，$\lg I_a$ 和 $\sqrt{U_a}$ 呈线性关系。因此，以 $\sqrt{U_a}$ 为横坐标，以 $\lg I_a$ 为纵坐标作直线，此直线延长线与 $\sqrt{U_a}=0$ 的轴线相交，交点即是 $\lg I$。由此可以确定在一定温度下，当加速场为零时的发射电流，如图19－6所示。

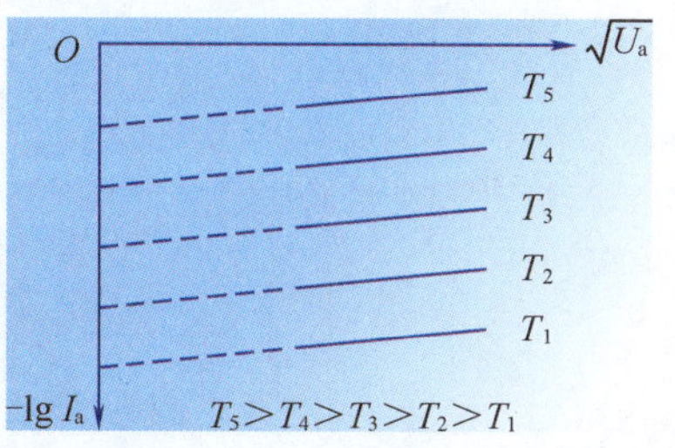

图19－6 $\sqrt{U_a}-\lg I_a$ 曲线

5. 温度测量

在热电子发射公式中可以看出，灯丝温度 T 对发射电流影响极大。因此，准确测量温度是一个很重要的问题，在实验中是用辐射光测高温计来测定灯丝温度的。实验室已将灯丝加热电流与灯丝温度之间关系列于表19－1中，同学可以直接从灯丝电流的读数查出对应的灯丝温度，不必进行繁复的计算和测量。

表19－1 理想二极管灯丝电流与温度关系

灯丝加热电流 I_f/A	0.500	0.550	0.600	0.650	0.700	0.750	0.800
灯丝温度 $T/(10^3$ K)	1.72	1.80	1.88	1.96	2.04	2.12	2.20

6. 磁控法测电子荷质比

在理想二极管中，阴极和阳极为一同轴圆柱系统。当阳极加有正电压时，从阴极发射的电子流受电场的作用将做径向运动，如图19－7(a)所示。如果在理想二极管外面套一个通电励磁线圈，则原来沿径向运动的电子在轴向磁场作用下，运动轨迹将发生弯曲，如图19－7(b)所示。若进一步加强磁场(加大线圈的励磁电流)使电子流运动如图19－7(c)所示，这时电子运动到阳极附近，电子所受到的洛仑兹力减去电场力后的合力恰好等于电子沿阳极做内壁圆周运动的向心力。因此，电子流运动的轨迹也将沿阳极内壁做圆周运动，此时称为“临界状态”。若进一步增强磁场，电子运动的圆周半径就会减小，以致电子根本无法靠拢阳极，就会造成阳极电流“断流”，如图19－7(d)所示。但在实际情况中，由于从阴极发射的电子按费米统计有一个能量分布范围，不同能量的电子因速度不同，在磁场中的运动半径也各不相同。在轴向磁场逐步增强的过程中，速率较小的电子因做圆周运动的半径较小，首先进入临界状态，然后是速率较大的电子依次逐步进入临界状态。另外，由于理想二极管在制造时也不能保证阴极和阳极完全同轴，阴极各部分发出的电子离阳极的距离也不尽相同，所以随着轴向磁场的增强，阳极电流的降低有一个逐步降低的过程。只有当外界磁场很强、绝大多数电子的圆周运动半径都很小时，阳极电流才几乎“断流”。这种利用磁场控制阳极电流的过程称为“磁控”，在微波通讯和自动控制等方面有广泛的应用。

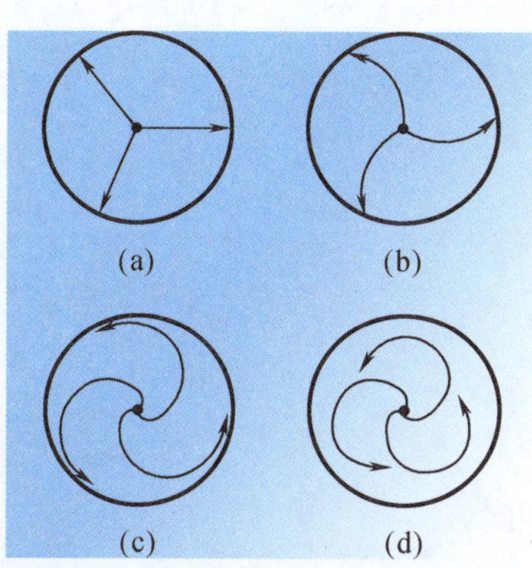

图19－7 磁场增强时的电子运动轨迹

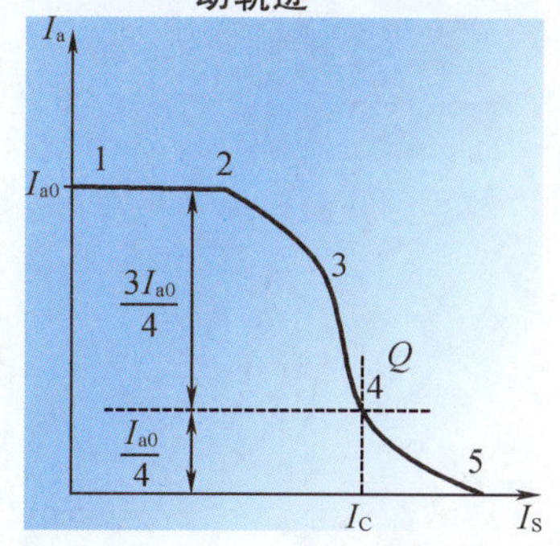

图19－8 临界点 Q 的确定

在一定的阳极加速电压下,阳极电流 I_a 与励磁电流 I_S 的关系如图 19-8 所示。阳极电流在图 19-8 中 1~2 段几乎不发生改变,对应图 19-7(a)和图 19-7(b)的情况;图 19-8 中 2~3 段弯曲的曲率最大,对应于图 19-7(c)的情况;从 3 点以后,随着 I_S 的加大,I_a 逐步减小,到达 5 点附近时 I_a 几乎降到 0。在图 19-8 中的 $I_a \sim I_S$ 曲线上取阳极电流最大值 I_{a0} 约 $\frac{1}{4}$ 高度的点作为阳极电流变化的临界点 Q,临界点 Q 只是个统计的概念,实际上不同速率运动的电子的临界点是不同的,我们按多数电子的运动情况来考虑临界点,以下定量分析外界磁场对阳极电流的磁控条件。

在单电子近似情况下,从阴极发射出的、质量为 m 的电子动能应由阳极加速电场能 eU_a 和灯丝加热后电子“热运动”所具能量 W 两部分构成,所以有

$$\frac{1}{2}mv^2 = eU_a + W \tag{19-9}$$

电子在磁场 B 的作用下作半径为 R 的圆周运动,应满足

$$m\frac{v^2}{R} = evB \tag{19-10}$$

而通电励磁线圈中心处的磁感强度为

$$B = \frac{\mu_0 N I_S}{2(r_2 - r_1)} \ln \frac{r_2 + \sqrt{r_2^2 + L^2}}{r_1 + \sqrt{r_1^2 + L^2}} = K' I_S \tag{19-11}$$

与励磁电流 I_S 成正比。

由式(19-9)、式(19-10)和式(19-11)可得

$$\frac{U_a + \frac{W}{e}}{I_S^2} = \frac{e}{m} \cdot \frac{R^2}{2} \cdot K'^2 \tag{19-12}$$

若设阳极内半径为 a,而阴极(灯丝)半径忽略不计,则当多数电子都处于临界状态时,与临界点 Q 对应的励磁线圈的电流 I_S 称为临界电流 I_C,且此时 $R = \frac{a}{2}$,阳极电压 U_a 与 I_C 的关系可写为

$$\frac{U_a + \frac{W}{e}}{I_C^2} = \frac{e}{m} \cdot \frac{a^2}{8} \cdot K'^2 = K \tag{19-13}$$

显然,U_a 与 $I_C{}^2$ 呈线性关系。

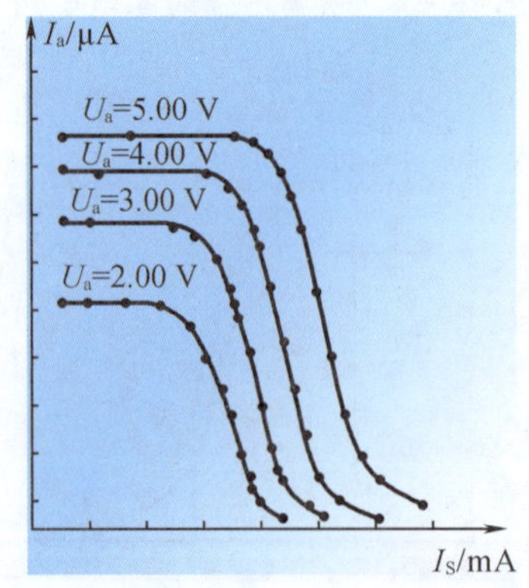

图 19-9　$I_a \sim I_S$ 曲线图

用同一个理想二极管,在不同的 U_a 下,就有不同的阳极电流随励磁的变化曲线,如图 19-9 所示,因而就有不同的 I_C 值与之对应。再将测得的 $U_a - I_C{}^2$ 数据组用图解法或最小二乘法求得斜率 K,如果 $U_a - I_C{}^2$ 的关系确为线性关系,则上述电子束在径向电场和轴向磁场中的运动规律即可得到验证。

本实验采用励磁线圈参数,线圈的内半径 $r_1 = 24.0$ mm,外半径 $r_2 = 36.0$ mm,线圈半长度 $L = 18.0$ mm,匝数 $N = 800$,真空中的磁导率 $\mu_0 = 4\times$

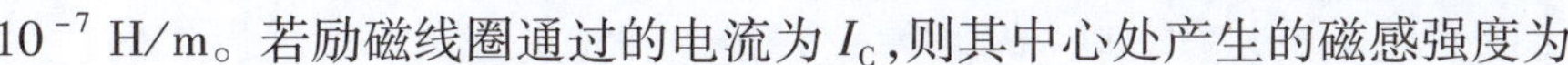

10^{-7} H/m。若励磁线圈通过的电流为 I_C，则其中心处产生的磁感强度为

$$B=\frac{\mu_0 N I_C}{2(r_2-r_1)}\ln\frac{r_2+\sqrt{r_2^2+L^2}}{r_1+\sqrt{r_1^2+L^2}}=1.445\times10^{-2}I_C$$

式(19－11)或式(19－13)中，$K'=1.445\times10^{-2}$。这样，将测得的 K 值、理想二极管的阳极内半径 a 等代入式(19－13)，即可求得电子的荷质比 $\frac{e}{m}$。

三、实验目的

了解关于热电子发射的基本规律；学习用理查森直线法测定钨丝的电子逸出功；验证肖脱基效应；了解磁控原理，利用磁控法测定荷质比。

四、实验仪器

整套实验系统所用仪器为逸出功测定仪，它由真空二极管、电流、电压调节装置组成，如图 19－10 所示。

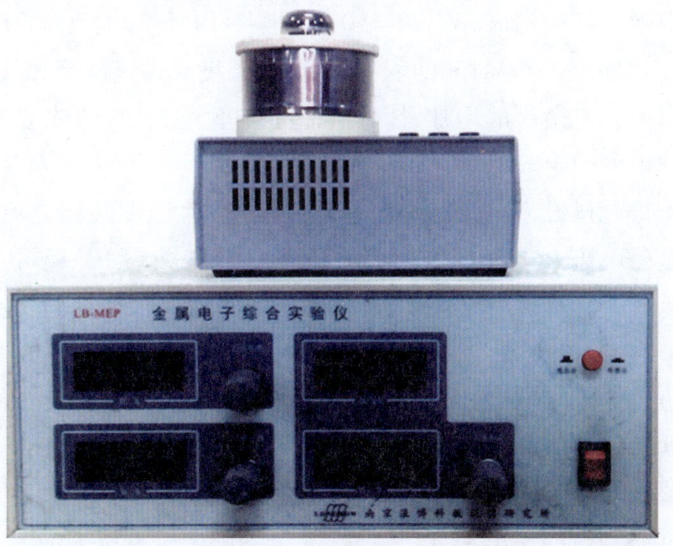

图 19－10　实验仪器

五、实验内容与步骤

1. 测量电子的逸出功

①熟悉仪器，接通电源预热 10 min。

②取灯丝电流从0.700~0.800 A，每隔0.050 A进行一次测量，对应每一灯丝电流在阳极上加9 V，16 V，25 V，36 V，49 V，64 V，81 V，100 V，各测出一组电流 I_a，将实验数据记录于表19－2中。

③将表19－2中的各量换算后填入下面的表19－3中，并作 $\sqrt{U_a}-\lg I_a$ 曲线，求出加速电场为零时的发射电流对数 $\lg I$（即截距）。

④根据所得数据填入表19－4中，作 $\lg \frac{I}{T^2}-\frac{1}{T}$ 直线，从直线斜率算出钨的逸出电位及逸出功，并与标准值（4.54 eV）比较，得出相对误差。

注意 ①灯丝较脆，用时轻拿轻放，加热与降温以缓慢为宜，灯丝炽热后应避免强烈震动；

②由于灯丝热平衡的滞后性，因此需预热数分钟，每调一次灯丝电流，读取一组阳极电流，要稍等片刻，以待稳定；

③为保护理想二极管，关机前请将灯丝加热电流调小到0.6 A后再断电。

2. 测量电子的荷质比

①安装连接励磁线圈，理想二极管位于励磁线圈的中心，功能选择键至“荷质比”。

②将灯丝电流调到0.730~0.750 A的某一值，例如电流调至0.745 A，预热10 min。请注意，随着时间的积累，灯丝的温度会越来越高，面板上灯丝电流的读数可能会有微小的增加，因此在整个实验过程中，请注意调节灯丝电流以保持数值的恒定。

③将阳极电压设为某值，例如5.0 V，由小到大改变励磁电流 I_S，每改变一次都将励磁电流 I_S 与相应的阳极电流 I_a 一起记入表19－5中，直到 I_a 降到接近零为止。I_a 选取的测量点越多，描出的曲线就越细腻，实验也更准确。为降低误差，在阳极电流突变时要特别多选取一些测量点。在改变励磁电流 I_S 测定阳极电流 I_a 的过程中，要保持灯丝电流 I_f 和阳极电压 U_a 始终不变。

④依次改变阳极电压为2.0 V，3.0 V，4.0 V，5.0 V等，每变化一次都重复步骤③。

⑤根据所测数据作出 I_a-I_S 直线，求出不同阳极电压下的 I_C 值，记入表19－6。

⑥作出 $U_a-I_C^2$ 图线，确定 U_a 与 I_C^2 的关系，利用相关公式求出荷质比，并与理论值比较。

六、数据记录与处理

表 19－2 I_a(μA)数据记录表(一)

U_a/V	9	16	25	36	49	64	81	100
I_f = 0.700 A								
I_f = 0.725 A								
I_f = 0.750 A								
I_f = 0.775 A								
I_f = 0.800 A								

表 19－3 lg I_a 数据记录表(二)

$\sqrt{U_a}$	3.0 V	4.0 V	5.0 V	6.0 V	7.0 V	8.0 V	9.0 V	10.0 V
T = 2 040 K								
T = 2 080 K								
T = 2 120 K								
T = 2 160 K								
T = 2 200 K								

表 19－4 数据记录表(三)

$T/(10^3\text{K})$	2.04	2.08	2.12	2.16	2.20
lg I					
$\lg\frac{I}{T^2}$					
$\frac{1}{T}$					

直线斜率 k = ________;

逸出电位 φ = ________ V;

逸出功 $e\varphi$ = ________ eV;

相对误差 E_r = ________%。

表 19－5　I_a（μA）数据记录表（四）

$I_f = 0.740$ A

$U_a = 2$ V		$U_a = 3$ V		$U_a = 4$ V		$U_a = 5$ V	
I_S	I_a	I_S	I_a	I_S	I_a	I_S	I_a
⋮		⋮		⋮		⋮	

注：测到 I_a 值低于 5 μA 为止。

在 $I_a - I_S$ 曲线图上取阳极电流最大值 I_{a0} 的 $\frac{1}{4}$ 高度所对应的点作为阳极电流变化的临界点 Q，Q 点对应的 I_S 就是不同阳极电压下的 I_C 值。

表 19－6　数据记录表（五）

U_a/V	2.0	3.0	4.0	5.0
I_C/A				
I_C^2/A^2				

由表 19－6 数据作出 $U_a - I_C^2$ 图线，求出直线斜率 $\frac{U_a}{I_C^2}$，代入公式 $\frac{e}{m} = \frac{8}{a^2 K'^2} \cdot \frac{U_a}{I_C^2}$ 中进行计算。其中，$K' = 1.445 \times 10^{-2}$，$a = 4.0$ mm，理论值 $\frac{e}{m} =$

1.759×10^{11} C/kg，计算$\frac{e}{m}$的相对误差 E_r。

七、分析与思考

(1)为什么在通常情况下电子不能逸出？我们采用了什么方法使电子逸出？解释一下电子逸出原理。

(2)如果灯丝不进行预热，会对实验产生什么样的影响？

(3)什么是理查森直线法，该方法有什么优点？

实验 20　温度传感技术实验

一、实验目的

(1)测定负温度系数热敏电阻的电阻－温度特性,并利用直线拟合的数据处理方法求其材料常数。

(2)了解以热敏电阻为检测元件的温度传感器的电路结构及电路参数的选择原则。

(3)学习运用线性电路和运放电路理论分析温度传感器电压－温度特性的基本方法。

(4)学习电阻型、电压型和电流型温度传感器的设计方法。

(5)了解以迭代法为基础的温度传感器电路参数的数值计算技术。

二、实验仪器

本实验所用仪器有 TS－B3 型温度传感综合技术实验仪、磁力搅拌电热器、电阻箱、数字万用表、水银温度计(0～1000 ℃)和烧杯等。

TS－B3 型温度传感综合技术实验仪由三种测温元件(热敏电阻、PN 结和 AD590)、桥式电路、差分放大电路、实验用电源及数字电压表等部分组成,面板布局如图 20－1 所示。

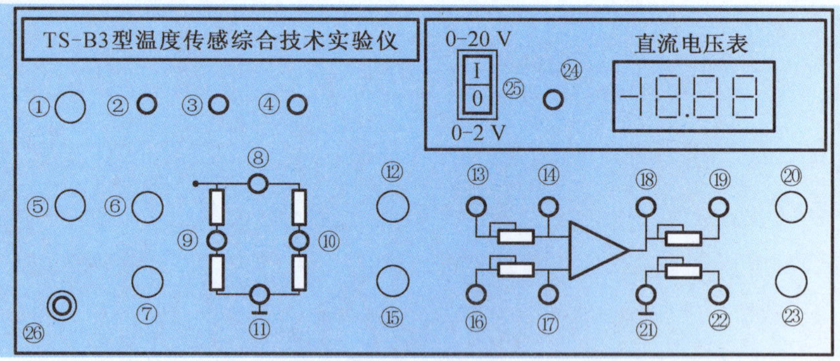

图 20－1　TS－B3 型温度传感综合技术实验仪面板布局图

①—电压调节;②—电压输出;③—正 5 V 输出;④—负 5 V 输出;⑤—R_2 调节;⑥—R_1 调节;⑦—R_3 调节;⑧～⑪—R_1,R_2 和 R_3 的阻值测试孔;⑫—R_{S1} 调节;⑬和⑭—R_{S1} 测试孔;⑮—R_{S2} 调节;⑯和⑰—R_{S2} 测试孔;⑱和⑲—R_{f1} 测试孔;⑳—R_{f1} 调节;㉑和㉒—R_{f2} 测试孔;㉓—R_{f2} 调节;㉔—数字电压表输入孔;㉕—电压表量程切换开关;㉖—电源开关

三、实验原理

具有负温度系数的热敏电阻广泛地应用于温度测量和温度控制技术中，这类热敏电阻大多数是由一些过渡金属氧化物（主要有 Mn，Co，Ni，Fe 等氧化物）在一定的烧结条件下形成的半导体金属氧化物作为基本材料制作而成，它们具有 P 型半导体的特性。对于一般半导体材料，电阻率随温度变化主要依赖于载流子数量浓度，而迁移率随温度的变化相对来说可以忽略，但对上述过渡金属氧化物则有所不同，在室温范围内基本上已全部电离，即载流子浓度基本与温度无关，此时主要考虑迁移率与温度的关系，随着温度升高，迁移率增加，所以这类金属氧化物半导体的电阻率下降，其电阻－温度特性的数学表达式通常可以表示为

$$R_t = R_{25} \cdot \exp\left[B_{\mathrm{n}}\left(\frac{1}{T} - \frac{1}{298}\right)\right] \tag{20-1}$$

式中，R_{25} 和 R_t 分别表示环境温度为 25 ℃和 t 时热敏电阻的阻值；$T = 273 + t$；B_{n} 为材料常数，其大小随制作热敏电阻时选用的材料和配方而异，对于某一确定的热敏电阻元件，它是一个常数并可由实验测得的电阻－温度曲线求得。

1. 电路结构及工作原理

电路结构如图 20－2(a)所示，它是由含 R_t 的桥式电路及差分运算放大电路两个主要部分组成。当热敏电阻 R_t 所在环境温度变化时，由 R_1，R_2，R_3 和 R_t 组成的桥式电路的输出电压（即差分放大器的输入电压）及差分放大器的输出电压 U_{o} 均要发生变化。差分放大器输出电压 U_{o} 随检测元件 R_t 环境温度变化的关系称温度传感器的电压－温度特性。利用戴维南定理把图 20－2(a)所示的电路等效变换成图 20－2(b)所示的电路，在图 20－2(b)中，有

$$R_{\mathrm{G1}} = \frac{R_1 \cdot R_t}{R_1 + R_t}, R_{\mathrm{S1}} = \frac{R_{\mathrm{t}}}{R_1 + R_{\mathrm{t}}} U_{\mathrm{a}} \tag{20-2}$$

根据叠加原理，差分放大器输电压 U_{o} 可表示为

$$U_{\mathrm{o}} = \frac{R_{\mathrm{f}}}{R_{\mathrm{G1}} + R_{\mathrm{S}}}\left(\frac{R_{\mathrm{G1}} + R_{\mathrm{S}} + R_{\mathrm{f}}}{R_{\mathrm{G2}} + R_{\mathrm{S}} + R_{\mathrm{f}}} E_{\mathrm{S2}} - E_{\mathrm{S1}}\right) \tag{20-3}$$

由于式(20－3)中 R_{G1} 和 E_{S1} 与温度有关，所以该式就是温度传感器的电压－温度特性的数学表达式，只要电路参数和热敏元件 R_{t} 的电阻－温度特性已知，式(20－3)所表达的输出电压 U_{o} 与温度 t 的函数关系就完全确定。

电路结构如图 20－2 所示的温度传感器在计算机温度自动检测系统中应用十分广泛，只要把温度传感器电压－温度特性经离散化、数字化后的数据存放在计算机内，采用模数转换和线性插值技术，即可实现计算机温度自动检测。

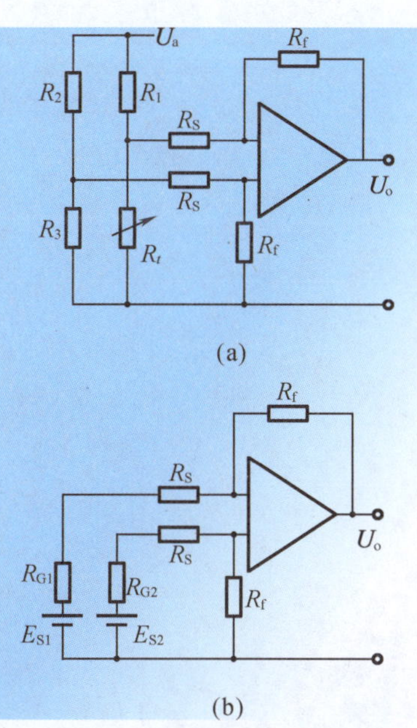

图 20－2 电路原理图及其等效电路

2. 电压－温度特性的线性化和电路参数的选择

一般情况下，式(20－3)表达的函数关系是非线性的，但通过适当选择电路

参数可以使这一关系趋于直线，这一近似引起的误差与传感器的测温范围有关。设传感器的测温范围为 $t_1 \sim t_3$，则 $t_2 = \frac{t_1 + t_3}{2}$ 就是测温范围的中值温度。若对应 t_1，t_2 和 t_3 三个温度值传感器的输出电压分别为 U_{o1}，U_{o2} 和 U_{o3}，所谓传感器电压 - 温度特性的线性化就是适当选择电路参数使得这三个测量点在电压 - 温度坐标系中落在通过原点的直线上，即要求

$$U_{o1} = 0, U_{o2} = \frac{U_{o3}}{2}, U_{o3} = U_3 \tag{20-4}$$

在图 20 - 2(a)所示的传感器电路中需要确定的参数有七个，即 R_1，R_2，R_3，R_f 和 R_S 的阻值、电桥的电源电压 U_a 和传感器的最大输出电压 U_3，这些参数的选择和计算可按以下原则进行。

①当温度为 t_1℃值时，电路参数应使得 $U_o = U_{o1} = 0$，这时电桥应工作在平衡状态，差分运放电路参数应处于对称状态，即要求 $R_1 = R_2 = R_3 = R_{t1}$（热敏电阻在 t_1 温度时的阻值）。

②为了尽量减小热敏电阻中流过的电流所引起的发热对测量结果带来的影响，U_a 的大小不应使 R_t 中流过的电流超过 1 mA。

③传感器最大输出电压 U_3 的值应与温度传感器后面连接的仪表相匹配。若温度传感器的输出是与计算机数据采集系统连接的，U_3 应根据以下关系确定，即

$$U_3 = (t_3 - t_1) \times 50 (\text{mV/℃})$$

所以，若测温范围为 25 ~ 65 ℃时，$U_3 = 2\ 000$ mV。

④最后两个电路参数 R_S 和 R_f 的值可根据式(20 - 3)和式(20 - 4)所表示的线性化条件的后两个关系式确定，即

$$U_{o3} = U_3 = \frac{R_f}{R_{G13} + R_S}\left(\frac{R_{G13} + R_S + R_f}{R_{G2} + R_S + R_f} E_{S2} - E_{S13}\right) \tag{20-5}$$

$$U_{o2} = \frac{U_3}{2} = \frac{R_f}{R_{G12} + R_S}\left(\frac{R_{G12} + R_S + R_f}{R_{G2} + R_S + R_f} E_{S2} - E_{S12}\right) \tag{20-6}$$

式中，R_{G1i} 和 E_{S1i} $(i = 1,2,3)$ 是热敏电阻 R_t 所处环境温度为 t_i 时按式(20 - 2)计算得的 R_{G1} 和 E_{S1} 值。

当电桥各桥臂阻值、电源电压 U_a 和热敏电阻的电阻 - 温度特性以及传感器最大输出电压 U_3 已知后，在式(21 - 5)和式(20 - 6)中除 R_S 和 R_f 外其余各量均具有确定的数值。这样，只要联立求解式(20 - 5)和式(20 - 6)就可求出 R_S 和 R_f 的值。然而，式(20 - 5)和式(20 - 6)是以 R_S 和 R_f 为未知数的二元二次方程组，其解很难用解析的方法求出，必须采用数值计算技术。

3. 确定 R_S 和 R_f 的数值计算技术

式(20 - 5)和式(20 - 6)是以 R_S 和 R_f 为未知数的二元二次方程组，每个方程式在(R_S，R_f)直角坐标系中对应着一条二次曲线，两条二次曲线交点的坐标值即为这个联立方程组的解，如图 20 - 3所示，这个解可以利用迭代法求得。由于在 $R_S = 0$ 处与式(20 - 6)对应的曲线对 R_f 轴的截距较式(20 - 5)对应的曲线的截距大(由数值计算结果可以证明)，因此为了使迭代运算收敛，首先令 $R_S = 0$ 代入式(20 - 6)中，由式(20 - 6)求出一个 R_f 的值，然后把这个

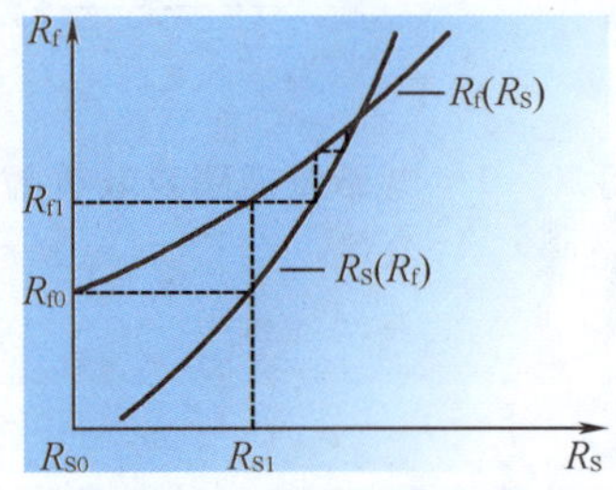

图 20 - 3　确定 R_S 和 R_f 的数值计算技术

R_f 值代入式(20-5),并由式(20-5)求出一个新的 R_S 值,再代入式(20-6)……,如此反复迭代,直到在一定的精度范围内可以认为相邻两次算出的 R_S 和 R_f 值相等为止。

四、实验内容

1. 热敏电阻元件电阻-温度特性的测定

该项测量是设计温度传感器的基础,要求测量结果十分准确。测量时把热敏电阻固靠在0~100 ℃水银温度计的头部后,把温度计及热敏元件放入盛有水的烧杯内,并用磁力搅拌电加热器加热。从室温开始,每隔10 ℃用数字万用表测量热敏电阻的阻值,直到60 ℃为止,将实验测得的阻值填入表20-1中。为了使测量结果更为准确,升温过程要缓慢并要不断搅拌水。该项测定完成后,采用直线拟合方法处理实验数据,求出式(20-1)所表示的热敏电阻电阻-温度特性中的材料常数 B_n 的实验值。把 B_n 的实验值代入式(20-1),并根据该式计算出室温至60 ℃范围内不同温度下(从室温开始,每隔5 ℃选一个计算点)热敏电阻的阻值并填入表20-2中,在下面的设计实验中就以这些数据为基础。

表20-1 实验测得的不同温度下热敏电阻阻值

温度/℃									
电阻/kΩ									

表20-2 B_n 的实验值及热敏电阻阻值计算表

B_n 的实验值									
温度/℃									
电阻/kΩ									

2. 选择和计算电路参数

首先根据由材料常数 B_n 的实验值按式(20-1)算得的热敏电阻的电阻-温度特性(表20-2)和测温范围(30~70 ℃),按前面所述的原则确定 R_1,R_2,R_3,U_a 和 U_3,然后把式(20-5)和式(20-6)写成以下标准形式,即

$$AR_S^2+BR_S+C=0,\quad A,B,C\text{ 中含 }R_f \tag{20-7}$$

其中

$$A=U_3$$

$$B=U_3\cdot(R_{G2}+R_{G1}(t_3)+R_f)+R_f\cdot(E_{S1}(t_3)-E_{S2})$$

$$C=U_3\cdot R_{G1}(t_3)\cdot(R_{G2}+R_f)+R_f\cdot(R_f+R_{G2})\cdot E_{S1}(t_3)-(R_{G1}(t_3)+R_f)\cdot E_{S2}$$

$$A'R_f^2+B'R_f+C'=0,\quad A',B',C'\text{ 中含 }R_S \tag{20-8}$$

其中

$$A' = E_{S2} - E_{S1}(t_2)$$

$$B' = \left(E_{S2} - \frac{U_3}{2}\right) \cdot (R_{G1}(t_2) + R_S) - E_{S1}(t_2) \cdot (R_{G2} + R_S)$$

$$C' = -0.5 \cdot U_3 \cdot (R_{G1}(t_2) + R_S) \cdot (R_{G2} + R_S)$$

并用迭代法计算电路参数 R_S 和 R_f。到此，传感器电路所有参数均已确定。把这些参数代入式(20－3)，就可算出以上测温范围的温度传感器的电压－温度特性的理论值（随温度传感技术实验仪配有具有以上计算功能的程序软件）。

3. 温度传感器的组装

首先调节仪器面板上的电位器 R_1，R_2，R_3，R_S 和 R_f 的值为设计时的选定（计算）值，然后用导线连接前面板上的有关插孔，组成如图 20－2(a)所示的温度传感器电路。

4. 温度传感器的零点调节和量程校准

（1）零点调节

调节实验仪前面板上的“电压调节”旋钮使温度传感器桥式电路的电源电压 U_a 为设计时的选定值，然后用 ZX21 型电阻箱代替热敏元件 R_t 接入传感器电路，并把电阻箱的阻值调至 R_{t_1}（即热敏元件在 t_1 时的阻值），用数字万用表 200 mV 挡观测传感器的输出电压 U_o 是否为零，若不为零，微调图 20－1 中的“R_3 调节”旋钮使 U_o 值为零（允许存在 ±1 mV 的误差）。

（2）量程校准

完成零点调节后，把代替热敏电阻的电阻箱阻值调至 R_{t_3}（即热敏电阻在 t_3 的阻值），用数字万用表观测传感器输出电压 U_o 是否为设计时所要求的 U_3 值。如果不是，再次微调“电压调节”旋钮改变电桥电源电压 U_a，使 $U_o = U_3$。在完成以上调节工作后，注意保持各电阻元件的阻值和 U_a 不变。

5. 传感器特性测量

缓慢加热和搅拌水，从室温开始，每增加 5 ℃，在表 20－3 中记录一次温度传感器的输出电压 U_o 值，并与按式(20－3)计算的理论值列入表 20－4 中进行比较。

表 20－3　实验测得的温度传感器的电压－温度特性

温度/℃									
电压/V									

表 20－4　按式(20－3)计算的温度传感器的电压－温度特性

温度/℃									
电压/V									

五、数据处理

①根据实验数据在直角坐标上绘出 R_t 的电阻－温度特性曲线，并在同一坐标纸上绘出根据实验求出的由式（20－1）表示的特性曲线的材料常数 B_n 值。

②在同一直角坐标系中绘出温度传感器的电压－温度特性的理论计算曲线和实验测定曲线。

③实验结果的分析、讨论。

六、分析与思考

（1）用迭代法计算 R_S 和 R_f 时，若先给 R_f 赋值，计算过程将会如何发展？

（2）在调节温度传感器零点和量程时，为什么要先调节零点，后调节量程？

七、附录

1. AD590 温度传感器

（1）AD590 温度传感器输出特性曲线的测定

用导线把仪器面板插孔 13 和 19，17 和 21 连接在一起，然后把 AD590 测温探头红黑两个插头分别插入插孔 14 和 4。完成以上连接后，组成如图 20－4所示的 AD590 温度－电流特性的测试电路。

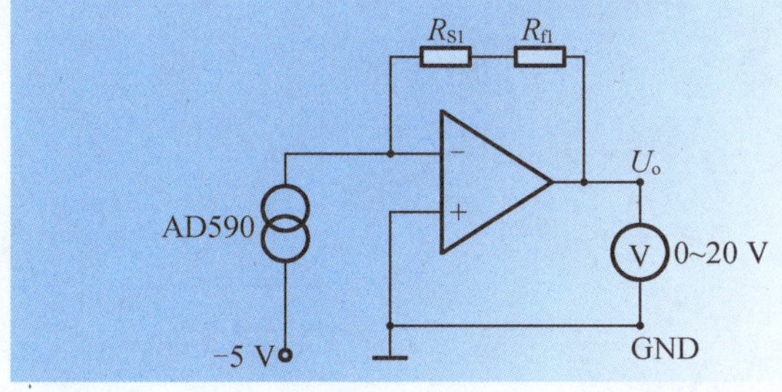

图 20－4　AD590 测温探头温度－电流特性的测试电路

测试时先把图 20－3 中电阻 R_{S1} 和 R_{f1} 的总阻值调为 10 kΩ（通过调节仪器面板上的 12 和 20 电位器可实现这一调节，用数字万用表电阻挡测量仪器前面板插孔 14 和 18 间的电阻值可监测这一调节过程中阻值变化情况），然后把 AD590 测温探头置于盛有水的烧杯中，从室温开始，每隔 5 ℃记录一次 $I-V$变换电路的输出电压，直到接近 60 ℃为止。根据不同温度下所记录的电压值除以 10 kΩ 便得相应温度下 AD590 的电流值（μA），以电流（μA）为纵轴、温度(℃)为横轴的坐标系中绘制 AD590 的温度－电流特性曲线。在上述测温范围内几乎是一条直线,根据这一直线就可推断出每个温度点所对应的电流值及温度每升高 1 ℃时电流的变化值。

(2)AD590 为测温探头的数字温度计的设计

在图 20－4 的基础上再用导线把仪器前面板插孔 2 和 8,9 和 14 连接在一起,并把直流电压(2 V 挡)接入插孔 18 后就组成了如图 20－5 所示的以 AD590 为测温探头的数字温度计电路。调节仪器面板电压调节电位器 1 或 R_1 调节电位器 6 就可实现温度计的零点调节;调节仪器前面板 R_{S1} 调节电位器 12 或 R_{f1} 调节电位器 20 就可实现温度计的满量程调节。

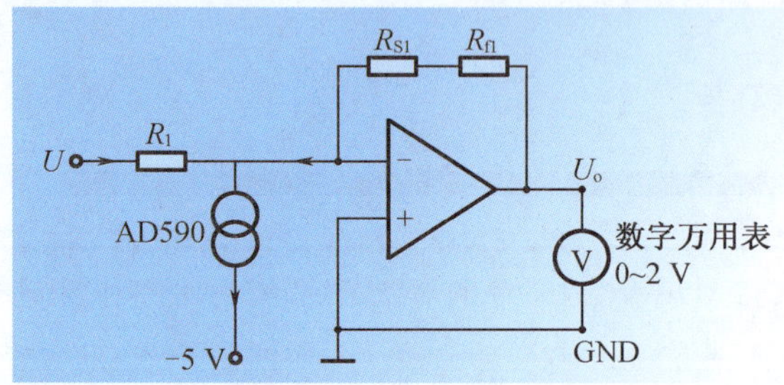

图 20－5　以 AD590 为测温探头的数字温度计电路

2. PN 结

(1)PN 结温度特性的测定

用导线把仪器前面板插孔 2 和 8,10 和 13 连接在一起,然后把 PN 结测温探头红黑两个插头分别插入插孔 14 和 18 插孔,并把直流电压(2 V 挡)接到插孔 18。完成以上连接后,组成如图 20－6 所示的 PN 结结电压温度－电压特性的测试电路,对 PN 结来说这是一个恒电流源电路。调节仪器面板电压调节电位器 1 或 R_{S1} 调节电位器 12 及 R_2 调节电位器 5 可使 PN 结结电流恒定在 100 μA。不同温度下 PN 结的结电压可用图 20－6 中数字万用表测得。

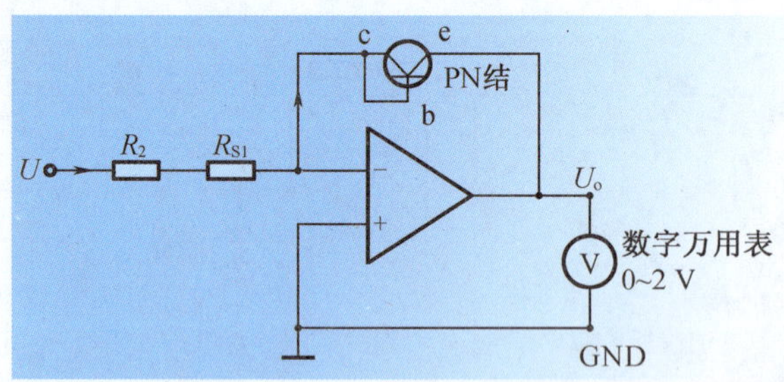

图 20－6　PN 结测温探头温度－电压特性测试电路

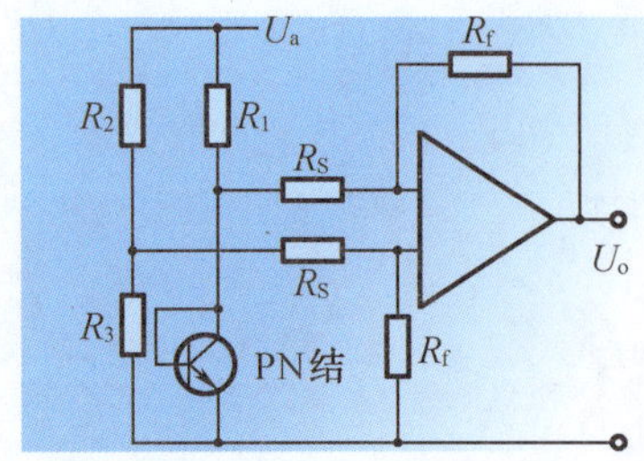

图 20－7　PN 结为测温探头的 $T-U$ 变换电路的电路结构

(2)PN 结为测温探头的 $T-U$ 变换电路设计

①电路结构

电路结构如图 20－7 所示。

②设计要求

测温范围为 0 ~ 100 ℃;温度为 0 ℃时,U_o = 0 mV;温度为 100 ℃时,U_o = 1 000 mV。

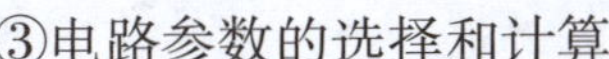

③电路参数的选择和计算

$U_a = 1\ V$, $R_1 = R_2 = 5\ k\Omega$, $R_{S1} = R_{S2} = 1\ k\Omega$，因为 PN 结结电压的温度系数大致为 $-2\ mV/℃$，按设计要求选择差分放大电路的电压放大倍为 5，即 $R_S = 1\ k\Omega$ 时，选 $R_f = 5\ k\Omega$。

④电路连接

除用 PN 结探头代替热敏电阻探头插入前面板插孔 10 和 11 外，其余连接与以热敏电阻为测温探头的温度－电压变换电路连接一样。

⑤温度－电压变换特性的实验测定

首先把 PN 结探头和水银温度计插入盛有冰和水的烧杯中，调节电位器 R_3 可实现零点调节。加热烧杯中水至沸腾，调节 U_a 可实现量程调节，然后在降温过程中对如图 20－7 所示 $T-U$ 变换电路的温度－电压变换特性进行实验测定。

实验 21　迈克尔逊干涉仪实验

一、背景及应用

图 21－1　阿尔伯特·亚伯拉罕·迈克尔逊

阿尔伯特·亚伯拉罕·迈克尔逊(A. A. Michelson,1852—1931,图 21－1),美国物理学家,1852 年 12 月 19 日出生于普鲁士斯特雷诺(现属波兰),后随父母移居美国,1873 年毕业于美国海军学院,曾任芝加哥大学教授、美国科学促进协会主席、美国科学院院长,还被选为法国科学院院士和伦敦皇家学会会员,1931 年 5 月 9 日在帕萨迪纳逝世。因其发明精密光学仪器和借助该仪器在光谱学和度量学的研究工作中所做出的贡献,被授予 1907 年诺贝尔物理学奖。

迈克尔逊的第一个重要贡献是发明了迈克尔逊干涉仪,并用它完成了著名的迈克尔逊－莫雷实验。按照经典物理学理论,光乃至一切电磁波必须借助静止的“以太(Ether)”来传播。地球的公转产生相对于以太的运动,光在地面两个垂直的方向上通过同一距离的时间应当不同,这一差异在迈克尔逊干涉仪上应产生 0.04 个干涉条纹移动。1881 年,迈克尔逊在实验中未观察到这种条纹移动。1887 年,迈克尔逊和著名化学家莫雷合作,改进了实验装置,但仍未发现条纹有任何移动。这次的实验结果暴露了以太理论的缺陷,动摇了经典物理学的基础,为狭义相对论的建立铺平了道路。

迈克尔逊是第一个倡导用光波波长作为长度基准的科学家。1892 年,迈克尔逊利用特制的干涉仪,以法国的米原器为标准,在温度为 15 ℃,压力为一个大气压的条件下,测定了镉红线波长是 64 384.696 nm,于是 1 m 等于 1 553 164 倍镉红线波长。这是人类首次获得了一种永远不变且毁坏不了的长度基准。

在光谱学方面,迈克尔逊发现了氢光谱的精细结构以及水银和铊光谱的超精细结构,这一发现在现代原子理论中起了重大作用。迈克尔逊还运用自己发明的“可见度曲线法”对谱线形状与压力的关系、谱线展宽与分子自身运动的关系做了详细研究,其成果对现代分子物理学、原子光谱和激光光谱学等新兴学科都产生了重大影响。1898 年,他发明了一种阶梯光栅对塞曼效应进行研究,其分辨本领远远高于普通衍射光栅。

迈克尔逊是一位出色的实验物理学家,他所完成的实验都以设计精巧、精确度高而闻名,爱因斯坦曾赞誉他为“科学中的艺术家”。

光的干涉现象是光波动性的一种表现。当一束光被分成两束,经过不同路径再相遇时,如果光程差小于该束光的相干长度,将会出现干涉现象。迈克尔逊干涉仪(Michelson Interferometer)是 1881 年美籍德裔物理学家迈克尔逊为研究以太漂移而设计制造的精密光学仪器,它利用分振幅法产生双光束以实现干涉。迈克尔逊干涉仪的特点是光源、两个反射面和接收器(观察者)这四个元件在空间完全分开,可以方便地在光路中装入其他元件,并且它具有设计精巧、光路直观、精度高、用途广泛等特点,其测量精度在 1887 年就达到四亿分之一。自1881年问世以来，迈克尔逊曾用它完成了三个著名的实验：否定以太的迈克尔逊－莫雷实验、光谱精细结构和利用光波波长标定长度单位。迈克尔逊－莫雷实验结果否定了以太的存在，正是这次实验的否定结论催生了爱因斯坦于1905年提出的狭义相对论。

迈克尔逊干涉仪为研究以太而诞生，为高科技量具的需要而演变，其原理应用已经成为干涉计量检测技术的核心，正在逐步渗透到理工类各学科分支。利用该装置可方便地观察各种干涉现象，如等厚干涉、等倾干涉，以及条纹的各种变动情况等，也可方便地进行各种精密检测，如测量单色光的波长、透明体（固、液、气体）的折射率、光源相干长度等参量。根据迈克尔逊干涉仪基本原理发展的接触式干涉仪、激光测长仪、傅里叶分光干涉仪（图21－2）、泰曼－格林型干涉仪（图21－3）等各种专用干涉仪精密仪器已广泛应用于生产和科研领域。可以说，迈克尔逊干涉仪是许多近代干涉仪的原型。

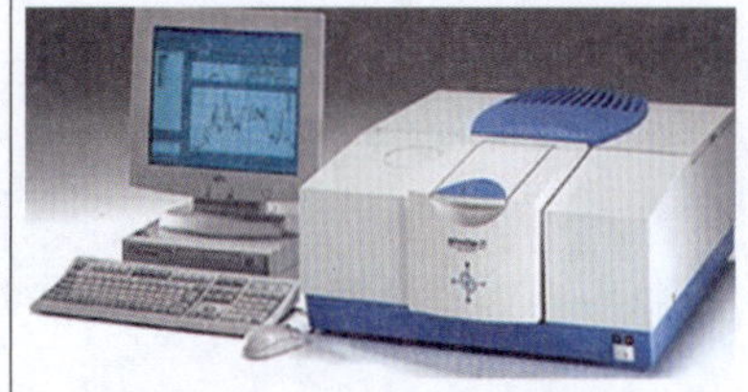

图21－2 傅里叶分光干涉仪

图21－3 泰曼－格林型干涉仪

1. 非线性迈克尔逊干涉仪

在非线性迈克尔逊干涉仪中，标准迈克尔逊干涉仪中一条干涉臂上的平面镜被替换为一个Gires－Tournois干涉仪或Gires－Tournois标准具，从Gires－Tournois标准具出射的光场和另一条干涉臂上的反射光场发生干涉。由于Gires－Tournois标准具导致的相位变化和光波长有关，并且具有阶跃的响应。非线性迈克尔逊干涉仪有很多特殊的应用，例如光纤通信中的光学梳状滤波器。另外，迈克尔逊干涉仪的两条干涉臂上的平面镜都可以被替换为Gires－Tournois标准具，此时的非线性迈克尔逊干涉仪会产生更强的非线性效应，并可以用来制造反对称的光学梳状滤波器。

2. 光纤迈克尔逊干涉仪

光纤传感器具有灵敏度高、耐腐蚀性强、阻燃防爆、抗电磁干扰能力强、体积小、质量轻和测量现场无须电源等优点，可做成具有多方面适应性的光纤传感器。基于迈克尔逊干涉仪原理的光纤传感器已被广泛用于压力、温度、应变和折射率测量的研究中。对于要求安全可靠的土建结构和建筑物如高层建筑、桥梁、核废料仓库、大坝、油库等（图21－4）来说，如果能在结构中埋入光纤迈克尔逊干涉仪型传感器构成机敏结构，就能实时检测结构的安全状况，及时地进行维护，大大减少结构安全事故的发生。

(a)

(b)

(c)

(d)

图21－4 光纤迈克尔逊干涉仪型传感器的应用

(a)桥梁健康监测；
(b)历史建筑维护；
(c)堤坝安全监测；
(d)海上石油勘测监测

二、实验原理

1. 光路

迈克尔逊干涉仪是一种分振幅双光束干涉仪，其原理光路如图21－5所示。从单色光源S发出的光束，首先被分光板G_1后表面A的半反半透膜分成两束光①和②，这两束光的光强近似相等且互相垂直。随后光束①和光束②分别由平面镜M_1和M_2反射，再经由A面透射、反射，形成互相平行的两束光，最后通过透镜，则在其焦平面上叠加。应该指出的是，经过M_1反射的光束①在 G_1 中通过了三次，而经过 M_2 反射的光束②在 G_1 中仅通过了一次。为了弥补这一光程差，在光路中增加一块补偿板 G_2，其材料和厚度跟 G_1 完全相同且两者严格平行放置，这样光束①和光束②叠加时在分光板中的光程对任何波长的光都是相同的，使得在计算光束①和光束②的光程差时，只需计算两者在空气中的几何路程差，而无须考虑它们在分光板中的光程。

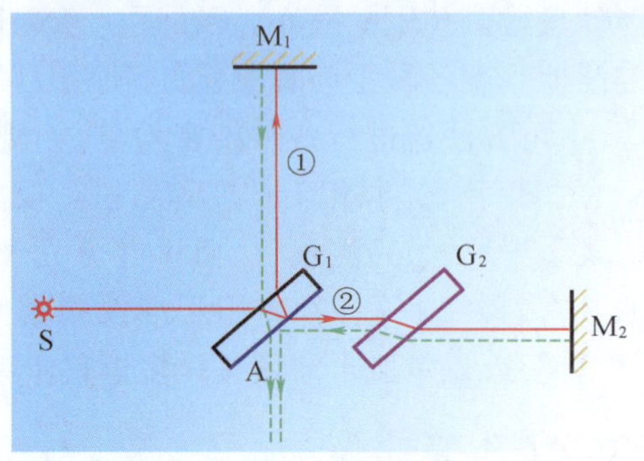

图 21－5　迈克尔逊干涉仪光

2. 点光源产生的非定域干涉现象

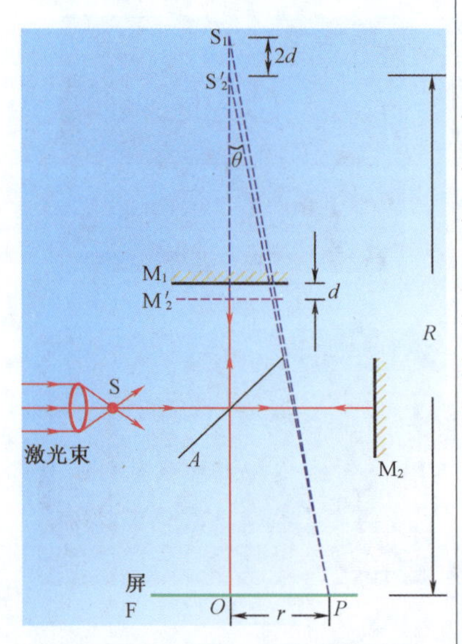

图 21－6　非定域干涉光路图

非定域干涉等效光路如图 21－6 所示，图 21－6 中 M_2' 是 M_2 经 A 面反射所成的虚像。调整好的迈克尔逊干涉仪，M_2 和 M_2' 互相平行，设其间距为 d，用凸透镜会聚后的点光源 S 是一个很强的单色光源，其光线经 M_1 和 M_2 反射后的光束等效于两个虚光源 S_1 和 S_2' 发出的相干光束，而 S_1 和 S_2' 间距为 M_1 和 M_2' 间距的两倍，即 $2d$。虚光源 S_1 和 S_2' 发出的球面波将在它们相遇的空间处处相干，呈现非定域干涉现象，其干涉花纹在空间不同的位置将可能是圆形环纹、椭圆形环纹或弧形的干涉条纹。通常将观察屏 F 安放在垂直于 S_1 和 S_2' 连线位置，屏至 S_2' 的距离为 R，屏上干涉花纹为一组同心的圆环，圆心为 O。

设 S_1 和 S_2' 至观察屏上一点 P 的光程差为 δ，则

$$\delta = \sqrt{(R+2d)^2+r^2} - \sqrt{R^2+r^2}$$

$$= \sqrt{R^2+r^2}\left[\sqrt{\frac{1+4(Rd+d^2)}{(R^2+r^2)}}-1\right]$$

一般情况下，$R \gg d$，则利用二项式定理并忽略 d 的高次项有

$$\delta \approx \sqrt{R^2+r^2} \times \left[\frac{4(Rd+d^2)}{2(R^2+r^2)} - \frac{16R^2d^2}{8(R^2+r^2)^2}\right]$$

$$= \frac{2dR}{\sqrt{R^2+r^2}}\left[1+\frac{dr^2}{R(R^2+r^2)}\right]$$

所以

$$\delta = 2d\cos\theta\left(1+\frac{d}{R}\sin^2\theta\right) \tag{21-1}$$

由式(21－1)可知如下几点。

①$\theta=0$，此时光程差最大，$\delta=2d$，即圆心所对应的干涉级最高。移动 M_1，若使 d 增加时，可以看到圆环一个个地从中心冒出，而后往外扩张；若使 d 减

小时，圆环逐渐收缩，最后消失在中心处。每“冒出”（或“消失”）一个圆环，相当于 S_1 和 S_2' 的距离变化了一个波长（λ）大小。如若“冒出”（或“消失”）的圆环数目为 N，则相应的 M_1 镜将移动 Δd，有

$$\Delta d = \frac{1}{2}\delta = \frac{1}{2}N\lambda \tag{21-2}$$

显然，从仪器上读出 Δd 并数出相应的 N，光波波长即能通过式（21-2）计算出来。

②对于较大的 d 值，光程差 δ 每改变一个波长所需的 θ 改变量将减小，即两相邻的环纹之间的间隔变小，所以增大 d 时，干涉环纹将变密变细。

3. 单色扩展光源产生的等倾干涉现象

在图 21-6 中，若 M_1 和 M_2' 完全平行，当用单色扩展光源 S 时，光束①和光束②在 P 点的光程差 δ 为

$$\delta = 2d\cos i \tag{21-3}$$

式中，i 为光源 S 入射到 M_1（或 M_2'）的入射角。

由式（21-3）可见，当 d 一定时，光程差 δ 将随 i 变化，具有相同入射角 i 的光线将具有相同的光程差，并在无穷远处叠加（定域在无穷远处）。如果插入一个凸透镜（或用眼睛观看），我们将在其焦平面上看到叠加的干涉图样，这种干涉称为等倾干涉，所产生的干涉花纹将是一组同心的圆环。如果前后移动 M_1 镜，同样能看到圆心处有干涉条纹“冒出”（或“消失”）。不同光程差下的等倾干涉图像如图 21-7 所示。

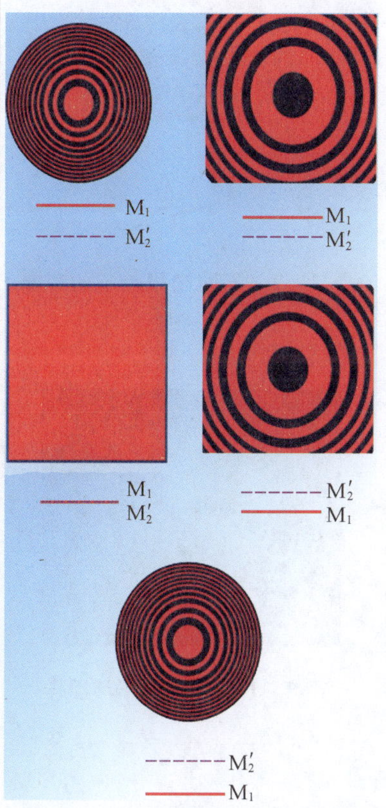

图 21-7　不同光程差下的等倾干涉条纹

4. 单色扩展光源产生的等厚干涉现象

当 M_1 和 M_2' 靠得很近很近，且有一个很小很小的角度时，M_1 和 M_2' 之间将形成一劈形空气薄层。此时，若以单色扩展光源照射，在空气薄层的表面就能看到等厚干涉条纹，如图 21-8 所示。当光源 S 发出的不同光线①和②经 M_2' 和 M_1 反射后，将在空气薄层表面（本图中为 M_2'）附近相交叠并产生干涉。当夹角 φ 很小时，①和②两束光之间的光程差仍然近似为 $\delta = 2d\cos\theta$，其中 d 是观察点 P 处空气层的厚度，θ 为入射角。在 M_1 和 M_2' 两镜相交处，$d=0$，当 $\delta=0$ 时应该出现直条亮纹，称为中央亮纹。

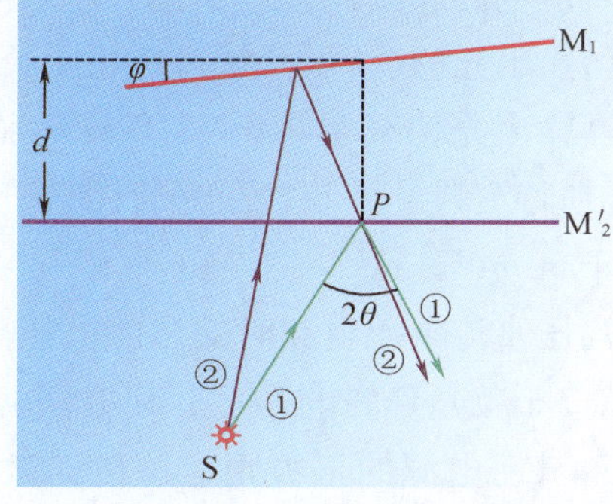

图 21-8　等厚干涉光路图

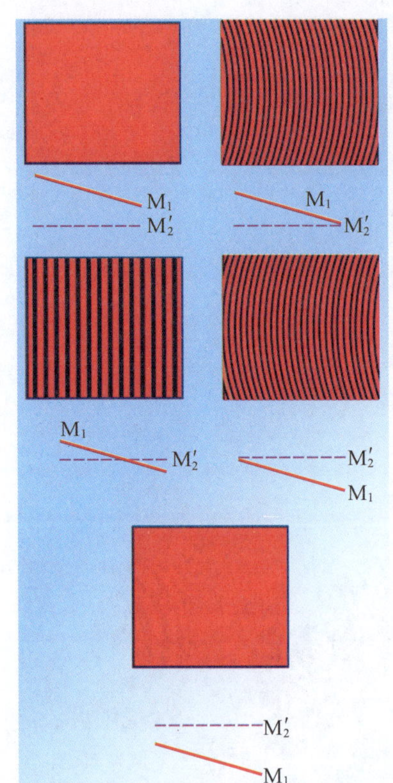

图 21－9　不同光程差下的等厚干涉条纹

图 21－10　白光的干涉图样

假如入射角不大，cos θ 可取近似值 $1-\frac{1}{2}\theta^2$，所以有

$$\delta=2d-d\theta^2 \tag{21-4}$$

在中央亮纹附近，干涉条纹大体上是平行于中央亮纹的直条纹。随着 θ 角的增加，花纹将发生弯曲。图 21－9为不同光程差下的等厚干涉图像。由式(21－4)可知，要保持同样的光程差 δ 必须增大 d，即干涉条纹弯曲的方向将凸向中央亮纹。

5. 白光扩展光源产生的等厚干涉现象

由于白光的相干长度极短，只能在 $d=0$ 附近很小的范围内看到干涉条纹。利用这一特性，我们能准确地确定等光程时动镜 M_1 的位置，从而测出插入 G_2，M_2 或 G_1，M_1 之间的透明等厚平行薄片的附加光程。若已经知道该薄片折射率的时候，我们就能算出该薄片的厚度，实验现象如图 21－10 所示。

三、实验目的

了解迈克尔逊干涉仪的工作原理，在掌握迈克尔逊干涉仪调整和使用方法的基础上观察单色光的等倾干涉、等厚干涉以及白光扩展光源产生的等厚干涉实验现象，加深对光波干涉理论的理解；掌握用迈克尔逊干涉仪测定 He－Ne 激光波长的原理及其数据处理方法。

四、实验仪器

本实验所用仪器有 He－Ne 激光器、迈克尔逊干涉仪、小孔光阑、短焦距凸透镜、白炽灯。

1. He－Ne 激光器

He－Ne 激光器是一种相干长度较长的单色光源，其波长值 $\lambda=632.8$ nm，由两部分所构成：高压直流电源和激光管。实验中通常使用的是内腔式管长为 25 cm 的小型激光管，输出光的模式是单模，在相干长度以内，光束横截面内各点是完全相干的，其输出光功率在 0.5～3.0 mW，而管长为 50 cm 以上的激光管则是带有布儒斯特窗口的外腔式激光管，其输出是单模的完全线偏振光，输出的光功率大于 50 mW。

He－Ne 激光器的高压直流电源空载时输出的电压高达万余伏特，正、负电极要正确地接到 He－Ne 激光管的电极上。其中，电源的负极应该接到激光管圆筒形的铝质负极上，而电源的正极则应该接到激光管杆状正极上，不能接错，否则会大大缩短激光管的使用寿命。带电的电极绝对不能触摸，也不能将其短接。He－Ne激光器输出的光束功率多数在 1 mW 以上，未经扩束，人眼绝对不能直视，因为人眼的安全标准小于0.1 mW。

2. 迈克尔逊干涉仪

迈克尔逊干涉仪结构如图21－11所示。

反射镜 M_2 是固定的，反射镜 M_1 装在精密导轨上，借助蜗轮蜗杆系统，调节粗调手轮和微调鼓轮，可以改变反射镜 M_1 的空间位置。反射镜 M_1 和 M_2 背面各有两个调节螺丝用来调节 M_1 和 M_2 的倾斜度（实验中不得强扳硬拧，过分拧紧），反射镜 M_2 的下端还附有两个互相垂直的拉簧螺丝，用以精细的调节其倾斜度。仪器还备有毛玻璃屏、望远镜等附件，它们都可以很方便地安装到仪器上，用来观察干涉现象。

由于迈克尔逊干涉仪的动镜 M_1 是由蜗轮蜗杆系统牵动的，所以防止其空程将是测读准确与否的关键。通常必须在判定 M_1 确实已被牵动之后，才能记录 M_1 的位置坐标。倘若要记录 M_1 镜的位置变化，蜗轮必须顺一个方向转动，连续测量过程中决不能倒转！

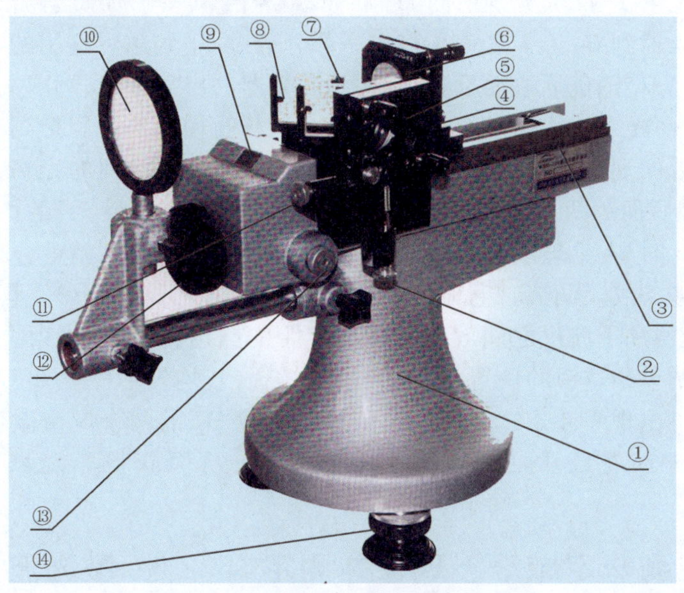

图21－11　迈克尔逊干涉仪结构图

①—底座；②—垂直拉簧螺丝；③—导轨；④—M_2 调节螺丝；
⑤—固定反射镜 M_2；⑥—可移动反射镜 M_1；⑦—补偿板 G_2；
⑧—分光板 G_1；⑨—读数窗口；⑩—毛玻璃屏；⑪—水平拉簧螺丝；
⑫—粗调手轮；⑬—微调鼓轮；⑭—水平调节螺丝

迈克尔逊干涉仪的光学元件如 M_1，M_2，G_1 和 G_2 等的表面绝对禁止手指触摸，也不能随便擦拭。G_1 和 G_2 的位置对仪器的性能有重要影响，切勿变动。同时，由于迈克尔逊干涉仪的蜗轮蜗杆系统十分精细，所以旋转鼓轮时动作要缓慢、柔和，忌急躁、用力旋转！

反射镜 M_1 的空间位置分别由导轨左侧近旁的主刻度尺（精确到毫米位）、读数窗口（精确到 $\frac{1}{100}$ mm）和微调鼓轮（它又将0.01 mm再分成100小格，即精度为10^{-4} mm）读出，可估读到10^{-5} mm。实际测量时，分别从主刻度尺和读数窗口各读得2位数字，从微调鼓轮读得3位（包括1位估读数）数字，由此组成一个7位的测量数据。读数示意如图21－12所示。

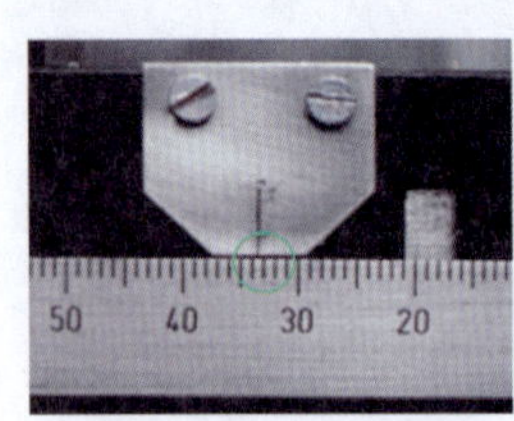

(a)

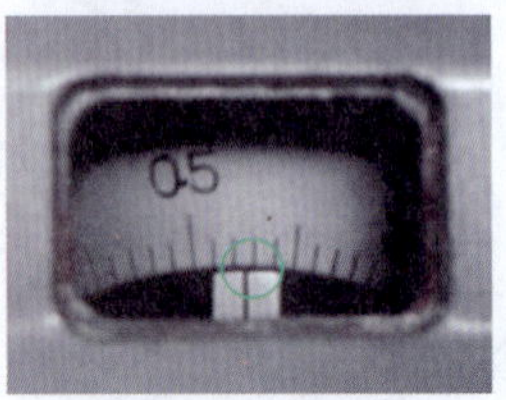

(b)

(c)

最终读数:33.522 46 mm

图21－12　迈克尔逊干涉仪读数方法示意图

(a)主尺；(b)读数窗口；(c)微调鼓轮

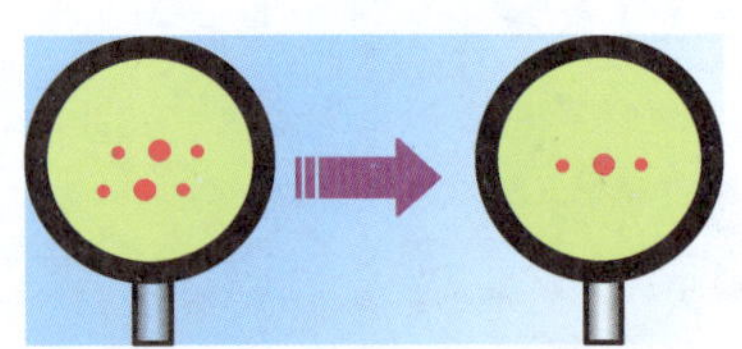

图21－13　毛玻璃屏光斑变化

五、实验内容与操作要点

1. 迈克尔逊干涉仪的调整

迈克尔逊干涉仪主要用来观察在物理光学中讲述的各种干涉现象，如等厚干涉、等倾干涉、非定域干涉、定域干涉和其他形式的干涉现象。首先，将迈克尔逊干涉仪调整到最基本的状态，即M_1和M_2严格互相垂直。这里只介绍其中一种易于调整的方法，即采用He－Ne激光器进行调整（参见图21－5）。

点亮He－Ne激光器，让激光束首先通过一个小孔光阑投射到分光板G_1上分成两光束①和②，分别射向M_1和M_2。经由M_1和M_2反射后，其中光束①将再次入射到G_1上。光束①将有一部分透过G_1到达观察用的毛玻璃屏，另一部分在G_1的前后表面反射，返回到激光器的出射板上，形成一排横向排列的光斑，而光束②将透过G_2到达G_1，G_1同样也使其部分反射到毛玻璃屏，另一部分返回到激光器的出射板上，也形成一排横向排列的光斑。调整M_1镜和M_2镜后面的两个螺丝，使两排横向排列的光斑中“最亮”的一个光斑刚好重合。此时，在毛玻璃屏上也将看到有两个最亮的光斑相重合，并隐约能看到有干涉条纹。调节时毛玻璃屏上的光斑变化见图21－13。移去小孔光阑，在激光器和干涉仪之间放置一块短焦距的凸透镜，将激光束会聚成一个点光源。调节凸透镜的位置，使激光束通过透镜，均匀照亮全部G_1表面，屏上一般即可出现干涉条纹。缓慢地调节反射镜M_2的两个拉簧微调螺丝，将圆环状的干涉花纹中心移至观察屏的中央，从而获得非定域干涉的典型图样。

2. 观测非定域干涉现象并测定He－Ne激光波长

根据前面介绍的迈克尔逊干涉仪的调整方法，将仪器调整好，出现非定域干涉现象，再向某一个方向旋转微调鼓轮，一直到出现圆环中心“冒出”（或“消失”）现象。注意要有耐心，记住旋转方向。测量时，要选取视见度较好的状态为基准，记下M_1镜的初始位置坐标，继续向同一个方向旋转微调鼓轮。

具体实验方法是每当“冒出”（或“消失”）50个圆环纹，记录一次坐标读数，连续变化550个圆环纹，可得到12组数据。

注意　①实验中不得直视未经扩束的激光束；

②测量前一定要消除空程（即条纹出现吞吐后）再开始读数；

③测量时，微调手轮只能向一个方向转动，中途不能反向；

④不要过分拧紧M_1镜和M_2镜后的螺丝，也不宜旋得过松，要保持反射镜后面弹簧片的张力。

3. 观察定域干涉现象

(1)观察等倾干涉现象

把毛玻璃片放在透镜与分光板 G_1 之间,使激光经毛玻璃散射成为面扩展光源,直接用眼睛透过 G_1 对着 M_1 镜观察,便能看到圆环形的干涉条纹。进一步调节 M_1 镜座下的两个拉簧螺丝,容易使之成为完好的等倾干涉条纹。

(2)观察等厚干涉现象

在等倾干涉的基础上,旋转粗调手轮移动 M_1 镜,使 M_1 和 M_2' 大致重合,此时干涉条纹变得越来越粗,最后几乎消失。然后微微调节 M_2 镜座下的两个拉簧螺丝,使 M_2' 和 M_1 之间出现一个很小的夹角,视场中将出现等厚干涉条纹,干涉条纹的间距与交角 φ 成反比。

微微调节 M_2 镜座下的两个拉簧螺丝,使等厚干涉条纹变得较粗,旋转微调鼓轮移动 M_1 镜,可以看到干涉条纹从弯曲－变直－弯曲的变化。此时,换上白炽灯面光源,反方向旋转微调鼓轮微微移动 M_1 镜,在此位置附近看到白光特有的彩色干涉条纹:中心将有少数几条黑白相间的直干涉条纹,随后即为彩色干涉条纹,而且已稍有弯曲。

注意 一定要用微调鼓轮才能调出彩色条纹;弄清使条纹由微微弯曲变直的鼓轮旋转方向,且不可操之过急,否则欲速则不达。

六、数据记录与处理

要求用逐差法进行数据处理,计算 He－Ne(氦－氖)激光波长和相对不确定度,并正确表示实验结果并记录在表 21－1 中。

$$\begin{cases} \lambda = \overline{\lambda} \pm \Delta\lambda \\ E_r = \dfrac{\overline{\lambda} - \lambda_{标}}{\lambda_{标}} \times 100\% \end{cases}$$

表 21－1 数据记录表($\lambda_{标} = 6.328 \times 10^{-7}$ m)

$\Delta d_0 = 0.000\ 05$ mm　　单位:mm

	d_0	d_{50}	d_{100}	d_{150}	d_{200}	d_{250}
d_m						
	d_{300}	d_{350}	d_{400}	d_{450}	d_{500}	d_{550}
d_{m+300}						
Δd_{300}						
$\overline{\Delta d_{300}}$						
$\overline{\lambda} = 2 \times \dfrac{\overline{\Delta d_{300}}}{300}$						

七、分析与思考

(1)迈克尔逊干涉仪的主要部件有哪些?分别起什么作用?

(2)调节迈克尔逊干涉仪时看到的亮点为什么是两排而不是两个?两排亮点是怎样形成的?

(3)干涉条纹在什么情况下“吞”或“吐”,什么情况下疏或密?

(4)形成空程的原因是什么?它对测量有什么影响?在测量中如何避免空程?

(5)为什么在测量过程中,微调鼓轮的转动方向不能中途改变?

八、附录

1. 时间相干性

光源在不同时间发射出的光束之间的相干性叫作时间相干性,它是光源相干程度的一个描述。迈克尔逊干涉仪是观察时间相干性的典型仪器,为简单起见,考虑入射角 $\theta=0°$(图 21 - 5),且不考虑半波损失。由光源发射出的光束,经分光板后表面 A 的半反半透膜分成两束光①和②,经过不同的光程又回到分光板后汇合,两束光的光程差 $\Delta L=2d$。对于理想的单色光,无论光程差 ΔL 如何改变,条纹总是清晰可辨的,但实际光源不可能是绝对单色的。当 d 增加到某一值 m 时,我们就看不见干涉条纹,$2d_m=\Delta L_m$ 就叫作相干长度,相干长度对应的时间 $t=\dfrac{\Delta L_m}{c}$就叫作相干时间,c 为光速。

2. 双线结构波长差的测定

若入射光为理想的单色光,则移动 M_1 镜时,视场中的干涉条纹总是清晰可见的,可见度最大,但实际上任何谱线都有一定的线宽,许多看来单色的谱线也是由波长十分接近的双线或重线组成的。理论上已经证明:单色线宽使条纹可见度随光程差变化单调下降,双线结构使条纹可见度随光程差变化作周期性变化。

设光源中含有两个相近的波长 λ_1 和 λ_2(例如钠光),当 M_1 与 M_2'相距为 d_1 时,在条纹视场中心,如果波长 λ_1 的光形成的第 k_1 级亮纹恰好同波长 λ_2 的光形成的第(k_1+n)级暗纹重合,即

$$2d_1=k_1\lambda_1=\left(k_1+n+\frac{1}{2}\right)\lambda_2 \qquad (21-5)$$

则此时条纹的可见度为零(若 λ_1 和 λ_2 的光强不相等,则可见度最小但不为零),视场中心被均匀照明。

按原方向移动 M_1 镜至相邻的下一个可见度为零的位置,设此时 M_1 与 M_2'相距为 d_2 时,则有

$$2d_2 = k_2\lambda_1 = \left(k_2 + n + 1 + \frac{1}{2}\right)\lambda_2 \tag{21-6}$$

令 $\lambda_1 \times \lambda_2 \approx \overline{\lambda}^2$，$\Delta L_m = 2(d_2 - d_1)$，$\Delta\lambda = \lambda_1 - \lambda_2$，解以上两方程得

$$\Delta\lambda \approx \frac{\overline{\lambda}^2}{\Delta L_m} \tag{21-7}$$

式中，$\overline{\lambda}$为 λ_1 和 λ_2 的平均值；ΔL_m 为视场中心相继两次出现条纹可见度为零时 M_1 镜移动的距离，即相干长度，其值可从测微鼓轮上读出，利用公式(21-7)即可计算双线的波长差。

实验 22　光的偏振实验

一、背景及应用

图 22－1　马吕斯

在光学发展历史上,19 世纪是光的波动说大发展的时代。1801 年,英国物理学家托马斯·杨做了光的双缝干涉实验,并提出了波长的概念,使光的波动说有了新的发展。1808 年,法国的物理学家及军事工程师马吕斯(Etienne Louis Malus,1775—1812,图 22－1)发现了光的偏振现象,确定了偏振光强度变化的规律(现称为马吕斯定律),研究了光在晶体中的双折射现象。1811 年,他与毕奥各自独立地发现折射时光的偏振,提出了确定晶体光轴的方法,研制成一系列偏振仪器。1817 年,托马斯·杨提出了光的横向振动的假说。1818 年,法国的土木工程师菲涅耳由光是横波的振动假说出发,证明了光的偏振及所有已知的光学现象。

光的干涉和衍射现象曾有力地证明了光的波动性,而表明光波是横波的依据则是光的偏振特性。在波动光学中,光的偏振比光的干涉和衍射更为抽象,人眼和一般的光探测器若不借助于专门的器件和方法,便无法直接观察或识别一束光的偏振状态。正因如此,偏光技术的发展过去一直比较缓慢,其应用也不如另二者广泛。直到 20 世纪 60 年代,偏光技术的应用还仅局限于确定晶体的光轴,测量机械构件的应力分布和量糖术等方面,所用的偏光器件主要是人造偏振薄膜和偏光棱镜。

自 20 世纪 60 年代起,特别在激光技术、光纤通信技术问世以后,偏光技术作为整个应用光学技术领域的一个分支学科得到了飞速发展,其应用范围几乎涉及所有与光学技术有关的学科领域,尤其是激光偏光器件及应用技术的发展速度更快,仅目前国际上通用的激光偏光器件就有数十种,而且每年都有不少新型器件问世。随着集成光学和光纤传输技术的普及及应用,器件的结构正向着小型、专用和便于系统控制的方向发展。相应地,偏光技术已成为光学检测、计量和光学信息处理中的一种专门化手段,它在相干测量、光开关、光调制、外差探测、薄膜参数测量、生物细胞荧光测量、图像识别等许多技术部门已得到广泛应用。现代高技术的发展表明,偏光技术已成为现代光学技术领域中不可缺少的一个重要组成部分。

二、实验原理

1. 偏振光和自然光

光波是一种横波,它的光矢量与传播方向垂直。如果光波的矢量的方向始终不变,只是大小随位相改变,这样的光称为线偏振光,光矢量(电矢量)与光的传播方向组成的面称为线偏振光的振动面。如果光矢量的大小保持不变,而它的方向绕传播方向均匀地转动,光矢量末端的轨迹是一个圆,这样的光称为圆偏振光。如果光矢量的大小和方向都在有规律地变化，光矢量末端沿着一个椭圆转动，这样的光称为椭圆偏振光。

从普通光源发出的光不是偏振光，而是自然光，即具有一切可能的振动方向的许多光波的总和。这样，振动是同时存在或迅速而无规则地互相替代的，它的特点是振动方向的无规则性。但就统计规律来说，对于光的传播方向是对称的，在与传播方向垂直的平面上，无论哪一个方向的振动都不比其他方向更占优势，如图22－2所示。在任何实验中，如果用两个光矢量互相垂直、位相没有关联的线偏振光代替自然光，而且让这两个线偏振光的强度都等于自然光总强度的一半，可以得到完全相同的结果。因此，自然光可以用相互垂直的两个光矢量表示。这两个光矢量的振幅相同，但位相关系是不确定的、瞬息万变的，绝不能把这两个光矢量再进一步合成为一个稳定的线偏振光或椭圆偏振光。

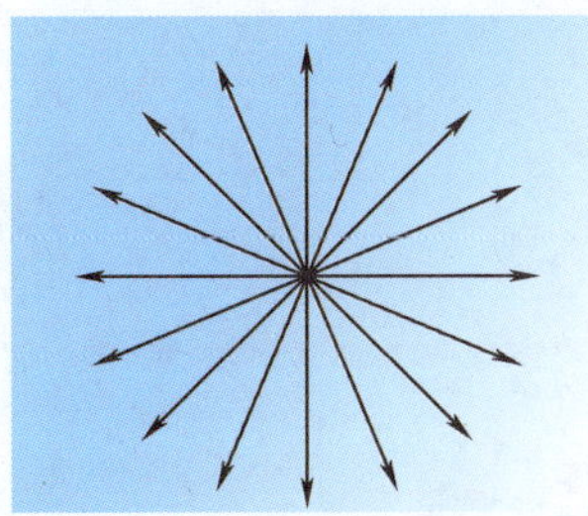

图22－2 自然光

自然光在传播过程中，由于外界的作用，造成各个振动方向上的强度不等，使某一方向的振动比其他方向占优势，这种光叫作部分偏振光。图22－3示意地画出了部分偏振光的强度随光矢量方向的变化，图中光矢量沿垂直方向的振动比其他方向占优势，其强度用I_{max}表示，光矢量沿水平方向的振动较之其他方向处于劣势，其强度用I_{min}表示。部分偏振光也可以看作是一个完全偏振光和一个自然光混合组成的，其中完全偏振光的强度$P=I_{max}-I_{min}$。在部分偏振光的总强度$(I_{max}+I_{min})$中，完全偏振光所占的比率P叫作偏振度，即

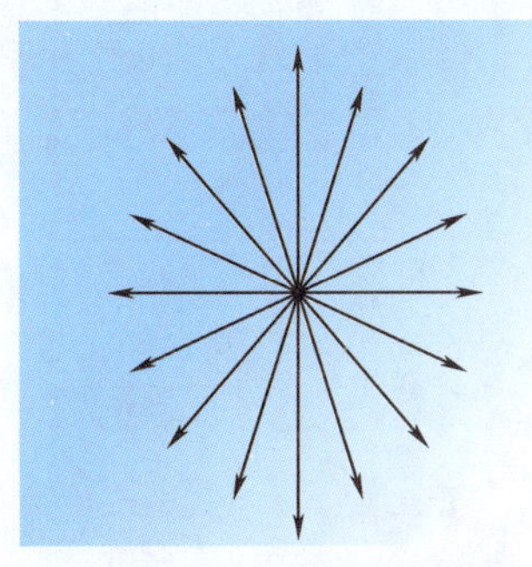

图22－3 部分偏振光

$$P=\frac{I}{I_{总}}=\frac{I_{max}-I_{min}}{I_{max}+I_{min}} \tag{22-1}$$

对于自然光，各方向的强度相等，$I_{max}=I_{min}$，$P=0$；对于完全偏振光，$I_P=I_{总}$，$P=1$；其他情形下的P值都比1小。偏振度的数值越接近1，光束的偏振化程度就越高。

2. 椭圆偏振光

在直角坐标系中，将椭圆偏振光的光矢量端点的轨迹用方程表示，则为

$$\frac{E_x^2}{a_1^2}+\frac{E_y^2}{a_2^2}-2\frac{E_xE_y}{a_1a_2}\cos\delta=\sin^2\delta \tag{22-2}$$

式中，E_x和E_y分别为光矢量E在x和y方向的分量，有

$$E_x=a_1\cos\omega t$$
$$E_y=a_2\cos(\omega t+\delta) \tag{22-3}$$

一般情况下，式(22－2)是椭圆方程式，表示光矢量末端的轨迹为一椭圆，该椭圆内接于一长方形，长方形各边与坐标轴平行，边长为$2a_1$和$2a_2$（见图22－4）。可以证明，椭圆的长轴和x轴的夹角φ由下式决定，即

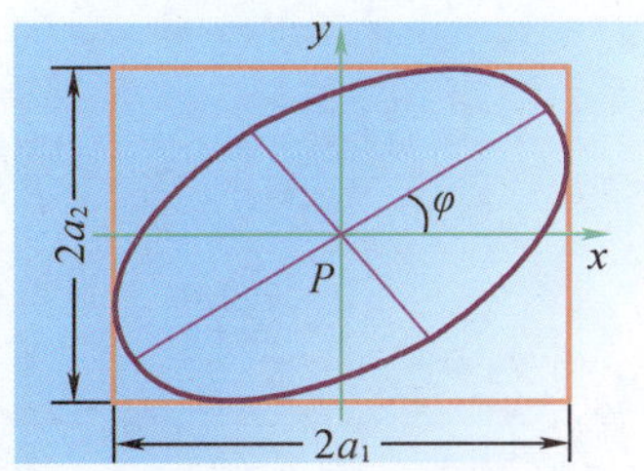

图22－4 椭圆偏振光轨迹

$$\tan 2\varphi=\frac{2a_1a_2}{a_1^2-a_2^2}\cos\delta \tag{22-4}$$

式中，δ是振动方向平行于y轴的分量与振动方向平行于x轴的分量的位相差。

图22－5是根据式(22－2)画出的与几种不同δ值相对应的偏振椭圆的

形状，可见椭圆的形状由相差 δ 和振幅比 $\frac{a_2}{a_1}$ 决定。在两种特殊情况下，电矢量的运动沿直线进行，因此光波为线偏振光。这两种特殊的情况如下。

①$\delta=0$ 或 $\pm 2\pi$ 的整数倍，这时式(22－2)化为

$$E_y=\frac{a_2}{a_1}E_x \tag{22-5}$$

表示电矢量的运动沿着一条经过坐标原点而斜率为 $\frac{a_2}{a_1}$ 的直线进行，如图22－5(a)所示。

②$\delta=\pm\pi$ 的奇数倍，这时，式(22－5)化为

$$E_y=-\frac{a_2}{a_1}E_x \tag{22-6}$$

表示电矢量的运动沿着一条经过坐标原点而斜率为 $-\frac{a_2}{a_1}$ 的直线进行，如图22－5(e)所示。

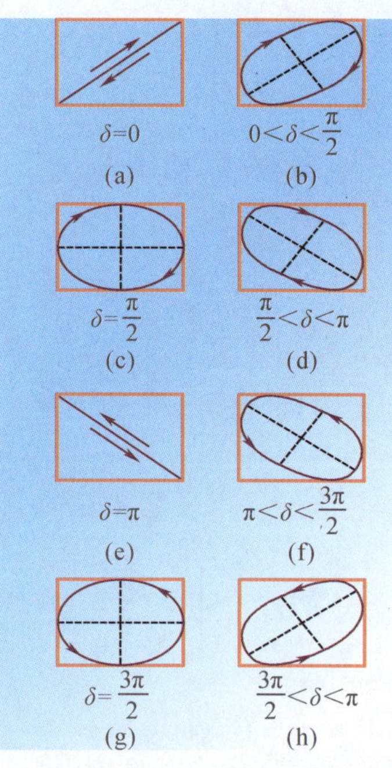

图22－5　不同 δ 值的偏振椭圆

还必须指出，当 $\delta=\pm\frac{\pi}{2}$ 和它们的奇数倍时，式(22－2)化为

$$\frac{E_x^2}{a_1^2}+\frac{E_y^2}{a_2^2}=1 \tag{22-7}$$

这是一个标准的椭圆方程，表示一个长短轴 a_1，a_2 与坐标轴 x，y 重合的椭圆，如图22－5(c)与图22－5(g)所示。若在这种情况下同时有 $a_1=a_2=a$，则由式(23－7)得到

$$E_x^2+E_y^2=a^2 \tag{22-8}$$

式(22－8)表示电矢量末端的运动描成一个圆，即为圆偏振光。

3. 波片

如图22－6所示，由起偏器获得的线偏振光垂直入射到由双折射晶体制成的平面平行薄片上，晶片的光轴与其表面平行，设为 y 轴方向，这时入射的线偏振光分解为o光和e光，它们的电矢量分别沿 x 轴和 y 轴。习惯上把两轴中的一个称为快轴，另一个称为慢轴，意即电矢量沿着快轴的那束光传播得快，光矢量沿着慢轴的那束光传播得慢。由于这两束光在晶片中的传播速度不同，经过晶体后两者之间产生了一定的位相差。设晶片厚度为 d，在晶片中o光的光程是 $n_o d$，e光的光程是 $n_e d$，两者的光程差是

$$\Delta=|n_o-n_e|d \tag{22-9}$$

位相差是

$$\delta=\frac{2\pi}{\lambda}|n_o-n_e|d \tag{22-10}$$

这种能使光矢量互相垂直的两束线偏振光产生相移的晶片叫作波片或移相片。

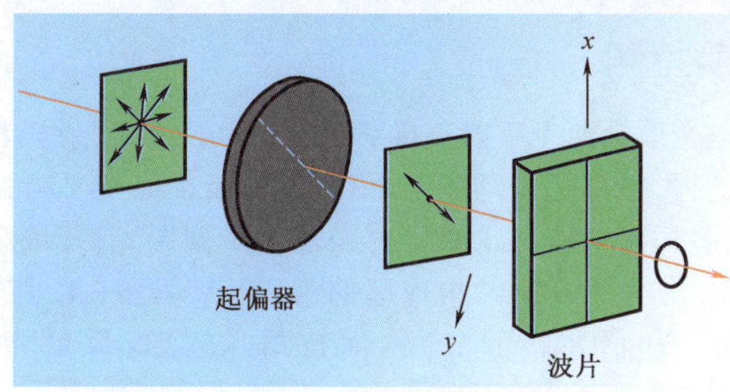

图 22-6 装置图

(1)$\frac{1}{4}$波片

如果波片产生的光程差为

$$\Delta = |n_o - n_e| d = \left(m + \frac{1}{4}\right)\lambda \qquad (22-11)$$

式中,m 为整数,这样的波片叫作$\frac{1}{4}$波片。

当入射的线偏振光的光矢量与波片的快轴成 ±45°角时,通过$\frac{1}{4}$波片后得到圆偏振光,否则将有可能得到椭圆偏振光或线偏振光(当与快轴或慢轴相一致时)。

(2)$\frac{1}{2}$波片

如果波片产生的光程差为

$$\Delta = \left(m + \frac{1}{2}\right)\lambda \qquad (22-12)$$

式中,m 为整数,这样的波片叫半波片或$\frac{1}{2}$波片。圆偏振光通过半波片后仍为圆偏振光,但旋向改变;线偏振光通过半波片后自然是线偏振光,但光矢量的方向改变。设入射的线偏振光的光矢量与波片的快轴(或慢轴)的夹角为 α,通过晶片后光矢量向着快轴方向转了 2α 角,如图 22-7 所示。

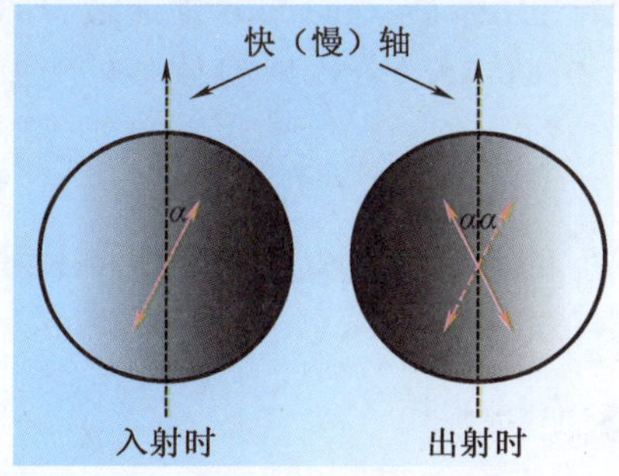

图 22-7 $\frac{1}{2}$波片

4. 布儒斯特角

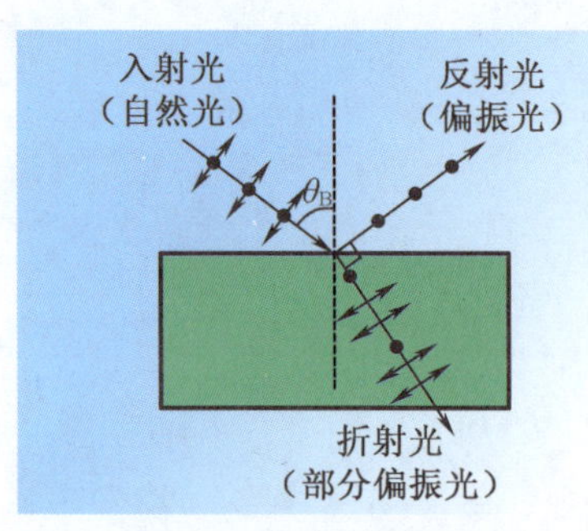

图 22－8　入射角为布儒斯特角时光线的传播情况

自然光在电介质界面上反射和折射时，一般情况下反射光和折射光都是部分偏振光，反射光中垂直振动多于平行振动，折射光中平行振动多于垂直振动，只有当入射角为某特定角时反射光才是线偏振光，其振动方向与入射面垂直，此特定角称为布儒斯特角或起偏角，用 θ_B 表示，此规律称为布儒斯特定律。如图22－8所示，光以布儒斯特角入射时，反射光与折射光互相垂直。

设 θ_1 为入射角，θ_2 为折射角。我们有

$$n_1\sin\theta_1 = n_2\sin\theta_2 \tag{22-13}$$

如果反射角和折射角垂直，则

$$n_1\sin\theta_B = n_2\sin(90^\circ-\theta_B) = n_2\cos\theta_B \tag{22-14}$$

整理得

$$\theta_B = \arctan\frac{n_2}{n_1} \tag{22-15}$$

式中，n_1 和 n_2 为该两种介质的折射率。

5. 马吕斯定律

由起偏器产生的偏振光在通过检偏器以后，其光强的变化如图 22－9 所示。

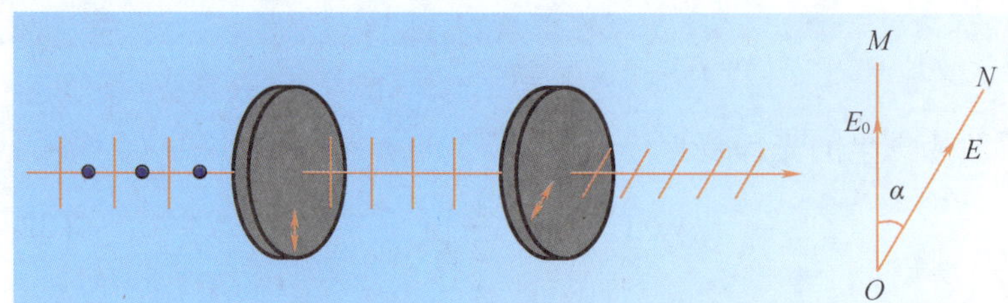

图 22－9　马吕斯定律示意图

OM 表示起偏器Ⅰ的偏振化方向，*ON* 表示检偏器Ⅱ的偏振化方向，它们之间的夹角为 α。自然光透过起偏器后成为沿 *OM* 方向的线偏振光，设其振幅为 E_0，而检偏器只允许它沿 *ON* 方向的分量通过，所以从检偏器透出的光的振幅为 $E=E_0\cos\alpha$。由此可知，若入射检偏器的光强为 I_0，则检偏器射出的光强为

$$I = I_0\cos^2\alpha \tag{22-16}$$

上式表明，强度为 I_0 的偏振光通过检偏器后，出射光的强度为 $I_0\cos^2\alpha$，这一关系叫马吕斯定律。

6. 光的偏振态的检测

利用偏光器件可以对出射光的偏振性质进行测量和鉴别，通过测量光强分布来确定偏振光的偏振态。本实验是利用格兰－泰勒棱镜作为起偏器和检偏器。

（1）线偏振光

检验线偏振光可用检偏器，当检偏器透射轴与线偏振光之间的夹角 θ 改

变时，其光强随 θ 而变，符合马吕斯定律 $I=I_0\cos^2\theta$。

当 $\theta=90°$或 $270°$时，如偏振器是理想的，则 $I=0$，没有光从检偏器出射，此时检偏器处于消光位置。同样，$\theta=0°$或 $180°$时，$I=I_0$，即出射的光强为最大。

因此，在实验中若检偏器旋转一周，出射光光强变化交替出现两次最亮和两次零光强，即两明两暗，且中间过程符合马吕斯定律，则该偏振光为线偏振光。理论上得到的 $I-\theta$ 关系如图 22－10 和图 22－11 所示。

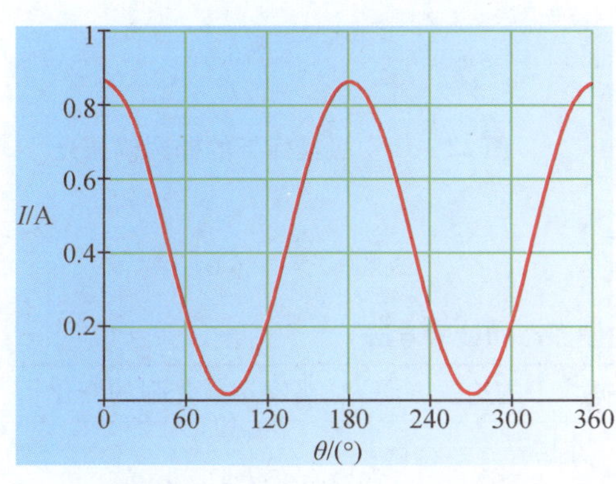

图 22－10　直角坐标下的线偏振光

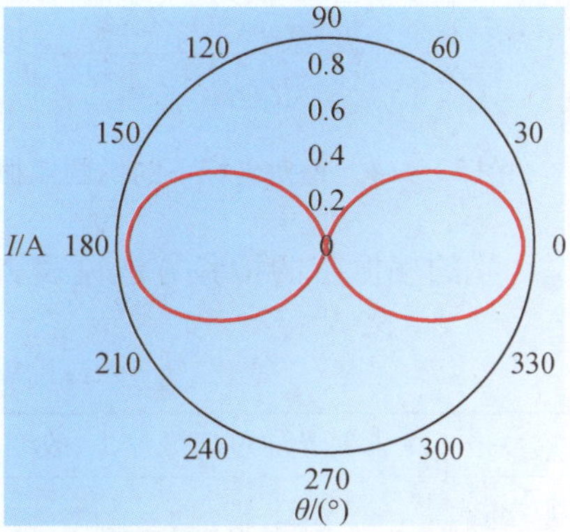

图 22－11　极坐标下的线偏振光

(2)圆偏振光产生与鉴别

当线偏振光垂直入射到$\frac{1}{4}$波片时，如果线偏振光的振动方向与$\frac{1}{4}$波片的快轴和慢轴成 45°，此时透过$\frac{1}{4}$波片的光即是圆偏振光。当检偏器旋转时，光强没有变化。理论上得到的 $I-\theta$ 关系如图 22－12 和图 23－13所示。

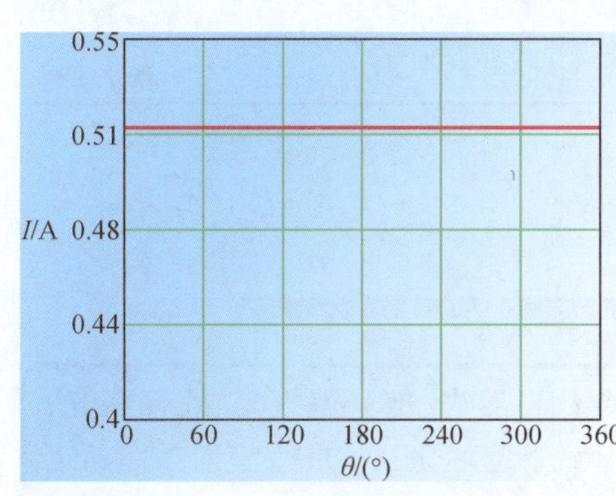

图 22－12　直角坐标下的圆偏振光

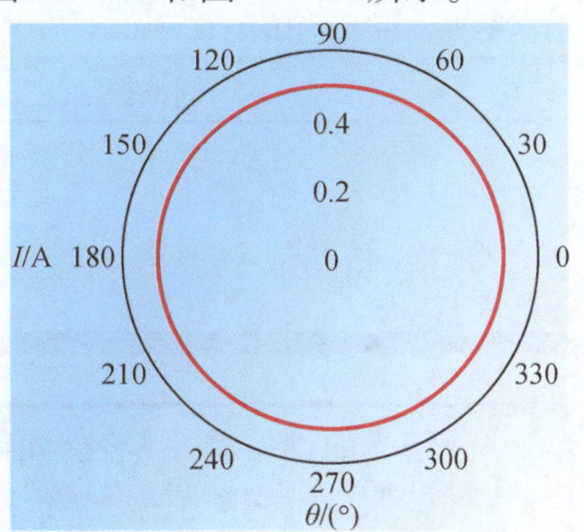

图 22－13　极坐标下的圆偏振光

(3) 椭圆偏振光的产生与鉴别

当线偏振光垂直入射到$\frac{1}{4}$波片时，如果线偏振光的振动方向与$\frac{1}{4}$波片的慢轴(或快轴)的夹角不等于45°，这时透过$\frac{1}{4}$波片的光就是椭圆偏振光，其长轴与波片的快轴或慢轴平行。当椭圆偏振光通过旋转一周的检偏器时，光强也会出现与线偏振光相似的两明两暗现象，但与线偏振光最大的区别是不能消光。理论上得到的 $I-\theta$ 关系如图 22－14 和图 22－15 所示。

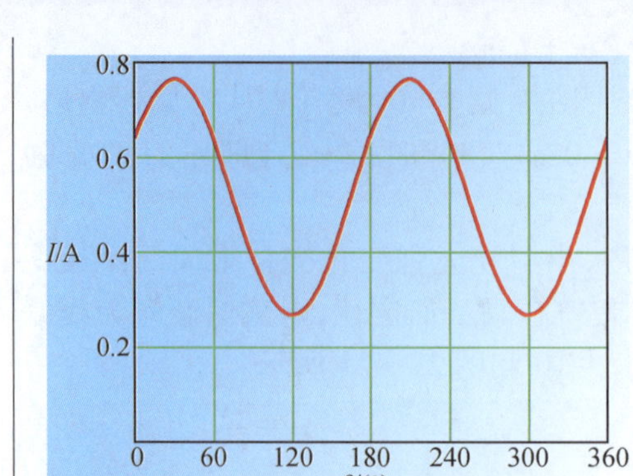

图 22－14　直角坐标下的椭圆偏振光

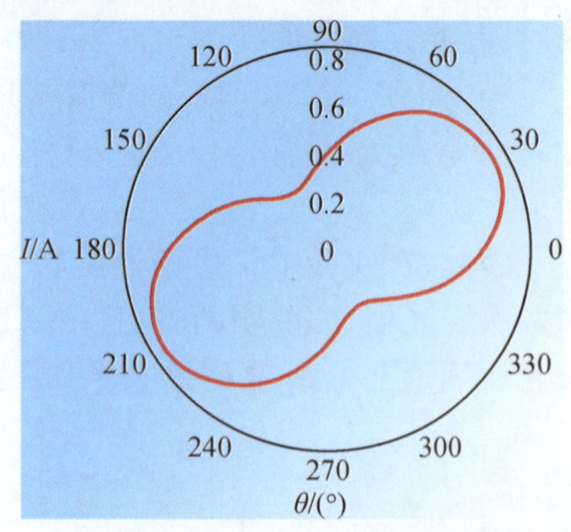

图 22－15　极坐标下的椭圆偏振光

光的偏振态的检验方法见表 22－1。

表 22－1　光的偏振态的检验方法

第一步	令入射光通过偏振片Ⅰ,改变偏振片Ⅰ的透振方向 P_1,观察透射光强的变化				
观察到的现象	有消光	强度无变化		强度有变化但无消光	
结论	线偏振	自然光或圆偏振光		部分偏振光或椭圆偏振光	
第二步		a. 令入射光依次通过 $\frac{1}{4}$ 波片和偏振片Ⅱ,改变偏振片Ⅱ的透振方向,观察透射光的强度变化		b. 同 a,只是四分之一波片的光轴方向须与第一步中偏振片Ⅰ产生强度极大或极小的透振方向重合	
观察到的现象		有消光	无消光	有消光	无消光
结论		圆偏振	自然光	椭圆偏振	部分偏振

三、实验目的

了解光的偏振特性,学会如何区分自然光、部分偏振光、线偏振光;掌握线偏振光及椭圆偏振光(包括圆偏振光)的获取方法;验证马吕斯定律;对 $\frac{1}{4}$ 波片和 $\frac{1}{2}$ 波片的原理及其特性加深理解。

四、实验仪器

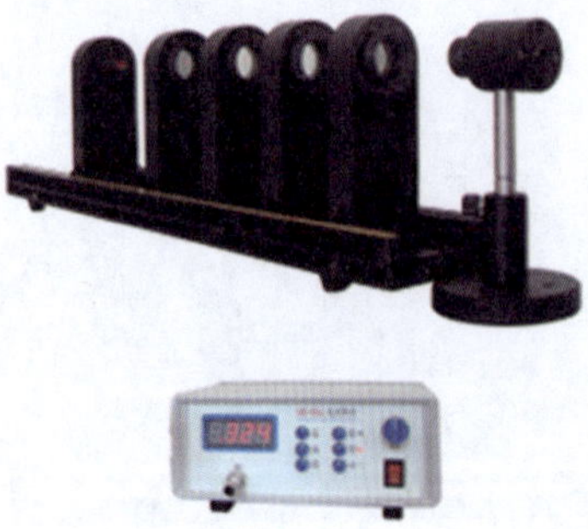

图 22－16　偏振光实验仪

偏振光实验仪装置如图 22－16 所示。

激光器为本实验的光源,其为半导体激光器,在激光器的前端放置了一聚焦透镜,其作用是使激光器所发射的光束转变为平行光。起偏器和检偏器均为格兰－泰勒棱镜,将其安装在支架上,可以转动,其精度为 5°。光功率计为本实验所使用的光电探测器件，其作用是将光强度信号转换为电信号。$\frac{1}{4}$波片、$\frac{1}{2}$波片分别安装在带有刻度盘的支架上，实验中可通过手动来调节。

五、实验内容与操作要点

1. 验证马吕斯定律

①在激光器后放入起偏器，调节激光器的方位调节旋钮，使光束通过起偏器的中心，用光功率计接收通过起偏器出射的光强。调整光探头的高度使激光射入光探头孔，旋转起偏器找到光功率计数值最大的位置（即它的测量零点），固定起偏器的方位。

②在起偏器和光探头之间，靠近后者放置检偏器，再次调节激光器的方位调节旋钮，使光束通过起偏器和检偏器的中心。旋转检偏器，同样找到光功率计数值最大的位置（即它的测量零点），在此基础上，检偏器每转过10°记录一次相应的光功率值，由0°～360°。在坐标纸上画出$\frac{I}{I_0}-\cos^2\theta$曲线。由实验曲线验证马吕斯定律，给出验证的结论。

2. 验证$\frac{1}{4}$波片对偏振光的作用

①保持验证马吕斯定律实验中的光路，转动检偏器使系统消光（即光功率计数值最小），然后把光功率计切换到小一级的量程进一步消光。在起偏器和检偏器之间放入$\frac{1}{4}$波片并转动$\frac{1}{4}$波片，使系统重新消光，然后把光功率计切换到小一级的量程进一步消光，这表明波片并没有对偏振光系统起作用，此时必定是$\frac{1}{4}$波片的某光轴与线偏振光的振动面（起偏器的通光方向）夹角为0°。

②把光功率计换回到上一级量程，转动$\frac{1}{4}$波片，使其光轴与原线偏振光的振动面（起偏器的通光方向）夹角为0°，30°和45°，每次都转动检偏器分别测出相应的曲线。根据这些曲线的形状，判断线偏振光通过$\frac{1}{4}$波片后的状态，并归纳出$\frac{1}{4}$波片对偏振光作用的一般性结论。

3. 验证$\frac{1}{2}$波片对偏振光的作用

①在验证$\frac{1}{4}$波片对偏振光的作用实验的光路中，取下$\frac{1}{4}$波片，即将光路恢复至验证马吕斯定律实验中的光路，旋转检偏器使系统消光，其方法同上。放入$\frac{1}{2}$波片，并转动$\frac{1}{2}$波片，使系统重新消光，这表明波片并没有对偏振光系统起作用，此时必定是$\frac{1}{2}$波片的某光轴与线偏振光的振动面（起偏器的通光

方向)夹角为0°。

②转动$\frac{1}{2}$波片,使其光轴与原线偏振光的振动面(起偏器的通光方向)夹角为0°,30°和45°,每次都转动检偏器分别测出相应的曲线。根据这些曲线的形状,判断线偏振光通过$\frac{1}{2}$波片后的状态,并归纳出$\frac{1}{2}$波片对偏振光作用的一般性结论。

六、数据记录与处理

表格自拟。

1. 验证马吕斯定律

①用坐标纸描点或 Excel 软件画出$\frac{I}{I_0}-\cos^2\theta$曲线(数据记录表格自行设计);

②根据实验结果总结出马吕斯定律。

2. 波片对偏振光的作用

根据实验结果归纳出$\frac{1}{4}$波片及$\frac{1}{2}$波片对偏振光作用的一般性结论。

七、分析与思考

(1)请说出获得偏振光的几种不同的方法。

(2)如何判断线偏振光?怎样确定它的偏振化方向?

(3)如何区别圆偏振光与自然光?

(4)怎样区别部分偏振光与椭圆偏振光?

实验 23　太阳能电池特性的测量

一、背景及应用

太阳能电池(Solar Cells)也称为光伏电池,是将太阳光辐射能直接转换为电能的器件。由这种器件封装成太阳电池组件,再按需要将一块以上的组件组合成一定功率的太阳电池方阵,经与储能装置、测量控制装置及直流－交流变换装置等相配套,即构成太阳电池发电系统,也称为之光伏发电系统。它具有不消耗常规能源、寿命长、维护简单、使用方便、功率大小可任意组合、无噪音、无污染等优点。世界上第一块实用型半导体太阳能电池是美国贝尔实验室于1954 年研制的。经过人们四十多年的努力,太阳能电池的研究、开发与产业化已取得巨大进步。目前,太阳电池已成为空间卫星的基本电源和地面无电、少电地区及某些特殊领域(通信设备、气象台站、航标灯等)的重要电源,图 23－1列举了太阳能电池在各领域的应用。随着太阳能电池制造成本的不断降低,太阳能光伏发电将逐步地部分替代常规发电。近年来,在美国和日本等发达国家,太阳能光伏发电已进入城市电网。从地球上化石燃料资源的渐趋耗竭和大量使用化石燃料必将使人类生态环境污染日趋严重的战略观点出发,世界各国特别是发达国家对于太阳能光伏发电技术十分重视,将其摆在可再生能源开发利用的首位。太阳能光伏发电有望成为 21 世纪的重要新能源。有专家预言,在 21 世纪中叶,太阳能光伏发电将占世界总发电量的 15% ~20%,成为人类的基础能源之一,在世界能源构成中占有一定地位。

(a)

(b)

(c)

(d)

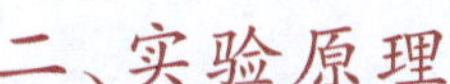

二、实验原理

当光照射在距太阳能电池表面很近的 PN 结时,只要入射光子的能量大于半导体材料的禁带宽度 E_g,则在 P 区、N 区和结区光子被吸收会产生电子－空穴对(图 23－2)。在 PN 结附近 N 区中产生的少数载流子由于存在浓度梯度而要扩散,只要少数载流子离 PN 结的距离小于它的扩散长度,就总有一定概率的载流子扩散到结界面处。在 P 区与 N 区交界面的两侧即结区,存在一空间电荷区,也称为耗尽区。在耗尽区中,正负电荷间形成一电场,电场方向由 N 区指向P 区,这个电场称为内建电场。这些扩散到结界面处的少数载流子(空穴)在内电场的作用下被拉向 P 区,同样,在结附近 P 区中产生的少数载流子(电子)扩散到结界面处,也会被内建电场迅速拉向 N 区。结区内产生的电子－空穴对在内电场的作用下分别移向 N 区和 P 区。这导致在 N 区边界附近有光生电子积累,在 P 区边界附近有光生空穴积累。它们产生一个与 PN 结的内建电场方向相反的光生电场,在 PN 结上产生一个光生电动势,其方向由 P 区指向 N 区。这一现象称为光伏效应(Photovoltaic Effect)。

太阳能电池的工作原理是基于光伏效应的。当光照射太阳电池时,将产生一个由 N 区到 P 区的光生电流 I_S。同时,由于 PN 结二极管的特性,存在正向二极管电流 I_D,此电流方向从 P 区到 N 区,与光生电流相反。因此,实际获

(e)

(f)

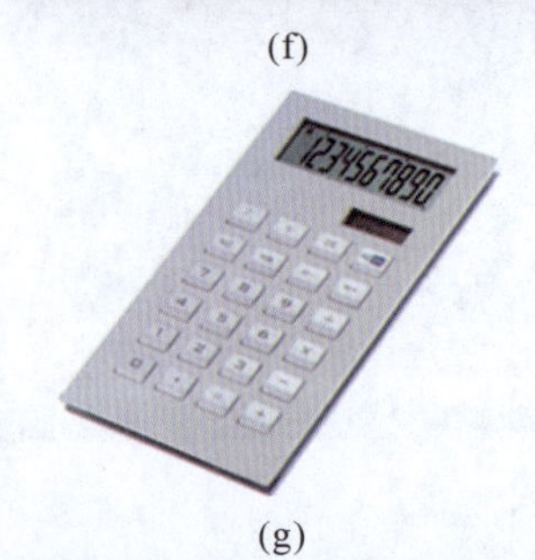

(g)

(h)

图 23－1　太阳能电池的应用

(a)天宫一号与神舟八号；
(b)太阳能工厂；(c)路灯；(d)航标灯；
(e)中继站；(f)海洋气象监测标；
(g)太阳能计算器；(h)光伏电站

得的电流 I 为两个电流之差，即

$$I = I_S(\Phi) - I_D(U) \tag{23-1}$$

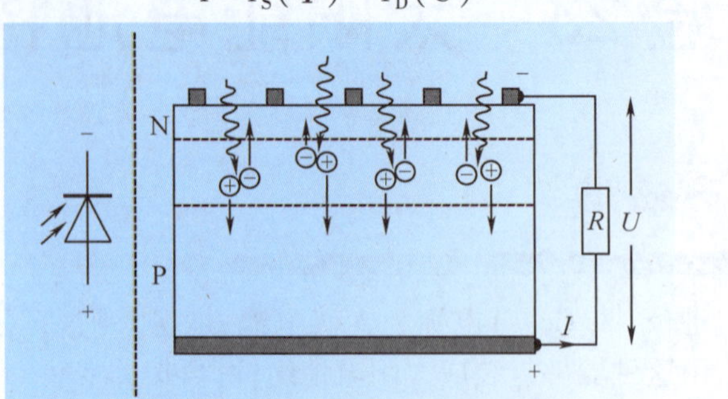

图 23－2　太阳能电池的工作原理

由此可以得到太阳能电池伏安特性的典型曲线，如图 23－3 所示。在负载电阻小的情况下，太阳能电池可以看成一个恒流源，因为正向电流 $I_D(U)$ 可以被忽略。在负载电阻大的情况下，太阳能电池相当于一个恒压源，因为如果电压变化略有下降，那么电流 $I_D(U)$ 迅速增加。

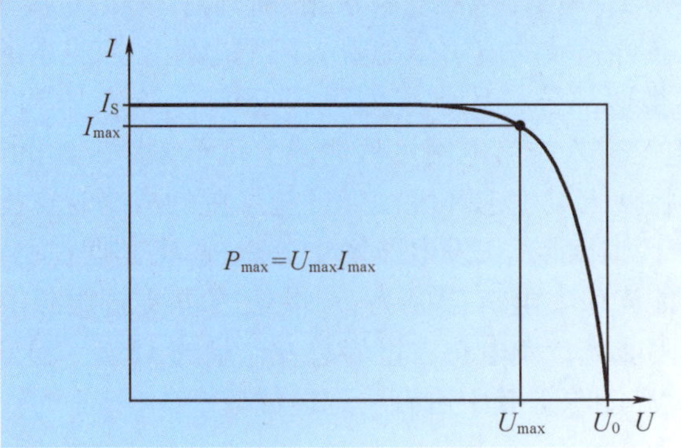

图 23－3　在一定光照强度下太阳能电池的伏安特性(U_{max}，I_{max}：最大功率点)

当太阳电池的输出端短路时，可以得到短路电流，它等于光生电流 I_S。当太阳电池的输出端开路时，可以得到开路电压 U_0。

在固定的光照强度下，光电池的输出功率取决于负载电阻 R。太阳能电池的输出功率在负载电阻为 R_{max} 时达到一个最大功率 P_{max}，R_{max} 近似等于太阳能电池的内阻 R_i。

$$R_i = \frac{U_0}{I_S} \tag{23-2}$$

这个最大的功率比开路电压和短路电流的乘积小(见图 23－3)，它们之比为

$$F = \frac{P_{max}}{U_0 \cdot I_S} \tag{23-3}$$

式中，F 称为填充因数。

此外，太阳能电池的输出功率，即

$$P = U \cdot I \tag{23-4}$$

是负载电阻，即

$$R = \frac{U}{I} \tag{23-5}$$

的函数。

我们经常用几个太阳能电池组合成一个太阳能电池。串联会产生更大的开路电压 U_0，而并联会产生更大的短路电流 I_S。在本实验中，把两个太阳能电池串联，分别记录在四个不同的光照强度时电流和电压特性。光照强度通过改变光源的距离和电源的功率来实现。

三、实验目的

(1)测量不同照度下太阳能电池的伏安特性、开路电压 U_0 和短路电流 I_S。

(2)在不同照度下，测定太阳能电池的输出功率 P 和负载电阻 R 的函数关系。

(3)确定太阳能电池的最大输出功率 P_{max} 以及相应的负载电阻 R_{max} 和填充因数。

四、实验仪器

实验装置如图 23－4 所示，装置包括太阳能电池两块、插件板(A4 大小)一块、测试仪一台、光源(卤素灯)一个、稳压源一个(2～12 V，100 W)。

图 23－4 实验装置

五、实验内容与操作要点

1. 实验装置连接

实验装置如图 23－4 所示。

①把太阳能电池插到插件板上，用两个桥接插头把上边的负极和下面的正极连接起来，串联起两个太阳能电池。

②插上电位器作为一个可变电阻，然后用桥接插头把它连接到太阳能电池上。

③连接电流表，使它和电池、可变电阻串联，选择测量范围为直流 200 mA。

④连接电压表使之与电池并联，选择量程为直流 3 V。

⑤连接卤素灯与稳压源，使灯与电池成一线，以使电池均匀受光。

2. 操作要点

①接通电路，将可变电阻器阻值调为最小以实现短路，并改变卤素灯的距离和调节电源输出功率，使短路电流大约为 45 mA。

②逐步改变负载电阻值降低电流，分别读取电流和电压值，记入表 23－1 中。

③断开电路，测量并记录开路电压。

④调节电源功率，分别使短路电流约为 35 mA，25 mA 和 15 mA，并重复上述测量。

⑤根据表 23－1，用坐标纸或 Excel 软件绘出 $U-I$ 曲线。

⑥根据表 23－2，用坐标纸或 Excel 软件绘出 $P-R$ 特性曲线。

⑦计算表 23－3 的物理量。

⑧计算表 23－4 的物理量，计算填充因数的平均值。

六、数据记录与处理

表 23－1　测量太阳能电池的端电压 U 和通过负载电阻的电流 I
（短路电流 I_S，开路电压 U_0）

第一组		第二组		第三组		第四组	
$I_S=$____	$U_0=$____	$I_S=$____	$U_0=$____	$I_S=$____	$U_0=$____	$I_S=$____	$U_0=$____
I/mA	U/V	I/mA	U/V	I/mA	U/V	I/mA	U/V

表 23－2 根据表 23－1 测量的 U 和 I 值计算得到的 P 和 R 值

第一组		第二组		第三组		第四组	
R/Ω	P/mW	R/Ω	P/mW	R/Ω	P/mW	R/Ω	P/mW

表 23－3 对应于最大功率的负载电阻值 R_{max} 和根据式(24－2)计算出的内阻值 R_i

	第一组	第二组	第三组	第四组
R_{max}/Ω				
R_i/Ω				
$\frac{R_{max}}{R_i}$				

表 23－4 最大功率 P_{max} 和开路电压与短路电流的乘积

	第一组	第二组	第三组	第四组
P_{max}/mW				
$U_0 \cdot I_S/\ \mathrm{mW}$				
$F=\frac{P_{max}}{U_0 \cdot I_s}$				
$\overline{F}$				

七、分析与思考

(1)太阳能电池的短路电流与光照强度之间的关系是(　　)

A. 短路电流随光照强度的增加而增大；

B. 短路电流随光照强度的增加而减小；

C. 短路电流随光照强度的增加基本保持不变；

D. 短路电流随光照强度的增加先增大后减小。

(2)太阳能电池的特性为(　　)

A. 对于小负载电阻,太阳能电池相当于一个恒压源,而对于大负载电阻,它相当于一个恒流源;

B. 太阳能电池相当于一个恒流源;

C. 对于小负载电阻,太阳能电池相当于一个恒流源,而对于大负载电阻,它相当于一个恒压源;

D. 太阳能电池相当于一个恒压源。

(3)在一定的光照强度下,太阳能电池的输出功率 P 与负载电阻 R 之间的关系是(　　)

A. 随着负载电阻 R 的增大 P 增大;

B. 随着负载电阻 R 的增大 P 减小;

C. 随着负载电阻 R 的增大 P 先减小,后增大;

D. 随着负载电阻 R 的增大 P 先增大,后减小。

(4)负载电阻 R、端电压 U 和光照强度之间的关系是(　　)

A. 在一定的光照强度下,随着负载电阻 R 的增大,U 一直增大;

B. 在一定的光照强度下,随着负载电阻 R 的增大,U 一直减小;

C. 在一定的光照强度下,随着负载电阻 R 的增大,U 不变;

D. U 的最大值,与光照强度基本无关。

(5)在一定的负载电阻下,太阳能电池的输出功率 P 与光照强度之间的关系是(　　)

A. 光照强度越大,P 越大;　　B. 光照强度越大,P 越小;

C. 光照强度越大,P 不变;　　D. 光照强度越大,P 先增大,后减小。

(6)在一定的光照强度下,当(　　)时,太阳能电池的输出功率最大。

A. 负载电阻小于太阳能电池的内阻;

B. 负载电阻接近太阳能电池的内阻;

C. 负载电阻大于太阳能电池的内阻;

D. 负载电阻为零。

(7)在下面列举的应用中,没有利用太阳能电池供电的是(　　)

A. 太阳能热水器;　　B. 太阳能计算器;

C. 太阳能路灯;　　D. 光伏电站。

(8)在下列方法中,不能提高太阳能电池输出功率的是(　　)

A. 调节太阳能电池与光源的位置使入射光垂直照射到电池表面;

B. 使负载接近太阳能电池的内阻;

C. 减小光源与太阳能电池的距离;

D. 增加光源与太阳能电池的距离。

(9)填充因数 F 是(　　)

A. 太阳能电池的最大输出功率比开路电压和短路电流的乘积;

B. 开路电压和短路电流的乘积比太阳能电池的最大输出功率;

C. 太阳能电池的输出功率比电压和电流的乘积;

D. 电压和电流的乘积比太阳能电池的输出功率。

(10)在下列关于太阳能电池特性的描述中,正确的是(　　)

A. 将几个太阳能电池串联会产生更大的短路电流 I_S;

B. 将几个太阳能电池并联会产生更大的开路电压 U_0;

C. 填充因数 $F<1$;

D. 填充因数 $F>1$。

实验 24　密立根油滴实验

一、背景及应用

在物理学史上，确定电子的荷质比，进而测定电子的绝对电荷值，是一件极有意义的工作。1890 年，斯通尼(Stoney)最早提出“电子”一词表示基本电荷的载体。汤姆逊、勒纳德和威尔逊等人曾以阴极射线管、气体云室证实电子的存在，并测定了电子的荷质比，但此时一部分物理学家和哲学家都持怀疑态度，像门捷列夫这样伟大的科学家，直到临终时还否认电子的存在。1913 年，密立根以闻名的油滴实验再次证实电子的存在，并在绝对意义下测定了电子的电荷值，电子的普遍存在从此得到令人信服的证明。

油滴实验是近代物理学中直接测定电子电荷的一个著名的实验，该实验是由美国物理学家密立根(Robert Andrews Millikan，1868—1953，图 24－1)经历了十多年的时间设计并完成的。1907 年开始，他在总结前人实验的基础上，着手电子电荷量的测量研究，之后对微小的带电油滴在静电场中的运动进行了详细的研究和实验，测量基本电荷量，并于 1911 年宣布了实验的结果，明确了带电油滴所带的电荷都是基本电荷的整数倍，用实验的方法证实了电荷的不连续性，测出了基本电荷值。此后，密立根又继续改进实验，精益求精，提高测量结果的精度。在前后十余年的时间里，做了几千次实验，取得了可靠的结果，最早完成了基本电荷量的测量工作，为物理学的发展做出了卓越贡献。油滴实验是用宏观的力学模式来解释微观粒子的量子特性，实验设备简单有效，构思和方法巧妙简洁，在思想观念和实验装置上都很有启发性和创造性，其测量结果准确，一直被誉为实验物理学的光辉典范。密立根由于取得了测定电子电荷(即基本电荷)和借助光电效应测出普朗克常数等成就，荣获了 1923 年的诺贝尔物理学奖。

图 24－1　密立根

密立根，1868 年 3 月 22 日出生于美国一个小镇上穷牧师的家中。1889 年，他在奥伯林学院念大学，二年级快结束时，一位教授请他协助给预科班开基础物理课。由于他刻苦自学，数学基础好，常用演示实验和生动讲授相结合的方法进行教学，因此他不但胜任了这一工作，还受到学生的欢迎，因为这要比教授们照本宣科的方法高明得多。正是由于这个机会，年轻的密立根对物理学发生了浓厚的兴趣。1893 年，密立根获奖学金到哥伦比亚大学当博士研究生，以炽热表面发光的偏振性为题获博士学位，继而得资助去欧洲留学。1896 年回国后，他接受迈克尔逊(A. A. Michelson)的邀请到芝加哥大学任教。

密立根在芝加哥大学从事教学多年，虽然教学工作成绩卓著，却没有在科学研究上获得成果，为此他很着急，他决心投身到科学研究的前沿中去。在一次介绍 J. J. 汤姆逊 1897 年发现电子的论文时，他受到了极大的启发，使他决心以基本电荷的测定为出发点，立即开始进行科学研究。

密立根最初只是重复 H. A. 威尔逊的实验，所得结果没有什么进步。后来,他改用镭作为电离剂,代替X 射线,结果比 H. A. 威尔逊的略好,得到了卢瑟福(诺贝尔化学奖得主)的肯定,这对密立根来说是很大的鼓励,促使他进一步改进自己的实验。于是,密立根设法让带电云雾的顶层在重力和电场力的作用下稳定不动,以观察云雾蒸发的情况。1909 年春夏之际,密立根将电压加到 10^4 V,奇迹出现了,云层哪里稳定得住,竟立即消散离析,很强的电场作用在带电雾粒上,使雾粒各自以不同的速度散开。这一偶然事件启发了密立根想到对单个液滴进行测量的方法。就这样,密立根发明了水珠平衡法。

1909 年,密立根用水珠平衡法测量电子电荷,年底发表结果,测得 $e = 1.55 \times 10^{-19}$ C,这得到了卢瑟福的赞扬,但卢瑟福也表示遗憾,说还没有哪种电学或光学方法能直接得出单个电子的电荷,拉摩(J. Larmor)则建议密立根注意斯托克斯定律的有效性。在从加拿大返回芝加哥的火车途中,他突然灵感上心,想到了可以用钟表油做液粒,因为钟表油是几乎一点也不蒸发的。

回到芝加哥后,他立即请技师做了一个空气电容器,用两块直径为 22 cm 的圆铜板和三块石英柱(接近完全绝缘)放在平板的外缘,在上板的中心钻了半毫米的小孔,让喷雾器喷出的油滴可以经小孔进入平板之间,平板上加 10^4 V可以随意调节的电压,这就是密立根油滴仪最早的设计。

1910 年以后,密立根在平衡油滴法的基础上进一步改进实验方法,他让油滴在电场力和重力的共同作用下,上上下下地运动。如果用 X 射线或镭照射油滴,使油滴所带电量发生改变,就会看到油滴的速度突然发生变化,从而求出电荷量改变的差值。密立根进一步研究了斯托克斯定律的有效性,作了修正,在 1913 年宣布通过油滴测定的电子电荷为 $e = (1.591 \pm 0.003) \times 10^{-19}$ C。密立根的历史功绩就在于以巧妙的实验、确凿的数据肯定了电荷的不连续性。

八十多年来,物理学发生了根本的变化,而这个实验又重新站到实验物理的前列。近年来,根据这一实验的设计思想改进的用磁漂浮的方法测量分数电荷的实验使古老的实验又焕发了青春,也就更说明密立根油滴实验是富有巨大生命力的实验。

本实验采用 CCD 摄像机和监视器,可以非常清楚地看到钟表油油滴的运动过程,大大改善了观察条件,使测量更为准确。本实验不仅要学习测量电子电荷的方法,更重要的是要学习物理学家严谨的思维方式、求实的科学作风和坚韧不拔的科学精神。

二、实验原理

如图 24 - 2 所示,质量为 m,带电量为 q 的油滴处在两块水平放置的平行极板之间,两极板间距离为 d,极板上加有电压 U,极板间的电场强度则为$E = \frac{U}{d}$。油滴在极板中受到的电场力为 $qE = \frac{qU}{d}$,重力为 mg。改变极板间的电压 U,就可以改变油滴受到的电场力的大小和方向。当油滴在空中静止时,电场力与重力平衡,可以得到

$$q = mg\frac{d}{U} \tag{24-1}$$

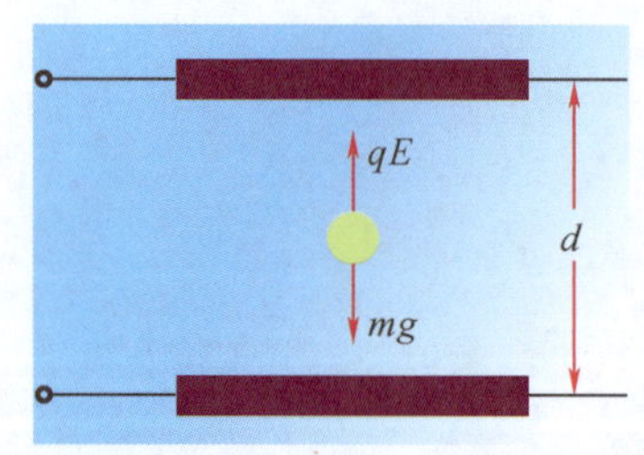

图 24 - 2　电场中的油滴

为了测定油滴所带电荷 q，除应测出 U 和 d 外，还必须测出油滴的质量 m。由于油滴非常小，它的半径在 10^{-6} m 数量级，质量约在 10^{-15} kg 数量级，用常规的方法是无法测量的，故采取如下方法测量。

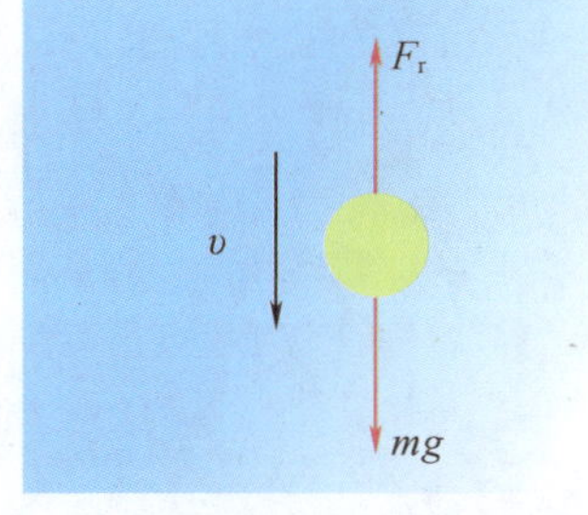

图 24－3 运动油滴

当平行极板上的电压 $U=0$ 时，油滴受重力的作用而加速下落，如图 24－3 所示。由于空气阻力的作用，下落很小一段距离后，油滴将做匀速运动，速度为 v。这时，重力与空气黏滞阻力 F_r 平衡（空气浮力忽略不计），可以得到

$$F_r = mg \tag{24-2}$$

根据斯托克斯定律，黏滞阻力 $F_r = 6\pi a\eta v$，故有

$$6\pi a\eta v = mg \tag{24-3}$$

式中，η 表示空气黏滞系数；a 表示油滴半径。

由于表面张力的作用，微小的油滴呈小球状，其质量为

$$m = \frac{4}{3}\pi a^3\rho \tag{24-4}$$

式中，ρ 是油的密度。

由式(24－3)和式(24－4)得油滴的半径为

$$a = \sqrt{\frac{9\eta v}{2\rho g}} \tag{24-5}$$

由于油滴非常小，空气已不能看成连续的介质，而斯托克斯定律只适用于连续的介质，所以空气的黏滞系数 η 应修正为

$$\eta' = \frac{\eta}{1 + \frac{b}{pa}} \tag{24-6}$$

式中，b 表示修正常数；p 表示为空气压强；a 表示未经修正的油滴半径，由于它在修正项中，不必计算得很精确，由式(24－5)计算就够了。

实验时，当两极板间电压 $U=0$ 时，设油滴匀速下落的距离为 l，时间为 t，则

$$v = \frac{l}{t} \tag{24-7}$$

将式(24－4)、式(24－5)和式(24－7)代入式(24－1)，用 η' 代替式(24－5)中的 η，可得

$$q = \frac{18\pi}{\sqrt{2\rho g}}\left[\frac{\eta l}{t\left(1 + \frac{b}{pa}\right)}\right]^{\frac{3}{2}}\frac{d}{U} \tag{24-8}$$

式(24－8)即为静态（平衡）法测油滴电荷的公式。

对实验测得的各个电荷 q_i 求最大公约数，就是基本电荷 e 的值。若求最大公约数有困难，可用作图法求 e 值。

实验所需的参数如下：

油的密度 $\rho = 981\ \text{kg}\cdot\text{m}^{-3}$（20 ℃）；重力加速度 $g = 9.80\ \text{m}\cdot\text{s}^{-2}$；空气黏度 $\eta = 1.83\times10^{-5}\ \text{Pa}\cdot\text{s}$；修正常数 $b = 8.22\times10^{-3}\ \text{m}\cdot\text{Pa}$；大气压强 $p = 1.013\times10^{5}$ Pa；平行极板间距离 $d = 5.00\times10^{-3}$ m。

三、实验目的

密立根油滴实验是近代物理学中直接测定电子电荷的著名实验，是用宏观的力学模式来解释微观粒子的量子特性，验证了电荷的“量子化”，即电荷的不连续性。通过本实验测定基本电荷，掌握油滴实验的方法与特点，了解 CCD 图像传感器的原理与应用，学习电视显微的测量方法。

四、实验仪器

OM99CCD 密立根油滴仪如图 24－4 所示。油滴仪主要由油雾室、油滴盒、CCD 电视显微镜、电路箱、监视器等组成。

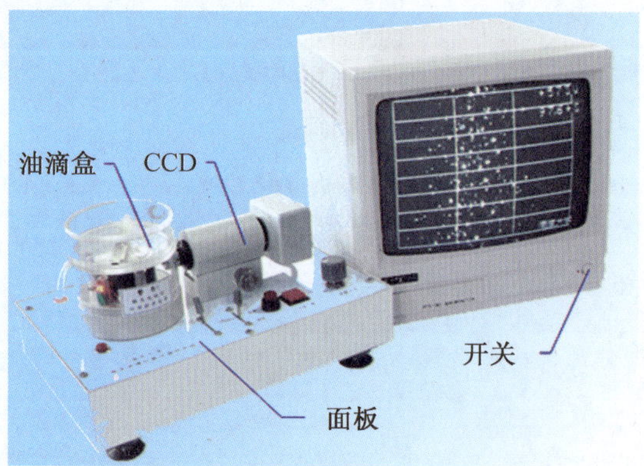

图 24－4　OM99CCD 密立根油滴仪

油雾室由有机玻璃制成，其上有喷雾口和油雾孔，可以通过喷雾口拉动铝片开关。

油滴盒的结构如图 24－5 所示，中间是两个圆形平行极板，间距为 d，放在有机玻璃防风罩中。上电极板中心有一个直径 0.4 mm 的小孔，油滴经油雾孔落入小孔，进入上下极板之间，由照明灯照明。防风罩前装有测量显微镜，目镜中有分划板。分划板刻度：垂直线视场为 2 mm，分八格，每格为 0.25 mm。

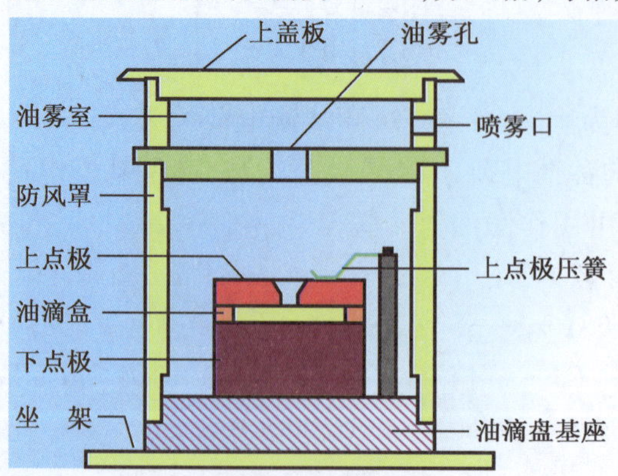

图 24－5　油滴盒

照明灯安装在照明座中间位置,在照明光源和照明光路设计上也与一般油滴仪不同,照明灯采用了带聚光的红色发光二极管。

CCD 是电荷耦合器件的英文缩写(即 Charge Coupled Device),它是物体图像传感器的核心器件,由它制成的摄像机可以把光学图像变为视频电信号,由视频电缆接到监视器上显示,或接录像机,或接计算机进行处理。本实验使用灵敏度和分辨率极高的黑白 CCD 摄像机,用高分辨率(800 电视线)的黑白监视器将显微镜观察到的油滴运动图像清晰逼真地显示在屏幕上,以便观察和测量。

电路箱体内装有高压产生、测量显示等电路,底座装有三只调平手轮,面板结构如图 24 -6 所示,由测量显示电路产生的电子分划板在监视器的屏幕上显示白色刻度。

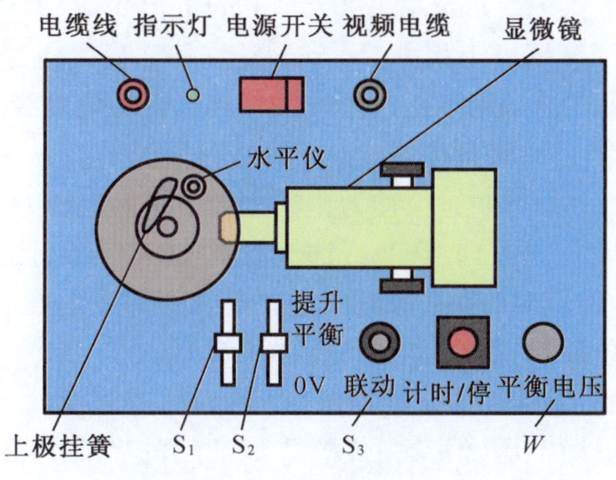

图 24 -6 油滴仪面板

在面板上有两只控制平行极板电压的三挡开关,S_1 控制上下极板的极性,S_2 控制极板上电压的大小。当 S_2 处于中间位置即“平衡”挡时,可用电位器调节平衡电压的大小。打向“提升”挡时,自动在平衡电压的基础上增加 200 ~300 V 的提升电压;打向“0 V”挡时,极板上电压为 0。

为了提高测量精度,OM99 油滴仪将 S_2 的“平衡”“0 V”挡与计时器的“计时/停”联动。在 S_2 由“平衡”挡打向“0 V” 挡,油滴开始匀速下落的同时开始计时,并且油滴下落到预定距离时,迅速将 S_2 由“0 V”挡打向“平衡”挡,油滴停止下落的同时停止计时。在屏幕上显示的是油滴实际的运动距离及对应的时间,这样可提高测距、测时精度。

由于空气阻力的存在,油滴是先经一段变速运动,然后进入匀速运动的,但这个变速运动的时间非常短,小于 0.01 s,与计时器精度相当,所以可以看作当油滴自静止开始动作时,它是立即做匀速运动的,运动的油滴突然加上原平衡电压时,将立即停止下来。

OM99 油滴仪的计时器采用“计时/停”方式,即按一下开关,清零的同时立即开始计时,再按一下,停止计数,并保存数据。计时器的最小显示为0.01 s。

五、实验内容与操作要点

①调节仪器底座的调节手轮，使水平仪气泡居中，此时平行极板水平。

②打开监视器和油滴仪电源，将电压选择开关拨向“平衡”，调节平衡电压旋钮，给极板加上 250 V 左右的电压，正负换向开关打在“+”或“-”均可。

③用喷雾器对准喷雾口向油雾室喷油，微调显微镜调焦手轮，使显微镜聚焦，从屏幕上可看见大量的、清晰的油滴。

④选择一颗合适的油滴很重要：质量太大的油滴，下落时间快，时间测量误差大；质量太小的油滴，布朗运动比较明显，也造成测量误差。油滴所带电量的多少对测量误差也有影响，通常选择能随提升档上升，平衡电压在 150 ~ 300 V左右，匀速下落 1.5 mm（每格 0.25 mm，下落 6 格）的时间在 8 ~ 20 s 左右，目视油滴的直径（屏幕上尺寸），1 mm 左右的油滴比较适宜。

⑤将选中的一颗油滴用电压选择开关移到选定的刻度线上，仔细调节平衡电压，使这颗油滴静止在该刻度线上（判断油滴是否平衡，一定要观察一会儿，直到油滴在刻度线上没有明显位移为止），记录下平衡电压 U。

⑥将电压选择开关拨向“0 V”，油滴开始匀速下落，同时计时器开始计时，油滴下落到指定点时，迅速将电压选择开关拨向“平衡”，油滴停止下落，同时计时器也停止计时，记录油滴下落时间 t。

⑦选择 5 颗不同的油滴进行测量，每颗油滴重复测量 5 次，每次测量开始都要重新调节平衡电压，但其中任意 2 颗油滴的平均电压和下落时间不能同时相近。

⑧实验完毕后断电，用实验室准备的布或纸将油雾室及上下极板擦拭干净，整理好仪器再离开实验室。

实验操作中的注意事项：

①喷雾器的油不可装得太满，否则会喷出很多“油”，而不是“油雾”，填塞上极板的落油孔；

②喷油时喷雾器的喷头不要伸到喷油孔内，防止大颗粒油滴堵塞落油孔；

③喷雾器球囊要倾斜向下，喷头在上，并且保持水平角度，不能连续多次喷油。

④每次实验完毕应及时揩擦上极板及油雾室内的积油，清除积油前务必关闭电源。

六、数据记录与处理

1. 自拟表格记录平衡电压 U 及下落时间 t。

2. 用电脑软件处理数据，并将带电量 q 和带电荷数 n 填入表 24-1 中。

3. 用作图法求基本电荷 e 的值，以 n 为横轴，q 为纵轴，在坐标纸上作出 $q-n$ 曲线图，再从 $q-n$ 曲线上任意取两点求出直线的斜率，此即为基本电荷 e 的值，再与 $e_{公认值}=1.602\times10^{-19}$C 比较，求出相对误差。由于电荷是量子化的，并且 $q=ne$，所以 n 为整数，且 $q-n$ 曲线一定要经过原点。

表 24－1 带电量 q 和带电荷数 n

$q/(\times 10^{-19}C)$，n 为整数

次数	油滴									
	1		2		3		4		5	
	q	n	q	n	q	n	q	n	q	n
1										
2										
3										
4										
5										
平均										

七、分析与思考

(1)对实验结果造成影响的主要因素有哪些?

(2)选用蒸馏水代替钟表油,效果会怎么样?

(3)如何判断油滴盒内两平行极板是否水平?不水平对实验有何影响?

(4)对选定的油滴进行测量时,为什么有时油滴会逐渐变模糊?

(5)为什么使油滴做匀速运动或静止?实验中如何保证油滴在测量范围内做匀速运动?

(6)用 CCD 成像系统观测油滴比直接从显微镜中观测有何优点?

八、附录

OMWIN 油滴实验数据处理软件使用说明:

①选取“文件”中的“新报告”菜单命令,在弹出的对话框中输入学生姓名与学号;

②选取“实验”中的“实验参数设置”菜单命令,根据具体情况设定各参数,按“确定”后设置情况将被保存到 PRESET. INI 中;

③选取“实验”中的“实验方法选择”, 选择“静态法”;

④选取“实验”中的“第一个油滴数据”菜单命令,在表格中输入电压值和时间值数据,按“计算”按钮,表格中其他空格的值将被计算并显示,按“确定”键,第一个油滴的数据处理完毕;

⑤依次处理其他各粒油滴,仍旧不需严格依 1,2,3,…的顺序进行,每粒油滴的各次平均值将显示在主窗口内;

⑥选取“实验”中的“数据处理 & 生成报告”菜单命令,自动计算本次实验的最终结果,并显示在主窗口内,同时实验报告也自动生成;

⑦用“文件”中的“打印”打印实验报告,如不需要打印,只要用“打印预览”查看结果,并用手机拍下即可。

实验 25　弗兰克-赫兹实验

一、背景及应用

1913 年，丹麦物理学家玻尔(N. Bohr)在卢瑟福原子核的核式模型基础上，结合普朗克的量子理论，成功地解释了原子的稳定性和原子的线状光谱理论，并因此获得了 1922 年诺贝尔物理学奖。根据卢瑟福提出的原子模型，在玻尔提出原子理论后的第二年即 1914 年，弗兰克(James Frank，1882—1964，图 25-1)和赫兹用实验的方法证明了原子内部量子化能级的存在，证明了原子发生跃迁时吸收和发射的能量是完全确定的、不连续的，完成了著名的弗兰克-赫兹实验，为玻尔理论提供了直接的而且是独立于光谱研究方法的实验证据，对原子理论的发展起到了重大作用，成为物理学发展史上的重要里程碑。因这一重大科学成就，弗兰克和赫兹获得了 1925 年诺贝尔物理学奖。

人们早就开始研究电子与原子、分子的碰撞理论，如气体放电理论。勒纳德(P. E. A. Lenard)在 1902 年就测量了气体原子的电离电势，但当时人们只关心原子和电子因碰撞而电离的情况，没有去注意碰撞过程中电子本身所发生的能量变化。

图 25-1　弗兰克

图 25-2　赫兹

20 世纪初，人们在对原子光谱的研究中，确认了原子能级的存在。原子光谱中的每根谱线就是原子从某个较高能级跃迁时的辐射形成的。而弗兰克-赫兹改进了勒纳德实验方法，用一种很直接的方法研究证实原子能级的存在。他们用慢电子与稀薄气体的原子碰撞的方法，观察、研究碰撞前后电子速度的变化情况，发现原子与电子碰撞时能量总是以一定值交换，且用实验的方法测定了汞原子的第一激发电位，证明了原子内部量子化能级的存在。

弗兰克，德国物理学家，1882 年 8 月 26 日生于汉堡，1906 年获柏林大学博士学位，1917 年起任威廉皇帝物理化学研究所物理部主任，1921 年受聘为格丁根大学教授，1934 年移民美国，1935 年及 1938 年先后任约翰·霍布金斯大学和芝加哥大学教授，1955 年因光合作用方面研究的贡献获得美国科学院勋章，1964 年在访问格丁根时于 5 月 21 日逝世，他一生都在从事原子物理、核物理、分子光谱学及其在化学上的应用和光合作用等研究。弗兰克在物理学中的主要贡献是最早通过电子和原子碰撞实验直接证实玻尔 1913 年提出的有关原子定态假设的正确性，还研究了电子和原子与分子的碰撞、原子跃迁和原子中的能级、原子系统中的能量在荧光情况下的转移等问题，阐明分子间力与分子光谱的关系，提出分子中的电子跃迁远比分子振动迅速，由此导出弗兰克-康登原理，作为分子电子光谱带振动结构强度分布的基本原理。

G. 赫兹(Gustav Hertz，1887—1975，图 25-2)，德国柏林科学院院士。1887 年 7 月 22 日出生于汉堡，是电磁波的发现者 H. 赫兹的侄子。赫兹在汉堡的约翰尼厄姆学校毕业后，于 1906 年进入格丁根大学，1913 年任柏林大学物理研究所研究助理。由于爆发了第一次世界大战，赫兹于 1914 年从军，1917 年回到柏林当校外教师，1925 年被选为哈雷大学的教授和物理研究所所长，1928 年回到柏林任夏洛腾堡工业大学物理教研室主任。从 1945 年到 1954 年在苏联工作，领导一个研究室，这期间他被任命为莱比锡卡尔·马克思大学物理研究所所长和教授，1975 年在柏林去世。赫兹早年研究的是二氧化碳的红外吸收以及压力和分压的关系，1913 年和弗兰克一起开始研究电子碰撞。1928 年，赫兹回到柏林的第一个任务是重建物理研究所，负责用多级扩散方法分离氖的同位素。

弗兰克－赫兹实验至今仍是探索原子结构的重要手段之一，实验中用“拒斥电压”筛去小能量电子的方法已成为广泛应用的实验技术。这一实验可以了解弗兰克－赫兹在研究原子内部能量状态时，将难于直接观测的电子与原子碰撞、能量交换以及能量状态变化的微观过程用宏观量反映出来的科学方法，学习其巧妙的科学实验思想，培养学生创造性思维和解决实际问题的能力。

二、实验原理

在卢瑟福的原子模型基础上，玻尔的原子理论指出：

①电子在原子中可以在一些特定的圆轨道上运动，而不辐射电磁波，这时原子处于稳定状态，并具有一定的能量；

②原子从高能量 E_2 的定态跃迁到低能量 E_1 的定态要发射频率为 ν 的光子，且

$$h\nu = E_2 - E_1 \tag{25-1}$$

式中，h 为普朗克常数，$h = 6.63 \times 10^{-34}\ \mathrm{J \cdot s}$。

处于正常状态的原子，其电子在第一轨道运动，原子的能量最低，即处于最低能级，此状态叫作基态。原子从基态跃迁到较高能量值的状态叫激发态。原子从基态跃迁到第一激发态时所需能量称作临界能量。而原子的状态要发生改变，其方法通常是原子本身吸收或放出电磁辐射和原子与其他粒子发生碰撞而交换能量。弗兰克－赫兹就采用了后者。

弗兰克－赫兹实验装置原理如图 25－3 所示。在充入氩的弗兰克－赫兹管中，由热阴极发射出电子，在 U_{G1K} 的作用下，趋向 G_1G_2 空间，经电压 U_{G2K} 加速向栅极 G_2 运动。在板极 A 与栅极 G_2 间加有反向拒斥电压 U_{G2A}。只要电子的能量足够克服拒斥电压 U_{G2A} 的作用而到达板极 A，则形成电子流 I_p，由微电流计显示。实验中保持 U_{G1K}，U_{G2A} 不变，逐渐增大 U_{G2K}，电子的能量也逐渐增大，I_p 亦随之增加。在该过程中，电子与管中氩原子发生弹性碰撞，氩原子不能获得电子的能量。随着 U_{G2K} 的增大，当电子的能量等于或大于氩原子的临界能量时，电子的能量全部或大部分传递给氩原子，则电子的能量就急剧减小，以至于不能克服拒斥电压 U_{G2A} 的作用，致使到达板极的电子急剧减少而导致 I_p 急剧降低。此过程中，电子与原子发生非弹性碰撞，氩原子从电子那里得到能量后由基态跃迁到激发态。继续增加 U_{G2K}，电子又获得加速，其能量又获得增大，克服拒斥电压达到板极的电子流 I_p 又继续增大。当电子的能量又等于或大于氩原子的临界能量时，电子的能量又全部或大部分传递给氩原子，则电子的能量又急剧减少，使得大多数电子又不能到达板极，即极板电流 I_p 又一次急剧下降。就这样，随着 U_{G2K} 的继续增加，电子获得加速，到达板极，复而 I_p 随之增加。只要当电子的能量又等于或大于氩原子的临界能量时，氩原子就可以从电子那里获得能量而激发，电子则损失全部或大部分能量而不能到达板极，复而 I_p 急剧下降。即随着 U_{G2K} 的增加，I_p 的变化表现出明显的峰谷特征，如图 25－4所示，且具有明显的规律性。

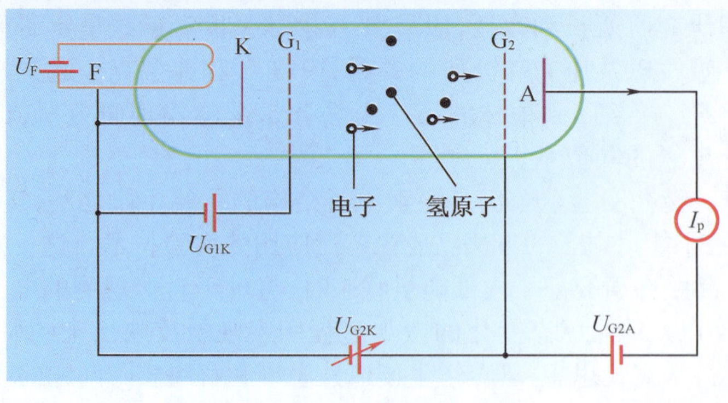

图 25－3　F－H 管原理图

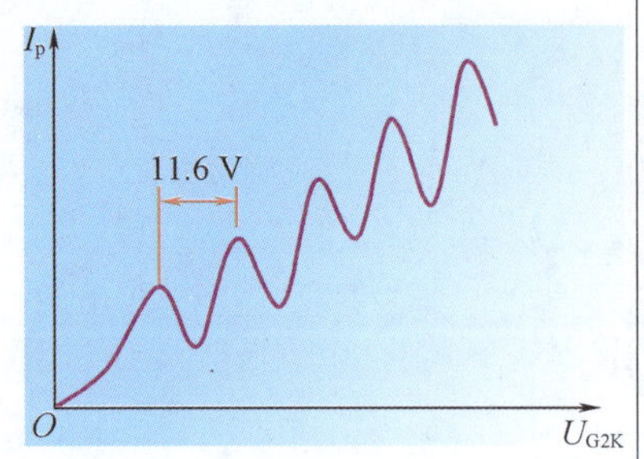

图 25－4　I_p-U_{G2K} 关系曲线

图 25－4 表明原子吸收能量的量子化特性，并由 I_p-U_{G2K} 曲线发现相邻两峰间的电位差都相等，且都为11.6 V，即当 U_{G2K} 为 11.6 V 的整数倍时，I_p 都会急剧下降，亦即当电子的能量为 11.6 eV 时，氩原子就会吸收电子的能量而激发。因此，可以认为 11.6 eV 是把氩原子从基态激发到第一激发态所需要的能量。由此可知，I_p-U_{G2K} 曲线相邻两峰间的电位差即是氩原子的第一激发电位 $U_0=11.6$ V，则氩原子获得从电子传递来的临界能量值就是

$$eU_0=E_2-E_1 \tag{25-2}$$

一般原子处于激发态的时间不长，它会自动跃迁回基态，并同时释放出获得的能量值，它以光的形式辐射出来，其频率为

$$\nu=\frac{eU}{h} \tag{25-3}$$

可以推测，在该实验中应该能看到氩原子从第一激发态跃迁回基态时所发出的辐射，其能量为 eU_0。以光量子的形式发射出来的波长为

$$\lambda=\frac{hc}{eU_0} \tag{25-4}$$

式中，普朗克常数 $h=6.63\times10^{-34}$ J·s；光在真空中的传播速度 $c=3.00\times10^8$ m/s；电子电荷 $e=1.6\times10^{-19}$ C；氩原子的第一激发电位 $U_0=11.6$ V。代入式(25－4)，得

$$\lambda=\frac{6.63\times10^{-34}\times3.00\times10^8}{1.6\times10^{-19}\times11.6}=1.07\times10^2\ \text{nm}$$

弗兰克－赫兹在实验中观察到了汞(当时在弗兰克－赫兹管中充入的是汞元素)的 $\lambda=2.53\times10^2$ nm 的谱线，这同用 $U_0=11.6$ V 的计算结果即 $\lambda=2.54\times10^2$ nm 符合得很好。这个实验充分证实了原子能级的确是存在的，要使原子受激到激发态，原子必须吸收一定量值的能量，而这些能量是不连续的。

如果在弗兰克－赫兹管中充以其他元素，也能测得这些元素的第一激发电位。表 25－1 列出几种元素的第一激发电位及从第一激发态到基态辐射的波长。

表 25－1　几种元素的第一激发电位及从第一激发态到基态辐射的波长

元素	钠(Na)	钾(K)	锂(Li)	镁(Mg)	氦(He)	氖(Ne)	氩(Ar)
U_0/V	2.12	1.63	1.84	2.71	21.2	16.8	11.6
λ/nm	589.0 589.6	766.4 769.9	690.8	457.1	58.4	74.4	106.6

三、实验目的

理解弗兰克-赫兹实验的设计思想、原理和方法;用实验的方法测定氩原子的第一激发电位,证明原子能级的存在。

四、实验仪器

弗兰克一赫兹实验仪由弗兰克-赫兹管、工作电源及测试仪三部分组成。实验装置如图25-5所示。

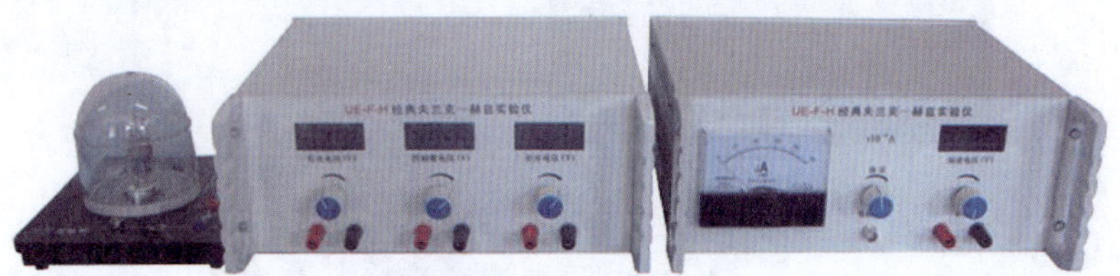

图25-5 实验装置

仪器安装如图25-6所示。

五、实验内容与操作要点

1. 准备

按图25-6接线,检查无误后开机;根据弗兰克-赫兹管的参数,设置U_F,U_{G1K},U_{G2A}值;将实验仪预热20~30 min。

2. 测量氩原子的第一激发电位

(1)手动测试

①设置实验仪为手动工作状态,按"手动/自动"键,按键弹出;

②将U_{G2K}电压调为零,调节"调零"旋钮,使电流表读数为零;

③调节加速电压U_{G2K}在0~90 V变化,可观察到多个电流峰值,且峰谷差值明显;

④自拟表格,缓慢增加U_{G2K}电压,每增加1 V记录下电流I_P。

(2)自动测试

进行自动测试时,实验仪将自动产生U_{G2K}扫描电压,完成整个测试过程;将示波器与实验仪相连接,观测电流随U_{G2K}电压变化的波形。

①弗兰克-赫兹管接线和电源值保持不变,"电流输出"BNC接口连接示波器CH1,"电压输出"BNC接口连接示波器触发通道;

②设置仪器为自动作状态,按下"手动/自动"键;

③采用模拟示波器观测到的电流波形如图25-7所示。U_{G2K}电压与示波器扫描时间的换算系数为4.64 V/ms。

④调节U_F,U_{G1K},U_{G2A},观察电流波形的变化。

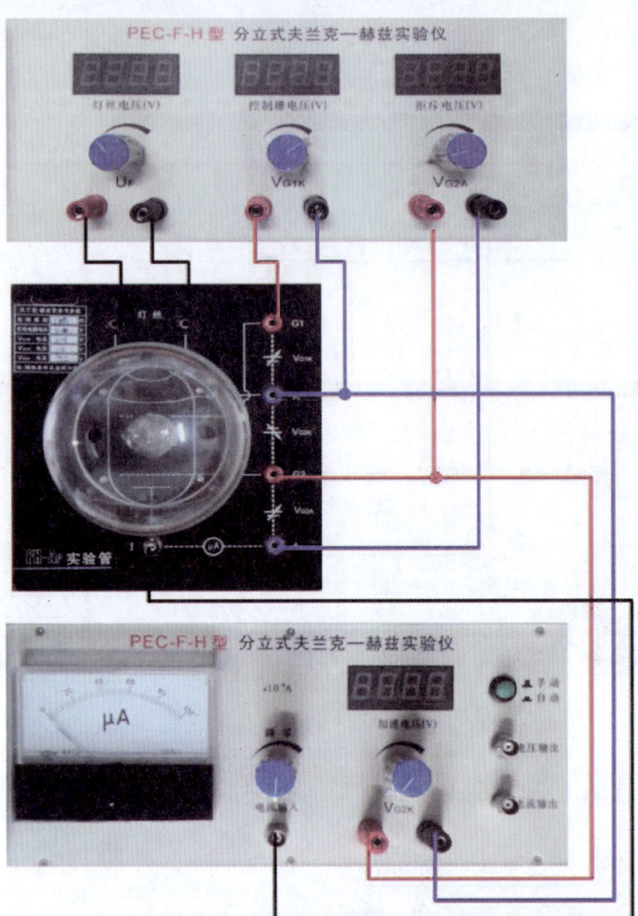

图 25-6 接线图

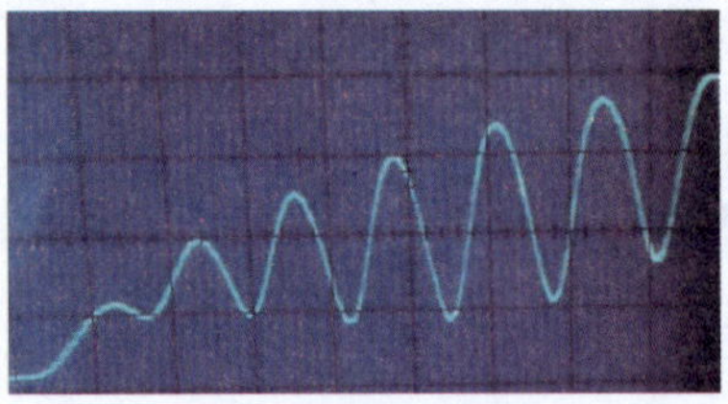

图 25-7 电流波形

六、数据处理

①在坐标纸上，描绘出 $I_P - U_{G2K}$ 关系曲线，并在图中各峰值处标出对应的电压值。

②计算每两个相邻峰或谷所对应的 U_{G2K} 之差值 ΔU_{G2K}，并求出其平均值 $\overline{U_0}$，将实验值与氩的第一激发电位 $U_0 = 11.6$ V 比较，计算相对误差，并写出结果表达式。

七、分析与思考

(1) 由实验观察到极板电流并不降为零，其原因是什么？

(2) 从 $I_p - U_{G2K}$ 曲线可见，极板电流并不是突然改变的，而是每个峰和谷都有圆滑的过渡，为什么？

(3) 能否用氢气代替氩气，为什么？

(4) 实验中第一峰值电压与第一激发电位的偏差是怎样引起的？

(5) 为什么要在阴极和栅极间加一个反向拒斥电压？

实验 26　光电效应实验

一、背景及应用

1887 年，赫兹通过实验发现紫外线照射在火花缝隙的电极上有助于放电，这个物理现象被称为光电效应。1905 年，爱因斯坦根据普朗克的黑体辐射量子假说大胆地提出了“光子”概念，成功地解释了光电效应，建立了著名的爱因斯坦光电效应方程，使人们对光的本质的认识有了一个新的飞跃，推动了量子理论的发展。此后，密立根对光电效应进行了全面的实验研究，证实了爱因斯坦方程的正确性，并精确测出了普朗克常数。

普朗克常数与微观世界普遍存在的波粒二象性和能量交换量子化的规律相联系，在近代物理学中具有重要的地位。利用光电效应实验测量普朗克常数，有助于学生理解光的量子性和更好地认识普适常数 h。

利用光电管制成的光控制器件，可以用于自动控制，如自动计数、自动报警、自动跟踪等。图 26 – 1 是光控继电器的示意图，它的工作原理是当光照在光电管上时，光电管电路中产生光电流，经过放大器放大，使电磁铁 M 磁化，从而把衔铁 N 吸住，当光电管上没有光照时，光电管电路中的电流消失，电磁铁 M 就自动放开衔铁 N。利用光电效应还可测量一些转动物体的转速。

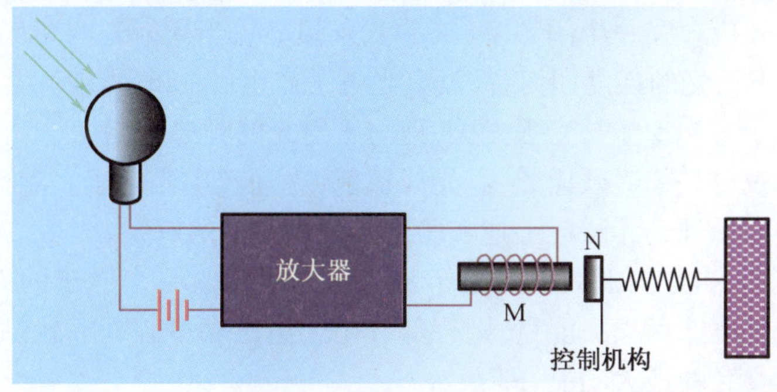

图 26 – 1　光控继电器原理

利用光电效应还可以制造多种光电器件，如光电倍增管、电视摄像管、光电管和电光度计等。光电倍增管可以测量非常微弱的光。图 26 – 2 是光电倍增管的大致结构，它的管内除有一个阴极 K 和一个阳极 A 外，还有若干个倍增电极 K_1，K_2，K_3，K_4，K_5 等。使用光电倍增管时，不但要在阴极和阳极之间加上电压，各倍增电极也要加上电压，使阴极电势最低，各个倍增电极的电势依次升高，阳极电势最高，这样，相邻两个电极之间都有加速电场，当阴极受到光的照射时，就发射光电子，并在加速电场的作用下，以较大的动能撞击到第一个倍增电极上，光电子能从这个倍增电极上激发出较多的电子。这些电子在电场的作用下又撞击到第二个倍增电极上，从而激发出更多的电子。这样，激发出的电子数不断增加，最后阳极收集到的电子数将比最初从阴极发射的电子数增加很多倍（一般为 $10^5 \sim 10^8$ 倍）。因而，这种管子只要受到很微弱

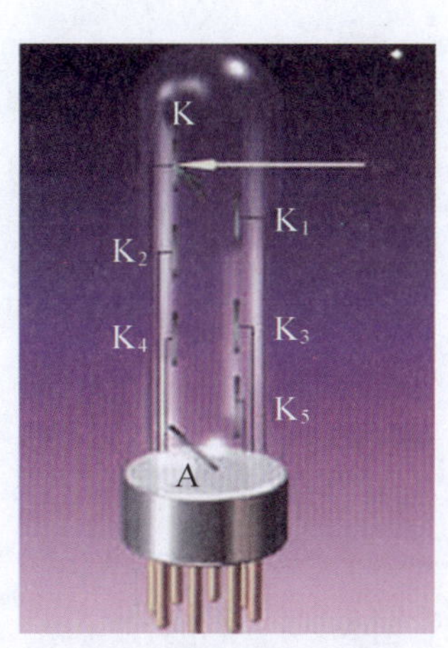

图 26 – 2　光电倍增管结构图

的光照，就能产生很大的电流。它在天文和军事等研究领域都有重要的作用。

有声电影技术中也有光电效应的影子。最早的电影是没有声音的，后来虽然有了声音，也是靠留声机来配合影片播放的，两台机器很难同步，效果不好。后来的有声电影，在影片摄制完成后，要进行录音。录音时需要通过专门的设备使声音的变化转变成光信号的变化，从而把声音的“像”摄制在电影胶片的边缘上，形成宽窄变化的暗条纹，这就是胶片边上的音轨。放映电影时，利用光电管把“声音的照片”还原成声音。方法是在电影放映机中用强度不变的极窄的光束照射音轨，光线从黑条的一边穿过，照射在另一边的光电探测器上。由于胶片上各处的音轨宽窄不同，所以在胶片移动的过程中，通过音轨的光的强度也就不断变化；变化的光射向光电管时，在电路中产生变化的电流，把电流放大后，通过喇叭就可以把声音还原出来。光学声迹系统很容易添加到胶片上，并且在胶片的整个寿命期内都能很可靠地被保存。当第一次发行有声电影的时候，放映 35 mm 胶片的电影院就使用了这种光学系统。20 世纪 70 年代，杜比公司利用两条光学音轨实现了立体声。该系统提供了立体声重放、环绕音效及杜比降噪功能。

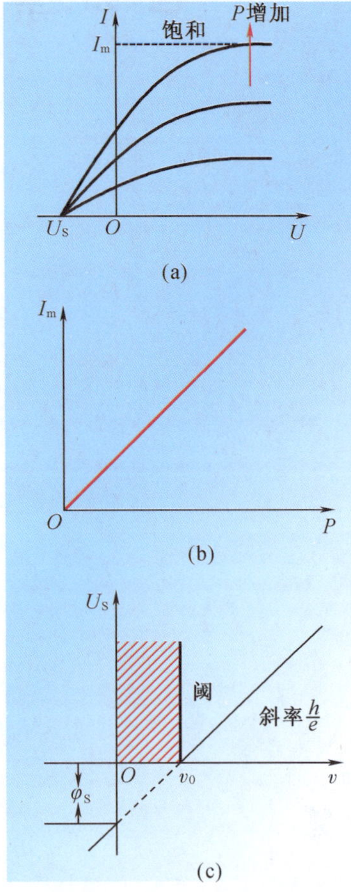

图 26－3　光电效应基本特性曲线

(a)伏安特性；

(b)光电流与光强关系；

(c)截止电压与频率关系

二、实验原理

当一定频率的光照射在金属表面时，就会有电子从其表面逸出，这种现象称为光电效应现象。它的基本实验事实如下：

①光电子发射率(光电流)与光强成正比(图 26－3(a)(b))。

②光电效应存在一个阈频率(或称截止频率)，当入射光的频率低于某一阈值 ν_0 时，不论光的强度如何，都没有光电子产生(图 26－3(c))。

③光电子的初动能与光强无关，但与入射光的频率成正比。

④光电效应是瞬时效应，一经光线照射，立刻产生光电子。然而，用麦克斯韦的经典电磁理论无法对上述实验事实做出完整的解释。

在光电效应中，当金属中的自由电子从入射光中吸收一个光子的 h 能量后，如在途中不因碰撞而损失能量，则一部分用于逸出功 W_S，剩下就是电子逸出金属表面后具有的最大动能，即

$$\frac{1}{2}m\nu_{max}^2 = h\nu - W_S \tag{26-1}$$

这就是著名的爱因斯坦光电效应方程。式中，h 为普朗克常数，公认值为 $6.626\,075\,5\times10^{-34}$ J·s。式(26－1)成功地解释了光电效应的规律：

①光子能量 $h\nu < W_S$ 时，不能产生光电效应。

②只有当入射光的频率大于阈频率 $\nu_0 = W_S/h$ 时，才能产生光电效应。入射光的频率越高，逸出来的光电子的初动能必然越大。

③光强的大小意味着光子流密度的大小，即光强只影响光电子形成光电流的大小。饱和光电流的大小与入射光的强度成正比。

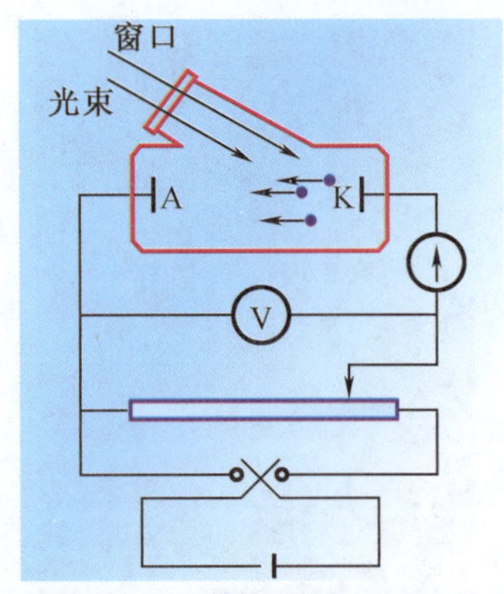

图 26－4　光电效应实验原理图

图 26－4 为本实验采用的实验装置，频率为 ν，发光强度为 I 的光照射到光电管的阴极 K 上，从 K 发射的光电子向阳极 A 运动，在外回路形成光电流。在阴极与阳极之间加有反向电压 U_{KA}，就在电极 K，A 间建立起阻止电子向阳极运动的减速电场，所以该方法又称为减速场法。随着减速电压 U_{KA}

(绝对值)的增加,到达阳极的光电子将逐渐减小,直到动能最大的光电子也被阻止,外回路的光电流降为零,此时光电子的初动能全部用于克服减速电场做功,初动能与减速电场之间满足关系式,即

$$eU_S = \frac{1}{2}m\nu_{max}^2 \tag{26-2}$$

此时的减速电压值 U_{KA} 称为截止电压 U_S,截止电压随入射光频率的变化而变化,入射光频率越高,截止电压越大(绝对值),把式(26-2)代入式(26-1)中得

$$eU_S = h\nu - W_S \tag{26-3}$$

由于金属材料的逸出功 W_S 是金属的固有属性,它与入射光的频率无关。则由式(26-3)可知,对同一种光电阴极来说,截止电压 U_S 与入射光的频率 ν 呈线性关系,直线的斜率为 h/e。由此可见,只要对不同频率的光测量出截止电压 U_S,作出曲线,并求出此曲线的斜率,即可求出普朗克常数 h 值。其中电子电量

$$e = 1.60 \times 10^{-19}\ \text{C}$$

图26-5所示的光电流随电压变化的曲线是理论曲线。实际测量中还有一些因素会影响测量结果,如果不对这些因素造成的偏差进行合理地处理,就会使实验结果产生很大的误差。这些因素主要包括以下几种。

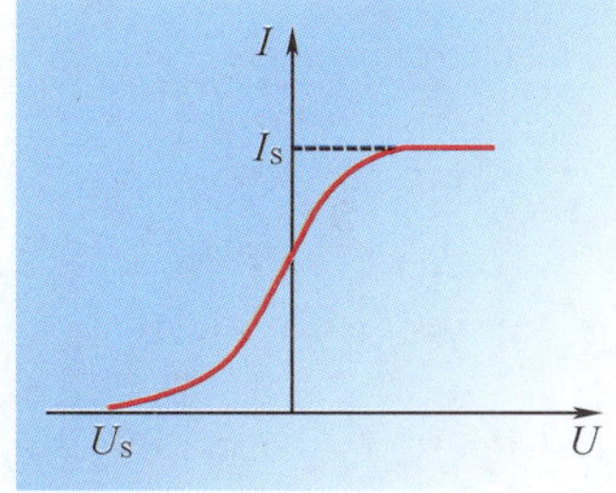

图26-5 理想状态光电效应伏安特性

1. 暗电流

暗电流是指光电管在没有光照射时,在减速电压的作用下光电管中会有微弱的电流通过,这是因为常温热电子发射和阴极与阳极之间绝缘电阻不够高等原因造成的。光电管暗电流伏安特性与外加电压基本上呈线性关系。

2. 阳极发射电流

光电管的阳极由逸出功较高的铂、钨等材料做成,在使用时由于沉积了阴极材料,因而遇见可见光照射也会发射光电子,对阴极发射的电子起减速作用的电场对阳极发射的电子就是加速电场,就会使光电管中形成反向饱和电流。仪器工作时虽要求避免光束直射阳极,但来自阴极的散射光是不可避免的,因而存在反向饱和电流。

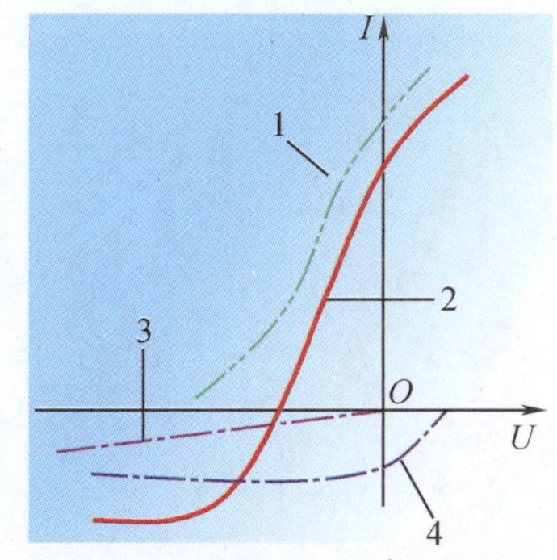

图26-6 实际光电效应伏安特性

3. 光电管的阴极采用逸出电位低的碱金属材料制成

这种材料在高真空中也有易被氧化的趋势,因此,阴极表面的逸出电位不尽相同。随着反向电压的增加,光电流不是陡然截止,而是在较快的降低后平缓地趋近零点,因而需要极高灵敏度的电流计才能检测。

由于以上各种原因,光电管的 $I-U$ 关系曲线如图26-6所示。图中曲线1为理想阴极曲线,曲线2为实测曲线,曲线3为暗电流,曲线4为阳极发射电流。实测曲线上每一点的电流值实际包括上述两种电流和由阴极光电效应所产生的正向电流三部分,所以伏安曲线并不与 U 轴相切。由于暗电流与阴极正向电流相比其值很小,因此可忽略其对截止电压的影响。阳极发射电流值虽然较显著,但它服从一定规律。通过以上对这些因素的分析可知,通过对光电管的结构合理设计及采用适当的数据处理方法可以减小或排除这些因素的干扰。确定截止电压值常采用以下两种方法。

(1)交点法

光电管阳极用逸出功较大的材料制作,制作过程中尽量防止阴极材料蒸发,实验前对光电管阳极通电,减少其上溅射的阴极材料,实验中避免入射光直接照射到阳极上,这样可大大减少它的反向电流,其伏安特性曲线与图26-5十分接近,因此,实测曲线与 U 轴交点的电位差值近似等于截止电压 U_S,此即交点法。

(2)拐点法

光电管阳极发射光电流虽然较大,但在结构设计上,若使阳极电流能较快地饱和,则伏安特性曲线在阴极电流进入饱和段后有明显的拐点。如图26-6所示,此拐点的电位差即为截止电压 U_S。

三、实验目的

光电效应是近代物理学中的一个重大发现,它开启了量子力学的大门,为后续的一系列重大发现提供了理论和实验基础。在预习本实验时,需要简要了解光电效应发现的历史,熟悉光电效应的产生条件;在操做实验的过程中,加深对光电效应的基本规律和光的量子性的理解,验证爱因斯坦光电效应方程,测量普朗克常数。

四、实验仪器

PEC-NPEE 型 LED 光电效应实验仪由 LED 光源、光阑、遮光盖、光电管、主机构成,该实验仪结构如图26-7所示。仪器实物如图26-8所示。

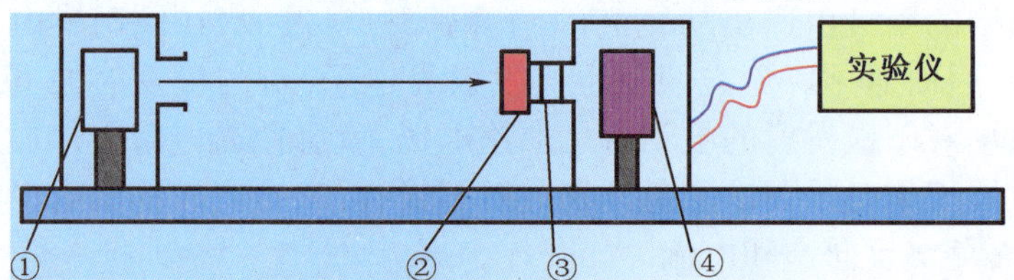

图26-7 仪器组成

1. LED 光源

有400 nm 紫光、460 nm 蓝光、520 nm 绿光、590 nm 黄光、603 nm 橙光、625 nm 红光六种谱线。

2. 光阑

光阑孔径4 mm。

3. 遮光盖

LED 光源遮光塞和光电管暗箱遮光塞。

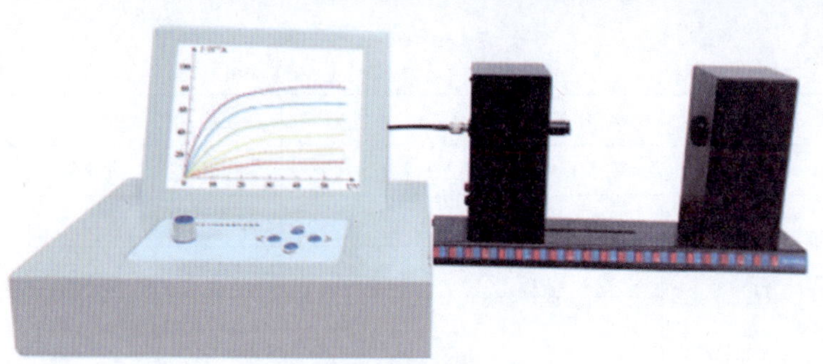

图 26 - 8 仪器实物图

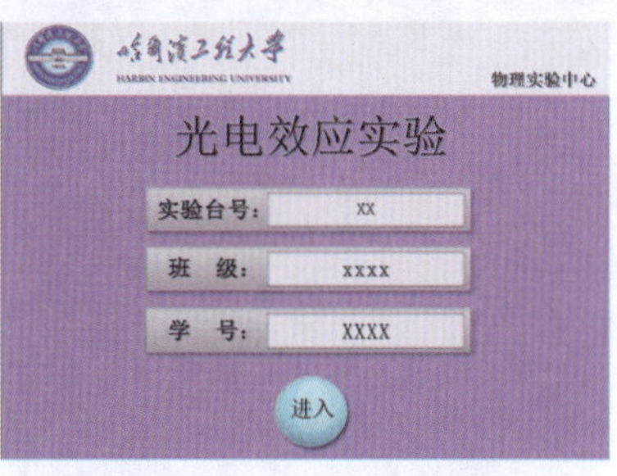

图 26 - 9 登录界面

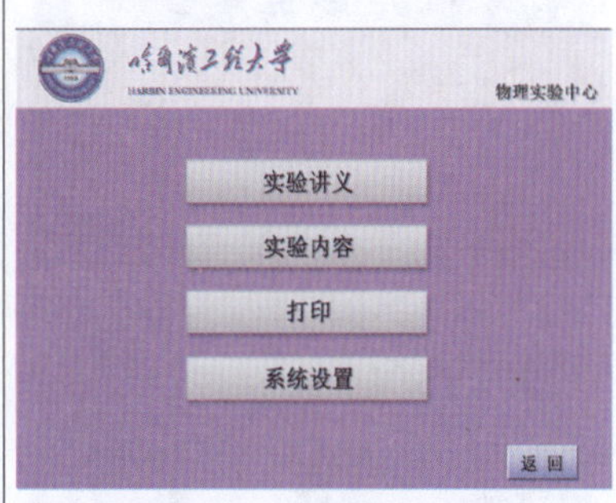

图 26 - 10 菜单选择界面

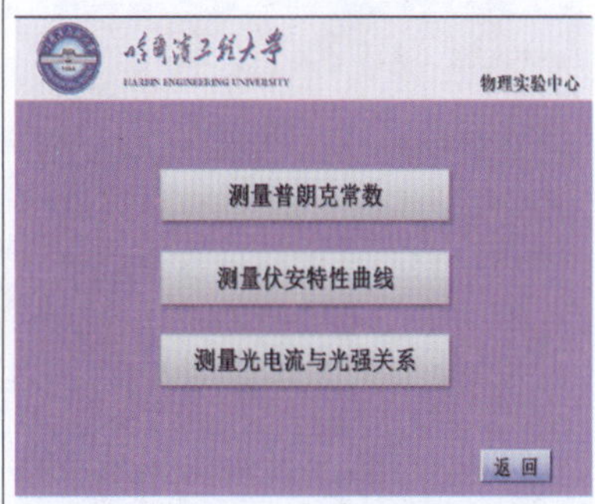

图 26 - 11 实验内容选择界面

图 26 - 12 截止电压测量界面

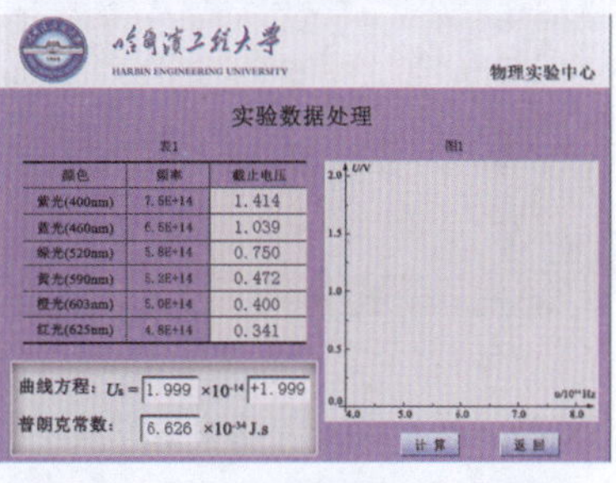

图 26 - 13 普朗克常数处理界面

4. 光电管

阳极为镍圈，光谱范围 340 ~ 800 nm，暗电流约 10^{-12} A。

5. PEC - NPEE 型 LED 光电效应实验仪

电流测量范围在 10^{-10} ~ 10^{-13} A，量程自动切换，三位半数显；电压调节范围 -2 ~ 50 V，三位半数显。

五、实验内容与操作要点

打开仪器电源，进入光电效应登录界面，如图 26 - 9 所示，输入实验台号、班级和学号，点击“进入”按钮跳转到菜单选择界面，如图 26 - 10 所示，在此窗口中可以选择实验讲义、实验内容、打印。点击“实验内容”按钮，进入实验内容选择界面，如图 26 - 11 所示。

1. 测量普朗克常数

截止电压测量界面和普朗克常数处理界面如图 26 - 12 和图 26 - 13 所示。操作流程如下：

①将光阑放到电子管的前端。

②在光源关闭的情况下，旋转调零电位器，将光电流调为零。

③打开紫色光源，从小数点后第一位开始调节电压（绝对值最大），观察电流值的变化。当电流从正数变为负数时，将该电压值回调 0.1 V，使电流值再次变为正数，切换到小数点后第二位，调节电压大小。当电流从正数变为负数时，将该电压值回调 0.01 V，使电流值再次变为正数，切换到小数点后第三位进行调整。当电流表电流为零时，此时电压表的示数即为截止电压，以其绝对值作为该波长对应 U_S 的值，并将数据记于表 26 - 1 中。

④依次选择蓝光、绿光、黄光、橙光和红光光源，重复步骤① ~ 步骤③，测出相应的截止电压，记录到表 26 - 1 中。

⑤重复步骤① ~ 步骤 4，得到 6 种不同波长下其他 4 组截止电压值，将数据记于表 26 - 1 中，并计算它们的平均值。

⑥将截止电压平均值输入到普朗克常数处理表格中，点击“计算”后，自动生成用最小二乘法拟合出来的直线及直线方程。

表 26－1　$U_S \sim \upsilon$ 关系表

距离 $L=20$ cm；光阑孔径 $\Phi 4$ mm

波长 λ_i/ nm	400	460	520	590	603	625
频率 υ_i/($\times 10^{14}$ Hz)	7.50	6.52	5.77	5.08	4.98	4.80
截止电压 U_{Si}/V						
平均值						

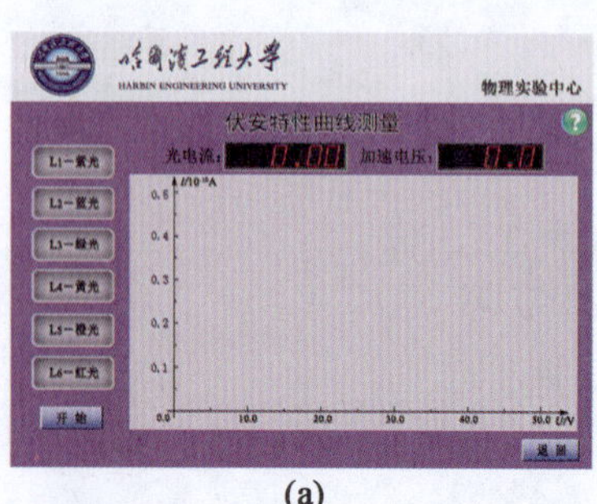

(a)

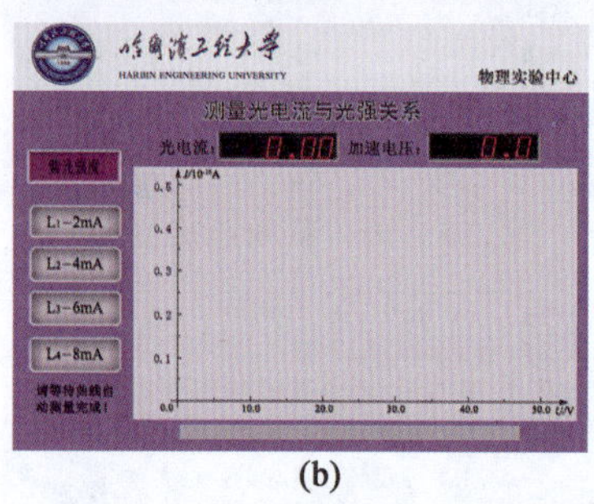

(b)

图 26－14　伏安特性曲线测量自动模式

(a)调零界面；(b)测量界面

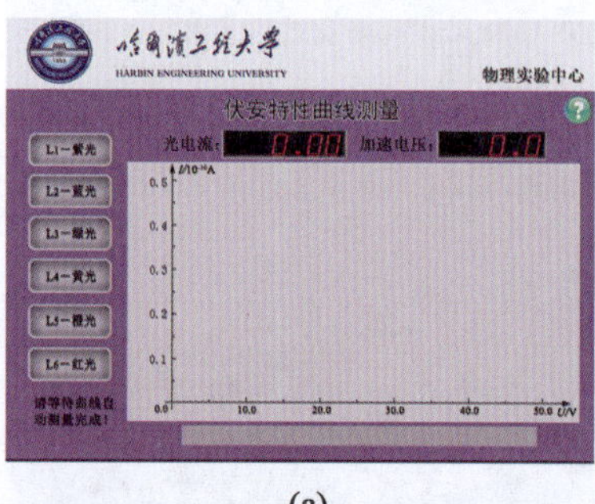

(a)

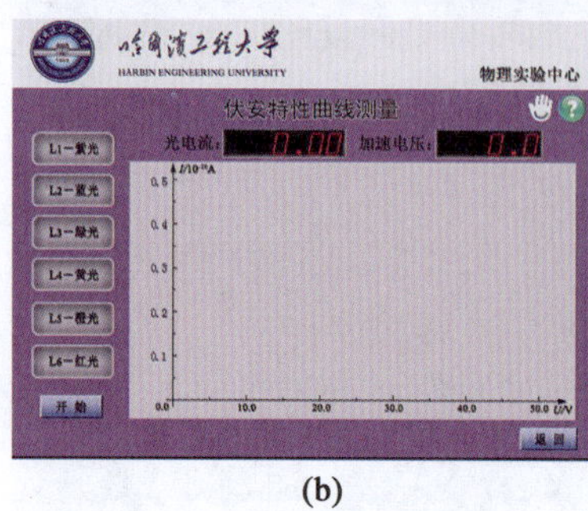

(b)

图 26－15　伏安特性曲线测量手动模式

(a)调零界面；(b)测量界面

2. 测量光电管的伏安特性

点击“测量伏安特性曲线”按钮进入伏安特性曲线测量界面。伏安特性曲线的测量有自动和手动两种模式，如图 26－14 和图 26－15 所示。可以通过界面的右上角有无手的标识来区分是自动模式还是手动模式。模式的配置在系统设置里选择。

自动测量模式的操作流程如下：

①在光源关闭的情况下，旋转调零电位器，将光电流调成零；

②选择紫色光源，点击“开始”按键，进入测量界面，加速电压将从 0.0 V 开始，以 0.5 V 步进增加，一直到 50.0 V 停止，系统自动绘制光电流与加速电压的曲线图；

③绘制完成后，弹出提示对话框，点击“返回”，进入调零界面；

④旋转调零电位器，将光电流调成零，重复步骤②～步骤③绘制其他 5 种波长光源对应的伏安特性曲线。

手动测量模式的操作流程如下：

①在光源关闭的情况下，旋转调零电位器，将光电流调成零；

②选择紫色光源，点击“开始”按键，进入测量界面，每按“增加”按键，电压增加 1 V，记录光电流值和加速电压值；

③实验过程中可以，按“清零”按键，重新测量实验数据；

④加速电压增加到实验要求后，按“停止”按键，停止测量操作，进入调零界面，选择其他 5 种光源，重复步骤①～步骤③，记录实验数据；

⑤用坐标纸或 Execl 软件绘制伏安特性曲线。

注：在调零界面，才可以选择 LED，点击“开始”按键后，相应的 LED 才会亮。

3. 测量光电流与光强关系

点击“测量光电流与光强关系”按钮进入测量光电流与光强关系界面。光电流与光强关系曲线的测量有自动和手动两种模式，如图 26－16 和图 26－17 所示。可以通过界面的右上角有无手的标识来区分是自动模式还是手动模式。模式的配置在系统设置里选择。

自动测量模式的操作流程如下：

①在光源关闭的情况下，在调零界面，旋转调零电位器，将光电流调成零；

②选择紫色光源输出最小的功率，点击“开始”按键，加速电压将从 0.0 V 开始，每 0.5 V 增加一次，一直到 50.0 V 停止，系统自动绘制光电流与加速电

压的曲线图；

③绘制完成后，弹出提示对话框，点击“返回”；

④旋转调零电位器，将光电流调成零，重复步骤②～步骤③绘制其他3种光源功率对应的光电流与加速电压的曲线。

手动测量模式的操作流程如下：

①在光源关闭的情况下，在调零界面，旋转调零电位器，将光电流调成零；

②选择紫色光源输出最小的功率，点击“开始”按键，每按“增加”按键，电压增加1 V，记录光电流值和加速电压值；

③实验过程中可以按“清零”按键，重新测量实验数据；

④加速电压增加到实验要求后，按“停止”按键，停止测量操作，选择其他5种光源，重复步骤①～步骤③，记录实验数据；

⑤用坐标纸或Execl软件绘制光电流与光强的曲线。

注：在调零界面，才可以选择LED，点击“开始”按键后，相应的LED才会亮。

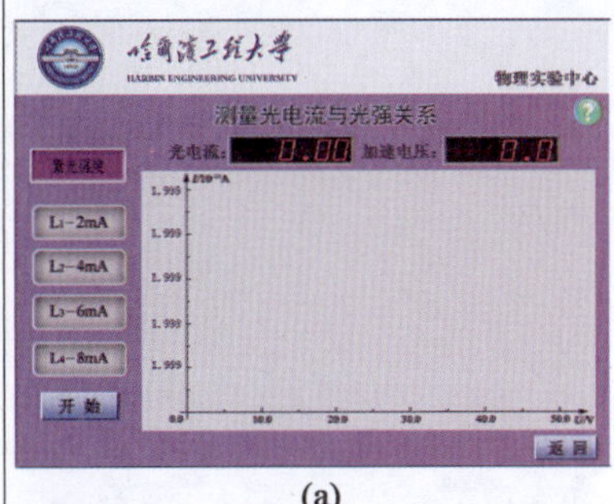

(a)

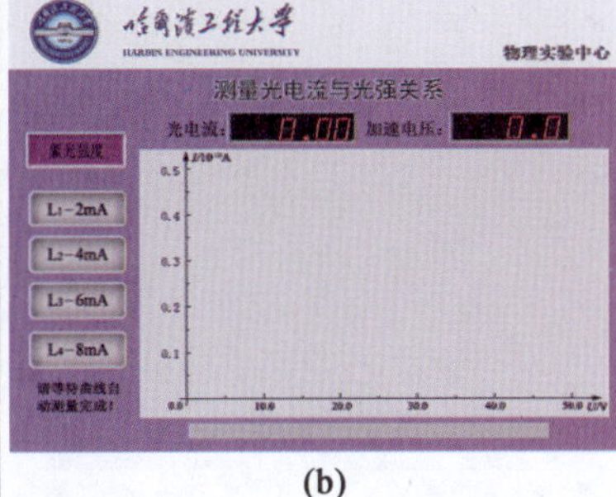

(b)

图26－16　光电流与光强关系自动模式

(a)调零界面；(b)测量界面

4. 测量光电管的光电响应特性

在得到的伏安特性实验数据的基础上，选出加速电压为45 V时，6种不同光频率所对应的光电流值，绘制光电响应特性曲线。

5. 打印数据

点击图26－10中的“打印”按钮，实验仪器自动通过WIFI连接打印机，打印实验报告。

六、数据处理

①采用线性回归法求出 $U_S-\nu$ 直线的斜率 K，即可用 $h=eK$ 求出普朗克常数，并与公认值 h_0 比较，计算相对误差 $E_r=\dfrac{h-h_0}{h_0}$，式中，$e=1.602\times10^{-19}$ C，$h_0=6.626\times10^{-34}$ J·s；

②绘制并分析伏安特性曲线；

③绘制并分析光电流与光强的关系曲线。

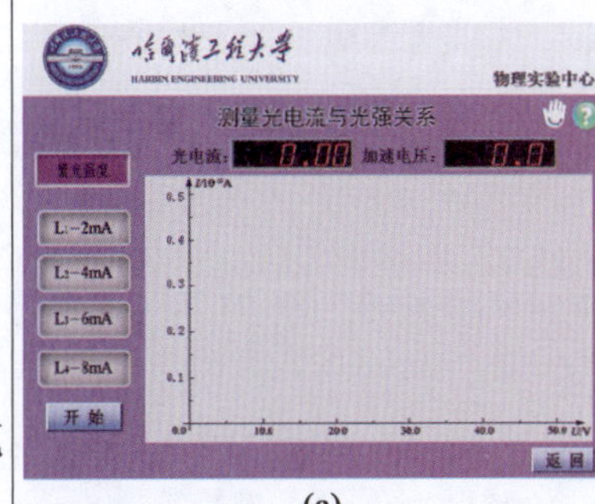

(a)

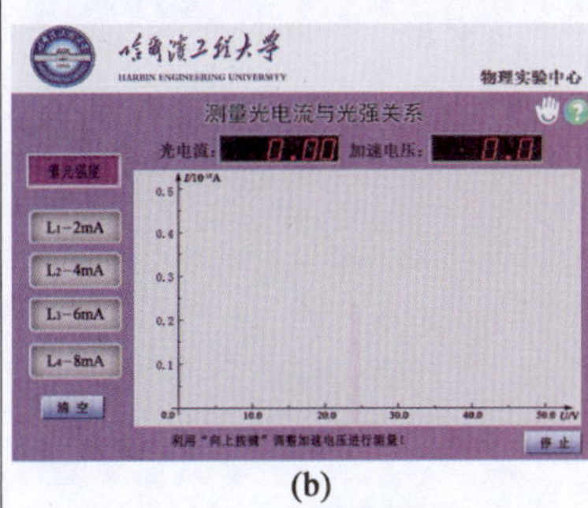

(b)

图26－17　光电流与光强关系手动模式

(a)调零界面；(b)测量界面

七、操作注意事项

①避免在强光下操作实验；

②电子管应避免强光直射；

③采用手动操作模式进行伏安特性曲线测量和光电流与光强关系曲线测量时，每按一次按键后应等待几秒再按键，这样测量的数据比较稳定；

④由于电流非常微弱，当显示的电流在 $\pm0.5\times10^{-13}$ A或 $\pm0.05\times10^{-10}$ A范围内变化时，可以认为是零点，不需要再调节电位器，对实验结果的影响可以忽略；

⑤WIFI 通信模块应接好天线。

八、分析与思考

(1)光电流是否随光源强度的变化而变化？截止电压是否因光强不同而改变？

(2)理论上 $U_S-\nu$ 直线的截距是阴极材料的逸出电位 $\varphi_S(W_S/e)$,实际上阴极与阳极之间存在接触电位差,因而实测曲线的截距不等于 φ_S。试解释接触电位差是怎么产生的？它对本实验结果有无影响？

(3)讨论光电效应对建立量子概念和认识光的波粒二象性的重要意义。

实验 27　光纤传感器实验

一、背景及应用

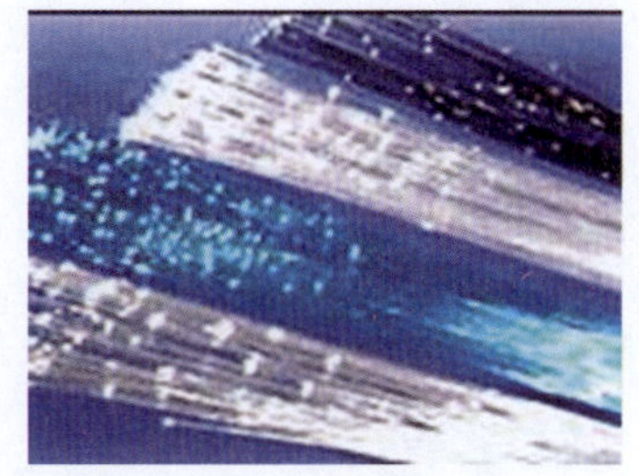

图 27－1　光纤

光纤(Optical Fiber)又称光导纤维(图 27－1),是一种由折射率较高的玻璃棒外加折射率较低的玻璃套管制作成预制棒在熔融状态下拉伸至微米量级直径的双层玻璃纤维,它可使光波在其芯子中传输。与通常的波导相比,光纤是一种传输更高频率电磁波的介质波导。早在 18 世纪 70 年代,通过观察光线能沿着酒桶冒出的细酒流中传输,人们就知道了光从细电介质棒的一端以一定角度入射时,由于介质与空气折射率不同,光在棒与空气的界面上能反复地进行全反射向前传输。1910 年,Deby 和 Hondros 用波动理论对这种电介质中的光路进行了理论分析。1927 年,Baird 和 Hansell 等人提出了用电介质光纤传递光学图像的设想。到了 20 世纪 50 年代,开始出现了中心有高折射率分布的光学纤维结构。光纤在图像传输方面的实际应用是进入 20 世纪 50 年代以后才出现的,在医疗方面用于观察人体内部,所用的光纤传输损耗很大,即使是最透明的优质光学玻璃,损耗亦达 1 000 dB/km,显然不能满足通信要求。1966 年,英国标准电信研究所的美籍华人高锟博士指出,玻璃中的光损耗主要是由过渡金属离子吸收损耗造成的,如果能将这些离子的含量降低到 10^{-6} 以下,则可使玻璃的吸收损耗降到 20 dB/km 以下。1970 年,美国康宁公司用化学气相沉积法制成了高纯度二氧化硅光纤,它的损耗为 20 dB/km,使长距离传输成为可能。这一成就立即得到世界各国的广泛重视,掀起了光纤通信研究的热潮。目前光纤损耗可降至 0.154 dB/km(1.55 μm 波长下),已接近光纤损耗的理论极限值。

随着对光纤研究的深入,人们发现光纤易受诸如温度、压力、电场和磁场等环境因素的影响,从而导致光强、相位、频率和偏振态等光学参量的变化。把待测量与光纤内传导光的一些特征量建立起对应关系,就构成了一种全新的直接交换信息的基础,从而又增添了光纤传感这门新技术。由于光纤传感器具有灵敏度高、耐高压、耐腐蚀、阻燃防爆、抗电磁干扰、频带宽、动态范围大、柔软纤细具有可绕曲性,外加体积小、质量轻和测量现场无须电源等特点,故可做成具有多方面适应性的光纤传感器和传感器阵列。

世界各先进工业国已开发出百余种光纤传感器,它的触角已涉及军事国防、航天航空、工矿农业、能源环保、生物医学、计量测试、自动控制乃至家庭生活等各个领域,光纤传感器的应用使以前棘手的监测难题找到了解决办法。光纤的问世不仅使通信技术发生了一场革命,也给传感技术带来了勃勃生机。同时,借助于光纤技术也发展了各种新兴光学技术和方法,如大功率光纤能量传输技术、光纤光镊技术以及光纤莫尔干涉测量技术等。正在开发与应用中的光子晶体光纤、双包层光纤、塑料光纤、抗辐照光纤和中红外波段的光纤等新型特种光纤必将为实现高度信息化社会做出重要的贡献。

光纤传感实验仪开发研制的目的是将光纤传感这一现代技术进行广泛的普及和渗透,不仅丰富了教学内容,而且对于学生视野的开阔、知识面的拓宽、学习兴趣的提高具有重要的作用。同时，对于学生所学理论知识的工程应用化、引导迅速进入工程应用的前沿领域具有良好的导向作用，该仪器的扩展功能为学生的创造性和设计性实验提供了广泛的想象空间。

二、实验原理

1. 光在光纤中传输的原理

光在光纤中的传输依据的是光学中的全反射定律。普通石英（二氧化硅 SiO_2）光纤的结构如图 27 - 2(a)所示，包括纤芯、包层和涂覆层。纤芯和包层的材料都是二氧化硅，两者的区别是在纤芯或包层材料中做适当掺杂，掺入少量的杂质（锗、磷、硼、氟等）使得纤芯折射率 n_1 和包层折射率 n_2 略有不同，即$n_1 > n_2$。于是，当光传输到纤芯和包层的交界面时，光是从光密介质到光疏介质，当入射光的入射角大于临界角 θ_c 时，光在纤芯和包层的交界面处发生全反射，如图 27 - 2(b)所示，从而把光限制在光纤的纤芯中传输。

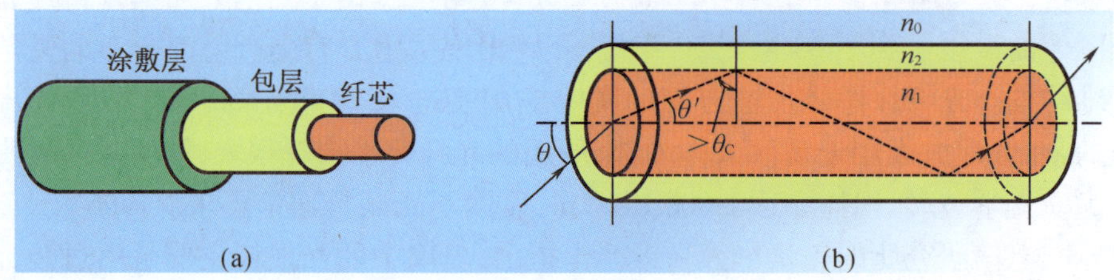

图 27 - 2　光纤的结构与光在光纤中传输示意图

(a)光纤基本结构；(b)光的传输

2. 光纤端光场强度分布

光纤出射光场的空间分布如图 27 - 3(a)所示，为了给出一个既与实际相符，又具有通用性的纤端光场场强分布表达式，有必要分析一下光纤出射端面的光场特性。按照光纤传输的模式理论，在光纤中光功率按模式分布，叠加后的光纤纤端光场场强沿径向分布可近似由高斯型函数描写，称其为准高斯分布。另外，沿光纤传输的光可以近似看作平面波，此平面波在纤端出射时，可等价为平面波场垂直入射到不透明屏的圆孔表面上，形成圆孔衍射，如图 27 - 3(b)所示，而实际情况接近于两者的某种混合。为分析方便，我们做如下假设。

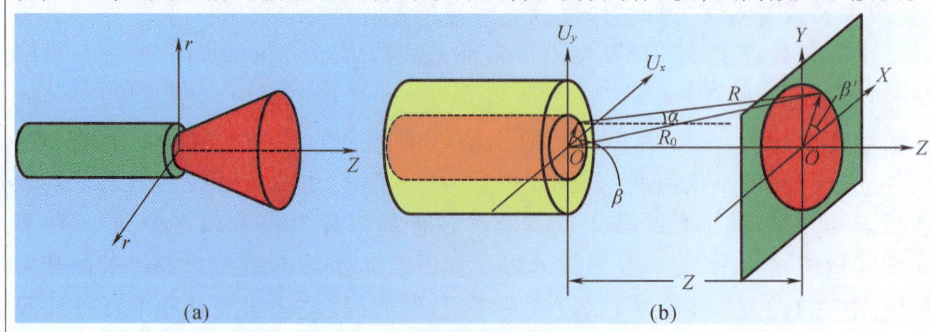

图 27 - 3　光纤端光场与光场坐标分析系统

(a)出射光场示意图；(b)分析系统坐标

(1)光纤端面

光场是由光强沿径向均匀分布的平面波和光强沿径向为高斯分布的高斯光束两部分构成的。

(2)出射光场

纤端出射光场由准平面波场的圆孔衍射场和在自由空间中传输的准高斯光束叠加而成。

在以上假设下可推导出理论式(详细推导请参照参考文献[1]),即

$$I(r,z)=I_0\left\{p^2\frac{a_0^2}{r^2}J_1^2\left(\frac{kr}{z}a_0\right)+q^2\frac{(2\pi\omega_0^2)^2}{\lambda^2(4z^2+k^2\omega_0^4)}\exp\left[-\frac{2k^2\omega_0^2r^2}{4z^2+(k\omega_0^2)^2}\right]\right\} \tag{27-1}$$

式中,I_0 为由光源耦合到发射光纤中的光强;p 和 q 为两光场的权重系数,满足条件 $p^2+q^2=1$;a_0 为纤芯半径;ω_0 为高斯光束半径,$\omega_0=\sigma\cdot a_0$;σ 为一表征光纤折射率分布的相关参数;(r,z) 为接收点的空间位置坐标;λ 为出射光波长;k 为波数。

式(27-1)表明,纤端出射光场场强分布是由不同权重下的高斯分布和平面波场的圆孔衍射分布叠加的结果。

纤端光场既不是纯粹的高斯光束,也不是纯粹均匀分布的几何光束,为了更好地与实际情况相符合,我们综合这两种近似情况,并引入无量纲调和参数 ξ。ξ 为与光源种类、光纤的数值孔径及光源与光纤耦合情况有关的综合调制参数。可以给出如下结果,即

$$\omega(z)=\sigma a_0\left[1+\xi\left(\frac{z}{a_0}\right)^{\frac{3}{2}}\tan\theta_c\right] \tag{27-2}$$

实际使用过程中,对于渐变折射率光纤,通常取 $\sigma=\sqrt{\frac{\pi}{2}}$;对于阶跃折射率分布的光纤,通常取 $\sigma=\sqrt{\pi}$。对于芯径较粗的多模光纤而言,衍射效应基本上被平均化了,即取 $p\approx0,q\approx1$。因此,对于大芯径多模光纤,为使用方便,式(27-1)通常取如下形式:

$$I(r,z)=\frac{I_0}{\pi\sigma^2a_0^2\left(1+\xi\left(\frac{z}{a_0}\right)^{\frac{3}{2}}\tan\theta_c\right)^2}\cdot\exp\left[\frac{-r^2}{\sigma^2a_0^2\left(1+\xi\left(\frac{z}{a_0}\right)^{\frac{3}{2}}\tan\theta_c\right)^2}\right] \tag{27-3}$$

如果将同种光纤置于发送光纤纤端出射光场中作为探测接收器时,所接收到的光强可表示为

$$I_S(r,z)=\iint_S I(r,z)\mathrm{d}S=\iint_S\frac{I_0}{\pi\omega^2(z)}\cdot\exp\left(-\frac{r^2}{\omega^2(z)}\right)\mathrm{d}S \tag{27-4}$$

式中,S 为接收光面,即纤芯面。

在纤端出射光场的远场区,为简便计,可用接收光纤端面中心点处的光强来作为整个纤芯面上的平均光强,在这种近似下,得到在接收光纤终端所探测到的光强公式为

$$I(r,z)=\frac{SI_0}{\pi\omega^2(z)}\cdot\exp\left(-\frac{r^2}{\omega^2(z)}\right) \tag{27-5}$$

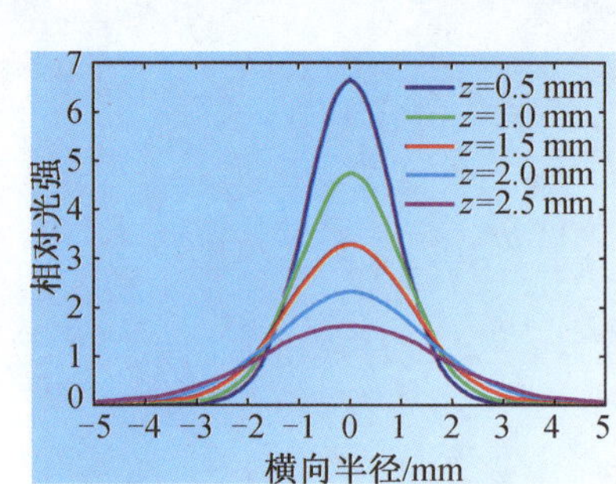

图 27-4 光纤端光场强度分布

于是,可得光纤纤端光场分布图,如图 27-4 所示。

3. 反射式光纤位移传感器原理

反射式光纤传感原理如图 27-5 所示。图 27-5(a)中的光纤探头 A 由两根光纤组成,一根用于发射光,一根用于接收反射镜的反射光,平面反射镜 M 的反射率为 R。将接收光纤和由光源光纤发出的被镜面反射回的光场做镜像变换,等效接收光纤直接置于光源光纤的光场,此时镜像接收光纤与光源光纤的间距为 $2z$,如图 27-5(b)所示。

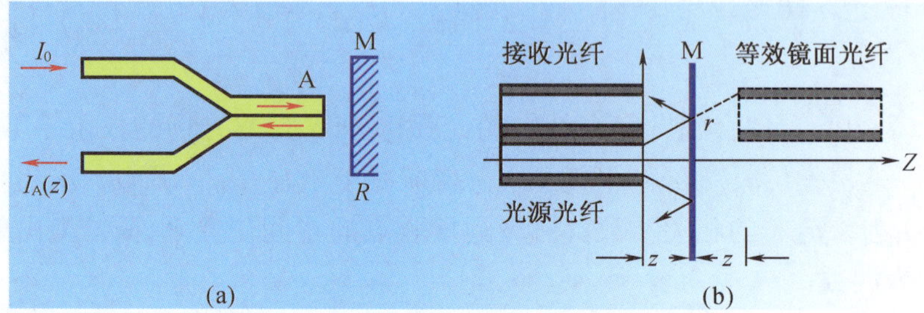

图 27-5 双光纤反射调制原理示意图

(a)光纤探头;(b)等效光路示意图

利用纤端光场分布函数对镜像接受光纤端面进行积分可得光强为

$$I(r,2z)=\frac{S_A I_0 R}{\pi\omega^2(2z)}\cdot\exp\left(-\frac{r^2}{\omega^2(2z)}\right) \tag{27-6}$$

式中,S_A 为接收光纤的有效接收面积。

式(27-6)为反射式光纤探头的调制函数。

三、实验目的

了解光纤的基本结构和光在光纤中传输的原理;通过对光纤端出射光场的理论分析和定量测量,了解光纤端出射光场的空间强度分布规律;学习通过实验采集数据、整理数据、分析数据并寻找规律和思考怎样利用其规律的一种重要的科学研究手段;了解最简单的光纤位移传感器的工作原理、应用和标定方法;了解强度型光纤传感器的工作原理及应用。

四、实验仪器

光纤传感实验仪是由多种形式的光纤传感器组成的,是集多种强度调制型光纤传感原理于一体的光纤传感测量系统。它可以用来实现透射式、反射式和微弯式光纤传感原理的实验展示,可实现五个基本实验和多个设计性实验(参见本实验的附录)。它具有开放性、分立式的系统构成,可加强学生基本技能的训练,所包含的物理学原理如光在光纤中的传输、光的反射接收及光电转换等一些物理特性可增强学生的感性知识,且具有结构简单、灵敏度高、稳定性好、切换方便、应用范围广等特点。

该实验是光纤传感实验仪所能完成的系列实验中的一个组成部分。该实验系统由光纤传感实验仪主机、LED 光源(绿色)、发射光纤、PIN 光电探测器(黑色)、接收光纤、准三维微位移调节器、反射器、微弯变形器等组成。主机如图 27－6 所示,带有光反射器的光纤准三维微位移调节器如图 27－7(a)所示,配套的三组光纤组件如图 27－7(b)所示。

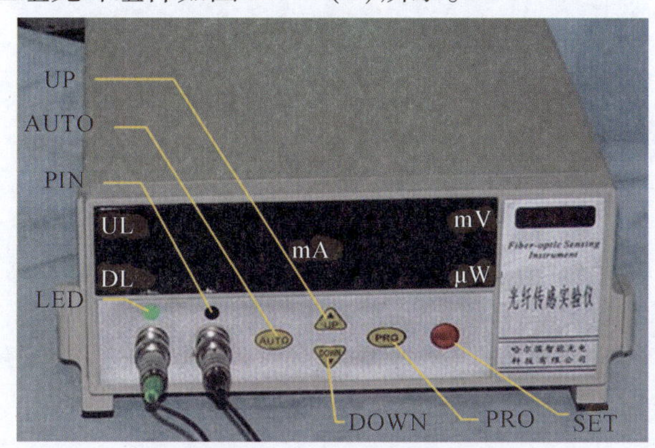

图 27－6 光纤传感实验仪主机

LED—光源输出插座;PIN—光探测器输入插座;
AUTO—自动步进键;PRO—编程控制键;
UP,DOWN—输出电流的递增与递减键;
SET—设置键;UL,DL,mA,μW—仪器显示状态指示灯

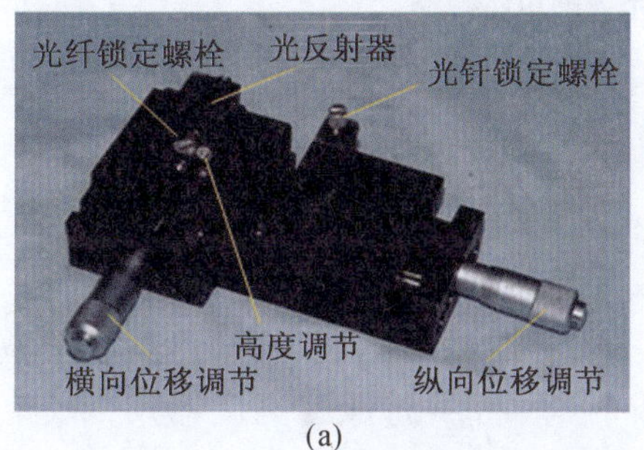

(a)

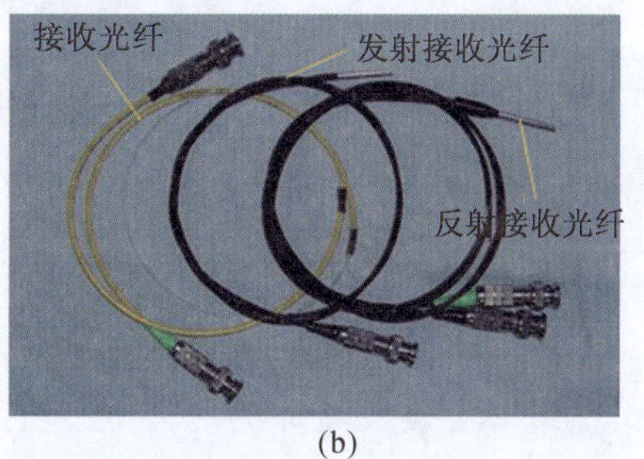

(b)

图 27－7 光纤传感实验仪配套组件

(a)准三维微位移调节器;(b)三组配套光纤

五、实验内容与操作要点

本实验选做光纤传感实验仪的五个基本实验中的三个(其他实验内容可参见本实验的附录),即光纤端轴向光场强度分布的测量、光纤端径向光场强度分布的测量(测量装置如图 27－8 所示)和反射式光纤位移传感器调制特性曲线的测量。

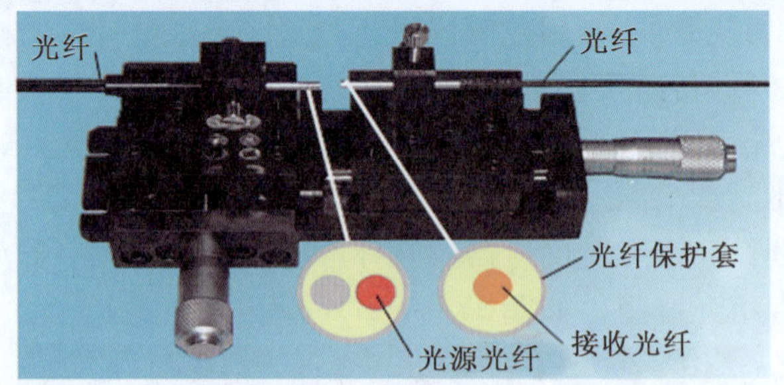

图 27－8　光纤端轴向和径向光场强度分布测量的实验装置

1. 光纤端轴向光场强度分布的测量

实际上从光纤中出射到空间的光所辐照的区域很小，而我们还要测量光辐照区域内各点光强大小的分布，于是可以将接收光纤放入该区域内。由于光纤芯的面积很小，可近似地看成是逐点探测，其轴向光场和径向光场强度分布的测量方法如图 27－9 所示。

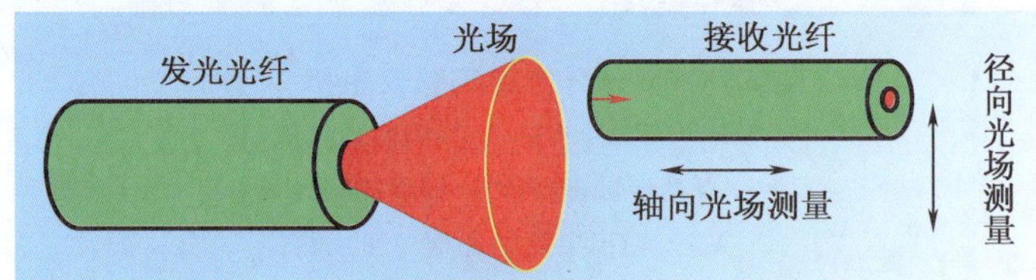

图 27－9　光纤端光场测量示意图

轴向光场强度分布测量的实验操作步骤如下：

①打开仪器电源；

②按增加（减少）键，将工作电流调整到 5～30 mA（光纤端出现红光）；

③旋转纵向螺旋测微器，使两光纤探头尽可能地接近；

④调节横向螺旋测微器和光纤高度调节，使输出电压最大，此时发光光纤的纤芯与接收光纤的纤芯处于正对准状态，将纵向螺旋测微器反向旋转 1～2 小格（即 10～20 μm，消除空程），记录当前输出电压值；

⑤继续旋转螺旋测微器，每 20 个小格（即 200 μm）记录一次电压输出值，直至电压输出值变化趋于平缓，数据记录结束（至此光纤端轴向光场分布测量完毕）。

检查实验数据，测量结果应与图 27－10（a）所示的曲线具有的类似规律性，否则说明实验失败。

2. 光纤端径向光场强度分布的测量

径向光场强度分布测量（见图 27－9）的实验操作步骤如下：

①重复轴向测量的步骤①～步骤③；

②反向旋转纵向螺旋测微器 50 小格（即 500 μm，亦即 0.5 mm）停止，使两光纤探头有一定间距；

③横向移动光纤探头之一，直至接收到的光强所对应的输出值变化趋于平缓，再继续移动 2～5 小格（此时，输出电压已无明显变化）；

④反向横向移动光纤探头 1～3 小格（消除空程），记录输出电压值；

⑤继续沿该方向移动光纤探头，每 5 小格记录一次输出电压值，直至接收到的光强所对应的输出电压变化趋于平缓（至此光纤端径向光场分布测量完毕）。

检查实验数据，测量结果应与图 27－10（b）所示的曲线具有的类似规律性，否则说明实验失败。

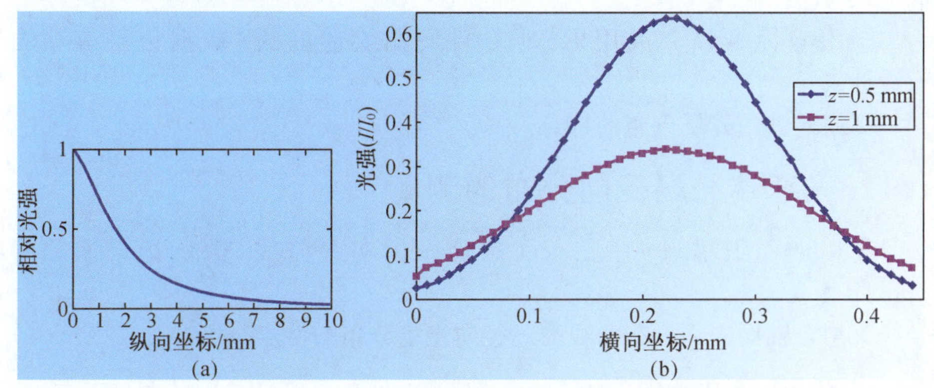

图 27－10　光纤端光场强度分布的理论曲线

（a）光纤端光场强度的轴向分布；（b）光纤端光场强度的径向分布

3. 反射式光纤位移传感器调制特性曲线的测量

将图 27－8 中的光纤从微调架上取下来，将反射接收光纤（图 27－7（b））安装在微调架上，并使光纤探头对准微调架上的反射器。

实验操作步骤如下：

①接通电源，将 LED 驱动电流调到指定电流值（40 mA）；

②调整纵向微动调节旋钮，将探测光纤推进到与反射镜表面即将接触的位置；

③沿纵向远离反射镜的方向旋转微动调节旋钮，每次调节 0.1 mm（10 个小格），并记录螺旋测微器的读数和相应的电压输出值；

④位移传感标定，由如图 27－11 所示的理论曲线可以看出，光纤位移传感器可工作在两个区域，即上升沿（前沿）和下降沿（后沿），前沿工作区的灵敏度高但动态范围小，而后沿工作区灵敏度低但动态范围较大，可视需要而定，在作为光纤位移传感器使用时，需对传感器进行标定。

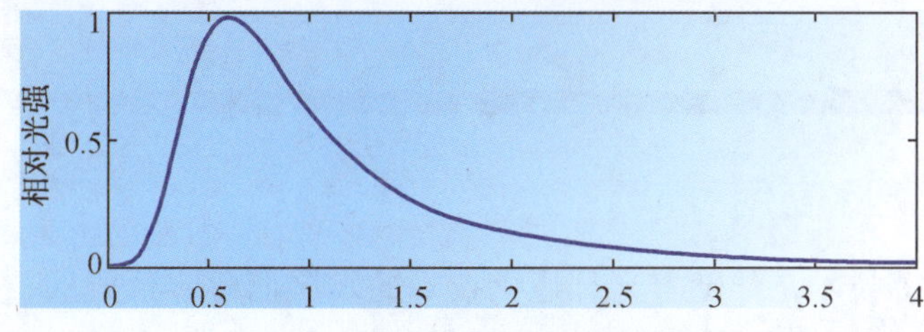

图 27－11　反向调制特性曲线

标定方法是根据调制特性曲线选择线性区，然后在选好的线性区间内给出标定曲线，测试步骤类似于调制特性曲线测试的实验内容。每隔 50 μm 记录下输出电压数值，作出光纤探头和反射镜间距与电压输出的特性曲线。于是，测量时可根据调制特性曲线将反射镜与光纤探头间的距离确定下来。

六、数据记录与处理

1. 光纤端光场轴向分布的测量

①用坐标纸描点或用 Excel 软件画出实验曲线（数据记录表格自行设计）；

②简述轴向光场分布的特点。

2. 光纤端光场径向分布的测量

①用坐标纸描点或用 Excel 软件画出实验曲线（数据记录表格自行设计）；

②结合轴向光强分布曲线简述径向光场分布的特点。

3. 反射式光纤位移传感器的调制特性曲线的测量

①用坐标纸描点或用 Excel 软件画出实验曲线（数据记录表格自行设计）；

②用坐标纸描点或用 Excel 软件画出标定曲线（数据记录表格自行设计）；

③给出所选用的线性区间段直线的拟合多项式。

七、分析与思考

原则上讲，所有可以转变成微小位移的物理量都可以用反射式光纤探头实现测量。试想，如何使用标定好的反射式光纤传感探头，自行设计一个实验，测量一个可以转换成位移的其他物理量如长度的改变（位移的测量）、双金属片随温度的变化（温度的测量）、膜片随压力的变化（压力的测量）等。

八、附录

1. 背景及应用

(a)

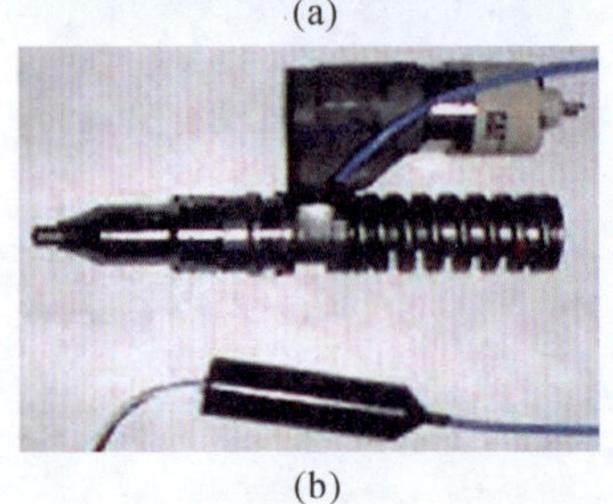

(b)

图 27－12　两种光纤传感器

（a）光纤位移传感器；

（b）光纤压力传感器

光纤传感技术是伴随着光纤通信技术的发展而逐步形成的，在光纤通信系统中，光纤被用作远距离传输光波信号的媒质。显然，在这类应用中，光纤传输的光信号受外界干扰越小越好，但是在实际的光传输过程中，光纤易受外界环境因素影响，如温度、压力、电磁场等外界条件的变化将引起光纤光波参数如光强、相位、频率、偏振、波长等的变化。因此，人们发现如果能测出光波参数的变化，就可以知道导致光波参数变化的各种物理量的大小，于是产生了光纤传感技术，图 27－12 为两种光纤传感器的实物图片。

光纤传感器与传统的各类传感器相比有一系列独特的优点，如灵敏度高、抗电磁干扰能力强、耐腐蚀性强、电绝缘性好、防爆、光路有可绕曲性、便于遥测与控制、结构简单、体积小、质量轻、耗电少等。光纤传感器按调制光波参数的不同可分为强度调制光纤传感器、相位调制光纤传感器、频率调制光纤传感器、偏振调制光纤传感器和波长(颜色)调制光纤传感器。光纤传感器的应用范围极其广泛，在化学、生物化学和医学领域中，光纤传感器可以用来制作气体分光仪、折射率和液位传感器、光纤激光多普勒测速计、二氧化碳传感器、温度传感器、图像传感器(内窥镜)和医用物理传感器等；在航天航空领域，光纤传感器更具挑战性的应用是监测航空材料，尤其是碳纤维复合材料的疲劳极限和断裂，这一应用被称为“敏感皮肤”，是未来航空航天发展中的一项重要技术；在航海应用领域，光纤传感器被制作成光纤水听器、光纤陀螺，这些技术在欧美国家已经得到了深入的研究与广泛的应用，在航海方面另外一个重要的信息收集器件是光纤地磁仪，在海洋工业方面光纤传感器主要应用在石油勘探工业领域。另外，光纤传感器还应用在安全保险系统、结构疲劳断裂监测、非接触测量和电力工业等多项领域当中。

本实验中光纤传感器的设计采用补偿机理，这样可以尽量减小光源起伏和光纤损耗变化以及外界环境变化等因素所带来的影响。这种补偿机理不仅可以优化光纤传感器设计，还可以将其应用范围拓展到其他类似的仪器设计当中来提高仪器性能指标。

2. 实验原理

(1)反射调制方式

光纤纤端光场分布见本章实验内容第二节的光纤端光场强度分布部分。在纤端出射光场的远场区，为简便可用接收光纤端面中心点处的光强作为整个纤芯面上的平均光强，在这种近似下，得到在接收光纤终端所探测到的光强公式为

$$I(x,r)=\frac{SI_0}{\pi\omega^2(2x)}\cdot\exp\left\{-\frac{r^2}{\omega^2(2x)}\right\} \tag{27-7}$$

考虑到光纤的本征损耗，光纤所接收到的反射光强可进一步表示为

$$I(x,r)=I_0K_0KRf(x,r) \tag{27-8}$$

式中，I_0 为注入光源光纤的光强；K_0，K 分别为光源光纤和反射接收光纤的本征损耗系数；R 为反射器的反射系数；$f(x,r)$ 为反射式特性调制函数；(x,r) 为接收点的空间位置坐标。

结合式(27-7)，$f(x,r)$ 由下式给出

$$f(x,r)=\frac{a_0^2}{\omega^2(2x)}\exp\left\{-\frac{r^2}{\omega^2(2x)}\right\} \tag{27-9}$$

这里，$\omega(x)=a_0\left[1+\xi\left(\frac{x}{a_0}\right)^{\frac{3}{2}}\right]$，调制特性的归一化曲线如图27-13所示。

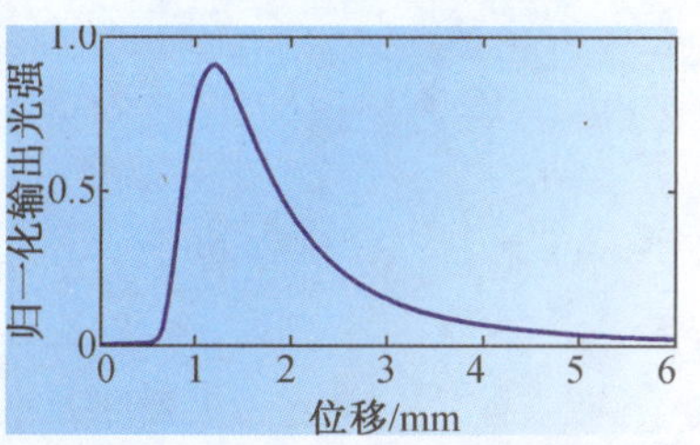

图27-13 射式调制方式归一化光强特性曲线

(2)光纤传感器的补偿机理

强度型光纤传感器具有技术成熟、结构简单、造价低廉等优点，因此已部分应用于工业检测和控制过程中。这种类型的光纤传感器的主要缺点是极

易受外界环境的干扰，信号强度波动较大，比如，光源强度的变化、光纤的弯曲、光学元件反射率的变化等，均会引起信号失真。因此，用于模拟量的测量时，在精度和稳定性要求较高的情况下，则需要采用适当的强度补偿方法，以避免光源起伏和光纤损耗变化等因素所带来的影响。采用双路接收的主动补偿方式可有效地补偿光源强度的变化、反射体反射率的变化以及光纤损耗等因素所带来的影响。本实验采用三光纤的测量探头（一根光源发射光纤，两根测量接收光纤）进行补偿，如图 27－14所示。

由式(27－8)可知

$$\begin{cases} I_1(x,r_1)=I_0K_0KRf(x,r_1) \\ I_2(x,r_2)=I_0K_0KRf(x,r_2) \end{cases} \tag{27－10}$$

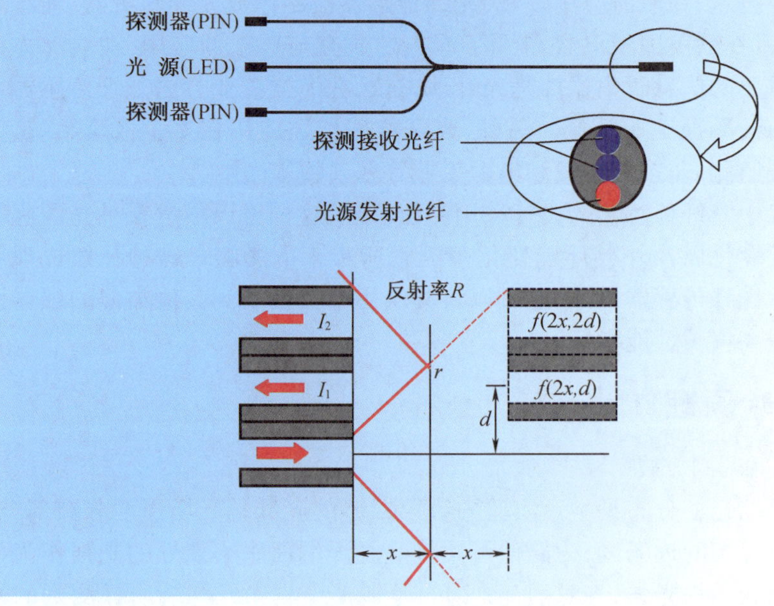

图 27－14　三光纤补偿式光纤传感探头（位移式）结构与原理示意图

式中，有

$$\begin{cases} f(x,r_1)=\dfrac{a_0^2}{\omega^2(2x)}\exp\left(-\dfrac{r_1^2}{\omega^2(2x)}\right) \\ f(x,r_2)=\dfrac{a_0^2}{\omega^2(2x)}\exp\left(-\dfrac{r_2^2}{\omega^2(2x)}\right) \end{cases} \tag{27－11}$$

则两光纤接收光强之比为

$$\frac{I_1}{I_2}=\exp\left(-\frac{r_1^2-r_2^2}{\omega^2(2x)}\right) \tag{27－12}$$

式中，$\omega(x)=a_0\left[1+\xi\left(\dfrac{x}{a_0}\right)^{\frac{3}{2}}\right]$。

补偿后的归一化曲线如图 27－15 所示。

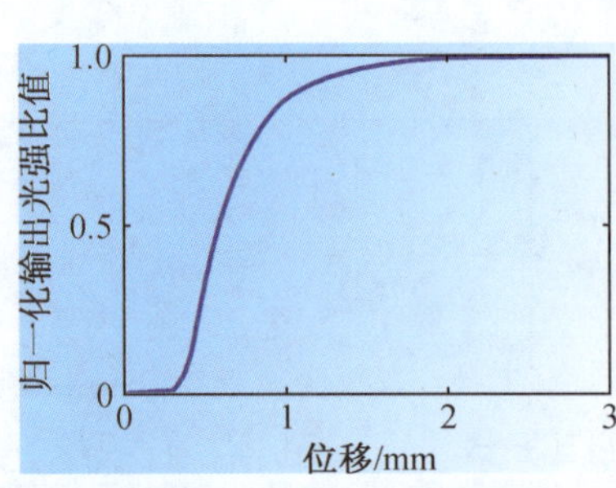

图 27－15　补偿后的仿真曲线

式(27－12)表明两根接收光纤所接收的光强的比值只与光纤探头与镜面的距离 x，光纤的芯径 a_0 以及两光纤与光源光纤的传输轴之间的距离的平方差$(r_1^2-r_2^2)$有关。

3. 实验目的

了解光纤传感器设计实验系统的基本构造和原理，学习其使用方法；了解光纤传感器设计实验系统的补偿机理，验证补偿效果；设计光纤位移传感器，给出定标曲线；学习并掌握将实验数据转换成曲线，通过分析曲线合理地利用其规律。

4. 实验仪器

本实验使用的仪器有光纤传感器设计实验系统主机、传感光纤、镜片调节架等，如图 27 - 16 所示。

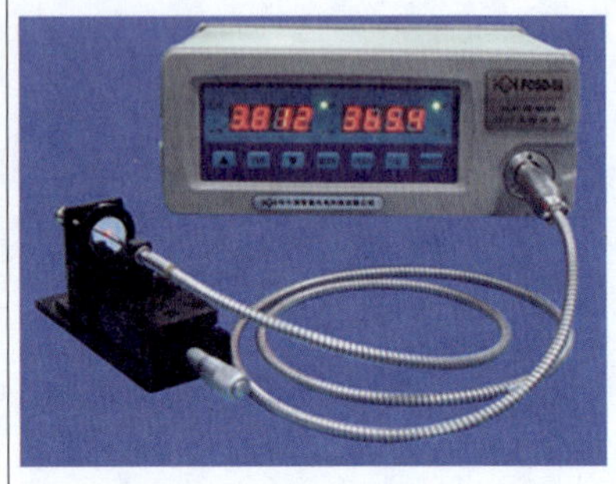

图 27 - 16 光纤传感设计实验系统照片

本设计实验系统共分三个部分：具有多种测试功能的主机、与主机相配套的应用程序软件和具有补偿功能的光纤传感器探头（图 27 - 17）。由于两接收光纤接收的是同一光源发射、同一物体反射的光，可以补偿光源光强的波动和物体表面反射率的改变，两接收光纤制作时可将其并在一起以补偿光纤弯曲和环境温度、压力等对光强的影响。采用补偿式的光纤传感探头，利用光纤反射测量原理，对位移测量可精确到微米的量级。

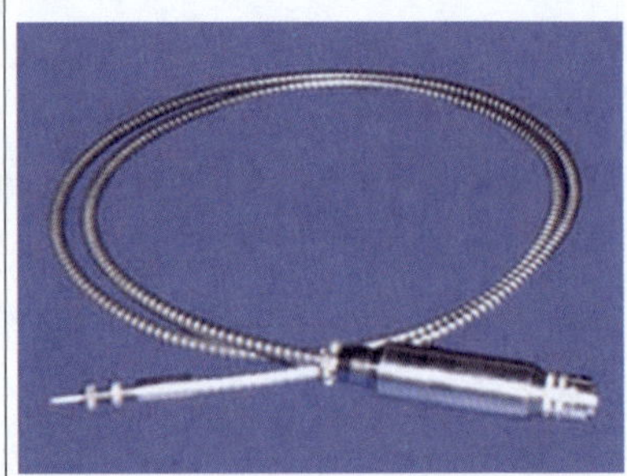

图 27 - 17 补偿式三光纤反射传感探头结构示意图

探头的制作已经实现了光纤和光电器件的耦合，光电器件被封装七芯航空插头内，并通过电接口与主机相接。电接口的工作方式可使光纤传感器工作的性能更加稳定，重复性更好。

（1）仪器的外部功能

①前面板按键功能特性与使用

主机的面板共有 RET，MOD，ENT，ESC，PRO，UP，DOWN 等七个功能按钮，如图 27 - 18 所示，前面板各按键工作流程如图 27 - 19 所示，各按键功能如下。

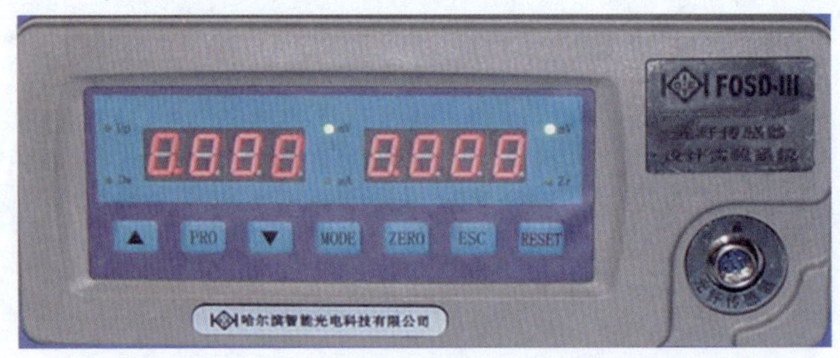

图 27 - 18 光纤传感设计实验系统主机面板

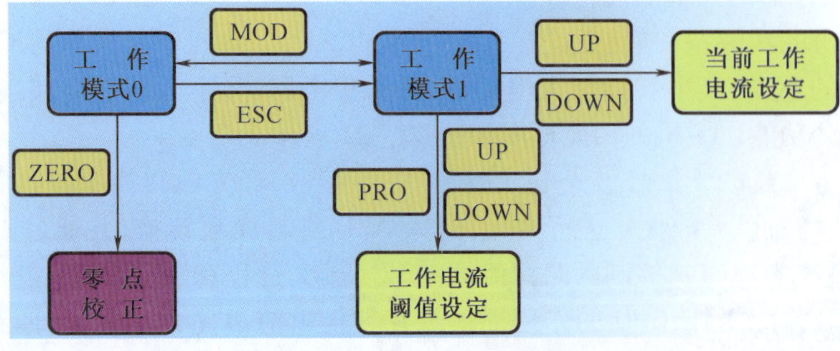

图 27 - 19 按键功能示意图

RET(复位键):用于系统的复位。

MOD(工作模式选择键):用于选择工作模式 0 和模式 1,系统共设置两种工作模式,即模式 0(显示两路探测器测量的电压值)和模式 1(显示光源的驱动电流和两路电压值的商值,在此工作状态下可设置光源的驱动电流和工作电流的上下阈值)。

ZERO(校正键):校正光强零输入时探测器的输出本底(即将两路当前的光强显示值归为零)。

ESC(取消键):工作模式 0 为默认状态,按此键会到工作模式 0。

PRO(编程键):在工作模式 1 时,用于选定设置电源驱动电流上下阈值状态。

UP(增加键):增加电源的驱动电流或阈值的上下限,电流阈值的上限为 100 mA,下限为 0 mA。

DOWN(减少键):减少电源的驱动电流或阈值的上下限,电流阈值的上限为 100 mA,下限为 0 mA。

当仪器开机或初始化(按动 RESET 键)后,自动处于工作模式 0 状态,只有 MOD 键和 ZERO 键有效,其余键均被屏蔽,此时可以对光强零输入时两路探测器的本底进行校正(按动 ZERO 键),或者按动 MOD 键将工作模式切换到工作模式 1。

当工作状态处于模式 1 时,可以按动 UP 键和 DOWN 键对驱动电流进行增、减,按动 PRO 键与 UP 键、DOWN 键对电流的上、下阈值进行设定。

②仪器后面板及其接口

如图 27－20 所示,系统的电源与通信接口全部集中在后面板。仪器的接口特性是电源插座通过电源线与交流 220 V 电源相连,主机通信接口通过 9 芯 RS232 串口通信线与微机串口 COM1 或 COM2 连接好。

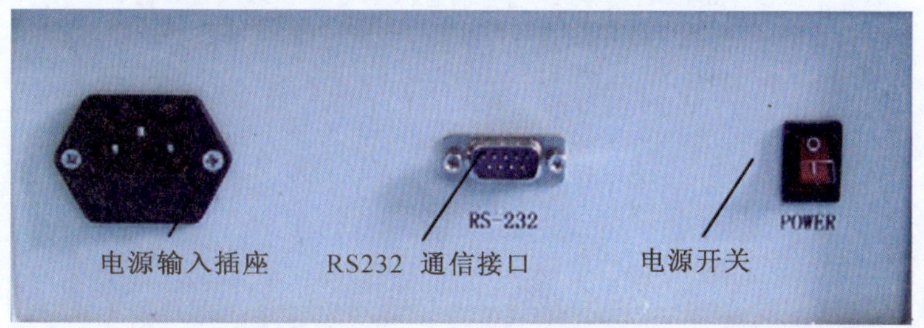

图 27－20 仪器后面板示意图

(2)仪器的内部功能特性

主机的功能特性如前所述,系统采用 MCS－52 系列单片机作为 CPU,实现光源的驱动、光电转换放大电路、信号采集电路、显示与控制电路、串口通信五部分功能。主机的功能框图如图 27－21 所示。

测量信息的光信号被光电二极管(PIN)接收,经光电转换电路进行信号转换,被增益可调放大器进行放大,送入 A/D 进行模数转换,并通过 CPU 存储到 RAM 中。CPU 控制两路探测器的转换放大过程和放大增益,以及 A/D 的转换。除此之外,CPU 的作用还体现在数控电流源使光源发光、两路采集信号商值的模拟信号输出、键盘的响应与数码管的显示以及和上位机完成通信等。

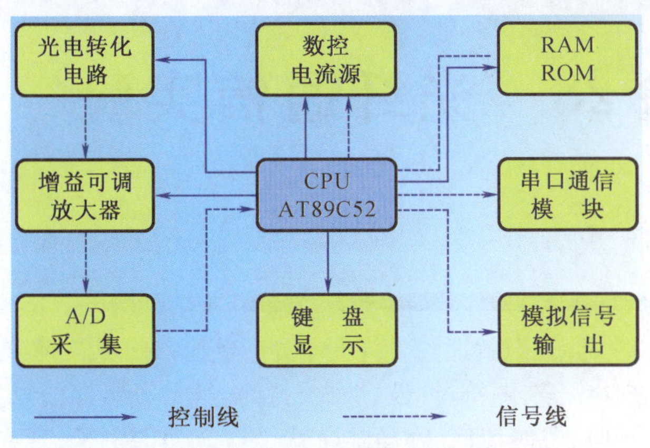

图 27－21 主机内部功能原理图

5. 实验内容

①设计一种实验方案，验证光纤传感器设计实验系统的补偿效果，给出验证的结论（数据表格自行设计）。

具体操作方法是打开仪器电源，按一下“MODE”键，面板上 mA 指示灯亮，按“增加（减少）”键，将工作电流调整到 15～30 mA（光纤端出现红光），再次按“MODE”键，面板上两个 mV 指示灯亮。旋转螺旋测微器，使光纤探头尽可能地接近反射镜，将螺旋测微器反向旋转 1～2 小格（即 10～20 μm，消除空程），记录当前两路输出电压值（U_1 和 U_2），继续旋转螺旋测微器，每 20 个小格（即 200 μm）记录一次两路电压输出值（U_1 和 U_2），直至两路电压输出值的变化趋于平缓，数据记录结束。

②设计一种光纤位移传感器，记录实验数据，合理地处理实验数据，提供标定曲线和拟合多项式（数据表格自行设计）。

③在实验报告中用同一张坐标纸（或用 Excel 软件）作 U_1-x 和 U_2-x 曲线；另取一张坐标纸（或用Excel软件）作 $\frac{U_2}{U_1}-x$ 曲线，指出所用的补偿式光纤探头可用于位移测量的工作区间。

④基于光纤传感器设计实验系统，设计测量液位高度的应用实例，提供液位传感器的设计方案和实验装置示意图，分析所设计系统的可行性（要求在课堂实验完成后，自行分析并设计，设计内容在实验报告中体现）。

实验28　光纤通信实验

一、背景及应用

图28－1　烽火通信

早在远古时期，人们就通过简单的语言、壁画等方式交换信息。千百年来，人们一直在用语言、图符、钟鼓、烟火、竹简、纸书等传递信息，古代人的烽火狼烟（图28－1）、飞鸽传信、驿马邮递就是这方面的例子，现在还有一些国家的个别原始部落仍然保留着诸如击鼓鸣号这样古老的通信方式。

光通信是以光波为载波的通信，人们使用过的光通信传输媒质有大气、水、液体纤维导管、玻璃纤维、光缆，甚至还在尝试使用外层空间。用于光通信的波长范围从红外光、可见光到高频射线，但目前光通信传输领域占主导地位的仍然是光纤。回顾光通信的发展历史，人类利用光进行信息传输大致经历了三个阶段。

图28－2　旗语通信

第一个阶段——可视通信阶段。我国古代的"烽火台"报警，欧洲人用旗语传送信息（图28－2），战争时期的信号树、信号弹，舰船使用的灯塔、信号灯等通信方式都属于可视光通信信号。

第二个阶段——激光大气通信阶段。1880年，美国人贝尔（Bell）发明了用光波作载波传送话音的"光电话"，贝尔光电话是现代光通信的雏形。1960年，美国人梅曼（Maiman）发明了第一台红宝石激光器，给光通信带来了新的曙光。激光器的发明和应用，使沉睡了80年的光通信进入一个崭新的阶段。人们进行了大量的激光大气通信实验，但由于大气层存在严重的吸收、散射，且受天气变化影响，20世纪60年代中期一度振兴的激光大气通信研究处于停滞状态。

图28－3　高锟

第三阶段——光纤通信阶段。1966年，美籍华人高锟博士（图28－3）首次利用无线电波导通信的原理提出了低损耗光纤的概念。高锟博士预见到，只要设法消除玻璃中的各种杂质，就可以大大减少对光的吸收，完全可以生产出具有实用意义的低损耗光纤。美国康宁公司经过大量的研究和试验，终于在1970年首次研制成功了损耗为20 dB/km的石英光纤。这种光纤直径只有人的头发丝那么细，并且柔软可绕。同年，GaAlAs（镓铝砷）异质结半导体激光器实现了室温下的连续工作，为光纤通信提供了理想的光源。从此，光纤通信出现了突飞猛进的发展。1976年，美国贝尔实验室在亚特兰大到华盛顿之间建立了世界第一条实用化的光纤通信线路，速率为45 Mb/s，采用的是多模光纤，光源用的是发光二极管，波长是0.85 μm的红外光。此后，光纤的传输损耗不断下降，带宽不断增加，光源和光检测器件的性能不断改善，寿命不断增长。在近二十年中，各种类型的光纤通信系统以及光纤数字通信网如雨后春笋般地建立起来，充分显示出光纤通信的强大竞争力。

光纤通信的主要优点：

①通信容量大，传输距离远；

②不受电磁场干扰，可以在强电场环境下工作；

③抗腐蚀性强，可以在具有有害气体的环境下工作，如化学工矿等；

④光纤的质量很轻，安装于飞机、导弹等军事设备中，可减轻负载，提高速度和性能；

⑤原材料来源丰富，可以节省大量的金属。

当今世界上光纤通信已广泛应用，光纤不仅在陆地上普遍使用，而且越来越多地用于跨洋通信，世界上已建成跨越大西洋和太平洋的海底光缆线路，光缆几乎包围了整个地球（图 28－4）。光纤通信还广泛用于市话网、局域网、城域网和综合业务数字网，传输高清晰度电视，数据等非话业务，为人们尽情地享受丰富多彩的信息服务创造了条件。

(a)

(b)

(c)

图 28－4　光纤通信的广泛应用

（a）架空光缆的施工；（b）地下光缆的敷设；（c）水下光缆的敷设

二、实验原理

1. 系统的组成

音频信号光强调制光纤传输系统的结构原理如图 28－5 所示，它主要包括由 LED 及其调制、驱动电路组成的光信号发送器，传输光纤和由光电转换、$I-U$ 变换及功放电路组成的光信号接收器三个部分。光源器件的发光中心波长必须在传输光纤呈现低损耗的 0.85 μm，1.3 μm 或 1.5 μm 附近，本实验采用中心波长为 0.85 μm 附近的 GaAs 半导体发光二极管 LED 作光源器件，峰值响应波长为 0.8～0.9 μm 的硅光二极管 SPD 作光电检测元件。为了避免或减少谐波失真，要求整个传输系统的频带宽度能够覆盖被传信号的频谱范围。由于光导纤维对光信号具有很宽的频带，在 300～3 400 Hz 的音频内，整个系统的频带宽度取决于发送端调制放大电路和接收端功放电路的幅频特性。

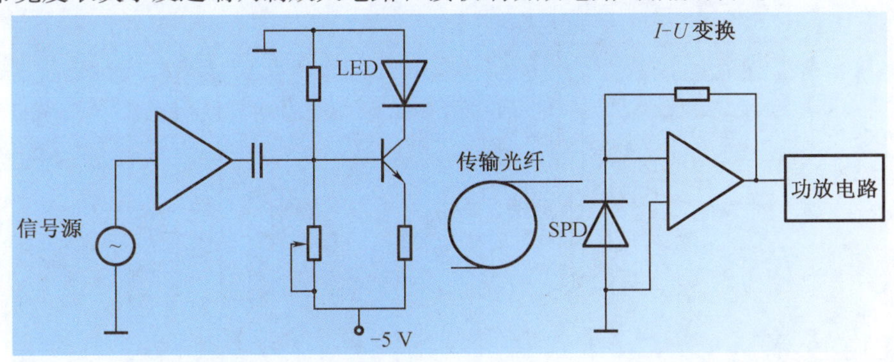

图 28－5　音频信号光纤传输实验系统原理图

2. 光导纤维的结构及传光原理

衡量光导纤维性能的两个重要指标为传输信息的距离和携带信息的容量。前者决定于光纤的损耗特性，后者决定于基带频率特性。

目前光纤的损耗很容易做到 1 dB/km 以下，光纤的损耗与工作波长有关，所以尽量选用低损耗的工作波长。光纤通信最早是用 0.85 μm 的短波长，近来发展至用 1.3～1.55 μm 的波长，这一波长范围内光纤不仅损耗低，而且“色散”也小。

光纤的基带频率特性主要由光纤的模式性质、材料色散和波导色散决定。光纤由纤芯和包层两部分组成，纤芯的折射率较包层折射率大，按其模式性质可成单模光纤和多模光纤。单模光纤的纤芯直径为 5～10 μm，在一定条件下，只允许一种电磁场形态的光波在纤芯内传播。多模光纤的纤芯直径为 50 μm 或 62.5 μm，允许多种电磁场形态的光波传播。这两种光纤的包层直径均为 125 μm，按其折射率沿光纤截面的径向分布状况又分成阶跃型和渐变型两种光纤。对于阶跃型光纤，在纤芯和包层中折射率均为常数，但纤芯折射率 n_1 略大于包层折射率 n_2，可用几何光学的全反射理论解释它的导光原理。在渐变型光纤中，纤芯折射率随离开光纤轴线距离的增加而逐渐减小，直到在纤芯－包层界面处减到某一值后，在包层的范围内折射率保持这一值不变。根据光射线在非均匀介质中的传播理论分析可知，经光源耦合到渐变型光纤中的某些光射线，在纤芯内是沿周期性地弯向光纤轴线的曲线传播的。

3. 半导体发光二极管结构及驱动调制电路

光纤通信系统中对光源器件在发光波长、电光效率、工作寿命、光谱宽度和调制性能等方面均有特殊要求，目前常用的光源器件主要有半导体发光二极管（LED）和半导体激光二极管（LD）。

本实验采用 LED 光源，型号为 HFBR－1424，其正向伏安特性如图 28－6(a)所示，与普通的二极管相比，在正向电压大于 1 V 以后才开始导通，在正常使用情况下，正向压降为 1.6 V 左右。LED 输出的光功率与其驱动电流的关系称为 LED 的电光特性，如图 28－6(b)所示。为了使发送端产生一个无非线性失真且峰－峰值又最大的光信号，应先给 LED 一个适当的偏置电流，其值等于电光特性曲线线性部分中点对应的电流值。

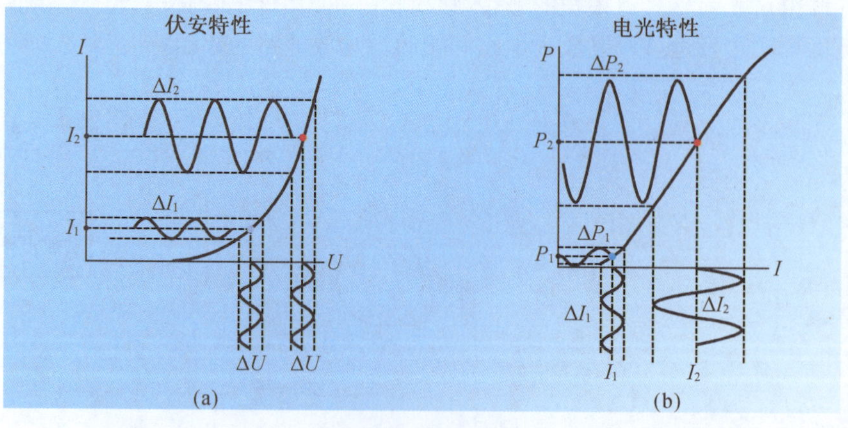

图 28－6　HFBR－1424 型 LED 的正向伏安特性和电光特性

(a)LED 伏安特性；(b)LED 电光特性

音频信号光纤传输系统发送端 LED 的驱动和调制电路如图 28－7 所示，调节电位器 W_2 可使 LED 的偏置电流在 0～40 mA 变化。音频信号由 IC1 电路放大后经电容器 C_4 耦合到 BG1 基极，对 LED 的工作电流进行调制，从而使 LED 发送随音频信号变化的光信号，并经光导纤维把这一信号传至接收端。

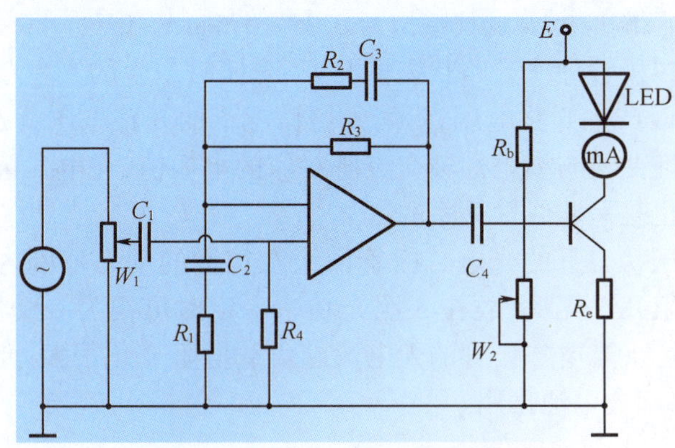

图 28－7 LED 的驱动和调制电路

4. 半导体光电二极管的工作原理及特性

半导体光电二极管的管壳上有一个能让光线照射到其光敏区的窗口，通常工作在反向偏置电压状态或无偏压状态。光电二极管的伏安特性如图 28－8所示，可用下式表示，即

$$I = I_0\left(1 - \exp\frac{qv}{kT}\right) + I_L \tag{28-1}$$

式中，I_0 是无光照的反向饱和电流；v 是二极管的端电压；q 为电子电荷；k 为波耳兹曼常数；T 是结温，单位为 K；I_L 是无偏压状态下光照时的短路电流，它与光照时的光功率成正比。

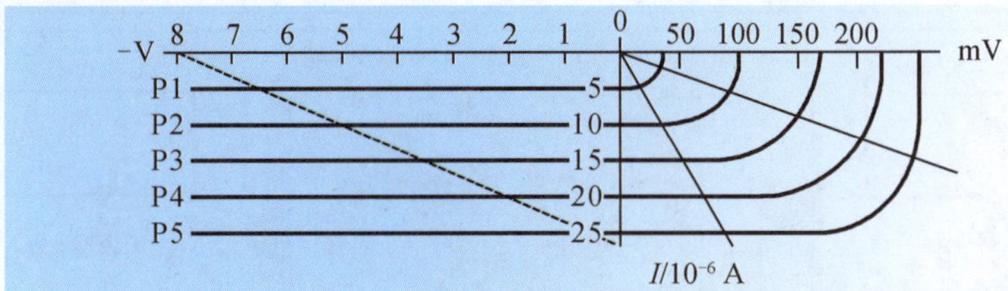

图 28－8 光电二极管的伏安特性曲线及工作点的确定

式(28－1)中的 I_0 和 I_L 均是反向电流，即从光电二极管负极流向正极的电流。根据图 28－8，可以得出如下结论。

①光电二极管即使在无偏压的工作状态下，也有反向电流流过。

②反偏工作状态下，光电二极管的工作点由负载线与第三象限的伏安特性曲线交点确定。在外加电压 E 和负载电阻 R_L 的很大变化范围内，光电流与入照的光功率均具有较好的线性关系。无偏压工作状态下，只有 R_L 较小时光电流才与入照光功率成正比，R_L 增大时，光电流与光功率呈非线性关系。无偏压短路状态下，短路电流与入照光功率具有很好的线性关系，这一关系称为光电二极管的光电特性，这一特性在 $I-P$ 坐标系中的斜率为

$$R=\frac{\Delta I}{\Delta P}(\mu A/\mu W) \qquad (28-2)$$

定义 R 为光电二极管的响应度，表征光电二极管光电转换效率的重要参数，光电二极管的响应度 R 值与入照光波的波长有关。本实验中采用的硅光电二极管，其光谱响应波长在 0.4～1.1 μm、峰值响应波长在 0.8～0.9 μm。在峰值响应波长下，响应度 R 的典型值为 0.25～0.5 μA/μW。

③在光电二极管处于开路状态情况下，光照时产生的光生载流子不能形成闭合光电流而产生开路电压，不同光照情况下的开路电压就是如图 28－8 所示伏－安特性曲线与横坐标轴交点所对应的电压值，光电二极管开路电压与入照光功率也是呈非线性关系的。

④反向偏压状态下的光电二极管由于在很大的动态范围内其光电流与偏压和负载电阻几乎无关，故在入照光功率一定时可视为一个恒流源，而在无偏压工作状态下光电二极管的光电流随负载电阻变化很大，此时它不具有恒流源性质，只起光电池作用。

三、实验目的

熟悉半导体电光/光电器件的基本性能及基本特性曲线的测试方法；了解音频信号光纤传输系统的结构及主要部件的选配原则；学习分析集成运放电路的基本方法；训练音频信号光纤传输系统的调试技术。

四、实验仪器

YOF－B 型音频信号光纤传输技术实验仪由以下三部分组成。

①YOF－B 型音频信号光纤传输技术实验仪发送器，如图 28－9 所示。

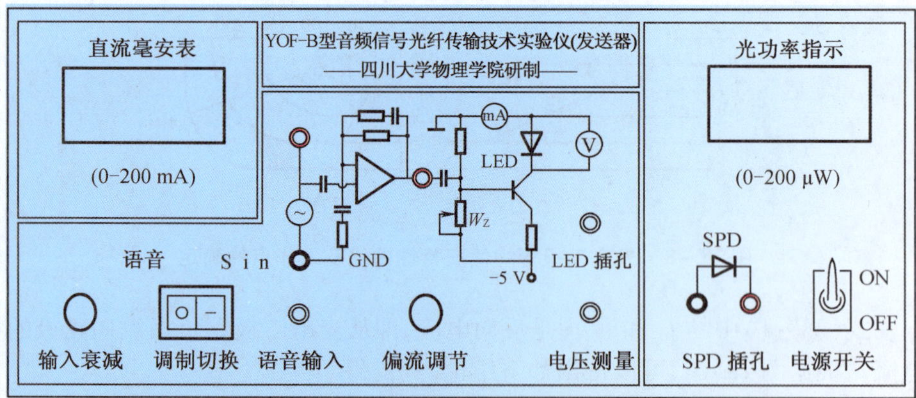

图 28－9　YOF－B 型音频信号光纤传输技术实验仪(发送器)

②YOF－B 型音频信号光纤传输技术实验仪接收器，如图 28－10 所示。

③含光源器件 LED 和 SPD 光电探头的光纤信道，如图 28－11 所示。

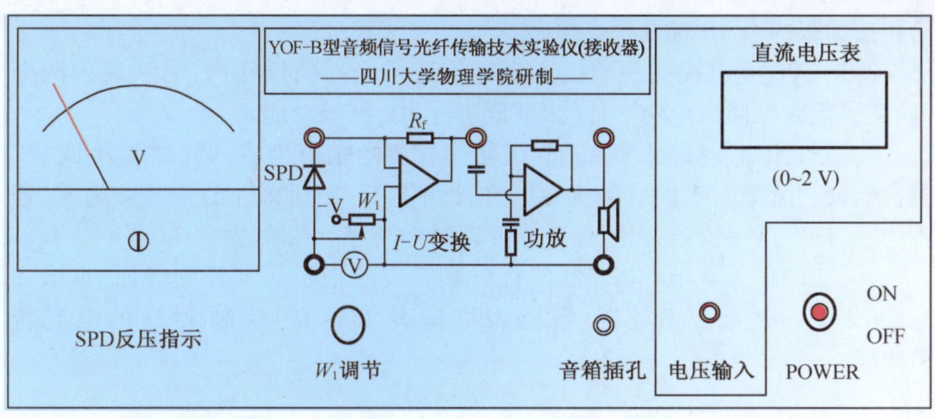

图 28－10 YOF－B 型音频信号光纤传输技术实验仪(接收器)

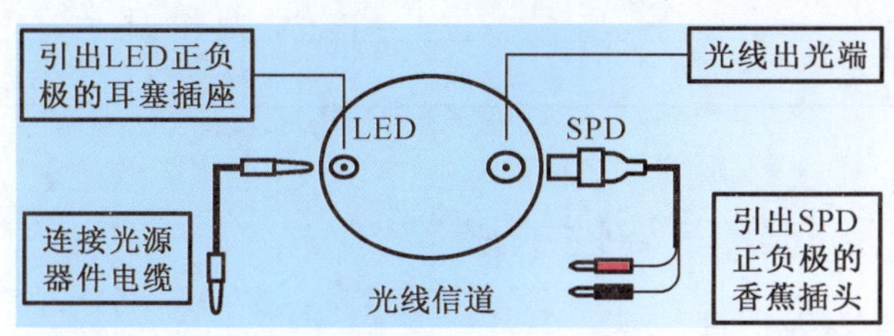

图 28－11 光纤信道

五、实验内容

1. LED 电光特性的测定

该项实验只需发送器、光纤信道,连接如图 28－12 所示。

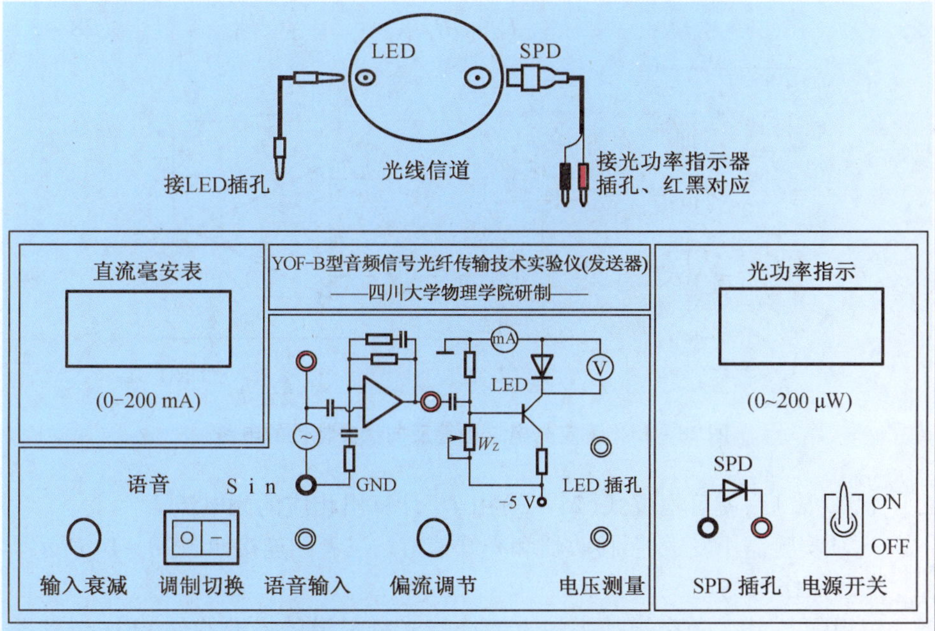

图 28－12 LED 电光特性的测定

①用两端均为单声道插头的电缆连接光纤信道内的光源器件 LED 与发

送器前面板的“LED 插孔”。

②把 SPD 光电探头一端插入光纤信道出光端的插座内，另一端的两个红、黑香蕉插头插入光功率计的“SPD”插孔内，红黑对应。

③逆时针调节“输入衰减”旋钮使信号源的幅值为零，调节“偏流调节”电位器使直流毫安表的读数为零。在此情况下，光功率计的指示应为零，若不为零，记下这一读数，以后在数据处理时作为零点扣除。

④调节“偏流调节”电位器使直流毫安表的指示从零开始增加，每增加 3 mA读取一次光功率数据，数据表格见表 28 – 1。绘制 LED 的电光特性曲线。

表 28 – 1　LED 电光特性测定实验数据记录

电流/mA	0	4	8	12	16	20	24	28	32	36
光功率/μW										

2. SPD 反向伏安特性的测定

(1)测量方法及原理

测定光电二极管反向伏安特性的电路如图 28 – 13 所示。其中，LED 的发光功率由光导纤维传输至 SPD 光电二极管。由 IC1 为主构成的电路是一个电流 – 电压变换电路，把光电流 I 转换成 c 点的输出电压 U_o，输出电压 U_o 与光电流成正比。电路的工作原理是由于 IC1 的反相输入端具有很大的输入阻抗，光电二极管受光照时产生的光电流几乎全部流过 R_f 产生电压 $U_{cb} = R_f I$。另外，又因 IC1 具有很高的开环电压增益，反相输入端具有与同相输入端相同的地电位，故 IC1 的输出电压为

$$U_o = IR_f \tag{28-3}$$

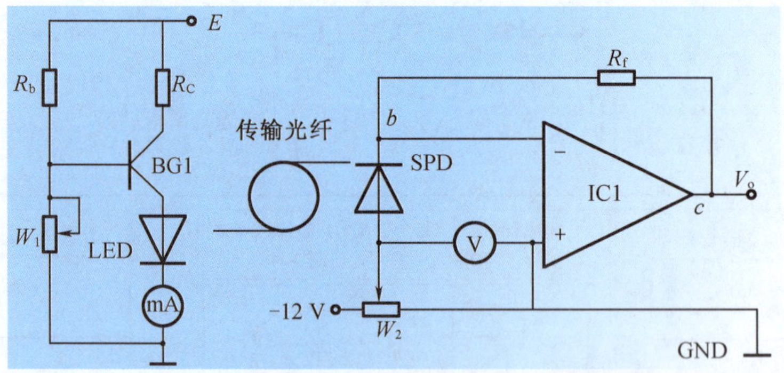

图 28 – 13　测定光电二极管反向伏安特性的电路

已知 R_f 后，就可根据式(28 – 3)由 U_o 计算出相应的光电流 I。

这项实验需用发送器、接收器和光纤信道。三者的连接如图 28 – 14 所示。

(2)操作与测定

①用两端均为单声道插头的电缆连接光纤信道的光源器件 LED 与发送器前面板的“LED 插孔”；

②把 SPD 光电探头一端插入光纤信道出光端的插座内，另一端的两个红、黑香蕉插头插入接收器的“SPD”插孔内，红与红对应，黑与绿对应；

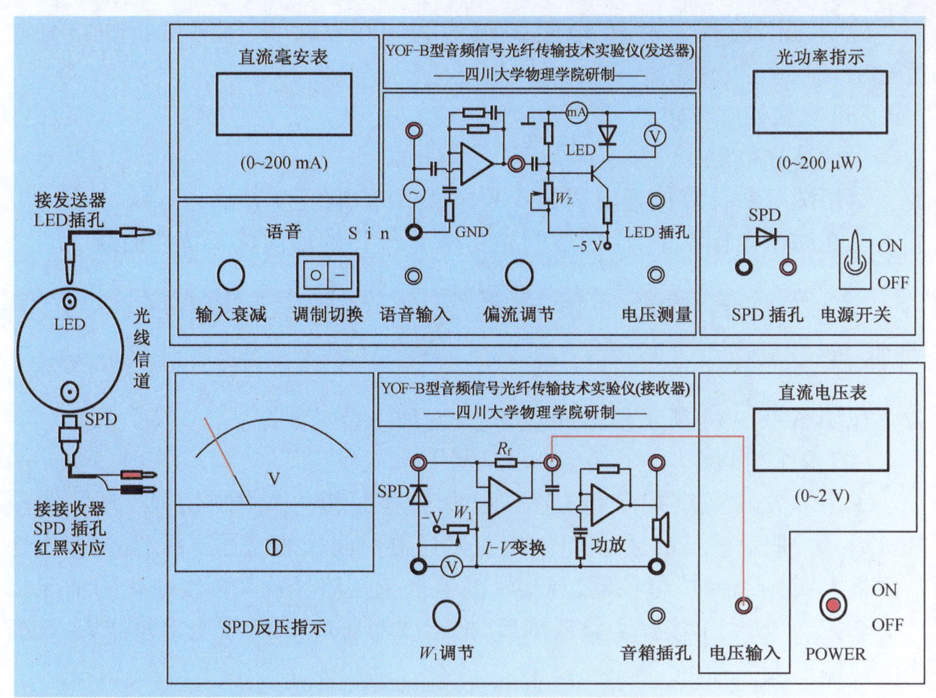

图 28-14 SPD 反向伏安特性的测定

③用具有香蕉插头的导线把接收器面板上 $I-U$ 变换电路的输出接至接收器面板上直流电压表的“电压输入”插孔；

④调节发送器面板上的“偏流调节”，使直流毫安表的读数为零，并把光纤信道的 SPD 探头先接入发送器面板上光功率指示器“SPD 插孔”内，记录光功率指示器的初始值；

⑤把光纤信道的 SPD 探头改接到接收器面板上 $I-U$ 变换电路的 SPD 插孔内，调节接收器面板上“W_1 调节”电位器，使指示 SPD 反压的电压表读数从零开始增加，每增加 1 V 读取和记录一次接收器面板上右侧的数字电压表的读数，直到 SPD 的反压为 8 V 止；

⑥反复以上两项测量，每反复一次测量，都需调节发送器面板上“偏流调节”电位器，使光功率指示器的读数在原有基础上增加 6 μW，数据记录到表 28-2 中。

表 28-2 SPD 反向伏安特性测定实验数据记录

反向偏压/V 测量值/V 光功率/μW	0	1	2	3	4	5	6	7	8
0									
6									
12									
18									
24									
30									

说明：图 28－13 中 R_f 电阻的阻值为 100 kΩ。电压测量请勿接到功放输出。

(3)数据处理要求

①计算光电流；

②用图解法计算偏置电压为 6 V 时，SPD 的响应度 R 值；

③在同一坐标系中，绘制不同光功率下 SPD 的反向伏安特性曲线。

3. 音频信号光纤传输系统无非线性失真的最大光信号幅度的测定

在如图 28－14 所示仪器的基础上，增加一台示波器。

(1)操作与测定

①用示波器观察信号源信号，把发送器面板上“调制切换”开关拨至“Sin”一侧，把示波器的通道 CH1 接至发送器前面板的信号源两端，调节发送器面板上“输入衰减”电位器，观察示波器上正弦信号及其幅度变化的情况；

②按图 28－14 接好实验系统后，把示波器通道 CH1 接至接收器 $I-U$ 变换电路输出端插孔；

③把发送器面板上的“输入衰减”电位器沿逆时针方向旋转，使调制信号的幅度为零；

④调节发送器面板上“偏流调节”电位器，使 LED 的偏置电流最初为 5 mA，然后调节“输入衰减”电位器，使调制信号幅度从 0 开始慢慢增加，直到光信号出现非线性失真（用示波器观测，当波形不对称时，判定为非线性失真）为止；

⑤LED 偏置电流调为 15 mA 时，重复以上操作。

说明：描述 LED 偏置电流对信号光纤传输的影响，采用 LED 光电特性曲线进行分析。本实验只需要观察现象，不需要记录实验数据。

4. 语音信号传输

将耳机插到收音机上，调节收音机，能够听到清晰的声音。

①在图 28－14 所示连接的基础上，把发送器面板上“调制切换”开关拨至“语音”一侧，另一条电缆的双声道插头接收音机，单声道插头接发送器前面板的“语音输入”插孔，耳机插入接收器前面板上的音箱插孔中。

②把示波器通道 CH1 接到接收器前面板 $I-U$ 变换电路输出端的插孔处，调节发送器面板上“偏流调节”电位器，使 LED 偏置电流分别为 5 mA 和 15 mA，调节 SPD 探测器反向电压为 0 V 和 4 V，在这四种状态下，进行语音信号传输，写出实验现象并进行分析。

说明：描述 LED 偏置电流及 SPD 的反向偏置电压对信号光纤传输的影响，采用 LED 光电特性曲线，SPD 反向伏安特性曲线进行分析。本实验只需要观察现象，不需要记录实验数据。

六、分析与思考

(1)利用 SPD,$I-U$ 变换电路和数字毫伏表,设计一个量程为 200 μW 光功率计。

(2)如何测定图 28-8 所示 SPD 第四象限的正向伏安特性曲线?

(3)在 LED 偏置电流一定情况下,当调制信号幅度较小时,指示 LED 偏置电流的毫安表读数与调制信号幅度无关,当调制信号幅度增加到某一程度后,毫安表读数将随着调制信号的幅度而变化,为什么?

(4)若传输光纤对于本实验所采用 LED 的中心波长的损耗系数(**) $\alpha \leq 1$ dB,根据实验数据估算本实验系统的传输距离还能延伸多远?

(**):光纤损耗系数 α 的定义为 $\alpha=\dfrac{10\lg\dfrac{P_{in}}{P_{out}}}{L}$(dB/km)。其中,$P_{in}$ 为光纤输入率;P_{out} 为光纤输出光功率;L 为光纤长度。

七、附录

空间激光通信的干扰、窃听实验属于增强型实验,只需要简单的分束镜就可实现激光通信的窃听,加深学生对空间激光通信的理解,可作为基础实验,也可作为表演实验。其可按如下步骤操作:

①在第二个实验的基础上,选择空间激光通信组件;

②将分束镜插入通信激光束中,从中即可分出一束激光,而且对原通信质量影响不大;

③来回转动分束镜或插入一块毛玻璃,则通信质量会受到明显干扰;

④使用另一台光通信实验系统的光接收机(或仍使用原接收机),将探测器对准窃出的激光束,调节合适音量,即可实现窃听,如图 28-15 所示。

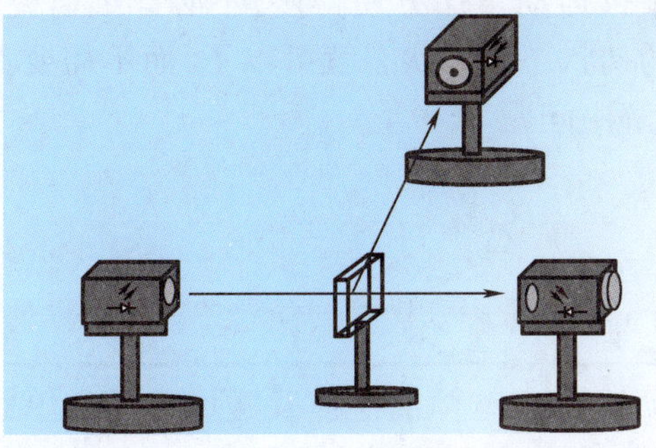

图 28-15 空间激光通信的干扰、窃听

实验 29　碰撞打靶实验

一、背景及应用

物体间的碰撞是自然界中普遍存在的现象，单摆运动和平抛运动是运动学中的基本内容，能量守恒与动量守恒是力学中的重要概念。能量守恒定律是自然科学中最基本的定律之一，与细胞学说、进化论合称 19 世纪自然科学的三大发现，它科学地阐明了运动不灭的观点，可表述为在孤立系统中，能量从一种形式转换成另一种形式，从一个物体传递到另一个物体，在转换和传递的过程中，各种形式、各个物体的能量总和保持不变，整个自然界也可看成一个孤立系统而表述为自然界中能量可不断转换和传递，但总量保持不变。摩擦生热是通过克服摩擦做功将机械能转化为内能，水壶中的水沸腾时水蒸气对壶盖做功将壶盖顶起表明内能转化为机械能，电流通过电热丝做功可将电能转化为内能等，这些实例说明了不同形式的能量之间相互转化。能量守恒定律如今被人们普遍认同，但是并没有严格证明。在只有保守力做功的情况下，系统能量表现为机械能（动能和势能），能量守恒具体表达为机械能守恒定律。

图 29－1　笛卡尔

动量守恒定律的内容是一个系统不受外力或所受外力之和为零，这个系统的总动量保持不变。早在牛顿运动定律建立以前，人们为了量度机械运动的"运动量"，就引入了动量的概念，这首先是在伽利略研究打击、碰撞问题时提出的。后来，笛卡尔（R. Descartes，1596—1650，图 29－1）初步总结了碰撞规律，提出了动量守恒的思想，认识到动量是质量和速度的乘积。动量定理和动量守恒定律是力学中的重要规律，它比牛顿运动定律具有更大的普遍性，牛顿运动定律不适用的领域如微观粒子方面，在动量定理和动量守恒定律中仍然是适用的。此外，在研究碰撞和反冲问题时，利用动量定理和动量守恒定律要比运用牛顿运动定律方便得多，不必详细研究整个运动过程，只需要比较运动过程的初状态和末状态就可以了，而不需要考虑相互作用过程中复杂的细节，便于解决问题。

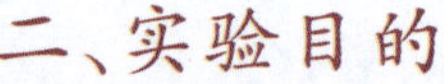

二、实验目的

通过本实验研究两个球体的碰撞及碰撞前后的单摆运动和平抛运动；讨论不同材质的球体碰撞中的动量和能量的转换与守恒，比较实验值和理论值的差异；分析实验现象，研究实验过程中的能量损失。

三、设计要求

(1)实验前,写出如图29－2所示的h及x和y的函数关系(考虑撞击球与被撞击球质量不同、直径相同且忽略能量损失的情况)。

(2)设计出测量各部分能量损失的实验方案。

(3)根据实验内容设计出实验数据记录表格。

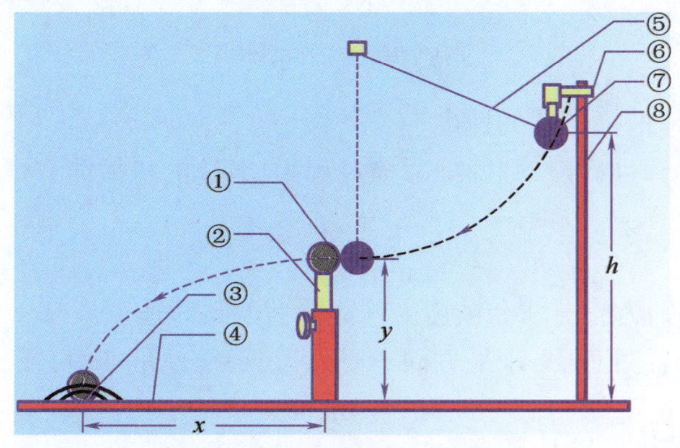

图29－2　碰撞打靶原理图

①—被撞击球;②—升降台;③—靶心;④—底盘;
⑤—线绳;⑥—升降架;⑦—撞击球;⑧—移动尺

四、仪器设备

本实验所需仪器如图29－3所示。

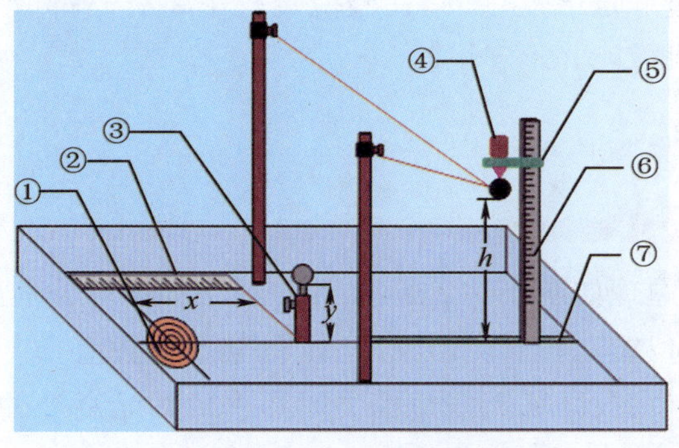

图29－3　实验装置图

①—靶;②—横尺;③—升降台;④—电磁铁;
⑤—升降架;⑥—竖尺;⑦—底盘

①用两细绳挂在两杆上的铁质“撞击球”被吸在升降架上的电磁铁下,与撞击球直径相同的“被撞击球”放在升降台上。升降台和升降架可自由调节其高度,可在滑槽内横向移动竖尺测量撞击球的高度h,利用固定的横尺来测量靶心与被撞击球的横向距离x,以及利用直尺测量被撞击球的初始高度y。

②直径相同、材料不同的撞击球(铁球)和被撞击球(铁球、铜球和铝球)。

③游标卡尺、直尺等。

五、原理和方法提示

图 29－2 是碰撞打靶的原理图。质量为 M 的撞击球在距底盘高为 h 时，重力势能为 Mgh(以底盘位置为重力势能零点)。当它摆下时与位于升降台上(高为 y)的被撞击球 m 发生正碰，碰撞前撞击球具有的动能(不计空气阻力)为

$$Mg(h-y)=\frac{1}{2}Mv_0^2 \tag{29-1}$$

式中，v_0 为碰撞前撞击球的速度。

若碰撞是弹性碰撞，则两球碰撞过程中，系统的机械能守恒，则

$$\frac{1}{2}Mv_0^2=\frac{1}{2}Mv_1^2+\frac{1}{2}mv_2^2 \tag{29-2}$$

式中，v_1，v_2 分别为撞击球和被撞击球碰撞后的瞬时速度。

两球在碰撞过程中，水平方向不受外力，系统动量守恒，即

$$Mv_0=Mv_1+mv_2 \tag{29-3}$$

被撞球被撞击后做平抛运动，假设其下落的时间为 t，有

$$x=v_2t \tag{29-4}$$

$$y-\frac{d}{2}=\frac{1}{2}gt^2 \tag{29-5}$$

式中，x 是被撞球在该时间内水平方向移动的距离；g 是重力加速度；d 是被撞击球的直径。

实际碰撞过程中，物体会产生变形，同时会发生声、光与热等物理现象。所以，一般碰撞过程是很复杂的，在碰撞过程中将有一部分机械能转化为其他形式的能量，机械能并不守恒。

六、实验内容

碰撞打靶的原理如图 29－2 所示，用三种被撞击球分别进行打靶实验。

①固定靶的位置 x_0(x_0 取 15～20 cm 的某个整数值)；

②按照靶的位置，计算无能量损失时撞击球初始高度的理想值 h_0(要求撞击球下落与被撞击球正碰，使被撞击球击中靶心)；

③调节绳拴部件，使撞击球和被撞击球正碰；

④以 h_0 值进行四次打靶实验，确定实际击中靶心的位置(可在靶纸上放一张复写纸，被撞击球落下处会留下痕迹)，根据此位置，计算 h 值应移动多少才能真正击中靶心；

⑤调节 h 的高度和绳拴部件，尽量使被撞击球击中靶心，每种球碰撞四次，记下相应 x 和 h 值；

⑥计算撞击三种被撞击球的过程中的能量损失；

⑦实验总结、撰写实验研究报告。

注意 同一个被撞击球每次被撞击时，靶的位置不要变。

七、分析与思考

(1)分析能量损失的各种来源,如何设计实验以测出各部分能量损失的大小。

(2)此实验中绳子的张力对小球是否做功,为什么?

(3)此实验中,小球不用金属,而采用石蜡或软木可以吗,为什么?

实验30 电表的改装与校准

一、背景及应用

电表是最基本的电学测量工具之一，按工作电流可分为直流电表（－）、交流电表（～）和交直流两用电表（≃）；按用途可分为电流表和电压表；按读取方式可分为指针式电表和数字式电表。我们常用的有直流电流表、交流电流表、直流电压表、交流电压表、欧姆表、万用表等，这些电表都可以通过电流计（俗称表头）改装而成。

电表作为测量仪器，它的发展与电磁学理论的发展和实验水平的不断提高密切相关。从世界上第一台验电器（1743 年）、可动线圈式检流计（1836 年）、惠斯通电桥（1841 年）和直流电位差计（1861 年）等问世以来，到20 世纪30 年代前后，电磁测量仪表从实验室的研制阶段逐步发展成为商品化产品，经典式电工仪表在设计理论与工艺结构方面已基本定型。到了 20 世纪 60 年代，电表准确度有了很大提高，一些系列的电表准确度等级已达到 0.1 级水平。此后，由于材料与工艺的限制，经典式仪表基本上停滞在这一水平上。

在实验室使用的电流表或电压表一般都是磁电式电表，它具有灵敏度高、功率消耗小、防外界磁场影响强、刻度均匀、读数方便等优点。未经改装的电表由于灵敏度高、满度电流（电压）很小，它的表头一般只允许通过微安量级的电流，所以只能用它测量很小的电流或电压，如果用它测量较大的电流和电压，就必须进行改装以扩大测量范围，这种改装过程称为电表的扩程。任何一件仪器（尤其是自行组装的仪器）在使用前都应进行校准，特别是在进行精密测量之前，校准是必不可少的。因此，校准是实验技术中一项非常重要的技术。按国家标准（GB/T 7676.2—1998），电流表和电压表应按下列等级指数表示的准确度等级分级：0.05，0.1，0.2，0.3，0.5，1.0，1.5，2.0，2.5，3.0，5.0，共分为十一个等级。

二、实验目的

通过该设计性实验熟悉电表的工作原理及常用基本电学仪器的功能和使用，掌握如何设计简单电路图实现解决问题的方法，学会如何确定电表的准确度等级。

三、设计要求

要求设计合理、方法简单易行、原理正确、电路设计正确、仪器选择合适、布局合理。

四、实验仪器

被改装表如图 30－1 所示，直流稳压电源如图 30－2 所示，滑线变阻器如图 30－3 所示，电阻箱如图 30－4 所示，标准微安表如图 30－5 所示，标准电压表如图 30－6 所示。

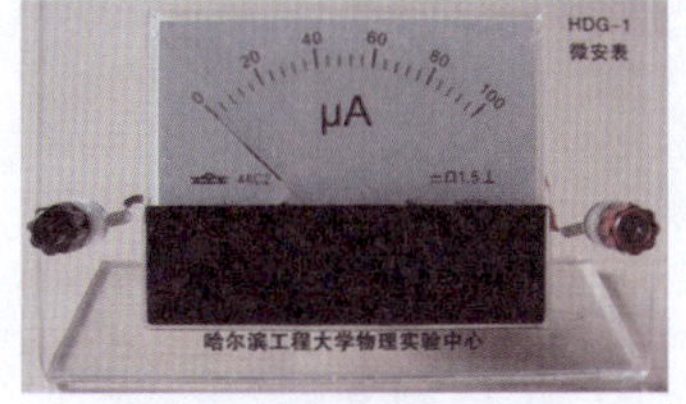

图 30－1　被改装电表

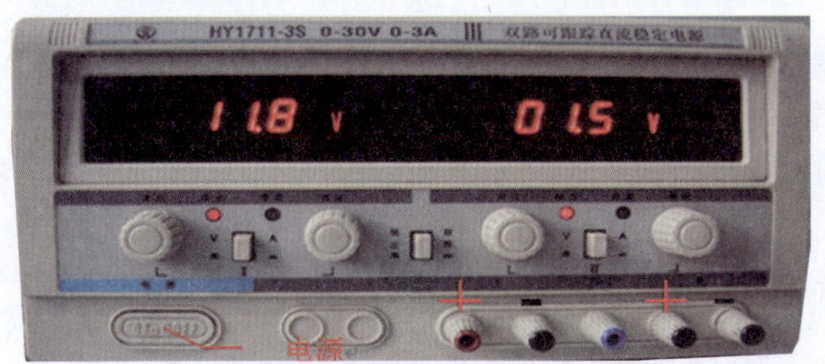

图 30－2　直流稳压电源

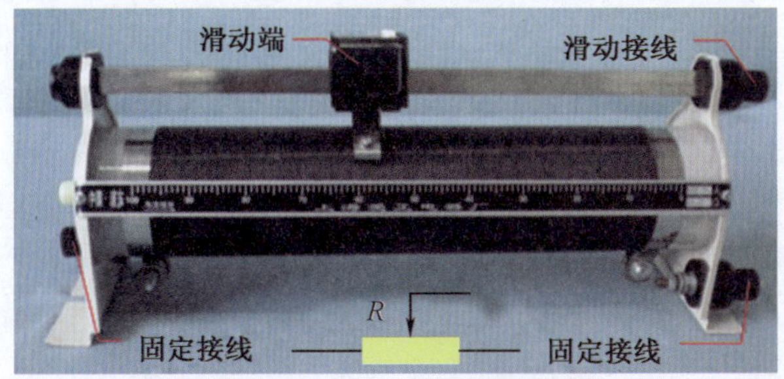

图 30－3　滑线变阻器

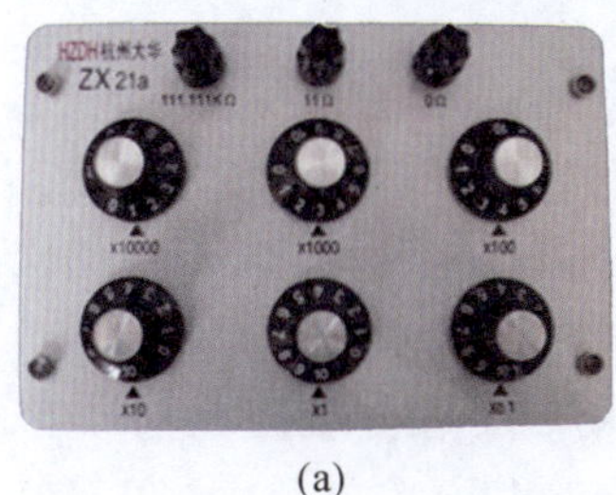

(a)

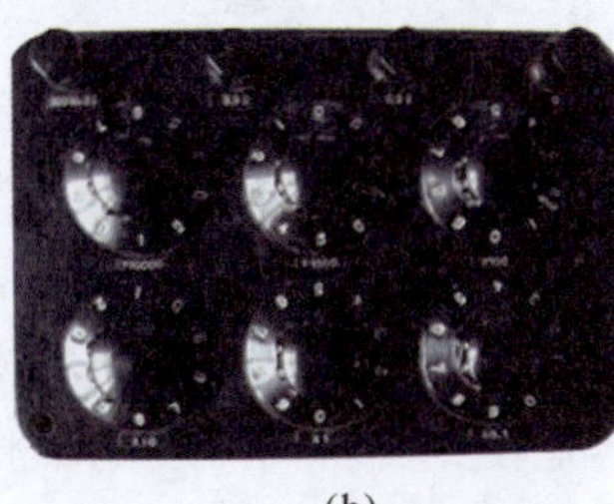

(b)

(c)

图 30－4　常用的几种电阻箱

(a)ZX21a 多量程电阻箱；(b)ZX21 型多量程电阻箱；(c)单量程电阻箱

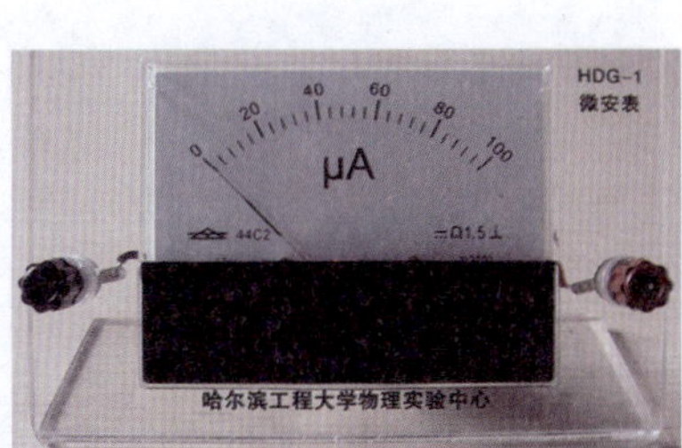

图 30－5　标准微安表

图 30－6　标准电压表

注意被改装表电极红色为正、黑色为负，接线时注意电流从正极流入、负极流出。

本实验利用滑线变阻器实现分压作用。注意：滑线变阻器的三个接线端都应该用到，两个固定端与电源正、负极连接，滑动端与改装表电路连接，接通电源前滑动端应注意置于何处。

本实验使用电阻箱（0 ~ 99 999.9 Ω）的最大量程，使用时应注意预置初始电阻值。

标准微安表为交直流两用，实验选用 100 μA 量程。标准电压表实验选用 3 V 量程。

五、原理和方法

1. 表头内阻的测定

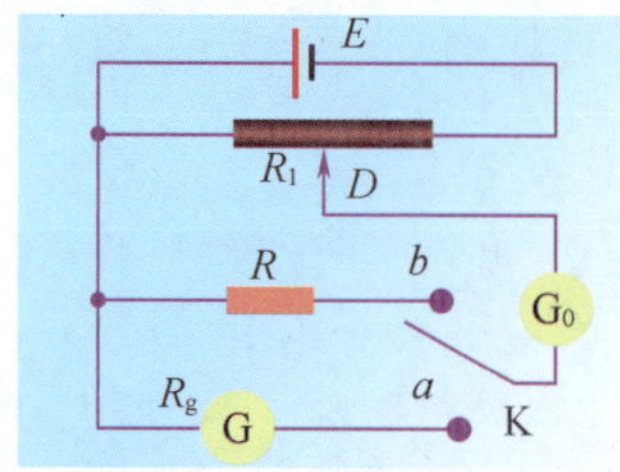

图 30－7　测量微安表头内阻电路

用于改装的微安表（电流计）习惯上称为表头，表头内线圈电阻 R_g 称为表头内阻。欲将微安表扩程改装，首先要测量表头内阻。本实验用替代法测量电表内阻，线路如图 30－7 所示。

首先，按图 30－7 接好线，保护好电表，将开关 K 接向 a 端。接通电源，调节滑线变阻器 R_1 的滑动头 D，使 G 满量程（或某适当值），记下 G_0 的读数。切断电源 E，将开关 K 接向 b 端，把电阻箱 R 的值先调到 3 999.9 Ω 左右，接通电源，再调 R 的值，使 G_0 保持原值不变，这时，电阻箱 R 上的指示读数即为表头内阻 R_g。

2. 将微安表扩程改装成毫安表

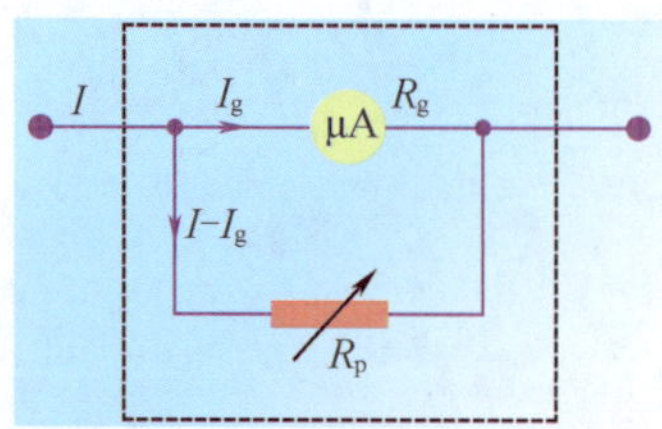

图 30－8　微安表头扩程改装成电流表原理图

表头的满度电流很小，一般为微安量级。如需测量超过其量程的电流，就必须扩大它的量程。扩大量程的方法是在表头两端并联一个分流电阻 R_p，如图 30－8 所示。这样，就使大部分被测电流从分流电阻流过，而表头仍保持原来允许通过的最大电流 I_g。图 30－8 中虚框内的表头和分流电阻 R_p 组成了一个新的量程的电流表。设新电流表的量程为 I，根据欧姆定律，有

$$(I-I_g)R_p = I_gR_g \tag{30－1}$$

$$R_p = \frac{I_gR_g}{I-I_g} \tag{30－2}$$

令 $\frac{I}{I_g}=n$，n 称为电表量程的扩大倍数，则分流电阻为

$$R_p = \frac{R_g}{n-1} \tag{30－3}$$

当确定表头的参量 I_g 和 R_g 后，依据所需要扩大电流量程的倍数 n，即可求出需要并联的分流电阻 R_p 的大小，从而实现表头的扩程改装。

3. 将微安表扩程改装成伏特表

表头的满度电压很小，一般只有零点几伏。为了测量较大的电压，在表头上串联一个分压高电阻 R_S，如图 30－9 所示，使超过表头所能承受的那部

分电压降落在电阻 R_S 上，虚线框中的表头和分压高电阻 R_S 组成的整体就是新量程为 U 的伏特表。根据欧姆定律，有

$$U_S = I_g R_S = U - U_g \tag{30-4}$$

$$R_S = \frac{U - U_g}{I_g} = \frac{U}{I_g} - R_g \tag{30-5}$$

当确定表头的参量 I_g 和 R_g 后，根据需要的伏特表量程，即可由式(30－5)算出应串联的分压高电阻 R_S 的大小。

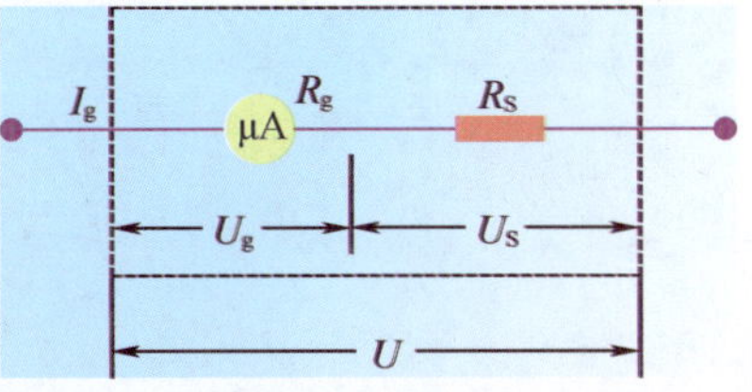

图 30－9 微安表头扩程改装成电压表原理图

4. 电表的标称误差和校准

标称误差指的是电表的实际读数和准确值的差异，它包括了电表在构造上各种不完善因素引入的误差。为了确定标称误差，先将电表与一个“标准”电表同时测量同一电流（或电压），称为校准，校准后得到电表各个刻度的绝对误差，选取其中最大的绝对误差除以表的量程，定为该电表的标称误差，即

$$标称误差 = \frac{最大绝对误差}{量程} \times 100\%$$

注意，该式中“最大绝对误差”不能认为是改装表测量值与所用标准表测量值之间的最大差值。在进行校准时，选用的标准表的等级通常要高于被改装表表头的等级，但标准表的误差有时仍不能忽略。若选用标准表的等级为 x_0，量程为 I_0，则该表最大误差为 $\Delta I_{0max} = I_0 \times x_0\%$，则应有 $\Delta I_{max} = |\Delta I_m| + \Delta I_{0max}$，即 $\Delta I_{max} = |\Delta I_m| + I_0 \times x_0\%$。显然，选用的标准表的等级不能低于被改装表表头的等级，若标准表的等级与被改装表表头的等级相同，且没有考虑 ΔI_{0max}，则可能得出改装表的等级高于标准表的等级的错误结果。因此，只有按照国家检定规则的规定，使标准表的误差与被校准表表头的误差相比小至 $\frac{1}{20} \sim \frac{1}{3}$ 时，标准表的误差才可以忽略不计。如果不能满足这一条件，则改装表的最大绝对误差必须通过 $\Delta I_{max} = |\Delta I_m| + I_0 \times x_0\%$ 计算。

根据测量结果画出校准曲线可以直观地帮助我们分析和判定测量结果的好坏。由于电表在实际测量电流时，表的指针可能从小到大偏转而停止在某个位置上，也可能从大到小偏转而停止在某个刻度上，两种情况是随机出现的，因此，在校准改装表时，应使电流从小到大校准一遍，再使电流从大到小重复校准一遍。这样，对于改装表的同一刻度，标准表可能会有两个不同的示值，粗略处理可以取其平均值作为用标准表测出电路中电流的准确值，然后求其与改装表表头示数的差值 ΔI，据此画出校准曲线，找出其中最大值 ΔI_{max}，进而确定改装表的标称误差。校准曲线是以 ΔI(mA)为纵轴坐标，以扩程改装表头指示数 I(mA)为横轴坐标作的曲线。由于各校准点是由标准表与待校表相比较而得到的，它们之间没有函数关系，所以两相邻校准点用直线连接，整个校准曲线的图形是折线，如图 30－10 所示，具体作图时应标出坐标分度值（注意分度值的比例）。

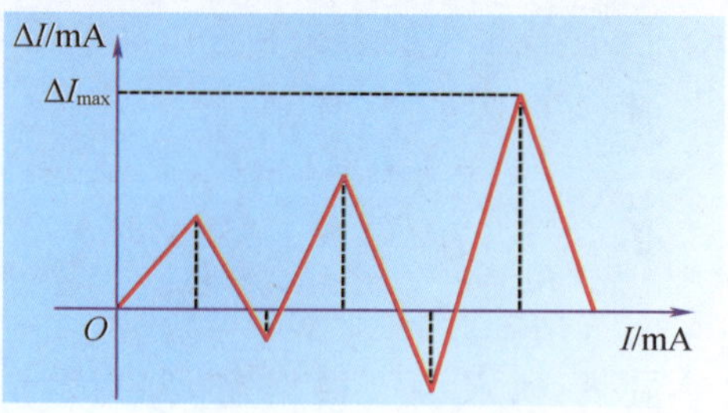

图 30－10　校准曲线

根据标称误差的大小，电表可分为不同等级，称为电表的准确度等级。按国家标准（GB/T 7676.2—1998）的规定，电流表和电压表应按下列等级指数表示的准确度等级分级：0.05，0.1，0.2，0.3，0.5，1.0，1.5，2.0，2.5，3.0，5.0，共分为十一个等级。例如，1.0 级表示电表的标称误差不大于 1.0%，其余类推。如果电表经校准后，求得的标称误差不正好为上述值，根据误差取大不取小的原则，该表的等级应定低一级。例如，电表校准后求得标称误差为 1.8%，它在 1.5 级与 2.0 级之间，则该表应定为 2.0 级。电表的等级常标在电表的表头上。在使用电表时，对长期使用或经过修理的电表都要经过校准后才能使用。

六、实验内容

①将一个 100 μA 的微安表扩程改装成 10 mA 的毫安表。画出设计电路图，设计数据表格，画出校准曲线，确定改装表等级。

②将一个 100 μA 的电流表扩程改装成 3 V 的电压表。画出设计电路图，设计数据表格，画出校准曲线，确定改装表等级。

③进行实验总结、撰写实验报告。

七、分析与思考

（1）校准电流表时，发现改装表的读数相对于标准表的读数都偏高，试讨论要达到标准表的数值，应如何调整，为什么？

（2）能否将本实验所用的电表改装成任意量程的电表，例如 50 μA 或 0.1 V，为什么？

（3）要测量 0.5 A 的电流，用下列哪个安培表测量误差最小？

量程 $I=3$ A，等级 $k=1.0$ 级；量程 $I=1.5$ A，等级 $k=1.5$ 级；量程 $I=1$ A，等级 $k=2.5$ 级。

从结果的比较中得出什么结论？

（4）改装表在零点和满刻度电流校准后，发现中间各刻度仍然有偏差，请分析讨论其原因。

八、附录

1. 微安表改装成欧姆表

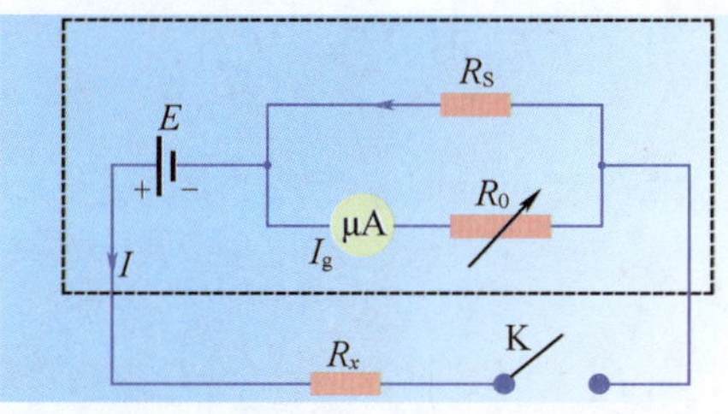

图 30-11 微安表改装成欧姆表电路

将微安表与一个高电阻 R_0、低电阻 R_S、电源 E 组成如图 30-11 所示的线路。因为待测电阻 R_x 与通过微安表的电流为 I_g 有一一对应的关系，所以这个微安表就改装成了欧姆表。图 30-11 中虚线方框内即是微安表改装成的欧姆表。

设通过 R_x 的电流为 I，通过微安表的电流为 I_g，根据全电路欧姆定律，有

$$I=\frac{E}{R_x+r+\frac{R_S(R_0+R_g)}{R_S+R_0+R_g}} \tag{30-6}$$

式中，r 为电池内阻；R_g 为微安表内阻。

由于高电阻 R_0 大都在上万欧姆，所以 $R_S \ll (R_0+R_g)$，且 $r \ll R_x$，式(30-6)可近似成

$$I\approx\frac{E}{R_x+R_S} \tag{30-7}$$

设 $R'=\frac{R_S(R_0+R_g)}{R_S+R_0+R_g}$，可得到通过微安表的电流为

$$I_g=\frac{IR'}{R_0+R_g}\approx\frac{IR_S}{R_0+R_g}\approx\frac{ER_S}{(R_0+R_g)(R_x+R_S)} \tag{30-8}$$

由于 $I_g=k\alpha$（α 为微安表指针偏转格数），所以式(30-8)可写为

$$\alpha=\frac{ER_S}{k(R_0+R_g)(R_x+R_S)} \tag{30-9}$$

由式(30-9)可知，当 E,R_S,R_0,R_g 均固定时，即可由微安表上的指针偏转格数测出 R_x。

根据式(30-8)和式(30-9)我们可以讨论欧姆表的特点如下。

①当 $R_x=0$ 时，适当调节 R_0，使微安表指针满量程，有

$$I_g=\frac{E}{R_0+R_g}=I_{gm}$$

其中，I_{gm} 为微安表量程。

当 $R_x=\infty$ 时，$I_g=0$，微安表指针指在零刻度。由此可知，欧姆表表头零点（0 Ω 刻度）偏在最右边；欧姆表表头终点（即 $R_x=\infty$ 的刻度）偏在最左边，这与电表表头刻度正好相反。

②当 $R_x=r+\frac{R_S(R_0+R_g)}{R_S+R_0+R_g}\approx R_S$ 时，有

$$I_g=\frac{ER_S}{(R_0+R_g)(R_x+R_S)}=\frac{1}{2}\frac{E}{R_0+R_g}=\frac{1}{2}I_{gm} \tag{30-10}$$

即当 R_x 等于欧姆表的内阻时，表头指针在刻度的中间，此时的阻值称为欧姆表的中值电阻，亦即 $R_中\approx R_S$。

③根据式(30－8)和式(30－9)可以看出,R_x 与 $I_g(\alpha)$ 不是简单的反比关系,而是有:

当 $R_x=0$ 时,$I_g=I_{gm}$;

当 $R_x=R_中$ 时,$I_g=\frac{1}{2}I_{gm}$;

当 $R_x=2R_中$ 时,$I_g=\frac{1}{3}I_{gm}$;

⋮

当 $R_x=nR_中$ 时,$I_g=\frac{1}{n+1}I_{gm}$。

根据以上数据画出的欧姆表刻度如图 30－12 所示。由图 30－12 可见,欧姆表的刻度是不均匀的,随着阻值的增加,刻度越来越密。

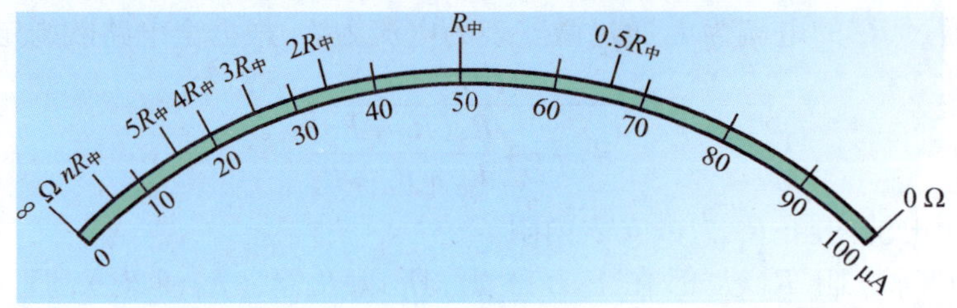

图 30－12　欧姆表盘

④由前面的讨论可知,原则上欧姆表只需一个量程就可以测量从 0～∞ Ω 间的任何一个电阻值,但是从刻度分布的情形看,被测电阻值偏离 $R_中$ 左侧越大,其刻度越密,读数的误差也越大。因此,用单量程的欧姆表去测量阻值,只有 $R_中$ 附近的电阻值比较准确。要准确地测定各种范围的电阻值,欧姆表就必须具有不同的量程,办法是将中值电阻 $R_中 \approx R_S$ 扩大 10^n 倍($n=0,1,2,\cdots$)。

如图 30－13 所示,对某一量程的欧姆表,其中值电阻为 10 Ω。若将它增大 10 倍或 100 倍,各个刻度都同样增加 10 倍或 100 倍,即量程亦增加 10 倍或 100 倍。由此可知,R_S 是起改变量程的作用。

注意　欧姆表的量程只是个相对的概念,它与电流表和电压表的量程概念不同。

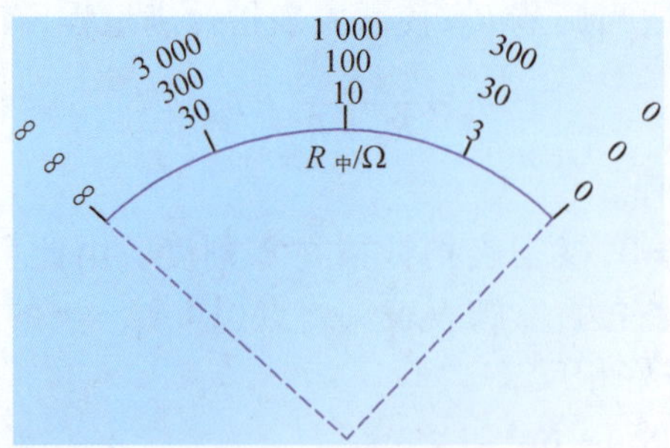

图 30－13　$R_中$ 的作用

⑤由式(30－8)可知,对不同的量程,$R_x=0$ 时的 I_g 值不相同(因 R_s 不同)。因此,指针的位置(即零点位置)将随量程不同而略有改变,这在使用时很不方便,我们要求任何一个量程对应的零点位置都固定。解决这个问题可

以通过调节 R_0 的大小改变两个支路的电流比值满足要求，所以称 R_0 为调零电阻，调节方法是改变 R_0 的大小，使对应于 $R_x=0$ 的指针偏满格。此时，通过微安表的电流正是它允许的最大值 I_{gm}。因此，零点位置就固定了。

调零电阻 R_0 还有一个作用是保证表头刻度不受电池电动势的影响。欧姆表中电池用久了，其电动势要逐渐变小，这样也会影响零点位置，此时可用调零电阻 R_0 调节零点。调好后，由于当 $R_x=0$ 时通过微安表电流是 $I_{gm}=\dfrac{E}{R_0+R_g}$，即 $E=(R_0+R_m)I_{gm}$，将其代入式(30－8)中可得

$$I_g=\frac{ER_x}{(R_0+R_g)(R_x+R_S)}=\frac{I_{gm}R_x}{R_x+R_S} \qquad (30-11)$$

因此，调节 R_0 可使表头刻度不受 E 的影响(因式中除 R_x 外都固定)。

2. 实验操作步骤

①如图30－11所示，接好线路。其中，R_S，R_0，R_x 均可用电阻箱充当，R_S 可用四位单量程电阻箱，R_0 和 R_x 用六位多量程电阻箱，电源电压调到1.5 V左右。接通电源前，首先令 $R_S=100\ \Omega$，$R_x=0$，R_0 则尽可能大(可先调到19 999.9 Ω)，以免烧坏微安表。

②接通电源后，调节 R_0 使微安表指针偏满格(对应 $R_x=0$)，在实验中 R_S 和 R_0 不再改变，因为量程已定，零点也已调好。

③改变 R_x 值使微安表指针在刻度中央，记下此时的 R_x 值(即中值电阻)，再将 R_x 值依次调到10 Ω，20 Ω，30 Ω，60 Ω，90 Ω，120 Ω，200 Ω，280 Ω，360 Ω，480 Ω，600 Ω，1 000 Ω，2 000 Ω，直到指针偏转至一个刻度以下为止，并记下表头指针相应的偏转格数，填入表30－1中。

表30－1 将微安表改装成欧姆表的数据记录表

$E=1.5$ V；$R_S=100\ \Omega$；$R_{中}=$________ Ω；$R_0=$________ Ω

R_x/Ω	10	20	30	60	90	120	200	280	360	480	600	1 000	2 000
格数													

④画出欧姆表表头刻度。

⑤将 R_S 改为10 Ω，重复以上步骤，改装成另一量程的欧姆表。

3. 多量程表的改装

(1)多量程的直流电流表

若将表头改装成一只多量程的电流表，必须在表头上并联多个分流电阻，如图30－14所示，转换开关(也叫波段开关)K拨到不同的位置，可以得到不同的量程，各分流电阻的阻值可根据量程的要求由式(31－3)求得。

(2)多量程的直流电压表

若将表头改装成一只多量程的电压表，必须在表头上串联多个分压电阻，如图30－15所示，转换开关K拨到不同的位置，可以得到不同的量程，各分压电阻值可根据量程的要求由式(30－5)求得。

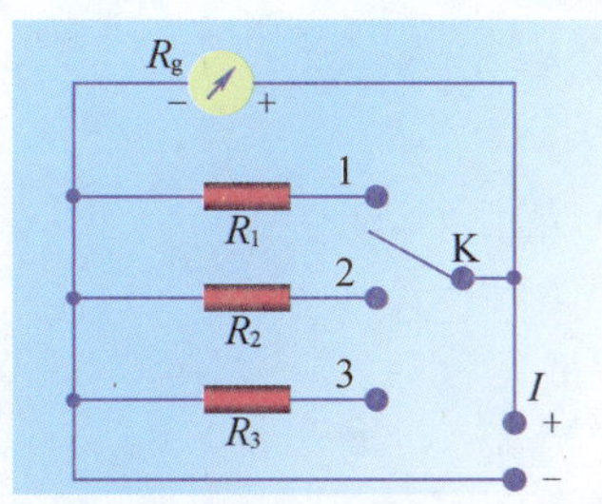

图30－14 多量程电流表的电路

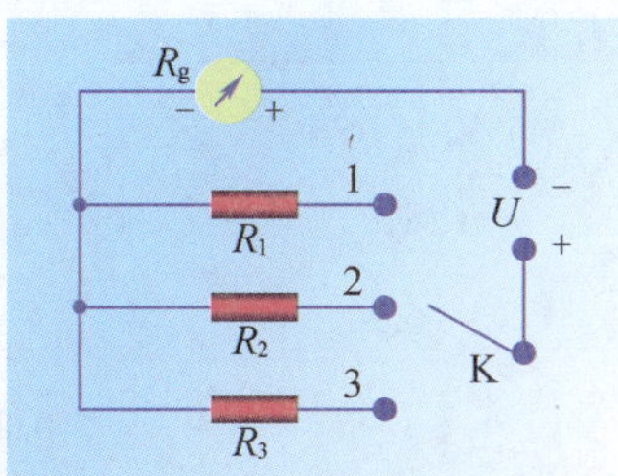

图30－15 多量程电压表的电路

4. 特性曲线的测定

在实验中,我们应正确选择变阻器的参数(阻值和额定参数)。选择合适,实验就稳定、精确、顺利;选择不当,实验就不稳定,甚至损毁仪器。下面我们就对滑线变阻器分压特性曲线和制流特性曲线来进行分析研究。

(1)滑线变阻器分压特性曲线

滑线变阻器作分压的电路如图 30 - 16 所示,两固定端(A 端和 B 端)分别接在电源的正负极上,负载 R_L 上的电压随着滑动头的移动而改变,E 为电源的端电压。

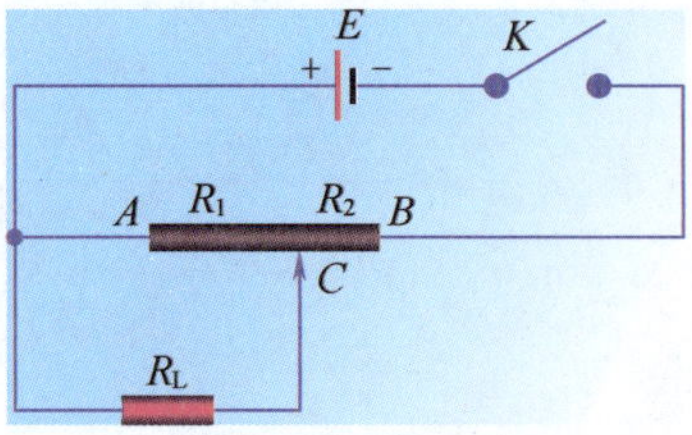

图 30 - 16　分压电路

现在让我们对这一电路做分析:电路的总电阻 R 可以看成是 R_1 和 R_L 并联后,再与 R_2 串联,A 端与 B 端的电压为 V_0,有

$$R = R_2 + \frac{R_1 R_L}{R_1 + R_L} \tag{30-12}$$

因此,回路的总电流 I 为

$$I = \frac{U_0}{R} = \frac{U_0}{R_2 + \frac{R_1 R_L}{R_1 + R_L}} \tag{30-13}$$

而 R_L 上电位差为 $U = I\frac{R_1 R_L}{R_1 + R_L}$,将 I 代入得

$$U = \frac{\frac{R_1 R_L}{R_1 + R_L} U_0}{R_2 + \frac{R_1 R_L}{R_1 + R_L}}$$

将分子、分母同乘以$(R_1 + R_L)$得

$$U = \frac{R_1 R_L U_0}{R_2 (R_1 + R_L) + R_1 R_L} \tag{30-14}$$

对于一定的电源 E 和负载 R_L,U 只与 R_1 或 R_2 有关,而 $R_1 + R_2 = R_0$ 也是一定的(即滑线变阻器的总电阻),所以式(30 - 14)可以表示出 U 与滑动头位置的关系。为了看清楚它们的关系,我们令 $X = \frac{R_1}{R_0}$,$K = \frac{R_L}{R_0}$,X 表示滑动头在电阻上的相对位置,K 表示负载电阻与滑线变阻器的总电阻之比,将其代入式(30 - 14),即得

$$U = \frac{XKV_0}{X + K - X^2} \tag{30-15}$$

对于不同的 K 值,X 与 U 的关系如图 30 - 17 所示,下面就两种特殊情况进行讨论。

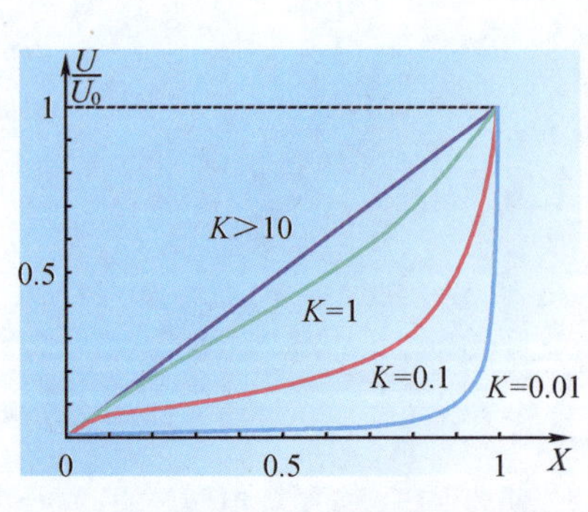

图 30 - 17　分压特性曲线

当 $K \gg 1$,即 $R_L \gg R_0$ 时,注意到 $X \leqslant 1$,式(30 - 15)可化简为

$$U = XU_0 = \frac{R_1}{R_0} U_0$$

此时,U 与 X 成正比,为线性关系。

当 $K \ll 1$,即 $R_L \ll R_0$ 时,有

$$U=\frac{KU_0}{1-X}=\frac{R_L U_0}{R_0-R_1}=\frac{R_L}{R_2}U_0$$

U 与 R_2 成反比。随着 R_2 的减小，V 开始缓慢增加，$R_2 \to 0$（X 接近 1）时，U 的变化加大，很快增到最大值。

下面结合实验情况讨论如何根据负载上电压调节范围和要求，利用图 30－17和式（30－15）来选择变阻器：

①若要 U 在 0 到 U_0 范围内随 X 变化而均匀变化，$K>1$ 的曲线比较合适，而 $K<1$ 的曲线就不合适，因此，可以根据负载大小选用变阻器；

②若电源的端电压远远超过负载上所需要的电压，例如电源的端电压为 2.6 V，即变阻器电压可调范围为 0～2.6 V，但负载所需电压在 0～0.2 V 调节，这时 $K=0.1$ 的曲线就比较合适，但调节 X 时要小心，因为 X 接近 1 时负载极易烧坏；

③图 30－17 中，$K=(0.1\sim0.01)$ 曲线的突变部分，可以用在自动控制中对临界点做出灵敏的反应。

此外，对作分压器用的滑线电阻的额定电流的选择，应从总电流 I 的最大值来考虑，I 随 R_1 单调增大，当 $R_1 \to R_0$（$R_2 \to 0$）时，根据式（30－13）应有电流最大值为

$$I_0=\left(\frac{R_0+R_L}{R_0 R_L}\right)\cdot U_0 \qquad (30-16)$$

由式（30－16）可以看出，当 $R_L \gg R_0$ 时，主要考虑通过 R_0 中的电流，而当 $R_L \ll R_0$ 时，负载 R_L 及 R_2 上流过的电流非常大，如果变阻器或负载的额定电流不够大时，极易烧坏仪器，所以这时滑线电阻额定电流的选择主要考虑通过 R_L 及 R_2 中的最大电流。

（2）滑线变阻器的制流特性曲线

滑线变阻器作制流器的电路如图 30－18 所示，这时负载 R_L 中电流等于电源输出电流为

$$I=\frac{U_0}{R_L+R_1} \qquad (30-17)$$

引进参数 $X=\frac{R_2}{R_0}$和 $K=\frac{R_L}{R_0}$，则有

$$I=\frac{1}{1+K-X}\cdot\frac{U_0}{R_0} \qquad (30-18)$$

如图 30－18 所示，令 $I_0=\frac{U_0}{R_L}$，则有

$$\frac{I}{I_0}=\frac{K}{1+K-X} \qquad (30-19)$$

对于不同的 K 值，其与 X 的关系（$\frac{I}{I_0}$制流特性曲线）如图 30－19 所示。

下面对制流特性做几点讨论：

①对于制流电路，负载 R_L 上通过的电流不可能为零，且 $K=\frac{R_L}{R_0}$的值越大，即制流的滑线变阻器阻值 R_0 选得越小，电流可以调节的范围也就越小；

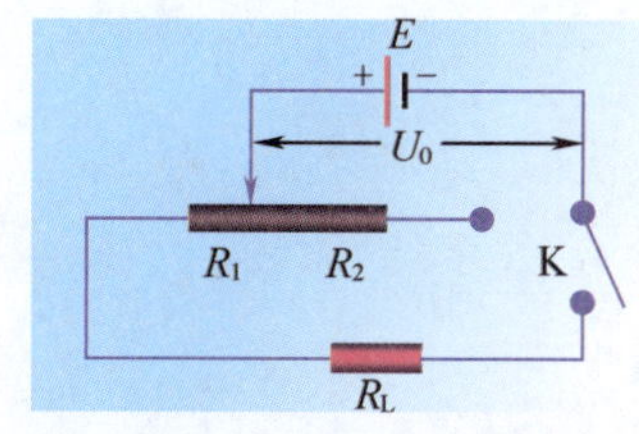

图 30－18　制流电路

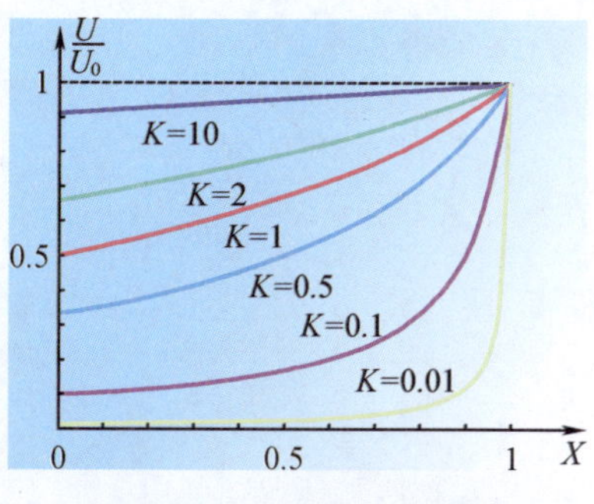

图 30－19　制流特性曲线

②对于$K\frac{R_L}{R_0}\geqslant 2$，即$R_0\leqslant\frac{1}{2}R_L$，由制流特性曲线图可知调节的线性比较好，即容易调节到需要的I值，对于K较小的曲线，$R_0\gg R_L$（如$K=0.01$），在开始很大一段范围内（$\frac{R_2}{R_0}$从$0\to0.9$），电流变化很小（$\frac{I}{I_0}$从$0.01\to0.1$），而在后一段很小的范围内，电流的变化却很大（$\frac{I}{I_0}$从$0.1\to1.0$），这样就不容易调到需要的电流值（例如$\frac{I}{I_0}=0.5$），这种情况也称为细调程度不够。

为了使电流调节的范围更大，又容易调节，通常采用多级制流电路，这里就不再讨论了。

实验 31 自组电桥测电阻

一、背景及应用

电桥电路在电学中是一种最基本的电路。利用电桥平衡原理构成的电测仪器不仅可以测电阻，也可以测电容、电感，并可通过这些物理量的测量来间接测量非电学量，例如温度、压力等，因此电桥电路在自动化仪表和自动控制中有着广泛的应用。

电桥可分为直流电桥与交流电桥。直流电桥是用来测量电阻和与电阻有关的物理量的仪器；交流电桥主要用来测量电容、电感等物理量。

直流电桥又分为直流单电桥和直流双电桥。直流单电桥是惠斯登在 1843 年发明的，所以也称为“惠斯登电桥”。惠斯登电桥适合测量的电阻范围为 $1 \sim 10^6\ \Omega$，直流双电桥（开尔文电桥）适合测量的电阻范围为 $10^{-5} \sim 10\ \Omega$，本实验采用惠斯登电桥来测量电阻。

惠斯登（Charles Wheatstone，1802—1875，图 31－1），英国物理学家，1802 出生于英格兰的格洛斯特。青少年时代，惠斯登受到严格的正规训练，兴趣广泛。动手能力很强，1834 年被伦敦英王学院聘为实验物理学教授，1836 年当选为英国伦敦皇家学会会员，1837 年当选为法国科学院外国院士，1868 年由英王封为爵士，1875 年 10 月 19 日在巴黎逝世，终年 73 岁。

图 31－1 惠斯登

惠斯登很早就对物理学研究表现出极大兴趣，在物理学的许多方面都做出了重要贡献。在电学研究方面，惠斯登有许多独特的方法和独到的见解。他利用旋转片的方法，巧妙地测定了电磁波在金属导体中的速率，测得的值超过了每秒 28 万公里。惠斯登采用转速这个数值比较大的量代替数值很小的时间间隔，后来这个方法被法国物理学家傅科（1818—1868）用来首次精确测定了光速。惠斯登是真正领悟欧姆定律，并在实际中应用的第一批英国科学家之一。在光学方面，惠斯登对双筒视觉、反射式立体镜等进行了研究，阐述了视觉可靠性的根源问题，并对人眼的视觉、色觉等生理光学的问题也做了正确的阐述。惠斯登还对乐音在刚性直导线上传输的问题进行了研究，取得了出色的成果，还用实验验证了吹奏乐器中空气振动问题中的伯努利原理。

二、实验目的

通过该设计性实验要求理解并掌握“惠斯登电桥”测定电阻的原理和方法；学习用交换法消除自搭电桥的系统误差；能够使用“惠斯登电桥”解决简单的应用问题。

三、设计要求

①预习报告写明实验的目的和意义，阐述实验的基本原理，画出实验方案原理图，写出实验步骤，设计好数据记录表格。

②实验过程中仪器布局合理、导线连接正确，记录所用仪器、材料的规格或型号、数量等，记录实验现象。

③计算出待测电阻的阻值并进行误差处理（要有计算过程），写出测量结果的表达式。

④分析实验现象、实验结果，得出实验结论，并提出改进意见。

四、仪器设备

本实验提供的主要器材有直流电阻箱、直流稳压电源、直流指针式检流计、滑线变阻器、9孔插件方板、待测电阻、开关及表头。

1. 直流电阻箱（最大量程 0 ~ 99 999.9 Ω）

本实验采用的是ZX21a型直流电阻箱，如图31－2所示。

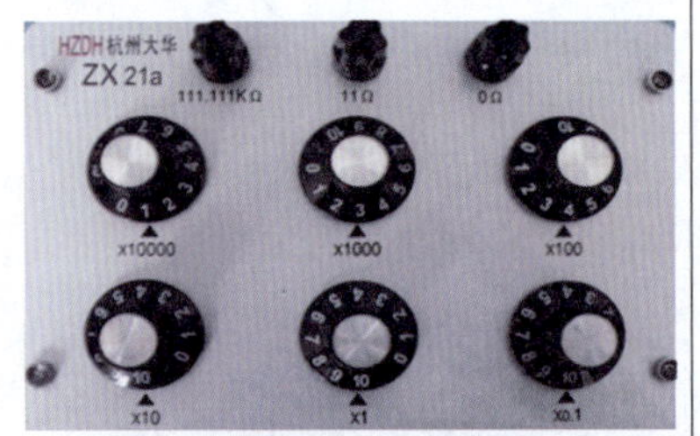

图31－2　ZX21a型直流电阻箱

2. 直流稳压电源

该电源采用国际先进的悬浮稳定技术研制而成，集稳压稳流于一体（见图31－3）。输出电压连续可调，输出电流在稳流状态下连续可调。稳压稳流两种工作状态随负载变化自动转换，输出具有限流、短路保护，开路后能自动恢复，输出形式有单路、双路。双路电源可以单独、串联、并联、跟踪使用。

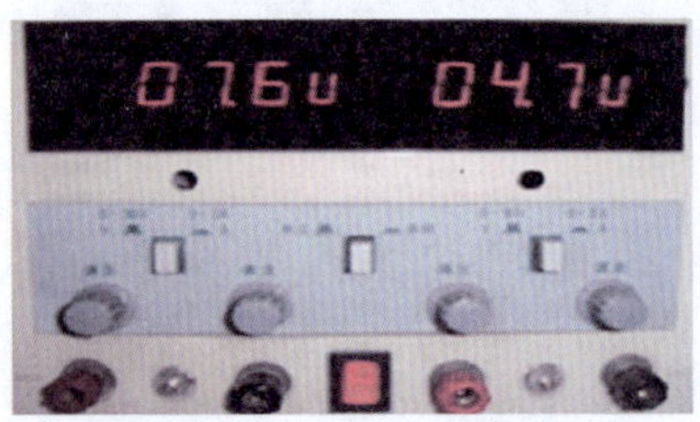
图31－3　直流稳压电源

3. 直流检流计

直流检流计（Galvanometer，图31－4）只允许通过微弱电流，使用时应十分小心，防止损坏。使用方法如下：

①使用时先看指针是否指零，如有偏离，轻轻旋动调零旋钮调零；

②使用时，检流计上的"检计"按钮是按键开关，要间断按下，以免损坏检流计。

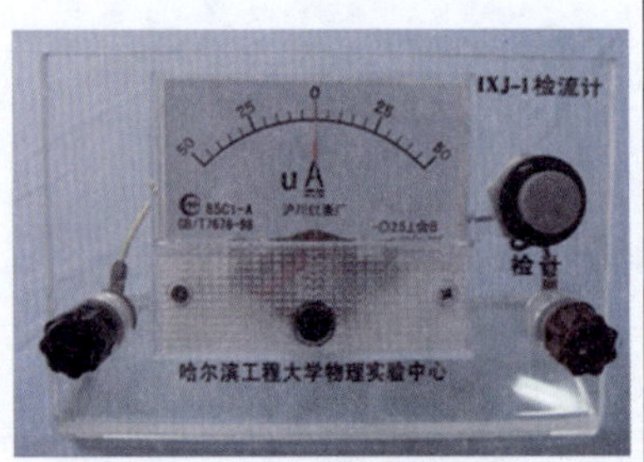

图31－4　直流检流计

4. 滑线变阻器

滑线变阻器是将电阻丝均匀绕在绝缘瓷管上制成的，如图31－5(a)所示，它下部左右是两个固定的接线柱，上部有一滑动端，并且在一端有滑动端接线柱，其电路符号如图31－5(b)所示，电阻 R 为1 900 Ω，允许电流0.3 A。本实验使用滑线变阻器作为电桥的两个臂。

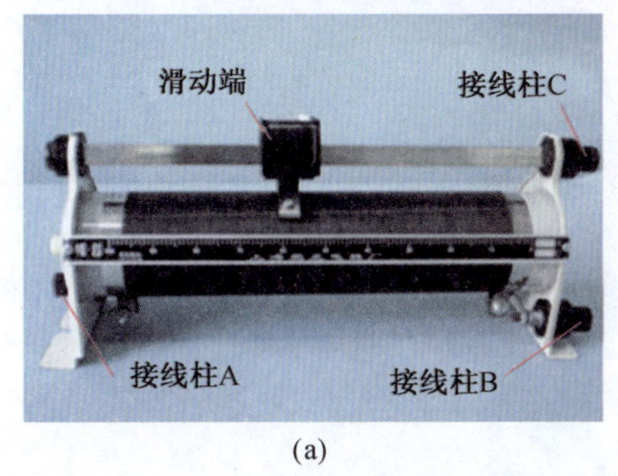

(a)

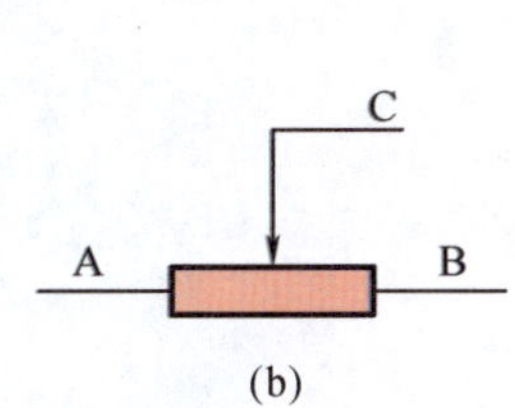

(b)

图 31－5 滑线变阻

5. 9 孔插件方板、待测电阻、开关及表头

实验室提供9孔插件方板;微安表表头;510 Ω,1 kΩ,10 kΩ,1 MΩ 的电阻;连接导线以及电源开关。9 孔插件方板中“田”字形中的9个孔是导通的,与其他“田”字形中的孔是断开的,如图31－6所示。

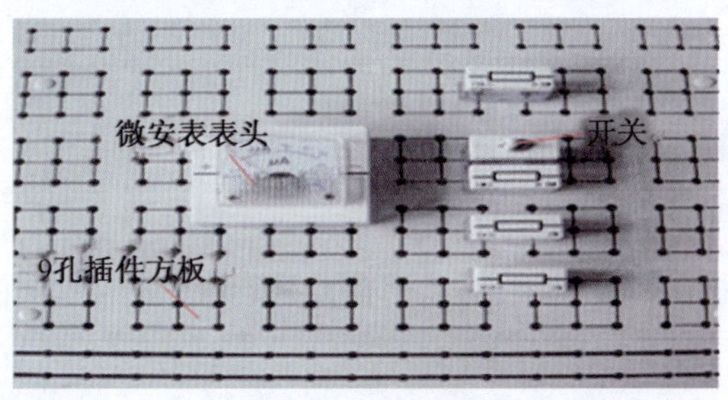

图 31－6 9孔插件方板、待测电阻、开关及表头

五、原理和方法提示

1. 惠斯登电桥的工作原理

单臂电桥(又称惠斯登电桥)的基本电路如图31－7所示,它由四个桥臂和“桥”——平衡指示器(一般为检流计),以及工作电源 E 和开关等组成。适当选择 R_1,R_2 的值,调节标准电阻 R_S,使 B,D 两点的电位相等,使检流计指零,此时称电桥达到平衡。电桥平衡时有

$$I_1R_1=I_2R_2, I_xR_x=I_SR_S, I_1=I_x, I_2=I_S$$

从而可得 $\frac{R_1}{R_2}=\frac{R_x}{R_S}$,即

$$R_x=\frac{R_1}{R_2}R_S=kR_S, k=\frac{R_1}{R_2}$$

上式称为电桥的平衡条件,所以用直流电桥测量电阻 R_x 的实质就是在电桥平衡条件下,把待测电阻 R_x 按已知比率关系 k 直接与标准电阻进行比

较，故电桥法又称“平衡比较法”。

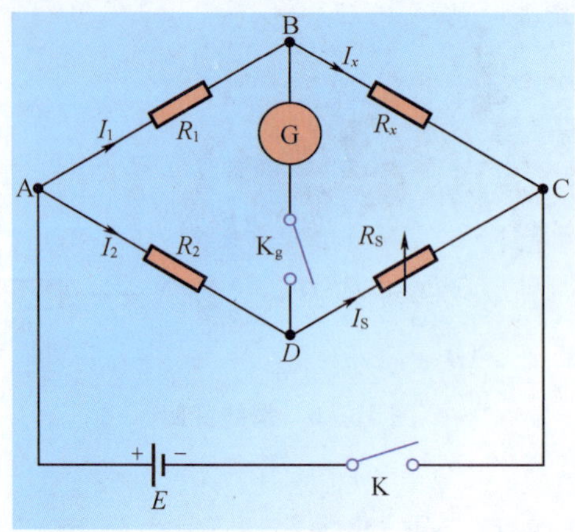

图 31－7　惠斯登电桥原理电路

2. 惠斯登电桥灵敏度

电桥的灵敏度 S 定义为在电桥平衡条件下，桥臂电阻 R_S 改变 ΔR_S 时，检流计偏离平衡位置 Δd 格，则$S=\dfrac{\Delta d}{\dfrac{\Delta R_S}{R_S}}$，容易证明$\dfrac{\Delta d}{\dfrac{\Delta R_x}{R_x}}=\dfrac{\Delta d}{\dfrac{\Delta R_S}{R_S}}$，所以 $S=\dfrac{\Delta d}{\dfrac{\Delta R_x}{R_x}}$。

通常将指针偏转 0.2 格作为眼睛能觉察的界限，所以由灵敏度的限制而引入的测量误差可取 $\Delta R_x=R_x\dfrac{0.2}{S}$。

电桥灵敏度的大小由电源电压、检流计内阻和桥臂电阻决定。电源电压高，检流计灵敏度高，则电桥灵敏度高；检流计的内阻大，桥臂电阻大，则电桥灵敏度低。从理论上讲，电桥的灵敏度越高，电桥的平衡能够判断得越精确，测量结果的不确定度就能够控制得越小。但实际上，电桥的灵敏度也不是一味越高越好，灵敏度越高，调节平衡花费的时间越长，稳定性重复性差，不便操作。因此，要根据实际具体情况合理选择电源电压、检流计以及相应的桥臂电阻，适度提高电桥的灵敏度同时兼顾实验要求。

3. 交换测量法(互易法)

交换法电路如图 31－8 所示，这是图 31－7 的变形，其作用是相同的。图 31－8 中，$R_m=1\ \text{M}\Omega$，作用是保护检流计及便于平衡状态的调节。R_S 为电阻箱，R_x 为待测电阻，R_1 和 R_2 为同一滑线变阻器。用交换 R_x 和 R_S 的测量法可消除因 R_1，R_2 引入的误差。保持$\dfrac{R_1}{R_2}$比值不变的条件下，将 R_S 和 R_x 交换位置，调节 R_S 为R_S'，使电桥重新平衡，则 $R_x=\sqrt{R_S\times R_S'}$。上式表明使用交换法可消除由 R_1，R_2 引入的误差。

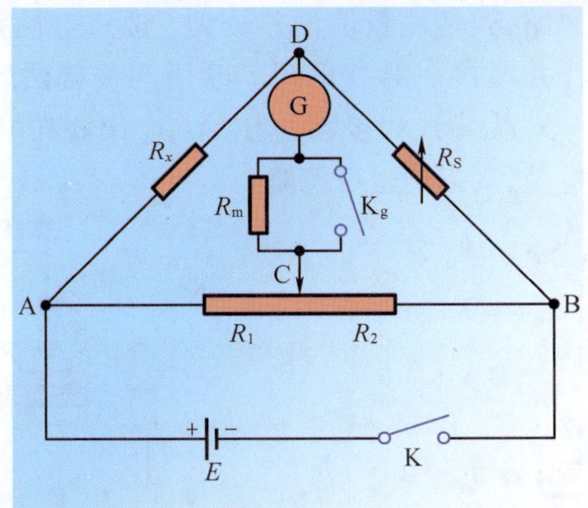

图 31-8 惠斯登电桥交换法电路

六、实验内容

①根据实验室提供的器件组装惠斯登电桥，采用交换法测量标称值为 510 Ω，1 kΩ，10 kΩ 的电阻值，每个电阻进行五次测量，自拟记录表格，根据电阻箱的准确度等级，计算待测电阻的不确定度，写出该电阻的测量结果表达式。

②没有检流计的情况下，用惠斯登电桥测量微安表表头内阻（提示：表头兼作待测桥臂和电桥平衡指示仪）。

七、分析与思考

(1) 为什么精测电阻用电桥而不用伏安法或欧姆表？

(2) 试证明：用交换法测量 R_x 时，$R_x = \sqrt{R_S \times R_S'}$。其中，$R_S$ 为电桥第一次平衡时比较臂的值；R_S' 为 R_x 与 R_S 互易后电桥第二次平衡时比较臂的值。

(3) 下列因素是否是惠斯登电桥测量误差增大的原因？

①电源电压不稳。

②比例臂上导线电阻不能忽略。

③检流计没有调好零点。

④检流计灵敏度不够高。

八、附录

1. 开尔文电桥（双电桥）测低电阻原理

单电桥测几欧姆的低阻值电阻时，由于引线电阻和接触电阻 r（10^{-2} ~

$10^{-4}\ \Omega$)已经不可忽略,致使测量值误差较大。改进办法是将其中的低电阻桥臂改为四端接法,并增接一对高电阻。改用四线接法后的等效电路如图 31-9 所示,r_1, r_2, r_3, r_4 为导线和接触电阻。r_1, r_4 串联在电源回路中,其影响可忽略;r_2, r_3 接高电阻,其影响也可忽略。

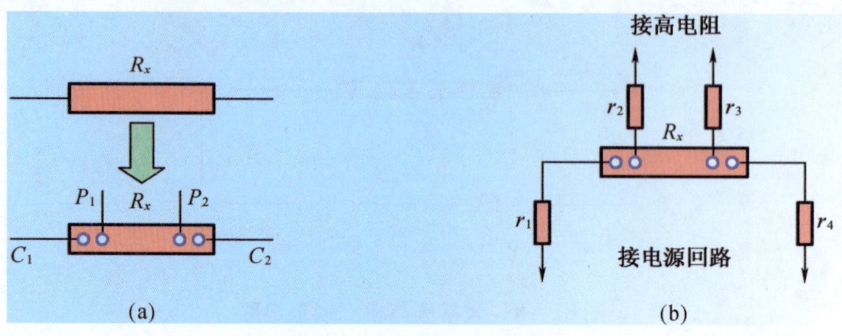

图 31-9　四线接法原理

(a)四线接法图;(b)四线接法等效电路图

据此原理,双臂电桥如图 31-10 所示。由电路方程解得

$$R_x=\frac{R_2}{R_1}R+\frac{rR_1'}{R_1'+R_2'+r}\left(\frac{R_2}{R_1}-\frac{R_2'}{R_1'}\right)$$

使 r 尽量小,并将两对比率臂做成联动机构,尽量使$\frac{R_2'}{R_1'}=\frac{R_2}{R_1}$,则 $R_x=\frac{R_2}{R_1}R=kR$。

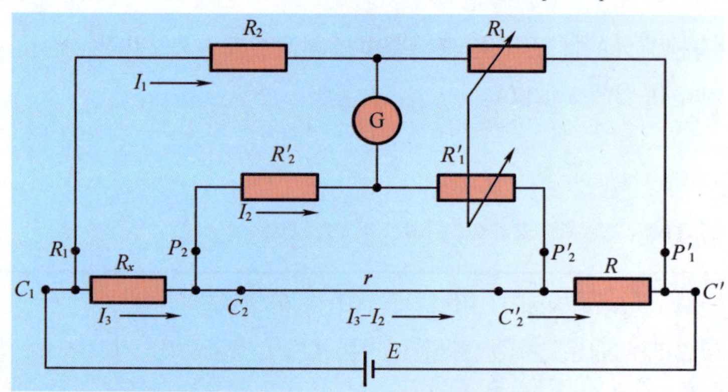

图 31-10　双臂电桥原理图

2. 基于惠斯登电桥温升报警电路的设计

随着计算机和传感器技术的发展,电桥电路在生产和科研特别是测量和自控方面有很多应用,本设计是基于惠斯登电桥实现温升报警功能的。温升报警电路主要由稳压电源、惠斯登电桥(包括温度传感器)、比较器、报警装置组成,图 31-11 是电路原理图。温度传感器 R_t 为负温度系数热敏电阻,W_t 为电位器,R_1, R_2, R_3 为阻值相等的电阻。$R_1, R_2, R_3, (R_t+W_t)$ 组成惠斯登电桥,由集成芯片 IC1 构成比较器,报警装置由发光二极管 D_0 和蜂鸣器 Y 组成。调节 W_t 使 R_t 及 W_t 阻值之和大于 R_3,则 B 点电位低于 A 点电位,此时 IC1 的同相端电位低于反相端,输出低电平 D_1,BG1 截止。把 R_t 置于温度不断升高的环境(如正在加热的水中),温度升高时,R_t 阻值减小,R_t 上压降也

减小，于是 B 点电位上升，当 B 点电位高于 A 点电位时，IC1 输出高电平，D1，BG1 导通，发光二极管 D_0 起辉，扬声器 Y 发出警报声，表明此时温度超过设定值。调节电位器 W_t 可定出不同的报警温度。

实验中，R_t 选用 MF51 型负温度系数热敏电阻，IC1 可选用 LM393，电源选用本实验提供的稳压电源。可在此电路的基础上实现恒温加热，光控路灯等功能。

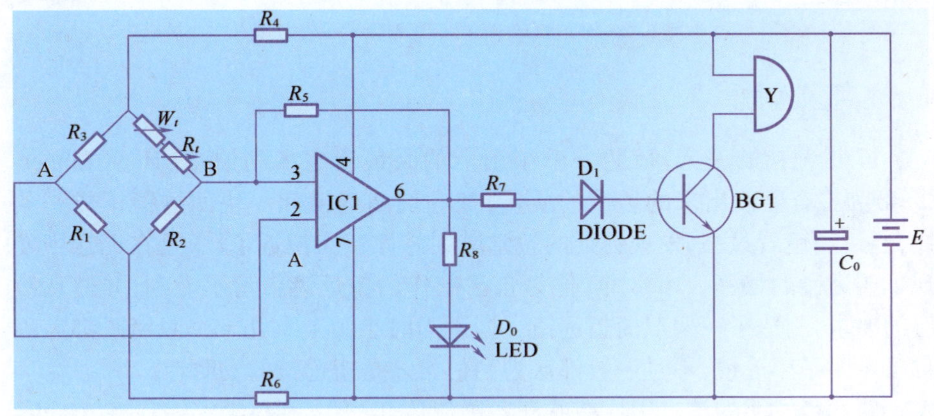

图 31－11　温升报警电路原理图

实验 32 自组望远镜和显微镜

一、背景及应用

1. 望远镜

17 世纪初的一天，荷兰一个小镇上的眼镜店主人利伯希（Hans Lippershey）为检查磨制出来的透镜的质量，把一块凸透镜和一块凹透镜排成一条线，通过透镜看过去，发现远处的教堂塔尖好像变大拉近了，于是在无意中发现了望远镜的秘密。1608 年，他为自己制作的望远镜申请了专利，并遵从政府的要求，制造了一架双筒望远镜。据说当时小镇上有几十个眼镜匠都声称自己发明了望远镜，不过一般都认为利伯希才是望远镜的发明者。

图 32 – 1　伽利略望远镜

望远镜发明的消息很快在欧洲各国流传开，意大利科学家伽利略（Galileo Galilei）得知这个消息后，就自制了一架望远镜。伽利略制造的第一架望远镜只能把物体放大 3 倍。一个月后，他制作的第二架望远镜可以放大 8 倍，第三架望远镜可以放大到 20 倍。1609 年 10 月，他做出了能放大 30 倍的望远镜。伽利略用自制的望远镜观察夜空，第一次发现了月球表面高低不平、覆盖着山脉，并有火山口的裂痕（图 32 – 1 为伽利略望远镜），此后又发现了木星的四个卫星、太阳黑子运动，并得到了太阳在转动的结论。几乎同时，德国的天文学家开普勒（Johannes Kepler）也开始研究望远镜，他提出了另一种天文望远镜的理论，这种望远镜由两个凸透镜组成，比伽利略望远镜视野宽阔，但开普勒没有制造出他所介绍的望远镜。沙伊纳于 1613 年至 1617 年期间首次制作出这种望远镜，还遵照开普勒的建议制造了有第三个凸透镜的望远镜，把两个凸透镜制成的望远镜的倒像变成了正像。沙伊纳（Christoph Scheiner）做了八架望远镜，他用每架望远镜观察太阳，发现无论哪一架都能看到相同形状的太阳黑子，由此打消了不少人认为黑子可能是透镜上的尘埃引起的错觉的疑虑，证明了黑子是真实存在的。在观察太阳时，沙伊纳装上了特殊遮光玻璃，伽利略则没有加此保护装置，结果伤了眼睛，最后几乎失明。荷兰的惠更斯（Christian Huygens）为了减少折射望远镜的色差，在 1665 年做了一架筒长近 6 m 的望远镜探查土星的光环，后来又制作了一架近 41 m 长的望远镜。

图 32 – 2　牛顿望远镜

使用透镜作物镜的望远镜称为折射望远镜，即使加长镜筒、精密加工透镜，也不能消除色差，牛顿也曾认为折射望远镜的色差是不可救药的，但他在 1668 年发明的反射式望远镜解决了色差的问题（图 32 – 2）。第一架反射望远镜非常小，望远镜内的反射镜口径只有 2.5 cm，但是已经能清楚地看到木星的卫星和金星的盈亏等。1672 年，牛顿制作了一架更大的反射望远镜，送给了英国皇家学会，至今还保存在皇家学会的图书馆里。1733 年，英国人哈尔（Chester Moore Hall）制成第一台消色差折射望远镜。1758 年，伦敦的宝兰德（John Dollond）也制成同样的望远镜，他使用折射率不同的玻璃分别制造凸透镜和凹透镜，把各自形成的有色边缘相互抵消。但是要制造很大的透镜并不容易，目前世界上最大的折射式望远镜直径为 102 cm，安装在雅弟斯天文台。1793 年，英国的赫瑟尔（William Herschel）制作了反射式望远镜，反射镜直径为 130 cm，用铜锡合金制成，重达 1 t。1845 年，英国的帕森（William Parsons）制造的反射望远镜反射镜直径为 1.82 m。1917 年，胡克望远镜（Hooker Telescope）在美国加利福尼亚的威尔逊山天文台建成，它的主反射镜口径为 2.54 m。正是使用这架望远镜，哈勃（Edwin Hubble）发现了宇宙正在膨胀的惊人事实。1930 年，德国人施密特（Bernhard Schmidt）将折射望远镜和反射望远镜的优点（折射望远镜像差小，但有色差，而且尺寸越大越昂贵，反射望远镜没有色差，造价低廉，而且反射镜可以造得很大，但存在像差）结合起来，制成了第一架折反射望远镜。

第二次世界大战后，反射式望远镜在天文观测中发展很快。1950 年，在帕洛玛山上安装了一架直径为 5.08 m 的海尔（Hale）反射式望远镜。1969 年，在苏联高加索北部的帕斯土霍夫山上安装了一架直径为 6 m 的反射式望远镜。1990 年，NASA 将哈勃太空望远镜送入太空轨道，然而由于镜面故障，直到 1993 年宇航员完成太空修复并更换了透镜后，哈勃望远镜才开始全面发挥作用。由于可以不受地球大气的干扰，哈勃望远镜比地球上同类望远镜拍摄图像的清晰度高 10 倍。1993 年，美国在夏威夷莫纳克亚山上建成了口径 10 m 的凯克望远镜，其镜面由 36 块 1.8 m 的反射镜拼合而成。2001 年，设在智利的欧洲南方天文台研制完成了超大望远镜（VLT），它由四架口径为 8 m 的望远镜组成，其聚光能力与一架口径为 16 m 的反射望远镜相当。

天文望远镜是观测天体的重要手段，没有望远镜的诞生和发展，就没有现代天文学。随着望远镜在各方面性能的改进和提高，天文学也正经历着巨大的飞跃，迅速推进着人类对宇宙的认识。

此外，望远镜的另一个重要用途就是用于军事。军用望远镜主要用于观察战场、研究地形地物和侦察目标等。

2. 显微镜

早在公元前 1 世纪，人们就已发现通过球形透明物体去观察微小物体时，可以使其放大成像，后来逐渐对球形玻璃表面能使物体放大成像的规律有了认识。1590 年，荷兰和意大利的眼镜制造者已经造出类似显微镜的放大仪器。1610 年前后，意大利的伽利略和德国的开普勒在研究望远镜的同时，改变物镜和目镜之间的距离，得出合理的显微镜光路结构，当时的光学工匠便纷纷从事显微镜的制造、推广和改进。

17 世纪中叶，英国的胡克和荷兰的列文虎克都对显微镜的发展做出了卓越的贡献。1665 年前后，胡克在显微镜中加入粗调和微动调焦机构、照明系统和承载标本片的工作台，这些部件经过不断改进，成为现代显微镜的基本组成部分。1673—1677 年，列文虎克制成单组元放大镜式的高倍显微镜，其中，九台保存至今。胡克和列文虎克利用自制的显微镜，在动植物机体微观结构的研究方面取得了杰出成就。

19 世纪，高质量消色差浸液物镜的出现使显微镜观察微细结构的能力大为提高；1827 年，阿米奇第一个采用了浸液物镜；19 世纪 70 年代，德国人阿贝奠定了显微镜成像的古典理论基础。这些都促进了显微镜制造和显微观察技术的迅速发展,并为19世纪后半叶包括科赫、巴斯德等在内的生物学家和医学家发现细菌和微生物提供了有力的工具。

在显微镜本身结构发展的同时,显微观察技术也在不断创新。1850年,出现了偏光显微术;1893年,出现了干涉显微术;1935年,荷兰物理学家泽尔尼克(Frits Zernike)创造了相衬显微术,他为此在1953年获得了诺贝尔物理学奖。

古典的光学显微镜只是光学元件和精密机械元件的组合,它以人眼作为接收器来观察放大的像,后来在显微镜中加入了摄影装置,以感光胶片作为可以记录和存储的接收器。现代又普遍采用光电元件、电视摄像管和电荷耦合器等作为显微镜的接收器,配以微型电子计算机后构成完整的图像信息采集和处理系统。

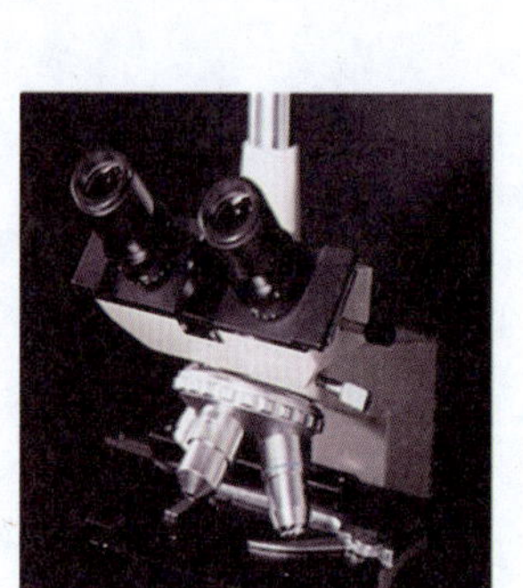

图32-3 现代光学显微镜

鲁斯卡(Ernst Ruska,德国),葛·宾尼(Gerd Binnig,德国)和罗雷尔(Heinrich Rohrer,瑞士)分别因为发明电子显微镜和扫描隧道显微镜而分享了1986年的诺贝尔物理学奖。几百年前,列文虎克把他制作显微镜的技术视为秘密。今天,显微镜(至少是光学显微镜)已经成了一种非常普通的工具,让我们了解这个小小的大千世界,图32-3即为现代光学显微镜。

近年来,随着科学技术的突飞猛进,显微镜的应用也越来越广,品种也越来越多。利用光学原理可作透射光、反射光等显微技术以及明视场、暗视场、相衬、微分干涉相衬、荧光、偏光等,也可加配各种附件,如显微摄影、电视、投影、温度调节载物台等,可广泛地应用于解剖学、生物学、细菌学、组织学、药物学、生物化学、地质学、微纤维学、土壤研究、工业生产、皮革工业、金相学、神经学、骨病学、生理学、射线学、血清学、兽医学、水污染研究等。

二、实验目的

通过本实验加深理解薄透镜成像规律;了解望远镜和显微镜的基本结构和工作原理;学习简单光路的分析和调节方法;学习测量透镜焦距的方法。

三、设计要求

①预习报告中,按照实验设计内容要求和提示设计实验步骤和光路图;

②根据望远镜和显微镜的基本结构和原理,利用实验室提供的实验器材,分别组装一台结构简单的望远镜和显微镜;

③自己设计出合理的光路图,测出凸透镜和凹透镜的焦距;

④设计出实验数据记录表格。

四、仪器设备

实验可提供的主要器材有凸透镜、凹透镜、物屏、像屏(分划板)、具有刻度的光具座、支架等,如图32-4所示。

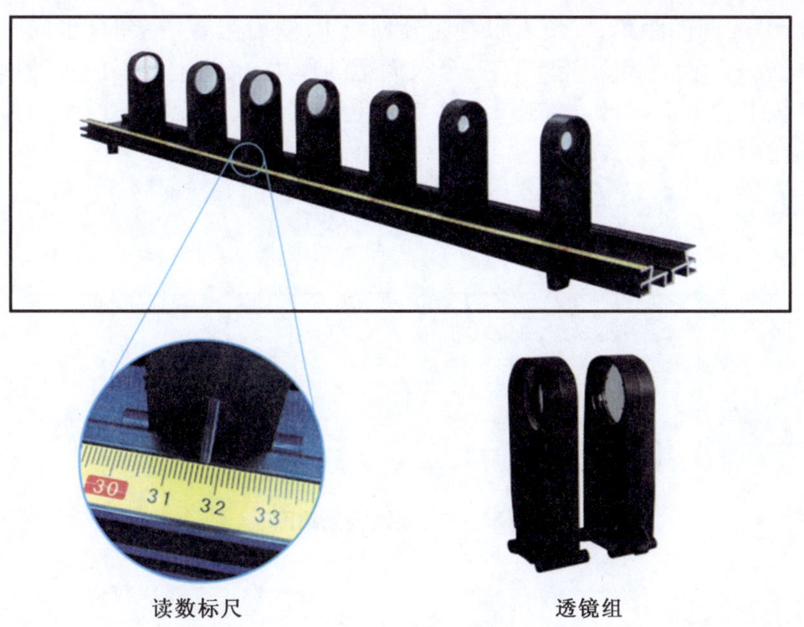

读数标尺　　　　透镜组

图 32-4　实验装置

五、原理和方法提示

1. 放大镜与放大率

显微镜和望远镜都用到了目镜，而目镜实际上就是一个简单的放大镜，其作用是将被观察的物体放大，其最主要的指标就是角放大率 m。

放大率就是放大倍数，是指被检验物体经物镜放大再经目镜放大后，人眼所看到的最终图像的大小与原物体大小的比值，是物镜和目镜放大倍数的乘积。放大率有两种：一是由透镜或球面反射镜成像时，像的高度与原物高度之比称为线放大率（适用于照相机、投影仪等光学仪器）；二是用助视光学仪器观察物体时，像对眼的张角（即视角）与直接用眼观察物体时的视角之比称为角放大率。望远镜的角放大率等于物镜焦距与目镜焦距之比，凸透镜用作放大镜时的角放大率约等于明视距离（约为 25 cm）与焦距之比。例如，一个放大镜的焦距为 10 cm，其角放大率为 2.5 倍，通常写作 2.5×。显微镜的角放大率等于物镜的线放大率与目镜的角放大率的乘积，在显微镜的物镜和目镜上分别刻有 40×（物镜线放大率）、10×（目镜角放大率）等字样。用不同倍数的物镜与目镜组合，就可使显微镜得到大小不等的角放大率。

2. 显微镜

显微镜是观察微小物体和测量微小距离的光学仪器，其光路如图 32-5 所示。物镜 L_o 的焦距非常短（一般小于 1 cm），目镜 L_e 的焦距大于物镜的焦距，但也不超过几个厘米。分划板 P 与物镜 L_o 之间的距离为 l。将物屏 y 放在物镜焦点 F_o 外一点，调节 y 与 L_o 之间的距离，使其通过物镜 L_o 成一放大、倒立的实像 y' 于分划板 P 处，然后通过目镜 L_e 观察像 y'。先调节目镜 L_e 与分划板 P 之间的距离，以使人眼看清分划板 P，然后当看清 y' 时，也同时看清了分划板 P。而目镜 L_e 起到了一个放大镜的作用，又将 y' 成一放大的虚像 y''（分划板 P 也同时成放大虚像 P'，并与 y'' 重合），则人眼观察的微小物体 y 被大大地放大成 y'' 了。

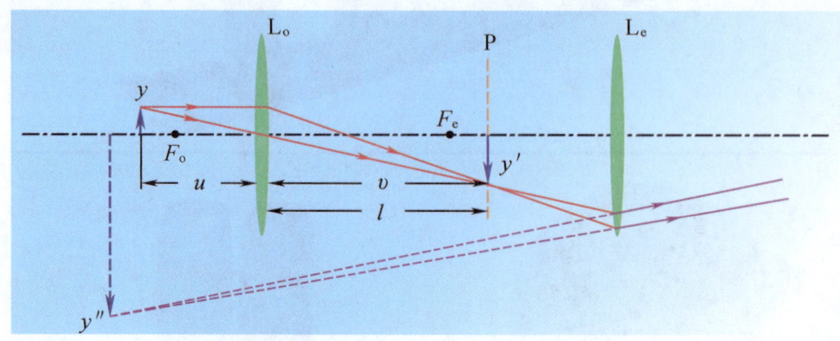

图 32－5　显微镜光路图

3. 望远镜

望远镜分为开普勒望远镜和伽利略望远镜。开普勒望远镜的物镜和目镜均为凸透镜，而伽利略望远镜的物镜为凸透镜、目镜为凹透镜。下面以开普勒望远镜为例，介绍望远镜基本工作原理。

开普勒望远镜的光路如图 32－6 所示，无穷远处的物屏上的一点（图中未画出）发出的光（平行光）经物镜 L_o 成实像 y' 于 L_o 的焦平面处（处于目镜 L_e 的焦点 F_e 内），分划板 P 也处于 L_o 的焦平面处，则 y' 与分划板 P 重合。如果物 y 不处于无穷远处，则 y' 与 P 位于 F_o 之外。人眼通过目镜 L_e 看 y'' 的过程与显微镜的观察过程相同。由此可见，人眼通过望远镜观察物体，相当于将远处的物体拉到了近处观察，实质上起到了视角放大的作用。

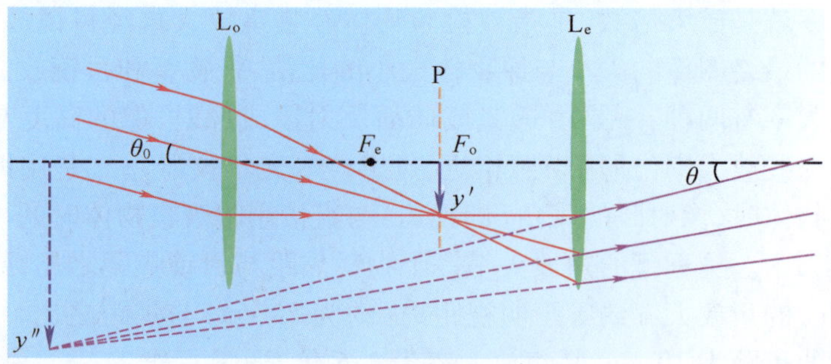

图 32－6　望远镜光路图

4. 薄透镜成像公式

近轴光线条件下，薄透镜成像公式为

$$\frac{1}{u}+\frac{1}{v}=\frac{1}{f}$$

式中，u 为物距；v 为像距；f 为透镜焦距。

5. 消除视差

光学实验中经常要准确地测量像的大小、位置等，在调整过程中一定要

注意消视差。视差产生的原因是当分划板与像不共面时,随眼睛的晃动(观察位置稍微改变),分划板与像之间会有相对移动。若像与分划板之间有视差,说明两者不共面,应稍稍调节像(改变物镜位置)或分划板的位置,并同时微微晃动眼睛,直到像与分划板之间无相对移动即无视差,此时像成在分划板上,像的位置准确地确定了。

六、实验内容

1. 自组一台聚焦于无穷远处的望远镜

利用实验室提供的一个长焦距的凸透镜、一个短焦距的凸透镜、一个带十字叉丝的分划板以及一个物屏,组装一台聚焦于无穷远处的望远镜。要求画出实验光路图,记录实验测量数据。

提示 聚焦于无穷远处的望远镜的特点是分划板与物镜之间的距离等于物镜的焦距,因此,要设法准确测出物镜焦距。

2. 用自组的聚焦于无穷远处的望远镜测量另一凸透镜的焦距

要求画出实验光路图,记录实验测量数据。

提示 该望远镜是一聚焦于无穷远处的望远镜,用其观察物体时,入射光要求是平行光,否则是看不清物的,因此物屏上一点发出的光经被测透镜进入望远镜的入射光一定是平行光。

3. 用自组的聚焦于无穷远的望远镜测量凹透镜焦距

要求画出实验光路图,记录实验测量数据。

提示 可在上一实验内容的基础上进行实验操作。

4. 自组显微镜

根据显微镜原理,在所给的光学元件中要选出焦距最短的凸透镜作为物镜,另一短焦距凸透镜作为目镜。在实验中,可通过改变物镜位置的办法来改变显微镜的放大率。本实验内容为自组与观察性实验,不要求定量的测量。

5. 实验总结

撰写实验研究报告。

七、分析与思考

(1)开普勒望远镜和显微镜在基本结构上的主要差别在哪里?

(2)伽利略式望远镜由一个凸透镜(物镜)和一个凹透镜(目镜)所组成,能看到物体的正立虚像,请你根据透镜成像的规律,说明凸透镜应怎样安装,并画出光路图。

实验 33 测量透明薄片的折射率

一、背景及应用

折射率是透明材料重要的光学参量之一，为了寻求简便、经济和完善的测量透明材料折率的方法，科学工作者们进行了大量的工作，研究出多种测量折射率的方法和设备，如阿贝折射仪、分光计等，测量方法有最小偏向角法、全反射法和干涉法（如牛顿环法、劈尖干涉法、Lloyd 干涉法、Moire 技术法、迈克尔逊干涉仪法）、二次成像法、光拍法、激光散斑照相方法等。

随着 CCD 测量、光纤传感、光谱分析以及计算机技术的发展，新的折射率测量方法不断产生，如基于几何信息、光强、共振波长调制的新型折射率测量方法。相对于传统的折射率测量方法，新技术方法在测量速度、精确度、自动化等方面有明显改善。

本实验采用迈克尔逊干涉仪来测量透明薄片折射率。迈克尔逊干涉仪是典型的分振幅双光束干涉装置，在历史上具有非常重要的意义，特点是光源、两个反射面、接收器（观察者）四者在空间完全分开，便于在光路中安插其他器件，利用它既可观察到相当于薄膜干涉的许多现象，如等厚条纹、等倾条纹以及条纹的各种变化情况，也可方便地进行各种精密检测。

二、实验目的

进一步掌握迈克尔逊干涉仪的调节和使用方法；学习用迈克尔逊干涉仪测量透明薄片折射率的原理和实际操作方法。

三、设计要求

①调出非定域干涉条纹；

②观察等厚干涉现象；

③调出白光干涉的彩色条纹；

④在迈克尔逊干涉仪的动臂光路上插入一块透明薄片，利用该干涉仪测出此薄片的折射率。

四、仪器设备

本实验所用仪器有迈克尔逊干涉仪（见实验 21）、He－Ne 激光器、白炽灯、短焦距凸透镜、透明薄片、螺旋测微器(见实验1)等。

五、原理和方法提示

本实验是在实验21的基础上,进一步掌握迈克尔逊干涉仪的调节和使用方法,并进行实际的应用。实验中,要注意参考实验21中的内容。

由于白光中包含各种波长的光,除了中心零级条纹外,对于其他级次的衍射会发生某个波长光的某一级次的明条纹刚好落入到另一个波长光的暗条纹中,造成高级次的干涉条纹难以观察的现象,因此使得白光干涉只发生在零光程差附近一个极小的范围内,只能在 M_1 和 M_2'完全重合附近才能看到干涉条纹。利用这一特性可以测量透明薄片的折射率。

该实验的原理如图33-1所示。以白光为光源,先调出白光干涉条纹,并使零级彩色干涉条纹出现在视场中央(它包括一组条纹,中间有两三条是黑色的,它们的两边是一系列由红到蓝紫色组成的彩色条纹,色彩十分绚丽),记下此时 M_1 的位置,然后插入厚度为 t,折射率为 n 的透明薄片,这时白光干涉条纹消失(为什么?)。旋转微调鼓轮(什么方向旋转?),使白光干涉条纹再次出现在视场中央,再次读出 M_1 的位置。这时 M_1 所移动的距离 ΔL 就是放入薄片所产生的附加光程差。如果我们能够测出该薄片的厚度,就可以算出它的折射率(推导出计算公式)。

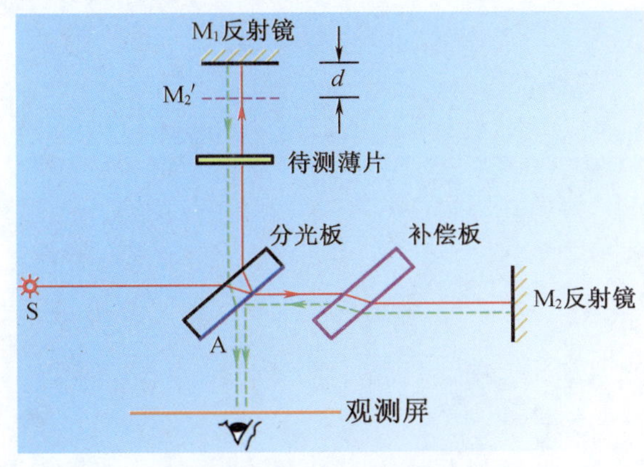

图33-1 实验光路提示图

六、实验内容

①在迈克尔逊干涉仪的动臂光路上插入一块透明薄片,利用该干涉仪测出此薄片的折射率。

提示 薄片的厚度可用千分尺测出。

②实验总结、撰写实验研究报告。

七、分析与思考

(1)在迈克尔逊干涉仪的一臂光路上插入一块平行薄玻璃片后,白光干涉条纹消失的原因是什么?

(2)在迈克尔逊干涉仪的一臂光路上插入一块平行薄玻璃片后,按什么方向旋转微调鼓轮,才能再次看到彩色条纹?

(3)插入一块平行薄玻璃片后,和没插入平行薄玻璃片相比,彩色条纹变暗的原因是什么?

实验34 DIY[①] 数字称量器

一、实验目的

了解非平衡电桥在传感技术中的应用；掌握压力传感器压力－电压变换特性；设计、组装、调试一台数字称量器。

二、实验仪器

电子称量器实验组件如图34－1所示，包括压力传感器、放大模块、显示模块、砝码、九孔插件板、电源模块、电源适配器和数字万用表。

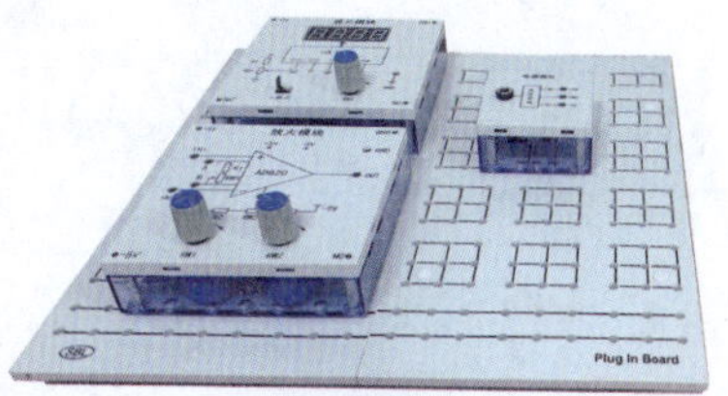

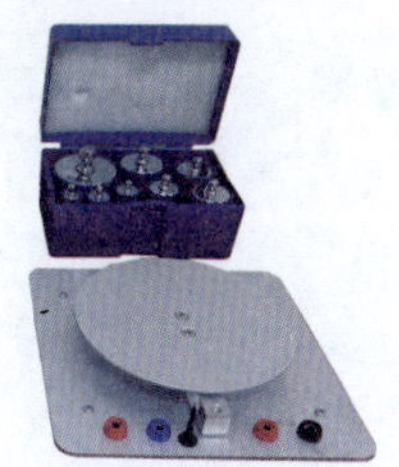

图34－1 电子称量器实验组件

三、实验原理

1. 压力传感器的结构及工作原理

(1)电阻应变片

电阻应变片是由金属电阻敏感栅、基底、黏合剂、引线、盖片等组成的电阻元件，如图34－2所示。其电阻值随着它所受机械变形的大小而发生变化。因为电阻元件的阻值与其材料的电阻率和元件的几何尺寸有关。应变片在承受机械变形过程中，其电阻率、长度和截面都要发生变化，从而导致其电阻发生变化。因此，如果把电阻应变片紧密地粘贴在某一机械装置设定的表面上，就能将机械构件上应力的变化转换为电阻的变化。

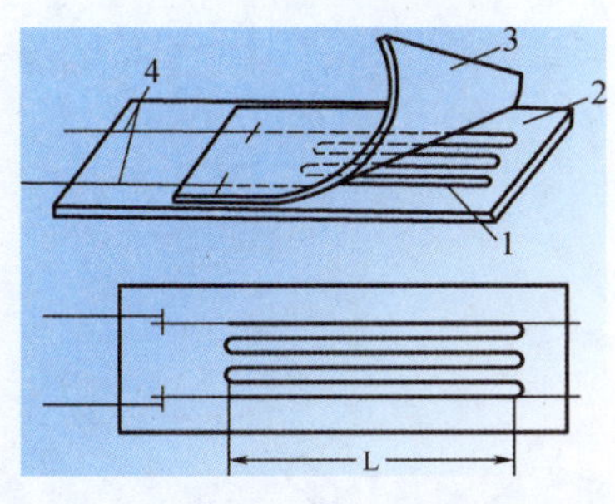

图34－2 电阻丝应变结构示意图

1—电阻丝；2—基片；3—覆盖层；4—引出线

图34－2中L称为应变片的标距或称工作基长，b称为应变片的工作宽度。$b \times L$称为应变片的使用面积。应变片的规格一般以使用面积和电阻值来表示，如$3 \times 10\ \text{mm}^2$，350 Ω。

敏感栅由直径0.01～0.05 mm高电阻系数的细丝弯曲成栅状，是电阻应变片感受构件应变的敏感部分。敏感栅用黏合剂将其固定在基片上。基底应保证将构件上的应变准确地传递到敏感栅上去。因此基底必须做得很薄，一般为0.03～0.06 mm，使它能与试件即敏感栅牢固的黏结在一起，另外它还应有良好的绝缘性、抗潮性和耐热性。基底材料有纸、角胶膜和玻璃纤维布等。引出线的作用是将敏感栅电阻元件与测量电路相连接，一般由0.1～0.2 mm低阻镀锡铜丝制成，并与敏感栅两输出端相焊接，盖片起保护作用。

(2)压力传感器的机械结构

本实验所用的压力传感器的机械结构如图34－3所示，它是一个将四片

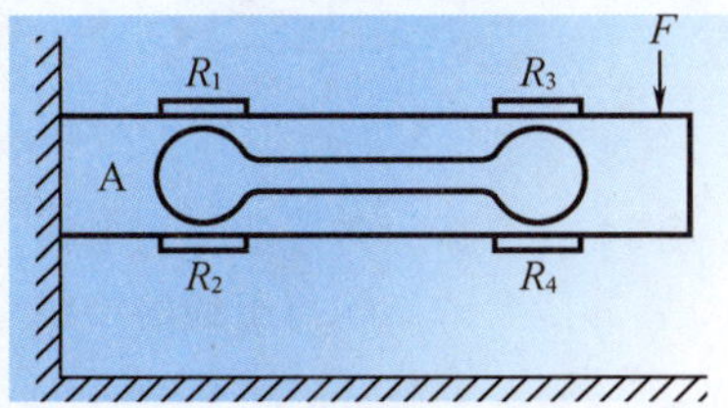

图34－3 压力传感器的机械结构

① DIY(Do it yourself)：自己设计、自己组装、自己调试、自己探索。

电阻应变片分别粘贴在悬臂梁 A 的上、下表面适当的位置的机械装置。悬臂梁的一端固定，另一端处于自由状态，以便加载外力 F。悬臂梁受力 F 作用而弯曲，悬臂梁的上表面受拉，电阻片 R_1，R_3 亦受拉伸作用，电阻值增大；悬臂梁的下表面受压，R_2，R_4 电阻值减小。

(3)压力传感器的电路结构

压力传感器的压力－电压变换电路如图 34－4 所示，粘贴在悬臂梁同一表面的应变电阻元件在电路上应放置在电桥的相对臂位置。加载时 R_1，R_3 电阻增加，R_2，R_4 电阻减少，从而导致电桥输出对角线 A 点的电位升高，B 点的电位下降。所以，电桥输出对角线 A 点应接到差分放大器的同相输入端，而电桥输出对角线 B 点就应接到放大器的反相输入端。

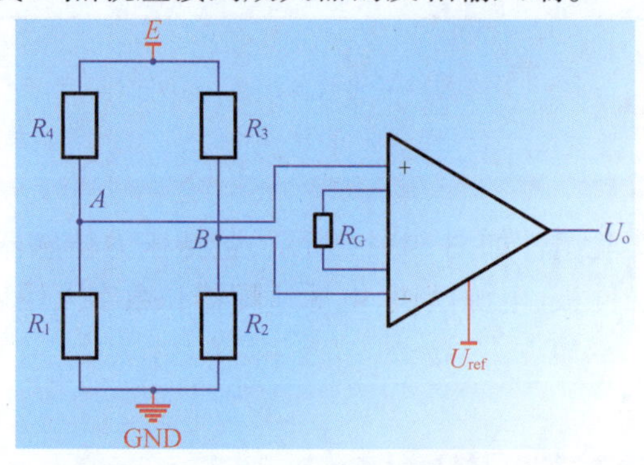

图 34－4　压力传感器的电路设计

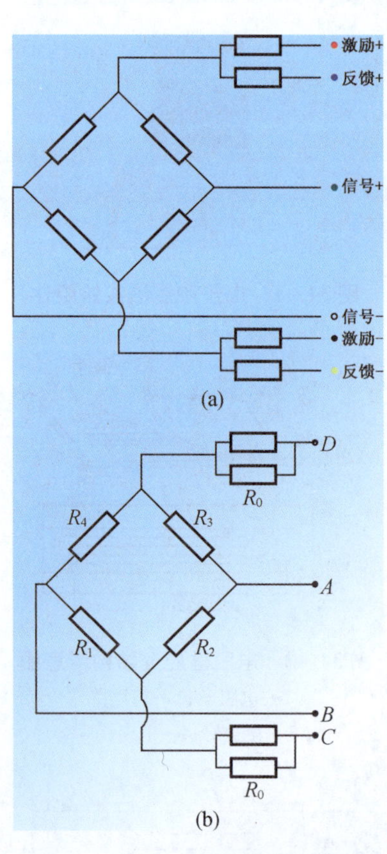

图 34－6　压力传感器桥式电路的结构与出线的接线方式

(a)六线制接线输出；

(b)四线制接线输出

本实验所采用的压力传感器的机械装置如图 34－5 所示。其中主要元件是贴有电阻应变片的悬臂梁，采用市场供应的成品。四个应变片的出线已按要求连接成了一个桥式电路，并且规定了电源对角线和信号输出对角线。为了适应远距离测控需要，在电源对角线的“＋”“－”出线端还接有两个电阻，这两个电阻的另一端引出两条线，形成六条引线，如图 34－6(a)所示。

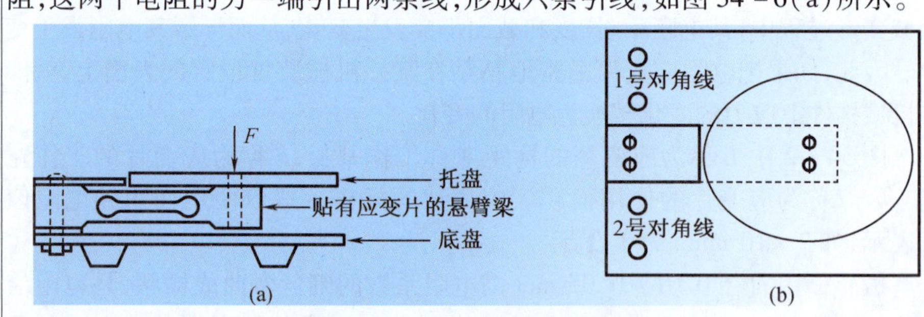

图 34－5　压力传感器机械装置

(a)侧视图；(b)俯视图

一般情况下，压力测量系统的电测装置离传感器的机械装置距离较近，无须解决反馈与补偿问题。这种情况下，把引线“激励＋”“激励－”分别与引线“反馈＋”“反馈－”连在一起就形成了如图 34－6(b)所示压力传感器机械装置输出线的四线制连接。

为了分析方便起见，在本实验中把图 34－6(b)所示的 A，B 对角线作为电源对角线接至激励电压源；把 C，D 对角线作为信号输出线接至后续的放大电路。由于放大电路的输入阻抗可以近似成无穷大，在进行理论计算时可以将其忽略。

2. 压力传感器压力–电压变换特性

如图 34–4 所示的变换电路，由于四个桥臂都采用的是敏感元器件，称为全桥变换电路。如果桥式电路只有一个电阻元件是粘贴在悬臂梁表面的电阻应变片，其余三个桥臂电阻元件均为普通电阻，这种变换电路称为单臂变换电路；如果桥式电路有两个处于相邻臂位置的电阻元件是粘贴在悬臂梁上、下表面的电阻应变片，其余两个电阻元件均为普通电阻，这种变换电路称为半桥变换电路。单臂变换电路，不仅电阻–电压变换灵敏度低，变换的线性度也不好。半桥变换电路，变换的线性度有所改善，但灵敏度仍然不高。全桥变换电路如图 34–4 所示，在变换灵敏度和变换线性度两个方面均得到了提高。AD620 是一款高精度、低成本的放大器。电路模型如图 34–7 所示，采用 ±5V 双电源供电，通过一个外部电阻 R_G 的调节可以实现增益倍数 G 从 1 至 10 000 的变化。通过调节 5 脚的偏置电压 U_{ref} 可以改变输出偏置电压，其计算公式为

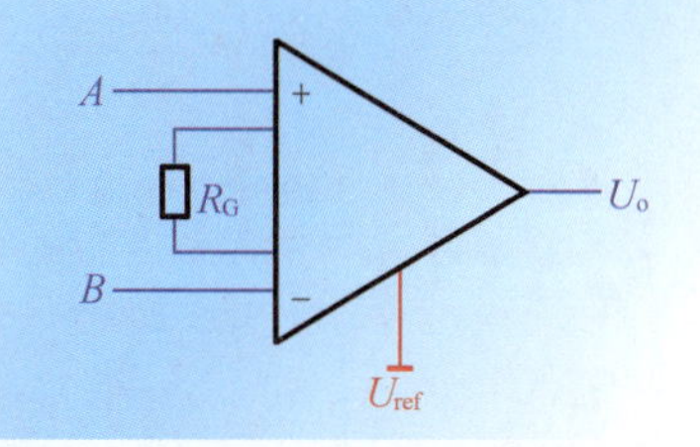

图 34–7　AD620 电路

$$U_o = (U_A - U_B) \times G + U_{ref}$$
$$G = (49.4\ \text{k}\Omega + R_G)/R_G$$

假设未加载时 R_1，R_2，R_3 和 R_4 的阻值均为 R，加载时，悬臂梁受力 F 作用而弯曲，悬臂梁的上表面受拉，电阻应变片 R_1，R_3 电阻增大，悬臂梁的下表面受压，电阻应变片 R_2，R_4 电阻减小。也即，加载后：

$$R_1 = R + \Delta R_1;R_2 = R - \Delta R_2;R_3 = R + \Delta R_3;R_4 = R - \Delta R_4$$

由于应变片 R_1 和 R_2 离悬臂梁受力点的横向距离与应变片 R_3 和 R_4 离悬臂梁受力点的横向距离不一样，加载时它们所处位置的悬臂梁表面的应力状态也不完全一样，所以各桥臂电阻的变化量稍有不同。假设：

$$\Delta R_3 = \Delta R_4 = \Delta R', \Delta R_1 = \Delta R_2 = \Delta R$$

所以加载前后电桥的电路参数如图 34–8 和图 34–9 所示。图 34–8 中，电桥处于平衡状态，差分放大电路的电路参数也是对称的，所以差分放大器的输出电压为零。在图 34–9 中，电桥处于非平衡状态，差分放大器输出电压不为零，其值与 ΔR 和 $\Delta R'$ 有关。而 ΔR 和 $\Delta R'$ 的大小又与悬臂梁受力 F 值有关。所以，放大器的输出电压最终是与悬臂梁的受力 F 值有关。

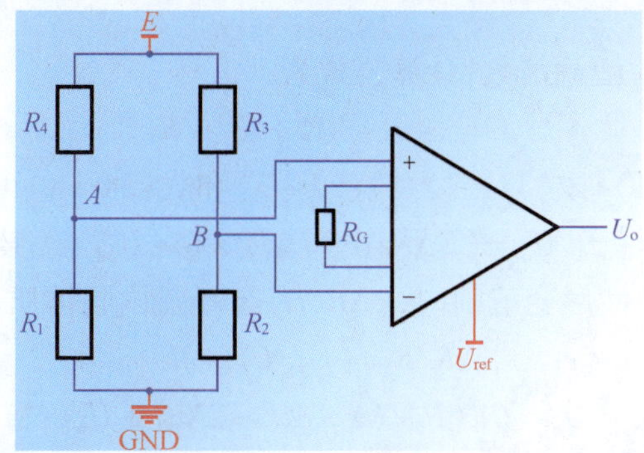

图 34–8　未加载时的电路参数

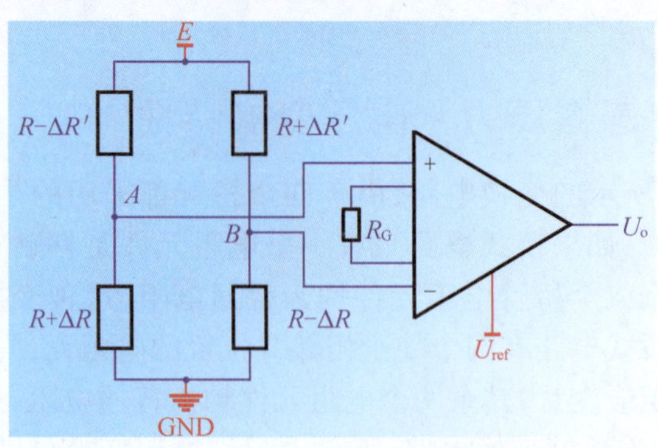

图 34－9　加载后的电路参数

由于运放的输入阻抗近似成无穷大，根据载维南电路等效变换定理，如图 34－9 所示的原有电路可变换成图 34－10 右侧的两个电压源作用的等效电路。

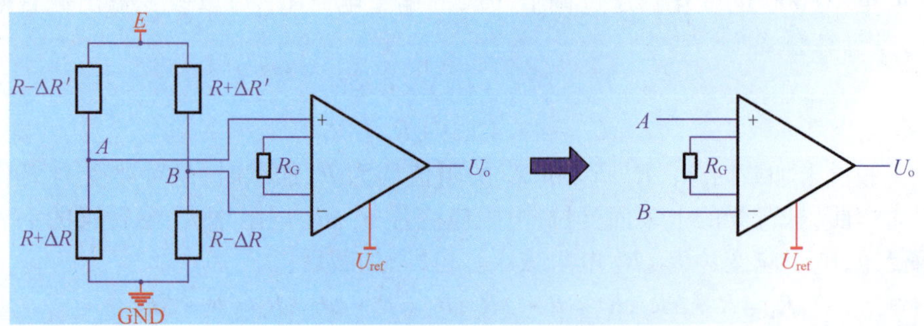

图 34－10　电路结构的等效变换

图 34－10 中：

$$U_A=[(R+\Delta R)/(2R+\Delta R-\Delta R')]\times E=(R+\Delta R)E/2R \quad (34-1)$$

$$U_B=[(R-\Delta R)/(2R+\Delta R'-\Delta R)]\times E=(R-\Delta R)E/2R \quad (34-2)$$

根据线性电路理论中的叠加原理，差分放大器输电压 U_0 可表示为

$$U_o=(U_A-U_B+U_{初})\times G+U_{ref} \quad (34-3)$$

式中，$U_{初}$ 为初始状态下传感器本身结构或桥臂四个电阻误差产生的输出误差。

G 为 AD620 的增益倍数，计算公式为

$$G=(49.4\ \mathrm{k\Omega}+R_G)/R_G \quad (34-4)$$

根据式(34－1)、式(34－2)、式(34－3)和式(34－4)可知

$$U_o=(E\Delta R/R+U_{初})\times G+U_{ref} \quad (34-5)$$

在悬臂梁的弹性形变范围内，$(\Delta R/R)$ 与托盘内物体质量 M 成正比，即

$$\Delta R/R=(K_R/L)\times M \quad (34-6)$$

$$U_o=G[(K_R/L)\times ME+U_{初}]+U_{ref} \quad (34-7)$$

其中，K_R 是压力传感器的灵敏度（单位为 mV/V），其值只与悬臂梁的材料和电阻应变片本身的性能有关，与放大电路的参数无关。L 为传感器的量程。本实验装置的量程为 1 000 g，灵敏度 K_R 的标称值为 1 mV/V，其意义为：当传感器的激励电源为 1 V，传感器上被施加满量程大小的力时，所产生的电压信

号的大小为 1 mV。由于本传感器激励电源 E 为 5 V,传感器上被施加 1 000 g 的力时,产生的电压信号的大小为 5 mV。

式(34－7)就是如图 34－4 所示的压力传感器压力－电压变换特性的理论表达式。应该指出的是,由于在悬臂梁同一表面的两个电阻应变片所处横向距离不同,它们的 K_R 值也应不完全相同。所以式(34－7)中的 K_R 只是表征四个应变片压力－电阻变换的平均值效应。

3. ICL7107 原理

ICL7107 是一款高性能、低功耗的三位半 A/D 转换器电路。可直接驱动 LED 数码管,内部设有参考电压、独立模拟开关、逻辑控制、显示驱动、自动调零功能等。

数字电压表的工作原理:如图 34－11 所示,在一定时间 T_1 内对极板上电荷为零的电容器进行充电,充电电流恒定并且与待测电压 U_x 成正比,电容器两极板上累积的电荷随时间而线性增加,并且在 T_1 结束时所累积的电量是与被测电压成正比的。在此以后若让电容器放电,而放电电流与参考电压 U_{ref}成正比,则电容器两极板上的电量就会线性减小。所以放电时间 T_2 与待测电压 U_x 成正比。

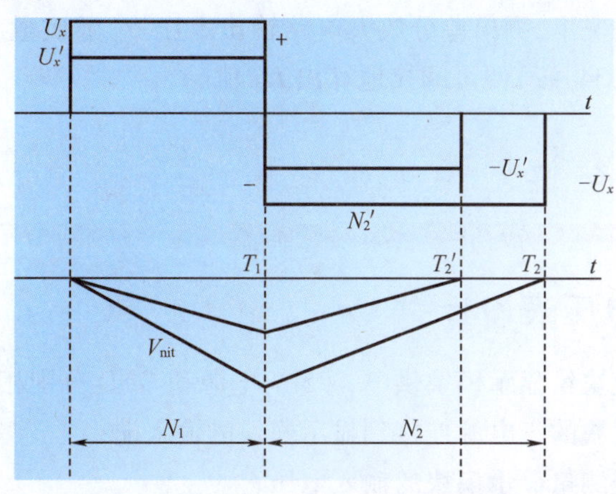

图 34－11 充电放电时间关系

转化过程分为以下三个阶段:

第一阶段:自动调零阶段。通过控制电路中模拟开关的闭合,放掉由于各种原因使电容器两极板上累积的电量,在这一阶段,通过控制开关使参考电压 U_{ref}对电容器进行充电,直至其值等于 U_{ref}的值。

第二阶段:取样阶段。通过控制电路中模拟开关将被测电压 U_x 与积分器相连,电容器开始以恒定的电流(U_x/R)充电,与此同时打开计数器开始计数,当计数器计到某一确定值 N_1 时,控制电路令取样过程结束,因此取样时间是固定的,取样阶段结束时刻电容器上累积的电压大小上与 U_x 成正比,方向相反。

第三阶段:测量阶段。通过控制电路对被测电压做极性判断,然后再令模拟开关 S 把与输入电压 U_x 极性相反的参考电压 U_{ref}与积分器相连,电容器

开始以与 U_{ref} 成正比的恒定的电流放电。与此同时计数器开始计数，电容器上的电荷开始线性减小，当电容器上的电压降为零时，计数器计数到 N_2 时停止计数。

$$N_2 = N_1 \times U_x / U_{ref} \tag{34-8}$$

ICL7107 内部的计数器通过译码器与七段 LED 数码管相连。使得计数器中的数值通过译码器转换成驱动 LED 数码管的信号，最终在数码管上以十进制数显示测量结果。

数码管显示 N_2、输入电压 U_i 与参考电压 U_{ref} 的关系为

$$N_2 = 1\,000 \times [(U_i/11)/U_{ref}] \tag{34-9}$$

式中，1 000 为 N_1 固定计数个数；由于输入电压 U_i 经过模块内部 2MΩ 和 200 kΩ电阻串联分压，因此要除以 11；U_{ref} 为用表测量显示模块中 U_{ref} 端口的值。N_2 的读数不包括数码管的小数点。

4. 压力－电阻变换灵敏度 K_R 的实验测定

压力传感器电阻应变片的阻值 R 和其机械装置的压力－电阻变换灵敏度 K_R 是两个表征压力传感器性能的重要参数，是设计后续电路的基础 。但 K_R 值很小，用普通的仪器很难直接测定。利用图 34－4 所示的电路结构，在电路参数已知情况下，测出差分放大电路输出电压 U_o 随质量 M 的线性变化关系后，利用式(34－7)便可间接地算出 K_R 值。

四、实验内容及步骤

1. 数字电压表设计

①用电源模块给显示模块供电，+5 V 电源和 GND 分别相对应连接；

②将电源模块的正电源连接到显示模块的输入端；

③用万用表测量显示模块的输入电压；

④调节显示模块的基准电压，直到显示的值与万用表的读数一致，并将相应的小数点点亮；

⑤记录输入电压，基准电压；

⑥保持基准电压不变，将电源模块的负电源连接到显示模块的输入端，记录输入电压、基准电压，以及显示的读数；

⑦分析显示数据、输入电压和基准电压的关系。

说明：数字电压表校准成功后，方可做数字式称量器。

2. 数字式称量器的设计

(1)电路结构(图 34－12)。

(2)设计要求：称重范围 0～1 000 g，分辨率 10 g。

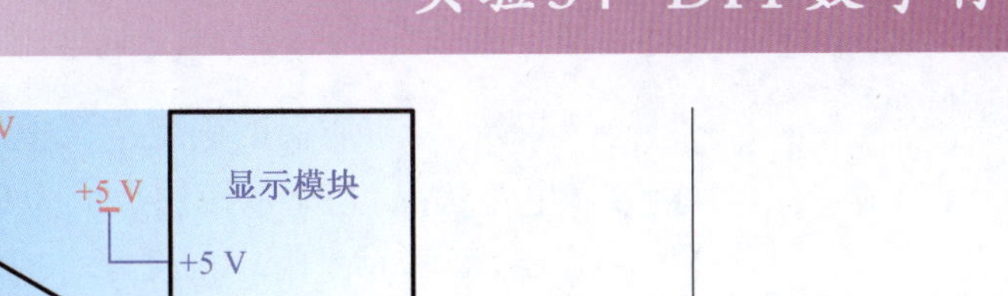

图 34－12 称重衡器的电路结构

(3)连接电路。按图 34－12，连接压力传感器的机械结构、放大器模块和显示模块。

(4)零点调节及量程校准

在 $M=0$ g 时，调节图 34－13 所示的输出偏置调节电位器 R_{W_2}，使显示模块读数为零；在 $M=1\ 000$ g 时，调节图 34－13 所示的电位器放大倍数调节电位器 R_{W_1}，使显示模块的读数为 1.00 V。

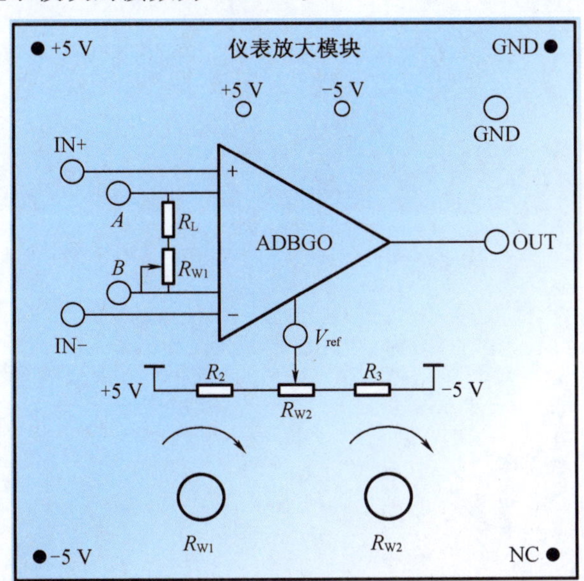

图 34－13 V_{ref}测量示意图

(5)重复步骤(4)直至当传感器上没有砝码时显示模块读数为 0.00 V，同时在传感器上有 1 000 g 砝码时，显示模块读数为 1.00 V 为止。

(6)从 0 g 开始，每增加 100 g，记录一次显示模块电压 U_o，并把结果记录在表 34－1 内。

表 34－1 压力传感器压力－电压变化特性的测定

M/g	0	100	200	300	400	500	600	700	800	900	1 000
U_o/mV											

(7)最小分辨质量的确定。调整好零点后,从 $M=10$ g 起逐渐加载,并观察数显电路状况,当显示模块数值为 0.01 时,加载质量即是最小分辨质量。

(8)称量器的使用。将尺度合适、质量在 0 ~ 1 000 g 范围的任一物体放在称重器的托盘上,观察和记录数显结果;取下重物,用砝码加载,在同样数显状态下统计砝码质量是否与数显结果一致。

3. AD620 电路结构分析和参数计算

(1)放大模块放大倍数测量

AD620 的放大倍数通过固定电阻和滑动变阻器 R_{W_1} 进行设置,计算公式为

$$G=(49.4\ \text{k}\Omega+R_G)/R_G \tag{34-10}$$

式中,R_G 为图 34 - 13 中 AB 两端的电阻值。

(2)放大模块偏置电压 U_{ref} 的测量

如图 34 - 13 所示,用万用表测量 U_{ref} 端得到偏置电压。

4. 灵敏度 K_R 的测定

根据式(34 - 7),$U_o=G[(K_R/L)EM+U_{初}]+U_{ref}$ 求解。

实验 35　DIY 温度报警器

一、实验目的

测定负温度系数热敏电阻的电阻 - 温度特性，利用直线拟合的数据处理方法，求其材料常数；学习惠斯登电桥的工作原理及非平衡电桥的应用；设计温度报警器，掌握温度报警值设置方法。

二、实验仪器

实验仪器包括：数字电源、温度报警组件、磁力搅拌加热器、电阻箱、数字万用表、水银温度计、烧杯。温度报警组件如图 35 - 1 所示，由电阻、蜂鸣器、比较器、温度传感器、九孔方板组成。磁力搅拌加热器如图 35 - 2 所示，由电加热器、烧杯、磁珠组成。

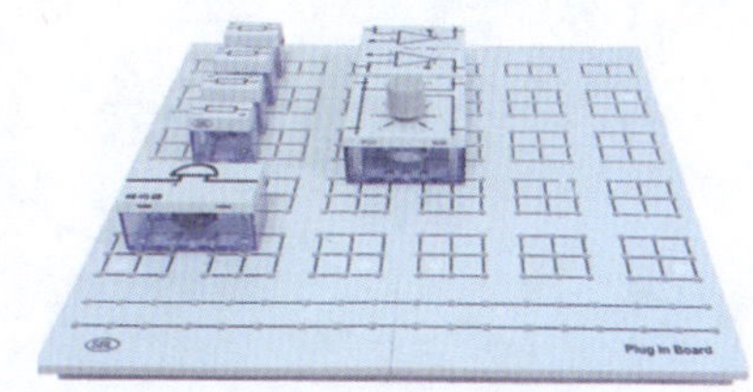

图 35 - 1　温度报警组件

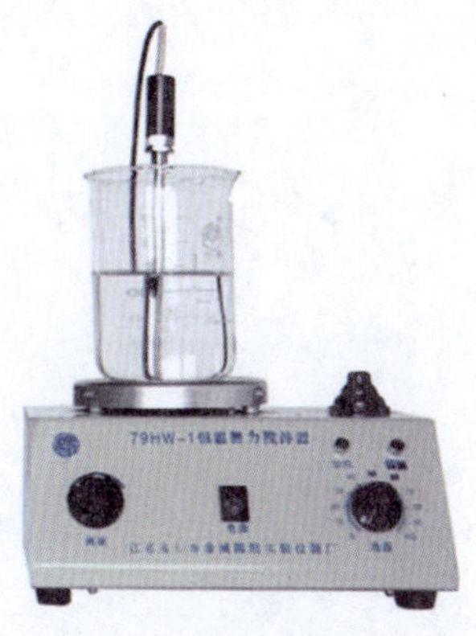

图 35 - 2　磁力搅拌加热器

三、实验原理

1. 热敏电阻工作原理

具有负温度系数的热敏电阻广泛地应用于温度测量和温度控制技术中。这类热敏电阻大多数是由一些过渡金属氧化物（主要有 Mn，Co，Ni，Fe 等氧化物）在一定的烧结条件下形成的半导体金属氧化物作为基本材料制作而成，它们具有 P 型半导体的特性。对于一般半导体材料，电阻率随温度变化主要依赖于载流子浓度，而迁移率随温度的变化相对来说可以忽略。但对上述过渡金属氧化物则有所不同，在室温范围内基本上已全部电离，即载流子浓度基本与温度无关，此时主要考虑迁移率与温度的关系，随着温度升高，迁移率增加，所以这类金属氧化物半导体的电阻率下降，其电阻 - 温度特性的数学表达式通常可以表示为

$$R_t = R_{25} \cdot \exp[B_n(1/T - 1/298)] \quad (35-1)$$

其中，R_{25} 和 R_t 分别表示环境温度为 25 ℃ 和 t ℃ 时热敏电阻的阻值；$T = 273 + t$；B_n 为材料常数，其大小随制作热敏电阻时选用的材料和配方而异，对于某一确定的热敏电阻元件，它是一个常数并可由实验测得的电阻 - 温度曲线求得。

2. 报警器电路原理

电路结构如图 35 - 3 所示，由含 R_t 温度传感器的惠斯登电桥、比较器、蜂鸣器、电源组成。R_1，R_2，R_3 阻值相等，构成电桥的三个桥臂，电桥的另一个桥

臂由温度传感器 R_t 和电位器 W_t 组成。比较器的输入电压：

$$U_A = \frac{R_1}{R_1 + R_2}E, U_B = \frac{R_t + W_t}{R_3 + R_2 + W_t}E \tag{35-2}$$

由式(35－2)可知，U_A 是固定不变的电压值，U_B 的电压值随温度的变化而变化，温度越高，电压值小。W_t 电位器的作用是设置报警点。当 $U_B > U_A$ 时，比较器输出 U_O 接近电源电压，蜂鸣器两端的电压差不足以使蜂鸣器工作。当 $U_B < U_A$ 时，比较器输出 U_O 接近0 V，蜂鸣器两端的电压差足够大，蜂鸣器正常工作。

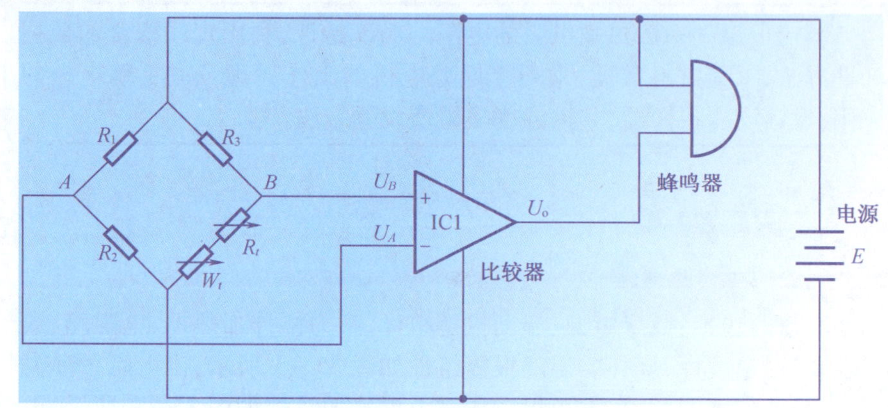

图 35－3　报警器原理图

四、实验内容

1. 热敏电阻温度特性的测定

把温度计及热敏元件放入盛有水的烧杯中，并用磁力搅拌电加热器加热。从室温开始，每隔 10 ℃用数字万用表测量热敏电阻的阻值，直到80 ℃止。为了使测量结果更为准确，升温过程要缓慢并不断绞拌水，将实验结果填入表 35－1 中。该项测定完成后，采用直线拟合方法处理实验数据，求出式(35－1)所表示的热敏电阻电阻－温度特性中的材料常数 B_n 的实验值。把 B_n 的实验值代入式(35－1)，并根据该式计算出室温至 80 ℃范围内不同温度下(从室温开始，每隔 5℃选一个计算点)热敏电阻的阻值，填写到表 35－2 中。

表 35－1　实验测得的不同温度下热敏电阻阻值

温度/℃							
电阻/kΩ							

表 35－2　B_n 的实验值及热敏电阻阻值计算表

B_n 的实验值									
温度/℃	40	45	50	55	60	65	70	75	80
电阻/kΩ									

本实验采用的热敏电阻的参考值：$B_n = 3\ 910\ K$，$R_{25} = 2\ k\Omega$。

2. 报警器设计

用电阻箱代替温度传感器，按图35－1连接电路。测量步骤如下：

(1)用万用表测量 U_A 记录到表格35－3中；

(2)根据表35－2，调节电阻箱的阻值使其与40 ℃下的温度传感器阻值一致，微调电位器 W_t 使电路刚好报警，记录 U_B 和 W_t；

(3)重复步骤1～2，每隔5 ℃，记录一组实验数据，并填写到表格35－3中；

(4)设计温度报警刻度盘；

(5)温度报警验证：将变阻箱换成温度传感器，温度传感器放置烧杯中，电位器 W_t 调至60 ℃对应的阻值。缓慢加热，记录实际的报警温度值。

表35－3　温度报警参数测定表

温度/℃	40	45	50	55	60	65	70	75	80
W_t/kΩ									
U_A/V									
U_B/V									

五、分析与思考题

1. 电源波动是否对报警温度值产生影响？
2. 实验中选用的 R_1，R_2，R_3，W_t 参数，在0 ℃时还是否适用？

实验 36　DIY 磁耦合谐振式无线电力传输实验

你知道吗,不用电线就可以传输电力,点亮一个灯泡或者使一台电视工作,这样的事情是利用什么原理和技术实现的? 摒弃杂乱的输电导线,实现电力的无线传输一直以来都是人们追求的梦想。早在 1890 年,美国物理学家尼古拉斯·特斯拉就提出并设计了无线电力传输实验模型。2007 年,一种新型的可实用化的磁耦合谐振式无线电力传输技术由 MIT 的一组科学家实现。这种传输技术具有传输距离中等,穿透能力强的特点。随后在 2010 年青岛海尔公司就研制出了"无尾"电视。可以肯定的是随着人们对生活品质要求的日益提高,各种家电设备会逐渐采用这种新型的无线传电技术,它会为人们的生活带来很大便利。

本实验为同学们自己动手实验探索利用磁耦合谐振原理进行无线电力传输提供了实验平台,通过实验使学生自己动手制作这样一种实用的无线电力传输装置成为可能。

一、实验目的

了解磁耦合无线电力传输的基本原理;自组装和调试磁耦合式无线电力传输系统;探索频率和距离对无线电力传输的影响。

二、实验系统

本实验采用磁耦合谐振方式进行电力传输,系统的工作原理如图 36 - 1 所示。

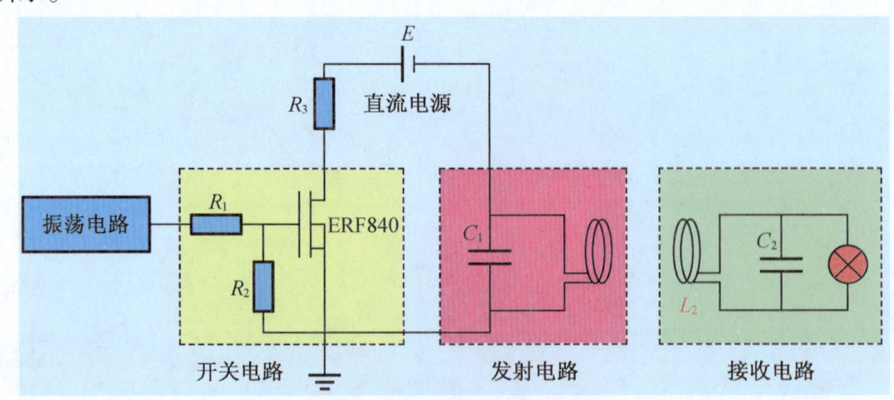

图 36 - 1　无线电力传输原理图

实验系统主要由振荡电路、开关电路、直流电源、发射电路和接收电路共五部分组成。这其中最主要的部分是发射电路和接收电路,这两部分都是由

一个铜线绕制的线圈和一个电容组成的 LC 谐振电路构成。发射电路中的线圈能够在空间中产生交变的磁场,而变化的磁场能够在接收线圈中通过谐振耦合接收到电能,这样发射电路中的电能就能够传输到接收电路中去,而这中间的"媒介"就是交变的磁场。为了产生交变的磁场,本系统利用高频的方波信号去激励电容(C)和线圈电感(L)组成的 LC 回路,这会导致能量在电容中的电能和线圈中的磁能中相互转化和相互激励,在空间中产生交变磁场。本系统采用直流供电,并利用开关电路将直流电源调制为"通 - 断"交替的交流信号。振荡电路能够产生高频率的方波信号,用来控制开关电路的通断。

三、实验原理

1. 磁耦合谐振原理

磁耦合是指两个线圈通过磁场产生相互作用。线圈与线圈之间的耦合是通过电磁感应来实现的,如图 36 - 2 所示。首先,通电的线圈 1 周围能够产生磁场,此时如果磁场是随时间变化的,则线圈 2 的磁通量也将随时间发生变化,根据法拉第效应,线圈 2 将产生感应电动势。感应电动势会在线圈 2 内形成电流,而产生的感应电流也会产生新的磁场,进而影响线圈 1 的磁通量。除此之外,变化的磁场也会影响线圈自己的磁通量,这就是线圈之间的互感和自感。

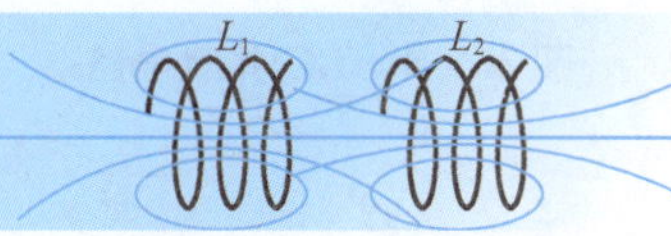

图 36 - 2　磁耦合

当振荡电路的振荡频率和发射电路(LC 电路)的固有频率相一致时,发射电路会在空间产生最大的交变磁场(为什么?),而当接收电路(LC 电路)的固有频率也和发射电路的振荡频率一致时,电磁感应也会在接收电路中产生最大的电能吸收,这时候电力传输效率最高,我们把这种通过交变磁场产生的耦合叫作谐振式磁耦合。

实验时要设法让振荡频率、发射电路固有频率以及接收电路的固有频率相一致,以产生最高的能量传输效率,来达到磁耦合谐振的电能传输。

LC 谐振电路固有频率的计算公式为

$$f = \frac{1}{2\pi\sqrt{LC}} \tag{36-1}$$

式中,L 为线圈的电感;C 为电容量。

设两个线圈的电感分别为 L_1 和 L_2, 电压和电流分别为 u_1, u_2, i_1 和 i_2,线圈之间的互感为 M,则相互耦合的两个线圈的电压和电流的关系为

$$\begin{aligned} u_1 &= L_1\frac{\mathrm{d}i_1}{\mathrm{d}t} + M\frac{\mathrm{d}i_2}{\mathrm{d}t} \\ u_2 &= L_2\frac{\mathrm{d}i_2}{\mathrm{d}t} + M\frac{\mathrm{d}i_1}{\mathrm{d}t} \end{aligned} \tag{36-2}$$

为了使线圈 1 在空间能够产生交变磁场,本系统将电感线圈与电容连接组成 LC 谐振电路。

2. LC 谐振回路特性

根据电感 L 和电容 C 的连接方式不同,电感和电容谐振电路分为串联谐

振 LC 回路和并联谐振 LC 回路。

(1)串联谐振

串联谐振线路如图 36－3 所示，电感、电容和负载都处于串联连接，线路的阻抗为

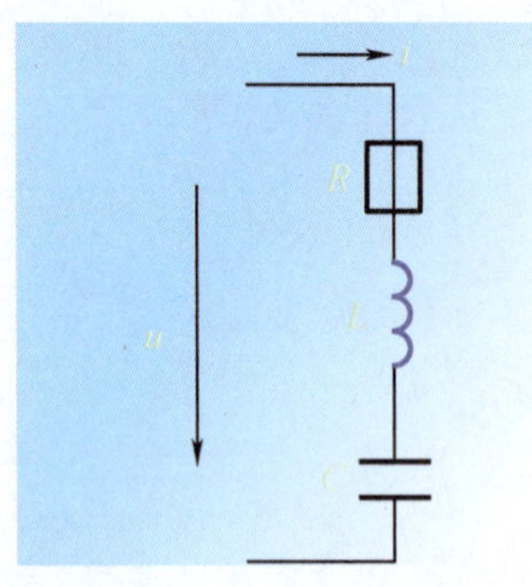

图 36－3　LC 串联电路

$$Z = R + \mathrm{j}[\omega L - (\omega C)^{-1}] \tag{36-3}$$

$$|Z| = \sqrt{R^2 + [\omega L - (\omega C)^{-1}]^2} = R\sqrt{1 + \left(\frac{\omega L}{R} - \frac{1}{\omega RC}\right)^2}$$

$$= R\sqrt{1 + Q^2\left(\frac{\omega}{\omega_0} - \frac{\omega_0}{\omega}\right)^2} \tag{36-4}$$

其中，品质因数 $Q = \frac{\omega_0 L}{R} = \frac{1}{\omega_0 RC} = \frac{1}{R}\sqrt{\frac{L}{C}}$；固有频率 $\omega_0 = \frac{1}{\sqrt{LC}}$。

当激励频率与固有频率相同时($\omega = \omega_0$)，电感和电容的交流阻抗大小相等，方向相反，回路总阻抗最小，等于 R，表现为纯电阻性。这时如果线路的 Q 值越大，则线圈两端电压和电容两端电压越高，所以串联谐振也叫电压谐振。

(2)并联谐振

电路如图 36－4 所示，其总阻抗为

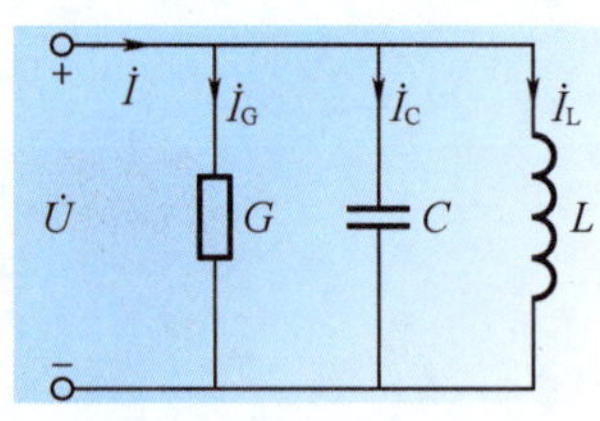

图 36－4　LC 并联电路

$$|Z| = \sqrt{\frac{R^2}{1 + R^2[\omega C - (\omega L)^{-1}]^2}} \tag{36-5}$$

当 $\omega = \omega_0 = \frac{1}{\sqrt{LC}}$ 时，电路发生谐振，谐振时，电阻上的电流和电流源上的电流相等，而线圈上的电流和电容上的电流大小相等，都等于电阻上电流的 Q 倍，但方向相反。所以并联谐振也称为电流谐振。

(3)线圈和电容的选取

本系统采用的线圈为密集绕制的线圈，如果绕制规则的话，则线圈的电感大小可以用如下公式来进行计算：

$$L = N^2 R\mu_0\left[\ln\left(\frac{8R}{a} - 1.75\right)\right] \tag{36-6}$$

式中，N 为线圈匝数；μ_0 为真空磁导率，为 $4\pi \times 10^{-7}$ n/a²；R 为线圈半径；a 为铜线半径。

本系统使用的是高频特性比较稳定的高品质云母电容。

2. 电路系统原理

(1)开关电路

开关电路的作用是控制主电路的通断，进而实现发射电路的间歇充放电，让线圈产生交变磁场。本实验系统采用型号为 IRF840 的 N 沟道增强型场效应晶体管来实现开关电路。图 36－5 为 IRF840 场效应管的管脚示意图，它和三极管一样有三个管脚，分别叫作栅极(G)、源极(S)和漏极(D)。栅极为控制极，在栅极上加电压和不加电压来控制管脚 2 和管脚 3 的通断。对于 N 沟道型场效应管，在栅极加上电压，则管脚 2 和管脚 3 连通，P 沟道型场效应管则相反。

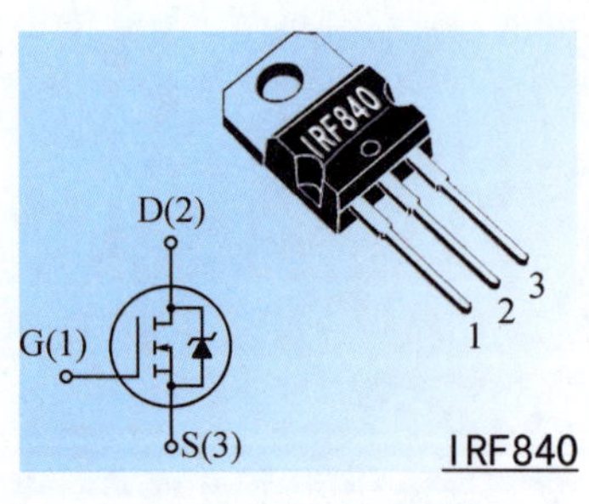

图 36－5　IRF840 场效应晶体管管脚示意图

(2)振荡电路

采用信号发生器输出的方波信号来控制开关电路进行工作，方波的高电

平应不小于5 V。

(3)发射电路与接收电路

本实验系统的发射电路采用LC并联电路，接收电路为LC串联电路，它们的固有频率相同（其中$L=3.4\ \mu H$，$C=4.0\ nF$，固有频率约为1.36 MHz）。

当信号发生器频率调节到共振频率附近时，LC发射电路的线圈中会产生幅值最大的交变电流，此电流会在空间中产生最大的交变磁场，同时处以交变磁场中的接收电路会通过磁耦合共振效应接收电能，驱动负载工作。

四、实验步骤

1. 确定LC电路的共振频率

以下为确定LC电路的共振频率的几种方法，任选其中一种。

方法一：利用实验室提供的LC电表分别测量线圈的电感和电容，然后利用公式(36-1)计算共振频率。

方法二：如果线圈绕线比较规则，可以利用实验室提供的工具测量铜线的直径、线圈直径等参数，然后利用公式(36-6)计算线圈的电感，最后利用公式(36-1)计算共振频率。

方法三：利用信号发生器和示波器观察LC电路的充放电过程，测量其共振频率。

2. 振荡信号的选取

利用信号发生器输出频率可调的方波振荡信号，注意信号高电平要置于5 V左右，以使开关器件正常工作，用示波器观察方波输出信号。

3. 研究工作频率对电力传输效率的影响

按照图36-1完成实验系统的连接。

固定接收线圈与发射线圈的距离，如10 cm。改变工作频率，利用示波器测量接收电路的信号幅度和频率，先观察频率改变，灯泡负载的亮度变化规律，然后完成表格36-1并绘制幅度-频率曲线。

表36-1 接收信号幅度与频率关系

频率/kHz									
幅度/V									

4. 研究无线电力传输的距离对传输效果影响

调节R_1的大小使得电路工作在共振频率之下，改变接收线圈与发射线圈的距离，利用示波器测量接收电路的信号幅度，完成表36-2，并绘制幅度-距离曲线。

表 36－2　接收信号幅度与距离关系

距离/cm									
幅度/V									

5. 实验现象

自制 LC 谐振增强器，利用实验室提供的铜质漆包线绕制线圈，用 LC 表测量电感量，并选择合适的电容，构成固有频率和所用发射器相同（或接近的）的 LC 谐振器，将此谐振器放入发射器和接收器之间，观察小灯泡的亮度变化，对产生的实验现象给出解释。

注意：实验时在偏离谐振频率的情况下，电源电压要调低一些，一般不要超过 15 V，以防电流过大损坏仪器；另外不要让系统长时间工作在远离谐振频率的区域。

五、思考题

（1）什么叫磁共振耦合？

（2）推导一下 LC 电路的固有频率 $f=\dfrac{1}{2\pi\sqrt{LC}}$。

（3）为什么当振荡频率和 LC 电路的频率一样时，发射线圈能在周围产生大的交变磁场？

（4）你认为提高能量传输效率的方式有哪些？

（5）自己设计一台无线台灯，给出设计方案。

实验37 DIY霍尔转速仪

一、实验目的

(1)掌握霍尔效应原理；

(2)利用线性霍尔传感器测电机的转速；

(3)学习示波器的使用。

二、实验仪器

如图37－1所示，实验装置包含电源模块、I_s 模块、霍尔元件模块、U_H 测量模块和九孔板，使用时按照适当位置将各模块安插在九孔板上，并利用专用跳线按照对应接口进行连接从而完成实验仪器的系统搭接。

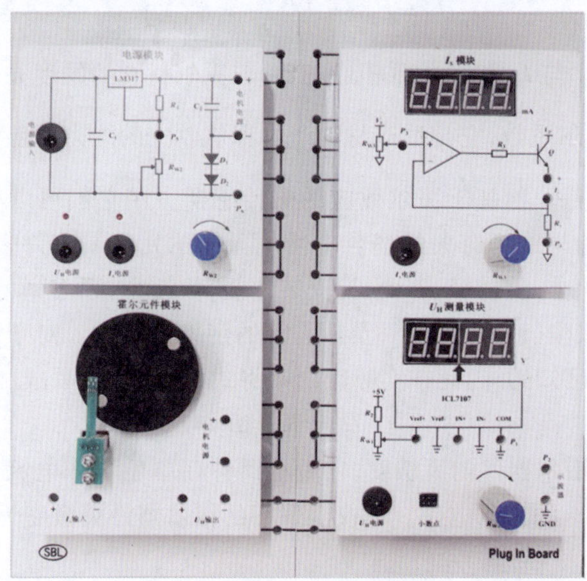

图37－1 实验装置

三、实验原理

置于磁场中的载流体，如果电流方向与磁场垂直，则在垂直于电流和磁场的方向会产生一附加的横向电场，这个现象是霍普斯金大学研究生霍尔于1879年发现的，后被称为霍尔效应。如今，霍尔效应不但是测定半导体材料电学参数的主要手段，而且利用该效应制成的霍尔器件已广泛用于非电量电测、自动控制和信息处理等方面。在工业生产要求自动检测和控制的今天，作为敏感元件之一的霍尔器件，将有更广阔的应用前景。学习这一富有实用性的实验，对日后的工作将大有益处。

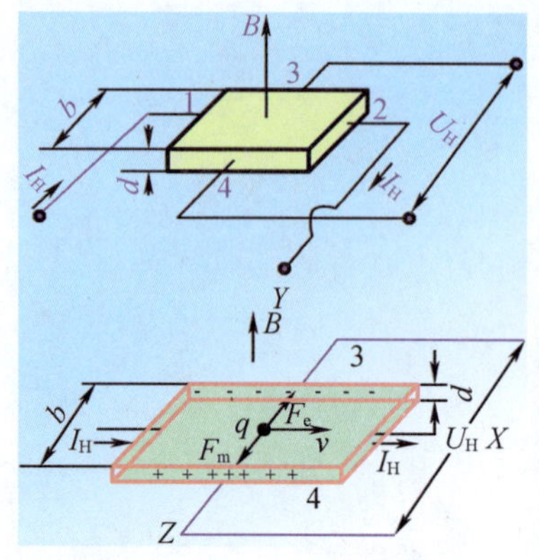

图 37－2　霍尔效应原理图

霍尔效应从本质上讲是运动的带电粒子在磁场中受洛伦兹力作用而引起的偏转。当带电粒子（电子或空穴）被束缚在固体材料中，这种偏转就导致在垂直电流和磁场方向上产生正负电荷的积聚，从而形成附加的横向电场。对于图 37－2 所示的半导体材料，若在 X 方向通以电流 I_H，在 Y 方向加以磁场 B，则在 Z 方向（即 3，4 两侧）开始积聚异号电荷，从而产生相应的附加电场。该电场阻止载流子继续向侧面偏移，当载流子所受的电场力 F_e 与洛仑兹力 F_m 相等时，半导体两侧电荷的聚集就达到平衡，此时有

$$qvB = qE_H \tag{37-1}$$

式中，q 为电荷电量；E_H 为霍尔电场强度；v 为载流子在电流方向上的漂移速度；B 为外加磁场的磁感应强度。

设霍尔材料的宽度为 b，厚度为 d，载流子浓度为 n，平均速度为 $\bar{v}$，则

$$I_H = qn\bar{v}bd \tag{37-2}$$

由式(37－1)、式(37－2)可得

$$U_H = E_H b = \frac{1}{nq}\frac{I_H B}{d} = R_H \frac{I_H B}{d} \tag{37-3}$$

即霍尔电压 U_H 与 I_H 和 B 的乘积成正比，与霍尔材料的厚度 d 成反比。其中 $R_H = \frac{1}{nq}$ 称为霍尔系数，它是反应材料产生霍尔效应的能力的重要参数。

霍尔元件是一种基于霍尔效应的磁传感器。用它们可以检测磁场及其变化，可在各种与磁场有关的场合中使用。霍尔元件具有许多优点，它们的结构牢固，体积小，质量轻，寿命长，安装方便，功耗小，频率高（可达 1 MHz），耐震动，不怕灰尘、油污、水蒸气及盐雾等的污染或腐蚀。对于成型的霍尔器件，R_H 和 d 是已知的，因此在实际应用中将式(37－3)改写成

$$U_H = K_H I_H B \tag{37-4}$$

式中，K_H 称为霍尔器件的灵敏度，它表示器件在单位工作电流和单位工作磁感应强度下输出的霍尔电压。本仪器采用的霍尔器件灵敏度为 $K_H = 165\ \mathrm{V\cdot A^{-1}\cdot T^{-1}}$。

四、实验仪器

1. 霍尔元件模块

该模块设计如图 37－3 所示，其中包括圆形转盘、霍尔探头、电机电源接口、I_s 输入接口、U_H 输出接口。转盘上安装有极性相反的两块磁铁。转盘转动过程中波形如图 37－4 所示，当 S 极经过霍尔器件正下方时会出现 A 峰，N 极磁铁在霍尔器件正下方经过时会出现 B 峰，转盘转动一周的时间为 T。

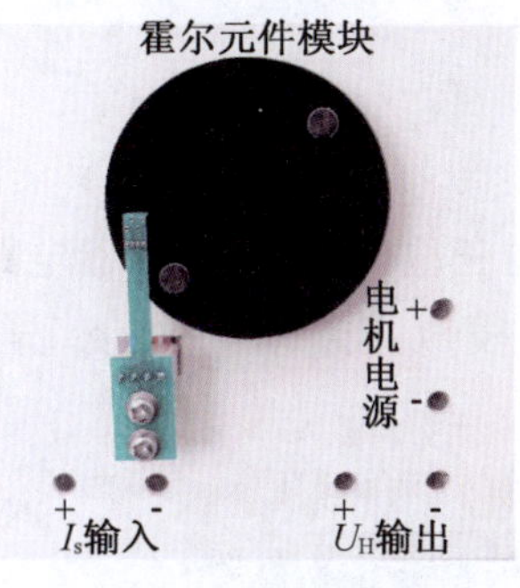

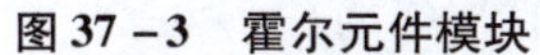
图 37 -3　霍尔元件模块

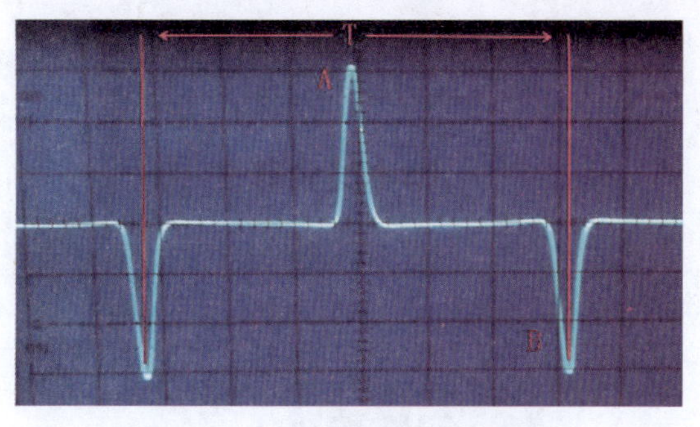

图 37 -4　电机旋转过程中的波形

2. 电源模块

该电源模块设有电源输入端口、U_H 测量模块电源接口、I_s 模块电源接口、电机电源接口，模块采用了具有输出电压可调、稳定性好、噪声低、纹波抑制比高的电源芯片，通过调节 R_{W2} 电阻的阻值变化从而改变输出的电压值，其电压调节公式为

$$U_o = 1.25\left(1 + \frac{R_{W2}}{R_1}\right) - U_D \tag{37-5}$$

式中，R_1 阻值为 200 Ω；R_{W2} 为 2 kΩ 的可调电位器；U_D 为 D1 和 D2 上的压降和。电压输出范围为 0 ~ 11 V。从而控制霍尔元件模块转盘电机的转速。

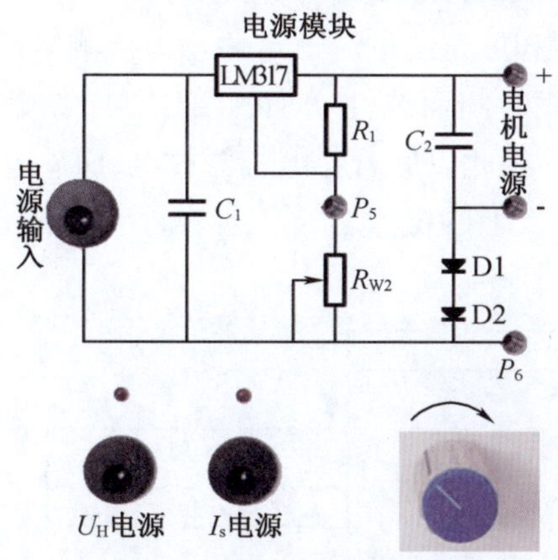

图 37 -5　电源模块

3. I_s 模块

I_s 模块(图 37 -6)采用恒流源设计，以保证输出的电流恒定，恒流源的基本设计原理主要是由输入级提供参考电流，输出级输出需要的恒定电流，通过调节 R_{W3} 电阻的阻值变化从而改变输出的电流值，通过 R_{W3} 使 P_3 测试点电压在 0 ~ 1.5 V 调节，从而使得放大电路的同向输入电压可调。因为运放虚短的原因，运放的同向输入端与反向输入端电势相等，所以 P_3 点电压值与 R_S 两端电压相等，通过实验测量 P_3 测试点电压和 R_s 两端电压，验证其是否相等。将霍尔元件接入到电路中，由于运放的输入阻抗可近似成无穷大，因此经过霍尔元件的电流与经过采样电阻 R_s 的电流值一致，此时根据欧姆定律可得输出端电流为

$$I_s = U_{R_s}/R_s \tag{37-6}$$

根据式(37－6)计算 I_s 电流。

4. U_H 测量模块

U_H 测量模块(图 37－7)采用高性能、低功耗的三位半 A/D 转换器电路。可直接驱动 LED 数码管,内部设有参考电压、独立模拟开关、逻辑控制、显示驱动和自动调零功能等。

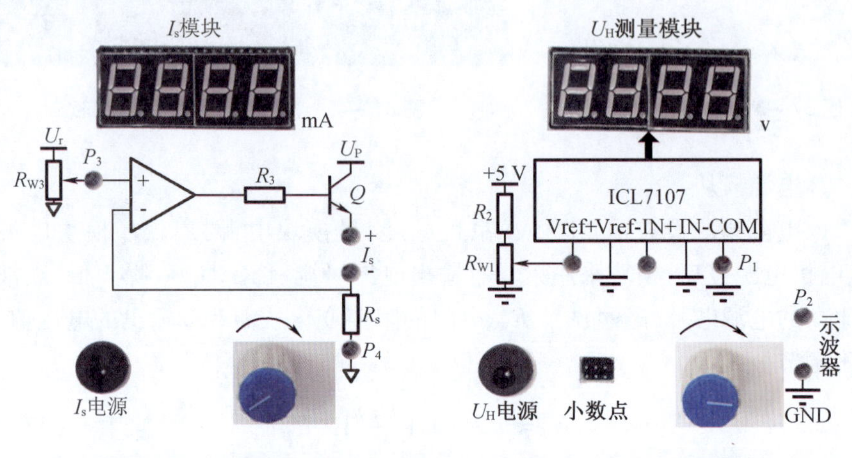

图 37－6　I_s 模块　　　图 37－7　U_H 测量模块

数字电压表的工作原理:如图 37－8 所示,在一定时间 T_1 内对极板上电荷为零的电容器进行充电,充电电流恒定并且与待测电压 U_x 成正比,电容器两极板上累积的电荷随时间而线性增加,并且在 T_1 结束时所累积的电量是与被测电压成正比的。在此以后若让电容器放电,而放电电流与参考电压 U_r 成正比,则电容器两极板上的电量就会线性减小。所以放电时间 T_2 与待测电压 U_x 成正比。

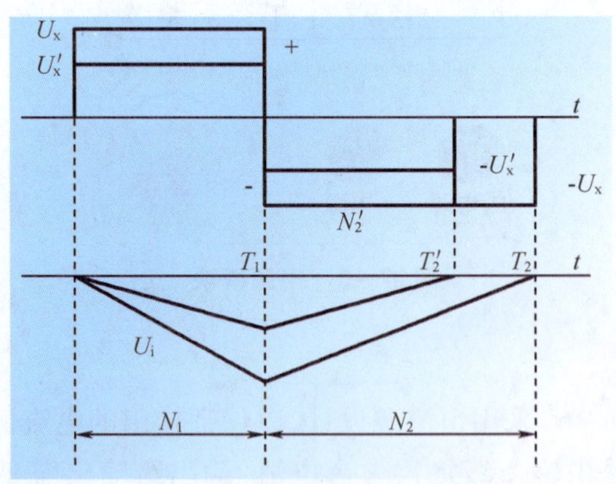

图 37－8　充电放电时间关系

转化过程分为三个阶段:

第一阶段:自动调零阶段。通过控制电路中模拟开关的闭合,放掉由于各种原因使电容器两极板上累积的电量,在这一阶段,通过控制开关使参考电压 U_r对电容器进行充电,直至其值等于 U_r的值。

第二阶段:取样阶段。通过控制电路中模拟开关将被测电压 U_x 与积分

器相连，电容器开始以恒定的电流（U_x/R）充电，与此同时打开计数门开始计数，当计数器计到某一确定值 N_1 时，控制电路令取样过程结束，因此取样时间是固定的，取样阶段结束时刻电容器上累积的电压大小上与 U_x 成正比，方向相反。

第三阶段：测量阶段。通过控制电路对被测电压做极性判断，然后再令模拟开关S把与输入电压 U_x 极性相反的参考电压 U_r 与积分器相连，电容器开始以与 U_r 成正比的恒定的电流放电。与此同时计数器开始计数，电容器上的电荷开始线性减小，当电容器上的电压降为零时，计数器计数到 N_2 时停止计数。

$$N_2 = N_1[(U_x/11)/U_r] \tag{37-7}$$

7107内部的计数器通过译码器与七段 *LED* 数码管相连。使得计数器中的数值通过译码器转换成驱动 *LED* 数码管的信号，最终在数码管上以十进制数显示测量结果。

数码管显示 N_2、输入电压 U_i 与参考电压 U_r 的关系为

$$N_2 = 1\,000 \times [(U_i/11)/U_r] \tag{37-8}$$

式中，1 000为 N_1 固定计数个数；由于输入电压 U_i 经过模块内部2 MΩ和200 kΩ电阻串联分压，因此要除以11；U_r 为用表测量显示模块中 U_r 端口的值。N_2 读数不包括数码管的小数点。

5. DIY转速仪

采用仪器提供的模块搭建电路，测量电机的最大转速。保持电机的最大转速，调节霍尔器件工作电流 I_s，从示波器上读取霍尔电压峰值，记录到表格37-1中。通过画图的方法求解最大磁感应强度。

表37-1　不同霍尔电流对应的霍尔电压峰值数据

霍尔电流 I_H/mA	1.00	2.00	3.00	4.00	5.00	6.00	7.00	8.00	9.00
霍尔电压格数									
毫伏/每格									
霍尔电压 U_H/mA									

参考文献

[1] 霍剑清. 大学物理实验[M]. 北京:高等教育出版社,2002.

[2] 沈元华,陆申龙. 基础物理实验[M]. 北京:高等教育出版社,2003.

[3] 朱鹤年. 基础物理实验教程:物理测量的数据处理与实验设计[M]. 北京:高等教育出版社,2003.

[4] 周殿清. 大学物理实验教程[M]. 武汉:武汉大学出版社,2005 .

[5] 高立模. 近代物理实验[M]. 天津:南开大学出版社,2006.

[6] 钱锋,潘人培. 大学物理实验[M]. 北京:高等教育出版社,2005.

[7] 严燕来,叶庆好. 大学物理拓展与应用[M]. 北京:高等教育出版社,2002.

[8] 王雪银,陶纯匡,汪涛,等. 大学物理实验[M]. 北京:机械工业出版社,2005.

[9] 杨述武,赵立竹,沈国土,等. 普通物理实验[M]. 北京:高等教育出版社,2007.

[10] 王魁香,韩炜,杜晓波. 新编近代物理实验[M]. 北京:科学出版社,2007.

[11] 陆廷济,胡德敬,陈铭南. 物理实验教程[M]. 上海:同济大学出版社,2003.

[12] 梁家惠,李朝荣,徐平,等. 基础物理实验[M]. 北京:北京航空航天大学出版社,2005.

[13] 黄建群,胡险峰,雍志华. 大学物理实验[M]. 成都:四川大学出版社,2005.

[14] 朱伯申. 大学物理实验[M]. 北京:北京理工大学出版社,2004.

[15] 耿完桢,金恩培,赵海发,等. 大学物理实验[M]. 哈尔滨:哈尔滨工业大学出版社,2005.

[16] 丁慎训,张连芳. 物理实验教程[M]. 2 版. 北京:清华大学出版社,2002.

[17] 沈元华. 设计性研究性物理实验教程[M]. 上海:复旦大学出版社,2004.

[18] 苑立波,梁艺军,杨军,等. 光纤实验技术[M]. 哈尔滨:哈尔滨工程大学出版社,2005.

[19] 孙晶华,张杨,张晓峻. 大学物理实验教程[M]. 哈尔滨:哈尔滨工程大学出版社,2018.

[20] 赵梓森. 光纤通信工程[M]. 北京:人民邮电出版社,1998.

[21] 廖延彪. 偏振光学[M]. 北京:科学出版社,2003.

[22] 李金海. 误差理论与测量不确定度评定[M]. 北京:中国计量出版社,2003.

[23] 郭奕玲. 物理学史[M]. 北京:清华大学出版社,2005.

[24] 赵文. 采用模拟基带调制的光纤视频传输[J]. 光通信技术,1980,3(3):20-29.

[25] 罗志高,郑兴世. 模拟脉冲宽度调制(PWM)信号光纤传输实验系统[J]. 实验技术与管理,1998,15(1):32-34.

[26] 王玉清. 几种测量惯性质量的方法[J]. 大学物理实验,2008,3(1):69-70.

[27] 徐英勋. 毛细管法测量水银的表面张力系数[J]. 物理实验,2001,21(1):41-42.

[28] 衡耀付,张宏. 转筒法测定液体粘滞系数实验的改进[J]. 天中学刊,2002(05):69-70.

[29] 刘文鹏,张庆礼,殷绍唐. 粘度测量方法进展[J]. 人工晶体学报,2007(02):141-144.

[30] 鲍修增,王岚,李孔宁,等. 利用毛细管测量血液粘度的研究[J]. 中国血液流变学杂志,1999,21(3):102-103.

[31] 张彩霞. 对空气比热容比测定实验的研究[J]. 太原师范学院学报(自然科学版),2005(01):58-61.

[32] 张海涛. 霍尔效应及应用[J]. 温州职业技术学院学报,2005,5(4):26-28.

[33] 刘战存,郑余梅. 霍尔效应的发现[J]. 大学物理,2007,26(11):51-55.